2008年鹿特丹规则

——有关联合国全程或部分海上货物国际运输合同公约的评论

原著者（主编）

[瑞士] 亚历山大·凡·基格勒

[瑞典] 约翰·斯蔡林

[意大利] 斯蒂佛诺·祖纳若礼

郭萍　李莹莹 等 译

单红军　审校

法律出版社
LAW PRESS · CHINA

The Rotterdam Rules 2008:
Commentary to the United Nations Convention on Contracts
for the International Carriage of Goods Wholly or Partly by Sea

By Alexander von Ziegler, Johan schelin and Stefano zunarelli

This is a translation of *The Rotterdam Rules 2008: Commentary to the United Nations Convention on Contracts for the International Carriage of Goods Wholly or Partly by Sea*, by Alexander von Ziegler, Johan schelin and Stefano zunarelli, published and sold by Law Press China, by permission of Kluwer Law International, Alphen aan den Rijin, The Netherlands, the owner of all rights to publish and sell same.

《2008年鹿特丹规则》是上述英文原著的中文翻译作品。
英文原著的作者是:(瑞士)亚历山大·凡·基格勒、(瑞典)约翰·斯蔡林、(意大利)斯蒂佛诺·祖纳若礼。
本中译本经英文原著的出版发行权利人位于莱茵河畔阿尔芬的荷兰威科法律国际许可,由法律出版社出版发行。

著作权合同登记号
图字:01-2015-0623

本书由大连市人民政府资助出版

The published book is sponsored
by the Dalian Municipal Government

人员都相信《鹿特丹规则》并不会仅仅局限于特定地域，而是应当作为唯一的统领海上运输合同并在全球范围内适用的一部成功力作。也只有这个新公约在全球范围内得以普遍适用，才不枉国际贸易和海事界联手完成的这一胜利果实，而这也正是本书所要实现的明确目标。

2009 年 8 月于苏黎世、斯德格尔摩、博洛尼亚[1]

亚历山大·凡·基格勒

约翰·斯蔡林

斯蒂佛诺·祖纳若礼

1 2009 年 9 月 23 日《鹿特丹规则》在荷兰鹿特丹港举行签字仪式，开放供各成员国签署。此书完成时间先于公约签字日期。——译者说明

序　言

杰尼·瑟克莱克*

有关调整海上货物运输的机制长期以来一直饱受批评，例如内容过时；体系支离破碎；与其他相关运输机制不能协调，导致无法预测的后果；或者对合同的当代发展实践构成障碍等。《汉堡规则》在1978年诞生之日就力图改变这一现象，但是在其生效之时，已经落入无法能够被广泛接受的现实。显而易见《汉堡规则》并没有涉及现代海上运输的一些重要事项。同时人们意识到现有机制，不论是基于《海牙规则》、《海牙—维斯比规则》，还是《汉堡规则》，都不能完全满足现代贸易实践的发展需要，例如无法满足包括海上货物运输在内的，作为广泛意义上门到门商业运输的需求，也不能满足电子商务的需求。然而，长期以来这些久为人们诟病的意见和批评并没有形成一股合力，从而找到一个可行方案来改变这一现状。

影响法律机制变革进程的其中一个原因就是，缺乏一项能够赢得众多拥护者的与海上货物运输有关的法律机制，而且与海上运输有关的利益方很难就此达成共识。这些最直接的利益方除了包括与托运人订立运输合同的海运承运人以外，还包括实际履行全部或部分海上运输的其他海运承运人以及在港口区域完成特定服务的其他当事方，如经营仓库、码头以及装卸业务的公司等。此外这些利益方还包括在海运前或海运后通过订立合同或分合同履行运输服务的其他陆地承运人。此外，运输机制还十分明显地涉及货物进出口方的风险和买卖合同的履行，以及对该交易行为提供银行融资业务的风险和利益。有时还会涉及货运代理人、货物保险人、责任保险人所代表的或与之交易的相关利益方的利益。然而，实践中这些企业看起来对于运输机制如何影响其所代表的市场地位存在各自不同的想法。

---

* 自2001年2月至2008年7月，任联合国国际贸易法律委员会秘书，联合国法律事务办公室国际贸易法负责人。

各国政府已经意识到这种令人无法满意的现状已经出现,但是感觉很难能够通过一个共同途径予以解决,因为上述问题异常复杂并且不同利益方之间难以达成解决问题方案的共识。有意思的是,责任机制一直被认为是最主要的问题,而且对此尚没有达成任何有预见性的协议。然而当责任机制以外的其他事项成为主要问题时,就完全有可能对预期达成的妥协和有效解决方式进行有意义的探讨。

联合国国际贸易法律委员会,作为全球性质的政府间国际组织,在商事法律一些重要的和有争议的领域,具有丰富的立法经验。因此当一些国家政府对这些问题存在争议时,丝毫不令人奇怪的就是联合国国际贸易法律委员会承担起重任。联合国国际贸易法律委员会一直以来都保留着友好合作的氛围,通过并包括协商在内的多种工作方法便利各方意见的充分表达,从而能够满足发展中国家和发达国家之间的利益平衡以及能够考虑业界不同利益方的广泛需求。联合国国际贸易法律委员会最早涉及上述问题的关注始于对电子商务问题的讨论。[1] 在相关讨论中,大家意识到在海上货物运输中,日益增长的电子商务实践与各自独立的并且显得过时的一些法律机制之间存在冲突。特别是各国国内法和国际条约对于一些事项的规定存在空白,例如提单和海运单的功能,货物进出口方之间权利义务条款与这些单证的关系,以及为买卖合同提供财务安排的企业的权利义务与这些单证的关系等,需要注意的是这些买卖合同是订立运输合同的基础。这些不足不但增加了交易成本,而且对于跨越国境的货物流动构成很大障碍。

上述讨论并没有立即形成一个能够解决问题并达成共识的方案。一些代表们提出质疑,特别指出有关新的立法工作可能意味着重新考虑一个责任机制问题。那些希望尽快看到工作进展的代表们则对此提出不同意见,认为重新考虑责任机制不应当成为未来工作的主要障碍,而是有必要对现有公约未能解决的问题开展相关工作,以便能够建立一个更具综合性、更具现代化的解决方式。基于上述争论,各方无法得出明确的结论,因此联合国国际贸易法律委员会要求其秘书处能够收集实践中与上述问题有关的信息、意见和建议以及可能解决这些问题的途径。根据联合国国际贸易法律委员会一贯工作方式,该组织开展了广泛的信息收集工作,一些国家政府,包括那些与海上货物运输有关的代表商事利

---

1 详见联合国国际贸易法律委员会关于国际贸易法第 29 次会议的报告(1996 年 5 月 28 日至 6 月 14 日在纽约召开)。大会第 51 次会议官方记录(参见 Suppl. No. 17 A/51/17 文件),第 210–215 段内容。这些争论都是基于有关电子数据交换工作组第 30 次会议报告内容产生(1996 年 2 月 26 日至 3 月 8 日在维也纳举行)(该工作组事后被重新命名为“电子商务工作组”),参见 Doc. A/CN. 9/421 文件,第 104–108 段内容。

益的一些国际组织也参与其中。联合国国际贸易法律委员会秘书处与国际海事委员会在有关国际货物运输涉及的相关观点以及着手准备分析上述信息方面，进行了有益的卓有成效的合作。联合国国际贸易法律委员会各国家政府成员也表示欢迎由国际海事委员会和联合国国际贸易法律委员会秘书处共同完成此项研究工作并且对国际海事委员会能够愿意进行相关的合作表示感谢。[2]

在1999年，国际海事委员会参加了联合国国际贸易法律委员会年会并且在会议上作了一个报告，表明国际海事委员会已经成立了一个工作小组着手在更为广泛的领域进行国际运输法的研究，以便于满足涉及国际运输的各个行业能够达到一定程度的统一或和谐的目标。[3] 国际海事委员会成立的这一工作组从成立伊始就克服了旧有模式，因为涉及的相关行业对此都表示出浓厚的兴趣而且都表示可以在相关领域提供技术上和法律上的支持，以考虑找到可能的解决方案。通过国际海事委员会工作组的前期准备工作，可以看出在运输法领域取得协调一致目标的可能性是完全存在的。工作组首先确认了现有国际条约框架下未能涵盖的一些问题，例如尽管电子商务日益发挥着重要作用，但缺乏有关电子商务的协调机制。基于上述背景以及工作组活动的开展，越来越多的国家开始接受这样的理念，即应该将重新评价责任原则和确定可能协调这些责任原则的新的解决方案纳入联合国国际贸易法律委员会工作日程中。[4]

2000年联合国国际贸易法律委员会再次探讨这些议题。[5] 国际海事委员会同时成立了一个国际分委员会以便于对讨论议题进行评估工作。国际海事委员会国际分委员会为此先后召开了多次会议，国际海事委员会所有会员均被邀请参加会议。此外联合国国际贸易法律委员会以及其他一些国际组织，如国际商会（ICC）、国际货运代理人协会联合会（FIATA）、国际航运公会（ICS）、波罗的海国际航运公会（BIMCO）、海上保险国际联盟（IUM）以及国际保赔协会集团（P&I Club）等也作为观察员出席这些会议。会议形成的一项卓有成效的共识就是，如果能够建立一个统一的国际运输机制，那么作为运输环节中不可分割的装船前和卸船后发生的运输，与现有适用于不同运输方式的强制性国际法律机制之间存在哪些差异和不同要进行评估。联合国国际贸易法律委员会接受了这些意见。一些国家代表团也表示在其国内通过海上

---

2 参见联合国有关国际贸易法律委员会第31次会议工作报告（在1998年6月1日-12日在纽约召开），大会第53次会议官方记录（Suppl. no. 17 A/53/17），第260-267段内容。

3 参见联合国有关国际贸易法律委员会第32次会议工作报告（在1999年5月17日-6月4日在维也纳召开），大会第54次会议官方记录（Suppl. no. 17 A/54/17），第413-414段内容。

4 参见联合国有关国际贸易法律委员会第32次会议工作报告（在1999年5月17日-6月4日在维也纳召开），大会第54次会议官方记录（Suppl. no. 17 A/54/17），第417-418段内容。

5 参见秘书处关于“运输法未来可能进行的工作”的报告，Doc. A/CN. 9/476，2000年3月31日。

运输完成的门至门运输日益增长，并且认为有必要从更为广泛的视角来重新审视有关货物灭失或损坏的责任规则。[6]

能够体现上述内容的一项重要事件就是在2000年7月由联合国国际贸易法律委员会秘书处协同国际海事委员会在纽约召开的研讨会。[7] 研讨会召开之际，恰逢联合国国际贸易法律委员会第33届年会，因此各国政府享有一天的会议时间，就运输行业涉及的相关问题，以非官方的名义充分发表自己的观点。对此感兴趣的一些国际组织以及代表承运人和托运人利益的行业代表都充分发表了自己的观点和意见。大多数发言人都提及有关运输的各国法律与国际公约之见存在巨大差异，而且都共同表述了这样的观点：随着多式联运的发展以及电子商务的广泛使用，现行运输法机制应当进行改革以调整运输合同的方方面面，而不论采用哪一种运输方式，也不论合同是通过电子方式订立还是书面形式订立。一些发言人还提出有必要就当事方的作用、责任和权利，货物交付，货物发生灭失、损坏区段不明的案件，责任制度，责任限制等方面制定规则并明确予以界定。同时也有人指出在起草相关解决方案的同时要谨记避免海上欺诈的问题。联合国国际贸易法律委员会对来自各方的意见表示欢迎，同时要求秘书处就此准备一份报告以记录运输法中的相关争议问题，便于委员会开展将来的工作。

秘书处在2001年5月发表题为“运输法未来可能进行的工作”的报告。报告中还建议联合国国际贸易法律委员会，为了促使运输法律的现代化进程，是时候将已经完成的协商工作能够形成一份国际文书，而这份国际文书有可能成为一项国际条约；同时建议应当考虑技术上的最新发展，包括电子商务问题；并考虑减少国际海上货物运输方面存在的法律问题。秘书处在这份报告中还建议联合国国际贸易法律委员会能够考虑国际海事委员会，特别是其国际分委员会正在进行的工作情况以及该分委员会就未来制定的法律文本正在进行相关的起草准备工作以便解决运输法律中出现的问题。报告中还进一步建议，如果联合国国际贸易法律委员会能够决定，并尽可能在第二年就应当开始对未来制定国际文本的可行性、适用范围和内容等问题予以考虑并进行政府间协商。[8]

在2001年的年会上，尽管仍然存在不同的声音，但是联合国国际贸易法律委员会越来越确信应当投入一定的人力和物力，是时候开展国际文本的起草工

---

6 联合国有关国际贸易法律委员会第33次会议工作报告(在2000年6月12日–7月7日在纽约召开)，大会第55次会议官方记录(Suppl. no. 17 A/55/17)，第420–425段内容。

7 参见联合国有关国际贸易法律委员会第33次会议工作报告(在2000年6月12日–7月7日在纽约召开)，大会第55次会议官方记录(Suppl. no. 17 A/55/17)，第426段内容。

8 参见秘书处关于“运输法未来可能进行的工作”的报告，Doc. A/CN. 9/497，2001年5月2日，第54–55段内容。

作，以便于能够从一个全新的、适用范围更广泛的视角看待海上货物运输法律问题。为实现这一目的，联合国国际贸易法律委员会成立了一个由各个成员国政府参与的工作组，其工作范围就是考虑进行相关的协商包括责任承担。此外，联合国国际贸易法律委员会决定该工作组首先考虑的问题应当是包含港至港在内的运输操作问题。然而又允许工作组可以自行决定是否存在涉及门至门运输操作问题的必要性和可行性，或者与这些操作相关的事项，以及根据这些研究成果有向联合国国际贸易法律委员会进一步提出建议的权利，以便联合国国际贸易法律委员会将来能够确定是否进一步扩展工作组的研究范围。[9]

在2002年年末，联合国国际贸易法律委员会再一次考虑工作组的研究范围问题，并且批准了工作组提出要将起草的文本适用于门至门运输操作的设想。这一决定的做出，主要是考虑到一些代表团强烈建议在协调有关门至门运输的法律机制方面存在十分必要的现实需要，因为在实践中相当数量的运输，特别是集装箱货物运输采用门至门运输合同。[10] 在工作组成立后的非正式磋商中，西班牙政府表示已经准备拟推举著名学者及律师——拉夫·伊莱克斯·奥提兹（Rafael Illescas Ortiz）教授担任该工作组主席候选人。随后在工作组历次会议上，伊莱克斯（Illescas）教授都被推举为工作组主席。伊莱克斯教授凭借着在运输法律领域的渊博学识和丰富的外交技能，自工作组第一届会议担任主席职务，一直担任这一职位直至2008年年初的最后一届工作组会议。在工作组最后一届会议上，工作组已经完成公约草案文本的全部制定工作并向联合国国际贸易法律委员会大会提交该公约草案。[11] 2008年夏天，根据日程安排，公约草案被提交给联合国国际贸易法律委员会全体会议进行最后一轮的实质磋商。此时恰逢联合国所谓的“西方及其他集团”（Western and other Group）有权提议联合国国际贸易法律委员会全体会议的主席候选人名单。伊莱克斯教授作为西班牙政府代表，毫不意外地被一致推选为联合国国际贸易法律委员会第41届大会的主席。副主席则由来自塞内加尔的阿玛多·凯恩·狄阿罗（Amadou Kane Diallo）先生，来自智利的瑞克多·萨多瓦·罗帕兹（Ricado Sandoval López）先生以及来自日本的藤田友敬（Tomotaka Fujita）先生担任，大会报告人则由来自拉脱维亚的安尼塔·季克曼（Anita Zikmane）先生担任。在本次会议上，经过长达两个

9 参见联合国国际贸易法律委员会第34次会议工作报告（在2001年6月25日–7月13日在维也纳召开），大会第56次会议官方记录（Suppl. no. 17 A/56/17），第337–345段内容。

10 参见联合国国际贸易法律委员会第35次会议工作报告（在2002年6月17–28日在纽约召开），大会第57次会议官方记录（Suppl. no. 17 A/57/17），第223–224段内容。

11 参见第三工作组有关第21次会议工作报告（在2008年1月14日–25日在维也纳召开），Doc. A/CN. 645；公约草案得到工作组批准并附在该工作报告的附件中。

星期的讨论,一些涉及运输领域的复杂问题得以解决,并最终达成共识同意将公约草案提交给联合国大会通过。[12]

联合国国际贸易法律委员会对公约草案条文的历次磋商和讨论均有记录,考虑到公约文本涉及解决方案的合理性以及文本体现出各方系经过认真协商并达成妥协的结果,使得联合国大会足以确信并在2008年12月11日召开的会议上一致同意批准通过该公约,而没有另外提出任何议题。大会还授权同意公约开放签字仪式将于2009年9月23日在荷兰鹿特丹港举行,并建议公约以《鹿特丹规则》命名。[13]

毫无疑问,尽管现有的机制对于解决现代运输实践中的相关问题已经显得无能为力是非常明显和突出的现象,但是《鹿特丹规则》在其正式生效以前还需要经过各方的仔细审视。如果秉承公共政策原则来认真审视公约条文,可以发现该公约是满足不同利益方并进行利益平衡的结果,公约鼓励并顺应货物买卖合同实践发展需要,帮助当事方采用更加理智的方式以促使风险的适当分配,并且公约为通过海上运输方式完成的货物买卖合同的财务安排途径提供便利。因此我坚信这些特点恰恰是公约所要努力寻求的目标。当然公约还有待于涉及海上货物运输的各利益方团体对公约的进一步评价或是否对公约存在商业上的兴趣。我相信这些评价将会取得积极的效果,因为这些利益方均无法否认公约是各方利益平衡的结果;也会感受到对于其各自法律地位问题,公约给予了更加明确的规定;公约为合同当事方可以通过合同来扩展该公约对整个运输环节的适用提供更多的可能;根据该公约,使用电子运输记录有了更加明确的法律基础,同时公约提供了相当灵活的方式预留部分余地以满足贸易实践发展过程中的不同需求。

本书是由非常熟悉公约自始至终磋商过程的各位专家学者撰写的,相信本书的内容对于需要了解新的公约机制的律师以及各国立法者都是不可或缺的佳作。

---

12 参见联合国国际贸易法律委员会第41次会议工作报告(在2008年6月16日-7月3日在纽约召开),大会第63次会议官方记录(suppl. no. 17 A/63/17);公约草案得到联合国国际贸易法律委员会批准并附在该工作报告的附件中。

13 参见联合国大会63/122号决议。

简　目

目 录

引　言

弗兰西斯科·白林吉尔(Francesco Berlingieri)*

1　统一运输法的现代路径

当国际海事委员会执行委员会在 1988 年考虑两年后在巴黎举行的会议议程的主题时,本人谨慎的考虑《海牙—维斯比规则》是否仍然满足现代运输需求的问题,并且建议应该到了考虑是否有必要对该规则进行修正的时候。本人的建议催生了国际海事委员会下设的一个国际分委员会(ISC)的成立,其主要任务就是考虑“90 年代国际海上货物运输法律统一”的主题。这个研究课题由国际分委员会[1]以草案的形式进行准备,当其被提交给 1990 年 6 月举行的巴黎会议时被冠上如下副标题:“《海牙—维斯比规则》存在的问题及可能的解决方案”,该研究课题还涵盖其他一些值得考虑的相关问题。[2] 在巴黎会议上,对这个研究草案进行了讨论,并根据与会 41 个国家海商法协会出席代表的意见进行了修正,并且最后通过了一个宣言以便作为“未来工作的基础”。[3]

这项工作实际上是在 1994 年重新开始,同年 10 月国际海事委员会的执行委员会在悉尼举行的会议上通过了一个问题单,以征求国际海事委员会的所有国家海商法协会成员在寻求“有关海运货物承运人责任的不同法律机制差异日益扩大”问题的补救方案的意见。其中最突出的问题是如下几个:[4]

(1)是否应采取行动来修改《汉堡规则》? 如果需要,你认为《汉堡规则》需要作出哪些根本修改?

(2)是否需要采取行动使《海牙—维斯比规则》更具有时代气息? 如果需要,你认为《海牙—维斯比规则》需要作出哪些根本修改?

---

* 前意大利热那亚大学海商法教授,国际海事委员会名誉主席,Legale Berlingieri 工作室高级合伙人、发起人,联合国国际贸易法律委员会第三工作组(运输法)意大利国家政府代表团成员。

1 国际海事委员会第三十四届会议——巴黎 I,第 54 页。

2 国际分委员会选出的议题如下:(1)承运人的确认;(2)强制制度下的合同和文件;(3)舱面货物;(4)责任期间;(5)责任的豁免;(6)责任限制;(7)绕航;(8)迟延;(9)货损。

3 海上货物运输法律统一的巴黎宣言,1990 年 6 月 29 日,国际海事委员会第三十四届会议——巴黎 II,第 108 页。

4 问题单的全部内容以及各国海商法协会的答复,参见国际海事委员会 1995 年第 1 号简讯(CMI News Letter)。

随后国际分委员会成立,在其后举办的 5 次会议中,主要对《海牙—维斯比规则》和《汉堡规则》中最具有关联性的条文内容进行分析。[5]

在联合国方面,联合国国际贸易法律委员会(UNCITRAL)在 1996 年举行的第 29 次会议上提出一项建议案:把对国际海上货物运输领域内的现行惯例和法律的审查包括在其工作计划之内。当国际海事委员会了解到这件事情以后,本人和时任国际海事委员会主席的阿兰·菲利普教授(Allan Philip),在维也纳与联合国国际贸易法律委员会的秘书葛若德·黑曼博士(Gerold Herrmann)和热内·赛克莱克(Jernej Sekolec),就联合国国际贸易法律委员会与国际海事委员会之间未来可能的合作问题进行了一次非正式的会晤。[6]

随后在 1997 年,国际海事委员会执行委员会成立了一个专门针对运输法议题的工作组,斯图尔特·拜惹先生(Stuart Beare)担任组长,迈克尔·斯特雷教授(Michael Sturley)作为报告人。[7] 该工作组起草了另一份问题单,并在 1999 年 5 月发放给各国国家海商法协会,国际海事委员会在 1999 年 11 月成立了一个新的国际分委员会以便对各国海商法协会的答复进行分析。在 2000 年 7 月,一直关注着国际海事委员会工作进展的联合国国际贸易法律委员会秘书处与国际海事委员会共同召开了一个有关运输法的研讨会。[8] 国际分委员会准备了一份文本草案,并且拟提交给在 2001 年 2 月在新加坡举行的国际海事委员会大会予以考虑。经过多次修改,这份文本草案得到了国际海事委员会执行委员会的批准并在 2001 年 12 月被提交给了联合国国际贸易法律委员会。[9]

这份草案每一项条文都附有评论与意见,被联合国国际贸易法律委员会秘书处收录在联合国国际贸易法律委员会文件中,[10]并且供 UNCITRAL 运输法工作组于 2002 年 4 月 15 日至 26 日将在纽约举行的第 9 次会议上予以考虑。[11] 此

---

5 五次国际分委员会关于"海上货物运输法律统一"的 5 次会议报告,发表在 1995 年国际海事委员会年报(第 107-243 页),1996 年年报(第 342-420 页)以及 1997 年年报(第 288-356 页)。

6 在 1992 年 6 月在热那亚举行的"关于海上运输现实问题的国际会议"上,Sweeney 教授提交的会议论文中已经指出,"现在已经到了 CMI 和 UNCITRAL 进行合作的时候了"("有关海运承运人责任机制统一问题",Il Diritto Marittime(1992):946,979)。

7 国际海事委员会 1998 年第 2 号简讯第 3 页,参见 CMI 官方网站:www. comitemaritimeinternational. org。

8 参见联合国国际贸易法律委员会运输法工作组第 9 次会议工作报告,UN Doc. A/CN. 9/510(2002 年 4 月 15-26 日),第 8、9 段。

9 S. N. Beare:"国际海事委员会有关运输法的文本起草",CMI2001 年第 3 号简讯,第 2 页。

10 参见联合国国际贸易法律委员会秘书处记录的"运输法:海上货物运输最初文本草案",UN Doc. A/CN. 9/WG/IIIWP. 21 文件,2002 年 1 月 8 日。

11 参见联合国国际贸易法律委员会运输法工作组第 9 次会议工作报告,UN Doc. A/CN9/510(2002 年 4 月 15-26 日)。

后该工作组在后续的12次会议中对这份文本草案进行了详细的研究。该文本草案随后在2008年6月被提交给联合国国际贸易法律委员会大会,并在2008年7月3日获得大会批准,同时同意提交给联合国大会。联合国大会于2008年12月批准了这个公约。

2 公约的体系框架

目前的公约体系是工作组先后历经13次会议不断精炼的成果。国际海事委员会最初提交给联合国国际贸易法律委员会的文本草案由17章组成,每一章分为若干段落,这些段落并没有依次进行顺序编号;关于责任限制的条款被囊括在承运人责任这一章;其中有一章是关于运费内容,但是没有任何关于管辖和仲裁的条款。

在公约的最终体系安排中,一共由18章组成。

第一章(总则)包含了公约使用的一些术语的定义。在国际文件中编入术语定义的做法现在已经很普遍,其基本目的在于澄清文本中所使用术语的含义。这种做法在特定情况下是必要的,因为不同术语或许会有不同的含义,而且大大增加翻译者将这些术语解释为不同于原始含义的风险。尤其是联合国文件,通常会用不同种类的语言来表述,而每一种语言的文本具有同样的效力。在这一章里,界定了运输合同的定义,该定义也包含了公约的适用范围并且规定该合同应该包含"海上运输区段以及可以规定海上运输以外的其他运输方式下的运输区段"。当然,公约定义部分还包括了一些为本公约目的而创设的一些术语,如"履约方"、"海运履约方"、"单证托运人"还有"电子运输记录"。

第二章(适用范围)规定了公约的适用范围,该规定首先是基于一项地域标准,其次考虑到被认为互有联系的不同标准的融合,例如合同标准,单证标准(在最初的文本草案里是唯一标准)还有贸易类型标准,这项标准在伦敦召开的有关文本草案的一个讲座中被作为主要议题进行讨论。

第三章(电子运输记录)规定了与运输单证具有相同作用的电子单证的一般条款,该电子单证被冠以"电子运输记录"的表述。此外,公约全文中,还增加了一些与运输单证有关的涉及电子运输记录的特别条款。

第四章(承运人的义务)首先规定了承运人的责任期间,该内容原本是独立一章的。[12] 承运人应当在整个责任期间内,包括货物交付期间履行承运人义务。

---

12 独立一章的规定方式在国际海事委员会最初提交的文本草案就是如此,直到联合国国际贸易法律委员会秘书处第三读时才得以变更〔见联合国国际贸易法律委员会秘书处记录——运输法:[全程或部分][海上]货物运输公约草案。UN Doc. A/CN.9/WG.III/WP.81(2007年2月13日)〕。

这些义务与《海牙—维斯比规则》第3条第2款的内容相同，但是不清楚什么原因，《海牙—维斯比规则》没有对运输环节最后一个阶段也是非常重要的环节——货物交付做任何规定。考虑到《鹿特丹规则》可能适用于门至门运输，也可能包括除船舶运输以外的其他运输方式，因此在《海牙—维斯比规则》中，有关船舶适航的义务是放在和货物有关的义务条款之前的比较重要的条文位置中，然而在《鹿特丹规则》中，与船舶适航有关的义务条款则被编排在和货物有关的义务条款之后，并且该条款的标题被限定为"适用于海上航程的特殊义务。"

第五章（承运人对灭失、损坏或延迟交付的赔偿责任）是从逻辑的角度对第四章做出补充规定，因为它明确了承运人违反和货物有关义务时所应该承担的责任，其中包括了货物的灭失，损坏和迟延交付。当然承运人还有可能违背运输合同下的其他义务，例如未能在约定的时间内将货物装上约定的船舶，或者在港至港合同中，承运人将货物卸在了约定港以外的其他港口。但是类似上述情况的违约并不在公约调整范围之内。公约将海运履约方的责任单独规定一个条款，但是非海运履约方的责任也不在公约调整范围。

第六章（有关特定运输阶段的补充条款）由于公约规定了门至门的适用范围，就决定了在公约的章节安排中，应当考虑其他相关运输方式的衔接问题。公约起草过程中就有人建议应当对一些特殊运输区段，例如海上或其他运输区段单独规定一章。因此本章包括了有关绕航和舱面货的条款，还包括了海运以外其他运输区段下适用本规则的条款。

第七章（托运人对承运人的义务）在《海牙—维斯比规则》中，首先在第3条第5款规定了托运人准确提供有关货物信息（标志等）和危险货物信息的义务，接着在第4条第3款规定了托运人对承运人遭受的灭失或损坏应承担责任的原则规定。《汉堡规则》也有类似的规定，即将托运人责任和托运人有关危险货物义务的一般规定单独规定成章，但是关于托运人提供货物准确信息的义务则规定在运输单证一章。然而，在《鹿特丹规则》中，第七章综合规定了托运人的所有义务和责任。

第八章（运输单证和电子运输记录）包括了有关运输单证和电子运输记录的签发、内容和证据效力的规定。值得一提的是，当承运人的名字未显示在运输单证或电子运输记录上时，为了更大程度上帮助收货人，公约在最后还增加了关于承运人的识别和诉讼时效的规定。此外，还有一个条款是针对合同细节的证据效力，尤其是在集装箱货物的情况下。

第九章（货物交付）。不论是《海牙—维斯比规则》还是《汉堡规则》都没有规定收货人的权利与义务问题以及货物无法交付时承运人的权利问题。由于在运输合同领域缺乏统一性的规定，使得在以往产生了很多实践问题并产生了大量争议。《鹿特丹规则》弥补了这个缺陷，首先确立了收货人接收交付货物的义务;其次明确了如果承运人无法交付货物,他应该向谁寻求相关指示;最后公约对货物无法交付的情况作出明确规定。

第十章(控制方的权利)与第九章类似,规定了在承运人接受货物至承运人向收货人交付货物期间,各方当事人的权利和义务。从运输法的角度,这些内容应留待各国国内法解决,但是非常遗憾的是,很多国家法律对此缺乏适当的明确规定。在一些国家,唯一可以认可的与此有关的内容是中途停运权,这个权利可以由未获得货款的卖方来行使。[13] 然而,在运输过程中,会出现承运人有必要获得一些货物方面的指示,比如说更换卸货港或是改变收货人。有如下三个方面特别需要加以规定:(1)何人有权向承运人发出指示;(2)向承运人发出指示的类型;(3)承运人履行这些指示后享有哪些权利。所有这些内容都明确规定在第十章中,而且有权发出指示的人被称为"控制方"。

第十一章(权利转让)系首次在一个国际公约中对可转让运输单证或可转让电子运输记录签发后的权利转让问题作出规定,同样,也是首次对上述单证或电子运输记录的持有人在其与承运人的法律关系下,是否承担运输合同责任的问题作出规定。

第十二章(赔偿责任限额)规定了承运人对于货物灭失或损坏以及迟延交付造成经济损失享有责任限制,还规定了承运人丧失责任限制的情况。最初责任限制条款被放在承运人责任一章中,[14]但是随后这部分内容被单独设立为一章,[15]并编排在承运人责任及其相关内容的章节之后。需要特别强调的是,公约规定承运人的责任限制不仅可以适用于对货物灭失或损坏的责任情形下,而且还可以适用于承运人违反公约义务的其他情形。

第十三章(时效)规定了诉讼时效问题。该诉讼时效为2年,与《汉堡规则》的规定相同,但是不能被中止或者中断,这样可以避免像其他一些公约可能产生的一些不确定因素,如择地行诉问题等。[16]

第十四章和第十五章(管辖权和仲裁)分别规定了管辖和仲裁问题。这两章的共同特征在于它们是否适用有赖于第76条和第80条规定的选择性适用条款。

第十六章(合同条款的有效性)规定了允许合同自由约定的情况。之所以采用现在这个标题,是由于公约对合同的自由采用了两种相反的方式加以规定:

---

13 J. Ramberg:《国际商事交易》(斯德哥尔摩,2000),第44页。

14 参见联合国国际贸易法律委员会秘书处记录——运输法:[全程或部分][海上]货物运输公约草案。UN Doc. A/CN.9/WG.III/WP.32(2003年9月4日)。

15 参见联合国国际贸易法律委员会秘书处记录——运输法:[全程或部分][海上]货物运输公约草案。UN Doc. A/CN.9/WG.III/WP.56(2005年9月8日)。

16 例如,1974年雅典公约第4(3)条款。

第81条规定了合同条款无效的情形,而第82条和第83条分别规定了批量合同、活动物与特种货物运输合同可以允许一定条件下的自由约定情形。

第十七章(本公约不管辖的事项)规定了《鹿特丹规则》和其他公约之间的关系问题。

第十八章(最后条款)包含了一些最后条款,其中有两条特别值得一提,第91条涉及退出《海牙规则》或《海牙—维斯比规则》以及《汉堡规则》而加入《鹿特丹规则》的协调问题。第95条规定了由欧共体建议的关于区域经济一体化组织的参与问题。

3 《鹿特丹规则》和现有法律体系

3.1 一般规定

当各国在考虑是否要批准或同意加入《鹿特丹规则》时,显然他们要顾及他们本国产业的意见,而这些意见将基于对《鹿特丹规则》和现行国际性强制适用的统一规则的比较而形成,现行国际性强制适用的统一规则包括《海牙规则》,《海牙—维斯比规则》,经修正的《海牙—维斯比规则》特别提款权议定书,[17]以及《汉堡规则》。当然,每个国家中的产业意见随着涉及的分支产业的不同而有所不同,该国的最终决定或许是基于最能体现其国家利益的考虑或是基于相互冲突的不同利益方之间的平衡妥协。因此从国家产业中那些或多或少和海运贸易有联系的分支产业的立场来考虑和比较现在的统一规则与《鹿特丹规则》,或许是一种有益的尝试。这种尝试将考虑以下有关当事方的利益:

——订约承运人

——履行海上运输的区段承运人

——其他海运履约方:港口经营人,装卸公司和其他港口企业

——其他运输方式下的承运人

——托运人

——买方

——收货人

——船东互保协会

——货物保险人

——银行

---

17 凡提及保持不变的条款,均针对《海牙规则》;凡提及经维斯比修正或增加的条款,针对的是《海牙—维斯比规则》;仅在涉及责任限制时,是指经过特别提款权(SDR)修正的议定书。

3.2 订约承运人

3.2.1 适用范围

3.2.1.1 适用的地域范围

所有现行规则仅仅适用于国际运输。而且都要求运输在一定程度上与缔约国存在关联,但是《海牙规则》仅适用于提单签发地在缔约国的情况,《海牙—维斯比规则》除了适用上述情形以外,还适用于运输起始地在缔约国的情况,《汉堡规则》则同时适用于缔约国装货港和卸货港的情形。此外,当事双方通过合同约定或者某个国家的国内法明确规定可以适用《海牙—维斯比规则》和《汉堡规则》的,均可扩大上述公约的适用范围。

《鹿特丹规则》区别于在其之前产生的现行规则在于:(1)该规则将装货港至卸货港扩大到收货地至卸货地,但规则要求其中的海上运输应当是国际海上运输;并且(2)与《海牙—维斯比规则》、《汉堡规则》不同,《鹿特丹规则》并没有规定可以允许当事人通过合同约定扩大公约适用的情形。因此如果装货港和卸货港都在非缔约国,只要他们属于不同的国家,并且收货地或者交货地在缔约国境内,该规则还是可以适用。

3.2.1.2 合同标准/单证标准/不同贸易类型标准

《海牙规则》排他性地采用了单证标准——即《海牙规则》适用于提单或类似权利凭证所包含的运输合同。[18]《汉堡规则》则兼采合同标准和单证标准;《汉堡规则》适用于所有的海上运输合同,但不适用于租船合同。虽然不适用租船合同,但是《汉堡规则》和《海牙规则》一样,都明确规定如果在租船合同下签发了提单,则在调整承运人和提单持有人关系下,公约依然适用。

《鹿特丹规则》也采取了混合式的标准,但是采用的是第三种方式即基于不同贸易类型的标准;而且这种标准比基于单证标准的方式更具重要意义。事实上,《鹿特丹规则》最初设计的条文规则也是基于合同标准,后来采用了第二个原则,即基于不同贸易类型标准。《鹿特丹规则》适用于除租船合同和类似合同以外的所有类型的班轮运输合同,并且不适用于非班轮运输中的运输合同,但在非班轮运输合同中没有采用租船合同方式并且签发了运输单证或者电子记录的除外。

---

18 “类似权利凭证”(similar document of title)的表述出自 1921 年在海牙制定的《海牙规则》,这个词翻译成法文为“tout document similaire formant tire pour le transport des marchandises par mer”,该表述在 1924 年《海牙规则》官方法文译本中是无意义的(参见 P. Bonassies & Scapel, Droit Maritime(巴黎:LGDJ,2006),第 528 页)。

3.2.1.3 承运人的义务

《海牙规则》和《鹿特丹规则》与《汉堡规则》本质上的不同点，在于前两者事实上规定了承运人的义务并且明确承运人履行这些义务的时间与程度，而后者却没有这些规定，而仅仅规定了承运人的责任。《海牙规则》与《鹿特丹规则》也存在不同，《海牙规则》规定承运人需要在开航前与开航当时谨慎处理使船舶适航，货舱适货，然而《鹿特丹规则》规定承运人需要在开航前、开航当时以及整个海上航程中有谨慎处理使船舶适航的义务。然而从承运人的立场来看，《海牙规则》和《鹿特丹规则》有关适航义务的区别，在实践中并不像其表面上显现的那么重要，因为在《海牙规则》之下，班轮运输（是规则主要适用对象）尽管针对不同的货物，但是在船舶挂靠的所有港口都需要满足谨慎处理使船舶适航的义务。而且《国际安全管理规则》（ISM）要求安全管理体系应当包括“船、岸人员的明确权限和相互联系的渠道”，以及“事故报告及不符合规则要求的程序”。

3.2.1.4 责任机制与举证责任的分配

《海牙规则》没有明确规定有关承运人责任的条款。尽管事实上《海牙规则》第2条规定，除遵照第6条规定外，承运人都应按照下列规定涉及的有关货物装载、操作、积载、运送、保管、照料和卸载方面，承担责任和义务，并享受权利和豁免；第3条规定了承运人的义务；第4条规定了承运人的实际免责事项或者推定免责事项，尽管规则对承运人违反义务的责任没有作明确规定。在举证责任分配方面也是如此，除第4条第1款规定外，凡由于船舶不适航所引起的货物灭失或损坏，承运人应当举证证明已经谨慎处理使船舶适航，并且同样的根据第4条第2款的规定，承运人应当举证证明货物灭失或损坏是由于除外风险造成的，从而援引免责条款。

在《汉堡规则》之下，有关责任机制以及举证责任一般分配的规定体现在第5条第1款中，除非承运人证明本人、其受雇人或代理人为避免该事故及其后果发生已采取了一切所能合理要求的措施避免货物灭失、损坏的事故及其结果发生，否则承运人应对货物的灭失或损坏负责。如果没有任何关于承运人义务方面的立法指南，就承运人的责任而言，对该条款的解释与适用将会是相当困难的问题，国际统一化也将成为空谈。此外，如果货物灭失、损坏或迟延交付是由火灾和迟延引起的，在举证责任一般规则中也有例外情形，就是由索赔人承担举证责任；特别是在发生火灾的情况下，由索赔人举证是相当困难的事情。

在《鹿特丹规则》之下，举证责任的分配以及承运人的责任基础都规定得非常清楚。值得一提的是，（1）承运人对货物在其照管期间发生的灭失、损坏或者迟延负责；（2）有关驾驶和管理船舶过失的免责事项被取消；（3）明确规定对除外风险采用举证责任倒置的规定；并且（4）规定了承运人违反义务和责任承担之间的关系。

3.2.1.5 赔偿责任限额

在《海牙规则》之下,货物灭失或损坏的赔偿责任限额是每件或每单位100英镑(或等值的金价);在《海牙—维斯比规则》下,赔偿责任限额为每件或每单位10,000金法郎,并同时规定了每公斤30金法郎的限额(二者以较高者为准);在《海牙—维斯比规则》特别提款权议定书中,根据金法郎和特别提款权的兑换率,上述赔偿责任限制数额为每件或每单位666.67特别提款权或者每公斤2特别提款权*。根据相关统计数据资料显示,根据英镑与黄金的价值比率,用金法郎计算的每件或每单位的责任限制数额要比用英镑兑换黄金价值计算出来的赔偿责任限制数额低20%到25%。[19] 随后在《汉堡规则》中,这个责任限制数额被提高到每公斤2.5特别提款权和每件或每单位835特别提款权。在《鹿特丹规则》中,货物灭失、损坏的赔偿责任限制数额再次被提高到每公斤3特别提款权和每件或每单位875特别提款权,但就迟延交付造成经济损失的责任限额,《鹿特丹规则》的规定与《汉堡规则》的相关规定一致,即为该迟延交付货物应收运费的2.5倍。如果从加入经修正的《海牙—维斯比规则》特别提款权议定书的成员国的立场来看,《鹿特丹规则》的条文变化,使得每公斤的责任限制数额提高了50%,每件或每单位的责任限制数额提高了31%;如果从《汉堡规则》成员国的立场来看,《鹿特丹规则》的条文变化,使得每公斤责任限制数额和每件或每单位责任限制数额分别被提高了20%和4.8%。[20] 自《汉堡规则》被采纳到《鹿特丹规则》的产生,两个规则有关赔偿责任限制数额增长比率存在如此差异是因为货物集装箱化的出现,使得单件货物的平均尺寸明显缩小,单件货物的重量显著减轻。[21]

3.2.1.6 托运人的义务和责任

《海牙规则》没有包含任何有关托运人义务的条款。只有三项内容涉及托运人的责任,散见在不同的条款中。根据第3条第5款,托运人对因其未正确提

---

* 原文为667.67特别提款权,译者认为属于笔误,故根据公约规定,采用666.67特别提款权。——译者注

19 1924年8月24日关于统一提单若干法律规定的国际公约的准备工作材料——《海牙规则》及其1958年2月23日议定书以及1979年12月21日协议书——《海牙—维斯比规则》,F Berlingieri编辑(安特卫普,1997年),第524页。

20 这个增长幅度远远小于1978年至2006年间用特别提款权横重的消费物价指数(CPI)的增幅,后者的增幅高达176%。作者十分感激Atish Ghosh先生、主要战略问题、RES以及国际货币基金组织提供的相关信息。

21 联合国国际贸易法律委员会工作组有关责任限制的讨论,参见联合国国际贸易法律委员会第三工作组(运输法)关于第20次会议的报告,UN Doc. A/CN. 9/642(2007年10月15-25日),第133-166段,以及联合国国际贸易法律委员会第三工作组(运输法)关于第21次会议的报告,UN Doc. A/CN. 9/645(2008年1月14-15日),第183-203段。

供货物的信息而给承运人造成的灭失、损坏或费用承担赔偿责任。根据第4条第3款,对于任何非因托运人的过失或疏忽所引起的使承运人或船舶遭受的灭失或损坏,托运人不负责任;言外之意,如果这种灭失或损坏是由于托运人的行为、过失或疏忽引起的,托运人需要承担赔偿责任。根据第4条第6款,托运人对于危险货物造成的灭失或损坏承担赔偿责任。

在《汉堡规则》中,有独立一章(第三部分)专门规定托运人的责任,其中包括两个条款。第一条原则上排除了托运人对承运人的责任,除非承运人遭受的损失是由托运人的过失或疏忽引起的;第二条规定了托运人对于危险货物的义务和责任。然而,像《海牙规则》一样,《汉堡规则》并没有将托运人义务和责任的条款规定在这一章,例如有关托运人提供货物信息方面的责任被规定在运输单证一章中(第四部分),该规定和《海牙规则》第3条第5款中的相应规定一致,都明确了托运人的严格责任。

《鹿特丹规则》则包含了这样一条适当规定,内容涉及托运人对承运人的义务,托运人违反这些义务时需要承担的责任,以及责任基础。事实上托运人应当:(1)交付货物,使得该货物处于能够承受住预定运输的状态;(2)向承运人提供相关的信息、指示和文件,以便于承运人能够正确地操作货物并且能够遵守相关法律和法规的规定;(3)向承运人提供履行合同具体事项需要的信息;(4)将货物的危险性质告知承运人。在第(1)和(2)项义务中,托运人的责任基础是过失责任;在第(3)和(4)项义务中,托运人责任基础是严格责任。

3.2.1.7　运输单证

在关于运输单证的规则中,承运人对运输单证中所包含的货物信息的证据效力方面特别感兴趣。

《海牙规则》包含这样一项条款,即如果承运人有合理的根据怀疑相关信息不能反映实际收到货物的真实情况,或无适当的方法进行核对,则承运人可以拒绝将货物的信息记载在提单上。这项条款很难解释,因为即使处于《海牙规则》起草阶段的时期,通常做法是承运人根据托运人提供的信息来填写提单内容,在对这些信息存在怀疑的情况下,承运人会加上一些条款例如"据称重量为……""据称内装……"等。尽管看来法理上已经承认了这种惯例,但是这种做法很难适用于集装箱货物,尤其是在重量方面。这些未被证实的信息在证据效力上通常只能作为初步证据。

《海牙—维斯比规则》在证据效力方面与《海牙规则》有所不同,因为《海牙—维斯比规则》还增加了一项规定,即当提单被转让至善意第三人之时,承运人提出与提单记载事项相反的证明不被认可。

《汉堡规则》非常正确地取消了承运人有权拒绝在提单上载明怀疑信息的条款,取而代之的是承运人有权对怀疑的信息做出保留的权利。但是《汉堡规则》并没有从单证持有人的立场去考虑问题,也没有规定在明确知道货物信息为错误时,承运人有拒绝载明错误信息的义务。此外,当《汉堡规则》被通过时,集装箱货物的贸易刚刚处于起步阶段,因此该规则并没有规定托运人所提供的关于集装箱货物的信息认证。对于这些未证实信息的证据效力,《汉堡规则》采纳了和《海牙—维斯比规则》类似的做法。

《鹿特丹规则》在如下方面,与《海牙规则》、《海牙—维斯比规则》、《汉堡规则》存在差异:(1)《鹿特丹规则》适用于任何类型的运输单证,不论是可转让的还是不可转让的,而且还适用于任何类型的电子运输记录;(2)《鹿特丹规则》既保护承运人也保护单证持有人,它清楚地规定了承运人有权对托运人提供信息作出保留的情况,同时也清楚地规定承运人应受所保留信息的约束;(3)《鹿特丹规则》有调整集装箱货物的专门条款。

在未证实信息的证据效力方面,《鹿特丹规则》也不同于《海牙—维斯比规则》和《汉堡规则》。事实上当(1)签发一份必须凭单交货的不可转让单证的情形下,任何相反的证据都是不被接受的;并且(2)当一些特定合同事项载于不可转让的运输单证或不可转让的电子记录,该运输单证或电子记录已经转让给善意行事的收货人时,任何相反的证据都是不被接受的。因此《鹿特丹规则》有关该条款的适用范围要大大宽泛于《海牙—维斯比规则》和《汉堡规则》的相关规定。

3.2.1.8 抵达目的地后的权利和义务

在《海牙规则》中,没有关于货物抵达目的地后承运人对货物的权利和义务的条款,因此该阶段的权利和义务适用于运输合同的准据法律(或者在特定情况下,适用目的地的强制法律规定)。然而一旦出现问题,通常情况下有必要去寻找解决这个问题的方法以避免损坏及费用发生,因此缺乏这方面的统一规则可能产生很多困难。可能产生的情况包括:(1)有权要求提货的人发出要求承运人交付货物的请求;(2)无法证明其有权提货的人发出要求承运人交付货物的请求;(3)先前要求承运人交货的人拒绝接收货物交付;以及(4)无人提出交付货物的请求。

《汉堡规则》在这方面与《海牙规则》并没有不同,因为《汉堡规则》也没有规定在上述情况下托运人或者承运人的义务。

《鹿特丹规则》做法不同,概括起来包括如下内容:(1)规则根据是否签发了不可转让的运输单证,或者签发了载有凭单交货的不可转让运输单证或者是否是可转让的运输单证等不同情形,来识别谁是有权主张交付货物的人;(2)规则要求在货物交付给收货人之后他应当确认收到货物;(3)规则规定了货物不可交付的情况;(4)规则规定了承运人对于无法交付货物的相关权利和义务。

3.2.1.9 合同自由

《海牙规则》第3条第8款规定了承运人的权利和义务,以及赔偿责任限制条款,而且这些条款都是强制适用的。但是作为上述一般规定的例外情形,《海牙规则》第6条规定在不违反公共政策并且满足如下两个条件时,允许合同自由:(1)没有签发提单;并且(2)被赋予了合同自由的货物不属于通常商业运送的货物(有人或许会质疑这项条款该如何适用,因为《海牙规则》仅适用于签发提单的情况)。

然而在《汉堡规则》中,其条款的强制性不存在任何例外。在这一点上值得一提的是,根据第2条第4款,《汉堡规则》还适用于在一个约定期限内将要分批运送货物的运输合同。

除了作出与《海牙规则》类似的条款外,《鹿特丹规则》允许在特定情况下,[22]满足特定限制条件时,[23]对第1条第2款界定的批量合同适用合同自由原则。然而托运人以外的其他人不受那些背离规则的合同条款约束,除非这些人书面明确表示愿意接受。

3.2.1.10 对现有不同制度差异性的全面评估

3.2.1.10.1 《鹿特丹规则》同时有利于承运人和托运人或收货人的主要变化

(1)规则适用范围扩大。

(2)关于电子运输记录的规定。

(3)有关举证责任分配方面有更加清晰和完善的规定。

(4)关于运输单证和电子记录,包括不可转让的单证和记录,在证据效力方面有更加清晰和完善的规定。

3.2.1.10.2 《鹿特丹规则》有利于承运人的主要变化

(1)关于托运人的义务和责任有更加清晰和完善的规定。

(2)关于批量合同明确了合同自由。

3.2.1.10.3 《鹿特丹规则》有利于托运人的主要变化

(1)适航义务具有连续性。

(2)废除驾驶和管理船舶过失免责制度。

---

22 第80条第2款规定:2.根据本条第1款作出的背离,仅在下列情况下具有约束力:(a)批量合同载有一则该批量合同背离本公约的明确声明;(b)批量合同1.是单独协商订立的,或2.明确指出批量合同中载有背离内容的部分;(c)给予了托运人按照符合本公约的条款和条件订立运输合同,而不是依据本条作出任何背离的机会,且向托运人通知了此种机会;并且(d)背离既不是1.以提及方式从另一文件并入,也不是2.包含在不经协商的附合合同中。

23 第80条第4款规定的合同自由不适用于涉及承运人使船舶适航的义务,托运人提供货物信息、指示和单证的义务以及托运人有关危险货物方面的义务。

(3)提高了赔偿责任限制数额。

3.3 履行海上运输的分承运人

对于分承运人基于其与承运人签订的合同而全部或部分履行运输所产生的后果问题,《海牙规则》没有作出任何规定,因此通常情况下索赔人只能以侵权起诉分承运人。在《海牙—维斯比规则》中也是如此,因为第4条补充条款(article 4 bis)仅仅适用于承运人的受雇人或代理人,并不包括可能被认为是分承运人的独立合同人。

《汉堡规则》几乎完全弥补了这个缺陷。第10条第2款规定,本公约适用于承运人责任的所有条款也适用于履约承运人及其受雇人和代理人的责任。

而《鹿特丹规则》则完全地弥补了这个缺陷。第4条第1款规定公约所有条款适用于海运履约方,除了包括海运履约方对货物灭失、损坏和迟延交付的义务外,还包括海运履约方违反公约规定所有义务的情形。而且公约还规定上述条款惠及船长、船员和其他在船上提供服务且可能不属于承运人或分承运人的受雇人或代理人的人,如当承运人或分承运人为期租承租人的情况下。

显然在这个问题上《鹿特丹规则》比《海牙规则》、《海牙—维斯比规则》的规定更加明确和清晰,尽管与《汉堡规则》相比变化不是很明显。

3.4 其他海运履约方:码头经营人、装卸公司和其他港口企业

当一份合同仅仅是海上货物运输合同时,通常情况下从合同的第一个环节到最后一个环节,一般来说是从装货港到卸货港,承运人往往将整个合同履行的若干部分交由其他一些合同方完成。这些合同方包括码头经营人、仓库管理人、装卸工人、在港口内移动货物的公路承运人和铁路承运人等。目前,承运人和这些合同方之间订立合同的法律性质,在不同国家皆不相同,这种不明确和不确定性并非罕见,因此也导致实践中一些法院的判决相互冲突。如果托运人或收货人向这类合同方直接提起诉讼,即便在同一个国家中,也会产生要么该诉讼被限定为合同之诉,因为可以视为承运人是为了托运人或收货人利益与这些分合同方订立合同;或直接被限定为侵权之诉。因此可以看出这些不确定因素是非常明显的。

《鹿特丹规则》通过创设出一个新的法律主体——海运履约方,为能够改变这种现状带来一线希望。海运履约方除了包括分承运人以外,还包括货物到达装货港装上船舶至卸货港卸离船舶期间履行承运人任何义务的任何人。当然,只有在港区内履行货物运输的公路承运人和铁路承运人才可以被认定为海运履约方。

在港区内工作的所有港口企业未来都将被纳入海运履约方这个统一的制度

之下。

3.5 其他运输方式下的承运人

3.5.1 公路承运人或铁路承运人

《海牙规则》并不适用于在港区范围内的货物运输,很明显也不适用于在港区外的货物运输,无论此种运输是否由海运承运人履行或为了海运承运人履行并由海运承运人支付相关费用。因此在上述情况下,应当适用公路运输合同条款或者铁路运输合同条款。索赔人针对公路承运人或者铁路承运人提起的诉讼究竟属于合同之诉还是侵权之诉,在不同国家法院得出不同的判决结果。如果承运人被认为是代表托运人或者收货人履行义务,那么可以提起合同之诉;反之则为侵权之诉。

《汉堡规则》适用于港区内的货物运输,但不包括港区外完成的货物运输。然而《汉堡规则》仅适用在港区内与海运承运人有关的货物运输,如果是公路承运人完成的运输,即使发生在港区范围内,与《海牙规则》一样,《汉堡规则》仍不能适用。

而在《鹿特丹规则》之下,完全在港区内进行的运输[24]与完全在港区外进行的运输存在明显区别,或者部分运输在港区内完成,部分运输在港区外完成也是不同的。在第一种情况下,货物运输受《鹿特丹规则》调整,规则既可以适用于索赔人针对承运人提起的诉讼也可以适用于索赔人针对规则中所界定的海运履约方所提起的诉讼,不论索赔人提起的是合同之诉还是侵权之诉;《鹿特丹规则》还适用于承运人向海运履约方提起的追偿之诉。

为了对港口公路承运人或铁路承运人能够从《鹿特丹规则》的适用中获得可能的利益进行评估,很有必要将《鹿特丹规则》中适用于这类承运人的条款和其他可能适用于此类承运人的条款进行比较研究,尤其是在承运人的责任基础、举证责任分配、赔偿责任限额(如果有的话)等方面。实际上这一制度设计对托运人和收货人来说,益处是显而易见的,因为如果他们想要对公路承运人或者铁路承运人直接提起诉讼的,他们能够清楚地知道将会适用哪一种责任制度。对于订约承运人而言也不无益处,因为如果订约承运人就货物的灭失或者损坏向公路承运人提起追偿之诉,将要适用的责任制度和承运人根据《鹿特丹规则》承担责任制度并无不同。

《海牙规则》、《汉堡规则》或者《鹿特丹规则》均不适用于进出口贸易中由公

24 在第1条第7款"海运履约方"的界定中,强调"内陆承运人仅在履行或承诺履行其完全在港区范围内的服务时方为海运履约方"。

路或者铁路分承运人完成的运输,也不适用于货主在内陆将货物交付给承运人,由分承运人将货物运至装货港,以及分承运人将货物从卸货港运至货物目的地交付给货主为止,在港区外完成的公路运输或者铁路运输。如果公路承运人或者铁路承运人是订约承运人,其在《海牙规则》和《汉堡规则》中的地位是相同的,即都排除在规则适用范围之外,但是在《鹿特丹规则》之下则有所不同。在不影响《鹿特丹规则》第26条规定的情况下,《鹿特丹规则》可能适用,但是有关承运人责任、赔偿责任限额和诉讼时效规定等方面,不能优先于其他可适用的国际公约,如国际货物公路运输合同公约(CMR)。[25]

值得考虑的问题是,当《鹿特丹规则》和其他相关国际公约同时适用时,二者之间可能存在潜在的冲突。针对《鹿特丹规则》和国际货物公路运输合同公约中有关运输单证的条款曾经进行过专门研究。如果运输的第一阶段是公路阶段,那么根据《国际货物公路运输合同公约》第4条,承运人应当签发包含该公约第6条规定的合同细节的一份运单,然而这些条款并不是强制性的[26],并且托运人对于获得一份单证既不能涵盖运输的全部也不能保证单证持有人在目的地获得提取货物的权利并没有任何兴趣。根据《鹿特丹规则》第35条,应托运人的要求,承运人应当签发一份可转让的运输单证,或者根据托运人的选择,签发一份不可转让的运输单证,但是允许合同当事方对此作出不同约定。因此合同双方对于所要签发单证的法律性质以及是否应当签发单证问题上享有完全自由的权利。如果承运人和托运人之间能够达成这样一个协议,那么各个公约之间的冲突也就不会产生。如果适用《鹿特丹规则》,那么托运人就可以要求签发一份运输单证,并且很可能是一份可转让的运输单证而不是一份运单。因此在实践中,法律冲突就可以避免。

3.5.2 内水承运人

不论是《海牙规则》还是《汉堡规则》都不适用于内水货物运输。《海牙规则》事实上将规则中的运输合同定义为有关海上货物运输的提单(或类似单证)所包含的合同;《汉堡规则》则适用于“所有海上运输合同”,并将海上运输合同界定为“对于既涉及海上运输又涉及其他运输方式的合同而言,只有在其涉及海上运输时,才应视为本公约所指的海上运输合同”。

如果内水承运人并不是《鹿特丹规则》中界定的承运人,但最多只能算是一个分承运人,则其权利和义务是不会受到《鹿特丹规则》影响,因为《鹿特丹规则》并不调整内水运输合同,因此索赔人只能向内水承运人提起侵权之诉。但

25 1956年5月19日国际公路货物运输合同公约,日内瓦。

26 M. A. Clarke,国际公路运输:CMR,第四版(伦敦:专业信息,2003年),第50页。

是如果内水承运人属于《鹿特丹规则》界定的承运人时——如货物未经转船而先后经过海上运输和内水运输的情形——《鹿特丹规则》在货物内水运输期间同样适用,除非根据规则第26条的规定,《鹿特丹规则》与适用于内水运输的另一个国际公约条款规定存在冲突。但是如果海运区段长于内水运输区段并且已经签发了可转让的运输单证,则上述冲突在《内水货物运输合同布达佩斯公约》下也不会发生。[27]

3.5.3 航空承运人

当运输部分经由航空部分经由海上的情况下(这种组合几乎不可能产生),如果航空承运人是一个分承运人,《海牙规则》、《汉堡规则》或是《鹿特丹规则》都不会适用此种合同。如果航空承运人为订约承运人,则《海牙规则》和《汉堡规则》同样不适用,但是《鹿特丹规则》可能会适用。根据《鹿特丹规则》第26条的规定,关于承运人责任、赔偿责任限额以及诉讼时效方面,《鹿特丹规则》不得优先于《蒙特利尔公约》适用(如果该公约适用于航空区段)。在这种情况下,我们或许会考虑两个公约在合同单证方面是否存在冲突。根据《蒙特利尔公约》第4条,尽管就货物运输签发的基本单证是航空运单,但是合同双方可以约定使用"能够保存即将履行运输情况记录的任何其他方式"来替代航空运单。由此看来,合同双方对将要签发的单证法律性质以及是否应当签发单证问题享有完全的自由。因此如果承运人与托运人之间能够就此达成一份协议,就可以避免公约之间发生冲突的可能性。

3.6 托运人

3.6.1 概述

货物在运输过程中的风险由托运人承担,因此承运人对于货物灭失或损坏以及者迟延交付的责任将成为托运人非常关注的事项。在任何情况下,即使托运人不承担货物运输过程中的风险,托运人自身的地位也决定了其对货物的关心不同于收货人,因为托运人是与承运人订立运输合同的一方当事人并因此享有和承担合同项下的权利和义务;除此之外,因为多数情况下托运人都是海运货物的卖方,所以运输合同条款和根据运输合同所签发的运输单证条款可能会影响托运人与该货物的买方之间的关系。在随后对三个统一的国际公约内容的比较中,先前讨论过的问题将再次被虑及。

---

27 《布达佩斯公约》第2条第2款规定,(a)项内容适用于根据适用的海商法律签发了海运提单的情形。因此如果已经签发了不可转让运输单证并且《鹿特丹规则》完全适用的情况下可能会产生一些问题,因为提单通常都属于可转让的运输单证。

3.6.2 承运人对灭失、损坏或者迟延所负的赔偿责任

从前文对《海牙规则》、《汉堡规则》和《鹿特丹规则》[28]有关承运人责任机制的比较分析可以看出,《鹿特丹规则》所做出的一些变革,相比较《海牙规则》而言,对托运人是有益的。《鹿特丹规则》中做出的不利于托运人的变革就是赋予批量合同更多的合同自由。事实上,当联合国国际贸易法律委员会工作组在讨论批量合同定义的会议期间,就收到很多对此界定进行批评的观点,例如批量合同可能包括仅约定含两次装运的几个集装箱货物运输的小批量合同,[29]为了克服上述不足,联合国国际贸易法律委员会工作组为此做了很多努力以尽可能给予托运人充分的保护,并增加一些条款以实现这一目的。首先,背离公约的内容不能体现在未经协商的附和合同中;其次,应当给托运人机会以订立一个在条款和条件上完全符合《鹿特丹规则》的运输合同。如果托运人决定不享受这些优惠条件,那么批量合同条款一定是有利于托运人的,如运费降低等。除此之外,托运人还享有分别针对每一次货物装运单独订立合同的可能性而非订立含有多次货物装运的一份独立合同。

3.6.3 托运人的义务和责任

《海牙规则》没有对托运人义务作出规定,《汉堡规则》也仅规定了托运人有关危险货物的义务。然而《鹿特丹规则》明确规定了托运人的几项义务,即应当将货物交付给承运人的方式,应当提供有关货物的信息、指示和单证,以及提供满足合同细节的相关信息。这些规定并不是给托运人附加额外负担,而是阐明了托运人义务的性质。这些义务实际上也暗含在《海牙规则》和《汉堡规则》中,但是并不像《海牙规则》中承运人义务那样明确而已。因此《鹿特丹规则》的规定将有助于明确和细化托运人义务以及违反义务的责任承担。至于托运人责任基础方面,《鹿特丹规则》与《海牙规则》没有区别,因为两个公约都明确规定错误提供货物信息和未能正确提供危险货物信息的责任都是严格责任,而《汉堡规则》仅规定托运人违反提供危险货物信息方面的严格责任。

3.6.4 运输单证

《海牙规则》唯一明确提及的运输单证就是提单,但随后提及的类似权利凭证的表述也带来很多困惑。《汉堡规则》只对提单作出几条明确规定,第18条提及的"提单以外的单证"对于确立这类单证的证据效力几乎没有任何帮助。然而,《鹿特丹规则》除了规定电子运输记录以外,对两种基本类型的运输单证,即可转让运输单证和不可转让的运输单证,作出特别规定。此外,《鹿特丹规

28 Supra,第I.C.段。

29 批量合同的界定中提及"分批装运"的表述,两批次装船也可能构成"分批装运"的范畴。

则》还考虑到存在一种中间类型的单证，即需要凭单交付货物的不可转让单证。这类单证涵盖了记名提单，而记名提单的法律性质在不同国家法院的认定是完全不同的。

3.6.5　运输单证(或电子运输记录)的签发

如前文所述，《海牙规则》和《汉堡规则》仅规定应托运人要求，承运人有签发提单的义务。《汉堡规则》还提及承运人签发提单以外的单证，但是并未规定这类单证的性质和应当签发此类单证的具体情形。《鹿特丹规则》规定得更为详细，不但明确规定不同种类的单证签发问题，还明确一项基本规则，即签发的单证(或电子记录)应当是可转让的，除非承运人与托运人存在相反约定，或者除非存在不使用可转让单证的航运习惯和惯例，《鹿特丹规则》还规定承运人和托运人可以约定不使用任何单证(或电子记录)。

3.6.6　运输单证(或电子运输记录)要包含的合同事项

《海牙规则》第3条第3款有关合同事项的规定明确限定于有关货物的描述信息(甚至未提及承运人的名称和船名)；《汉堡规则》第15条第1款有关合同事项的规定相对合理并且完整，但《汉堡规则》对于由托运人提供的应当记载在提单中的合同事项和承运人已经了解并应当载入提单的合同事项没有做任何区分。而《鹿特丹规则》第36条对上述区别作出适当规定。

3.6.7　合同事项的证据效力

与《海牙规则》、《汉堡规则》相比较，《鹿特丹规则》对合同事项的证据效力作出更为精确和完整的规定，该规定越精确和完整，就越有利于卖方和买方之间达成商业交易。

3.6.8　托运人在运输过程中的权利

《海牙规则》和《汉堡规则》对此未作出规定，但是《鹿特丹规则》在第50条第1款中规定托运人享有对货物控制的权利。

3.7　买方

3.7.1　概述

从买方的视角，我们认为涉及买方地位的问题，应当包括货物在运输途中买方的权利问题，货物抵达目的地时买方的权利和义务以及买方就货物灭失、损坏或迟延交付的索赔权利。

3.7.2　运输过程中的权利

《海牙规则》或《汉堡规则》根本没有涉及该内容。《鹿特丹规则》第50条第3款和第4款明确规定可转让运输单证和可转让电子运输记录的持有人是控制方。如果买方获得可转让运输单证或者可转让电子运输记录，则买方因此获得《鹿特丹规则》第50条第1款赋予给单证持有人的各项权利。

3.7.3 货物抵达目的地时的权利和义务

作为一般原则,买方在货物抵达目的地时的权利和义务,属于收货人的权利和义务。后文将详细讨论收货人问题。但是这种情况也有例外情形,即当可转让运输单证或可转让电子运输记录所包含的货物在运输过程中被买方再次出售,并且在目的地无人要求主张提取这批货物,承运人向第一个买方发出指示,则第一个买方作为运输单证或电子记录的持有人,在此种情况下就成为控制方。此时,第一个买方需要对承运人因为执行上述指示所遭受的损失负责。[30]

3.7.4 货物灭失、损坏或迟延的索赔权利

这项权利有条件地被赋予给成为收货人的买方。

3.8 收货人

3.8.1 概述

如果买卖双方签订的是CIF合同,那么收货人通常并不是运输合同的当事一方,我们可以从如下方面来考虑收货人的地位:即买方主张提货的权利;买方为实现这项权利而产生的义务;买方是否受到背离《鹿特丹规则》合同条款的约束。

3.8.2 主张提货的权利以及实现这种权利所产生的义务

《海牙规则》或《汉堡规则》既没有关于收货人的权利和义务的规定,也没有关于在货物不能交付时承运人权利和义务的规定。《鹿特丹规则》对此作出如下方面的明确规定,即主张提货的权利,实施该权利的条件,基于运输合同行使该权利而产生的义务,向承运人提起诉讼所适用的规则。

3.8.3 背离公约条款的适用条件

《海牙规则》和《汉堡规则》都未规定在承运人和非托运人的人之间有关背离公约的合同条款的适用是否可能存在任何限制的问题,原因在于《海牙规则》和《汉堡规则》都明确规定有关承运人责任方面以及赔偿责任限额方面所做出的任何有利于承运人的条款都是无效的,即使该条款在承运人和托运人之间,也不具有效力。而《鹿特丹规则》则有所不同,如前文所述,《鹿特丹规则》允许批量合同享有合同自由。但是此种自由仅仅限于合同的原始当事人——承运人和托运人之间,任何对规则背离的事项都不约束其他人,除非这些人已经收到关于背离事项的明确信息,且书面明确同意表示愿意受其约束。对法院进行选择的协议具有排他性的约束力,如果被选择的法院处于《鹿特丹规则》第66条所规定的地点之一,并且受理案件的法院地法承认该协议的排他性效力。《鹿特丹

---

30 参见第48条第2款中的(c)项。

规则》第 78 条针对非班轮运输的仲裁协议作出特别规定。这种包含于租船合同或其他类似单证中的仲裁协议，根据《鹿特丹规则》第 7 条适用的，可以约束除了原始当事人外的其他人，但是仅限于租船合同中的仲裁条款被以特别提及的方式并入运输单证中，并且该租船合同可以通过其订立日期和当事方名称加以识别，则并入运输单证中的仲裁条款可以约束单证持有人。

3.9 保赔协会

国际船东保赔协会集团通过它的十三个协会，为大约 90% 以上的全球远洋运输船舶提供责任保险，[31]国际船东保赔协会集团一直坚决支持《海牙—维斯比规则》，坚决反对任何对《海牙—维斯比规则》条款所进行的现代化变革。因此国际船东保赔协会集团至少在最初阶段，对被视为合适的责任制度做出任何变革予以坚决反对，此后又坚决反对将船舶适航义务从开航前开航当时持续扩大到航程中，还反对废除驾驶和管理船舶过失免责。同样地，国际船东保赔协会集团对于将承运人赔偿责任限额从每件或每单位 666.67 特别提款权提升到 875 特别提款权，或者每公斤 2 特别提款权提升到 3 特别提款权的规定表示不欢迎。

正如在联合国国际贸易法律委员会工作组会议期间所提及的，[32]每件或每公斤货物的平均价值超出《海牙—维斯比规则》规定的赔偿责任限制数额的案件仅占很小的比例，因此，《鹿特丹规则》有关赔偿责任限制数额的提高不会在实质上影响保赔协会承保的费用。

适航义务从一个仅限于开航当时的义务变成了一项持续性的义务对于承运人的责任也不会产生实质影响，因为在班轮运输中承运人有义务在每个挂靠港开航当时有使船舶适航的义务，而且船舶在港口内停留和在航行中，评价承运人谨慎处理的标准也大不相同。因此法律制度方面的变化并不会在经济层面上带来显著差异。不论如何，如前文所述，由于国际船舶安全营运和防止污染管理规则（ISM 规则）的生效实施，上述提及的变更或许已经实际发生。

唯一有可能对船东产生重要影响的改变就是航海过失免责的废除。由于没有一项合理的理由可以赋予船东享有这项特权，所以废除航海过失免责是符合逻辑的，也是公平合理的。此外，假设在过去的十年中，没有这项免责事项的存在，那么对由此给船东保赔协会产生多少费用支出进行数据统计将会是一件有趣的事情。

---

31 A. Bardot，遇难船舶避难地——保赔协会保险人的视角，CMI 第三十九届会议，雅典，2008 年，参见 www.cmi2008athens.gr，2009 年 6 月 10 日。

32 参见联合国国际贸易法委员会第三工作小组（运输法）第十二次会议报告，UN Doc. A/CN.9/642（第 15-25 段、第 147 段）。

3.10 货物保险人

3.10.1 概述

一旦《鹿特丹规则》生效,至少有五方面的变化对货物保险人特别有利,并且货物的被保险人也将因此受益,具体为:(1)新的统一规则的各项规定更加清晰、明确;(2)由于船长和船员的过失造成的航行事故(碰撞、搁浅等)所导致的货物的灭失和损坏的索赔问题;(3)更高数额的赔偿责任限制;(4)当诉讼或者仲裁程序在一个选择适用规则第十四章和/或第十五章规定的公约成员国内提起时,可以适用规则中的管辖和仲裁规定;(5)有关批量合同的合同自由条款。

3.10.2 规则更加清晰明确

较之《海牙规则》和《海牙—维斯比规则》,《鹿特丹规则》的规定更加清晰、明确(在这方面《汉堡规则》的影响比较小),可以更加便利索赔争议的解决,加快诉讼和仲裁程序,因此可以避免或减少诉讼费用。

3.10.3 航海过失免责的废除

航海过失免责的废除将使货物保险人有更多的机会就经常发生的货物损失方面提出索赔。

3.10.4 赔偿责任限制数额提高

一旦承保的货物价值超过1979年特别提款权议定书采用的赔偿责任限制数额,根据货物每公斤赔偿责任限制基础予以计算,则货物保险人根据《鹿特丹规则》所采用的新的赔偿责任限制数额计算索赔的数额,将会比现时适用的《海牙—维斯比规则》计算的责任限制数额高出50%,较《汉堡规则》计算的赔偿责任限制数额高出20%。

3.10.5 管辖与仲裁

根据《鹿特丹规则》第66条(a)项和第75条第2款(b)项的规定,如果诉讼或者仲裁程序是在选择适用《鹿特丹规则》第十四章和第十五章国家中的某一地点提起*,实施代位求偿权的保险人并不受运输单证中管辖或仲裁条款的约束,即便该管辖或仲裁条款约束被保险人。

3.10.6 合同自由

如果批量合同中的自由约定事项意图在于减少承运人的责任和降低承运人的责任限额,那么《鹿特丹规则》第80条允许批量合同自由约定的条款无疑会对索赔诉讼造成不利影响。如果保险人是针对托运人做出保险赔偿,那么在理

---

* 原文表述为第十五章和第十六章,译者认为属于笔误。根据公约规定,应为第十四章(管辖权)和第十五章(仲裁)之意。——译者注

论上保险人也会因此受到不利影响。然而大多数情况下保险人支付的赔偿是针对收货人的,因为通常情况下货物在运输过程中的风险由买方承担,因此承运人和托运人之间关于减少责任的约定对收货人不具有约束力,进而对保险人也不具有约束力。收货人对承运人和托运人之间达成协议条款的接受或许会被认为是不利于保险人代位求偿权的行为。

3.11　银行

3.11.1　概述

在适用于货物运输的法律制度中,特别是涉及跟单信用证操作有关的港到港或门到门货物运输的法律制度中,银行的利益可以从这些方面予以考虑研究,即能够使受益人获得付款的运输单证,这种单证中必须包含的信息,以及银行对其客户可能作出的财务安排。

3.11.2　运输单证和信用证操作

国际商会有关银行技术与实践委员会应当研究《鹿特丹规则》有关运输单证的条款,以便于在考虑《鹿特丹规则》这些条款时是否需要重新审视跟单信用证统一惯例(UCP600)的第19条至第22条的规定。

3.11.3　作为财务安排保证的运输单证

信用证开证行会成为运输单证的持有人,进而成为控制方。因此开证行与其客户就财务安排达成协议时,就会涉及《鹿特丹规则》中关于控制权的条款,以及有关货物交付的条款。因此开证行应当仔细考虑《鹿特丹规则》第58条有关单证持有人责任的条款,因为一旦单证持有人行使其在运输合同项下的任何权利,就会涉及相应责任的承担问题。

第一章 总 则

汉奴·洪卡(Hannu Honka)*

1.1 概述

当前调整海上货物运输的主要国际责任制度是1924年《海牙规则》,1968年《海牙—维斯比规则》以及仅涉及责任限制单位的1979年特别提款权议定书。为了对那个年代被认为是弱势方的托运人利益予以保护,并为了保障提单的可流转性,上述规则对承运人是强制适用的。此后1978年《汉堡规则》对海上货物运输的强制性规则的现代化做出了努力,增加了托运人方面的强行规则。虽然《汉堡规则》已经在国际上生效,但该规则既没有涵盖主要的航运国家,也没有涵盖世界范围内海上运输主要目的地和运输航线。

世界上第一艘集装箱船"理想X号"(Ideal X)在1956年4月26日从纽瓦克开往休斯敦,第一次国际集装箱运输是在1966年4月23日从伊丽莎白港到鹿特丹,因此集装箱贸易使得不同运输方式的组合在经济和技术上成为了可能。集装箱运输的发展与滚装船在商业方面的出现也存在必然的联系,滚装船在1953年被首次使用,用来从丹佛穿越英吉利海峡。滚装船使得公路运输车辆可以开上开下船舶。如何对待这项发展产生了一个法律问题,尤其是建立在强制适用基础上的承运人责任方面。最终产生了1980年《联合国国际货物多式联运公约》(以下简称《1980年多式联运公约》),但是这个公约并没有生效。因此多式联运主要还是由合同调整。

自从现行的海上货物运输责任制度创设以来,从强制适用的角度来看,运输领域已经在很多方面发生了变革。

为了解决多式联运涉及的问题以及考虑到在不同的运输领域均存在强制性适用规则,为了满足制度现代化的需要,有必要制定一个新的法律制度,显然《汉堡规则》未能实现这一目标,因为该规则仍然仅仅适用于单一运输方式,1980年《联合国国际货物多式联运公约》也没有产生真正的国际冲击力。国际海事委员会于2001年为产生新的法律制度奠定了基础。

---

* 芬兰奥博—奥凯德米大学(Åbo Akademi)国际贸易法教授,联合国国际贸易法律委员会第三工作组芬兰代表团成员,联合国国际贸易法律委员会第三工作组专家组成员。

联合国国际贸易法律委员会接管了这项工作，在2002年至2008年期间该委员会第三工作组集中力量制定出一部全新的法律制度。在其2008年6月至7月召开的会议期间，联合国国际贸易法律委员会批准了一项新的公约草案，联合国大会于2008年12月正式通过《联合国全程或者部分海上国际货物运输合同公约》。

新公约于2009年9月在鹿特丹开放供签署。因此该新规则也被适当地称为《鹿特丹规则》。

1.2　第1条　定义条款

第1条　定　义

在本公约中：

1.“运输合同”是指承运人收取运费，承诺将货物从一地运至另一地的合同。此种合同应对海上运输作出规定，且可以对海上运输以外的其他运输方式作出规定。

2.“批量合同”是指在约定期间内分批装运特定数量货物的运输合同。货物数量可以是最低数量、最高数量或一定范围的数量。

3.“班轮运输”是指通过公告或类似方式向公众提供、按照公布船期表使用船舶在特定港口之间定期运营的运输服务。

4.“非班轮运输”是指不属于班轮运输的任何运输。

5.“承运人”是指与托运人订立运输合同的人。

6.(a)“履约方”是指承运人以外的，履行或承诺履行承运人在运输合同下有关货物接收、装载、操作、积载、运输、照料、卸载或交付的任何义务的人，以该人直接或间接在承运人的要求、监督或控制下行事为限。

(b)“履约方”不包括不由承运人而由托运人、单证托运人、控制方或收货人直接或间接委托的任何人。

7.“海运履约方”是指凡在货物到达船舶装货港至货物离开船舶卸货港期间履行或承诺履行承运人任何义务的履约方。内陆承运人仅在履行或承诺履行其完全在港区范围内的服务时方为海运履约方。

8.“托运人”是指与承运人订立运输合同的人。

9.“单证托运人”是指托运人以外的，同意在运输单证或电子运输记录中记名为“托运人”的人。

10.“持有人”：

(a)指持有可转让运输单证的人；以及 i. 若单证为指示单证，指

该单证所载明的托运人或收货人,或该妥善背书的单证所指明的人;或
ⅱ.若单证为空白背书的指示单证或不记名单证,指该单证的持单人;或

(b)指根据第9条第1款述及的程序可转让电子运输记录的接收人或受让人。

11.“收货人”是指根据运输合同或根据运输单证或电子运输记录有提货权的人。

12.货物“控制权”是指根据第十章按运输合同向承运人发出有关货物的指示的权利。

13.“控制方”是指根据第51条有权行使控制权的人。

14.“运输单证”是指承运人按运输合同签发的单证,该单证:

(a)证明承运人或履约方已按运输合同收到货物;并且

(b)证明或包含一项运输合同。

15.“可转让运输单证”是指一种运输单证,通过“凭指示”或“可转让”之类的措词,或通过该单证所适用的法律承认具有同等效力的其他适当措词,表明货物按照托运人的指示或收货人的指示交付,或已交付给持单人,且未明示注明其为“不可转让”或“不得转让”。

16.“不可转让运输单证”是指不是可转让运输单证的运输单证。

17.“电子通信”是指以电子、光学、数码或类似方式生成、发送、接收或存储的信息,通信内容可供调阅,随后可参考取用。

18.“电子运输记录”是指承运人按运输合同以电子通信方式发出的一条或数条电文中的信息,包括作为附件与电子运输记录有着逻辑联系的信息,或在承运人签发电子运输记录的同时或之后以其他方式与之有联系从而成为电子运输记录一部分的信息,该信息:

(a)证明承运人或履约方已按运输合同收到货物;并且

(b)证明或包含一项运输合同。

19.“可转让电子运输记录”是指一种电子运输记录:

(a)其中通过“凭指示”或“可转让”之类的措词,或通过该记录所适用的法律承认具有同等效力的其他适当措词,表明货物已按照托运人的指示或收货人的指示交付,且未明示注明其为“不可转让”或“不得转让”;并且

(b)其使用符合第9条第1款要求。

20.“不可转让电子运输记录”是指不是可转让电子运输记录的电子运输记录。

21.“签发”可转让电子运输记录,是指按照确保该记录自生成至

失去效力处于排他性控制之下的程序签发记录。

22.“转让”可转让电子运输记录，是指转让对该记录的排他性控制。

23.“合同事项”是指运输单证或电子运输记录中载明的与运输合同或与货物有关的任何信息(包括条款、批注、签名和背书)。

24.“货物”是指承运人根据运输合同承运的任何种类的制品、商品和物件，包括不是由承运人或不是以承运人名义提供的包装以及任何设备和集装箱。

25.“船舶”是指用于海上货物运输的任何船只。

26.“集装箱”是指任何型号的集装箱、运输罐柜或板架、交换式车厢或拼装货物的任何类似货载单元及其附加设备。

27.“车辆”是指公路或铁路货运车辆。

28.“运费”是指应向承运人支付根据运输合同运输货物的报酬。

29.“住所”是指(a)公司、其他法人、自然人社团或法人社团的下列所在地：i. 法定处所或组建地，或注册的中心办事处，以适用者为准，ii. 中心行政管理机构，或 iii. 主要营业地；及(b)自然人的惯常居住地。

30.“管辖法院”是指一缔约国内，根据本国法院之间管辖权内部划分规则可以对某一争议行使管辖权的法院。

第1条包含了相关术语的定义。这种方式源于先前的法律制度，但是新公约有关定义的覆盖范围如同整个公约一样，显著扩大。在公约起草阶段，大部分国家觉得运输领域的很多方面都需要有一个统一的国际规则。因此这个想法也导致了新公约包含了96个条文。《海牙规则》有16个条文，《维斯比规则》或其1979特别提款权议定书，除了一些“附加条款”(bis provision)，对《海牙规则》几乎未做实质性修订，《汉堡规则》有34个条文，1980年多式联运公约有40个条文，与上述公约相比较，新公约条文数量的变化是显而易见的。

第1条的目的在于尽可能阐明公约中一些术语的概念。这些定义的最终版本是经过一些讨论的。其中有很多定义在很大程度上进行了详尽的讨论，甚至是存在争议的。公约中的各项术语的定义是根据这些术语在此后条款中首次出现或者首次提及的先后顺序排列的。实际上将定义单独列出并讨论的处理方式没有必要，但是意识到每一项独立存在的条款都需要通过第一条来解读，因此这种编排还是非常重要的。例如，如果不去看第1条第2款的规定，很难理解第80条中批量合同的含义。

这些定义和与这些定义相关的实质性条款的评论，将由不同的作者在如下不同章节中予以阐述。

1.3 第2条 本公约的解释

第2条 本公约的解释

在解释本公约时,应当考虑到本公约的国际性,考虑到促进在国际贸易中统一适用本公约和遵守诚信的需要。

本条包含三部分。首先,提及了本公约的国际性,这暗示着各国不同的评估是不够的。其次,有必要促进公约适用范围的统一性。法院和仲裁员应该尊重公约整体规定,而不是传统上仅仅考虑可适用的各个国家的法律。最后,在国际贸易中需要遵守诚实信用原则。

没有一个可以凌驾于各国之上的权威机构就某个特定案例提供最终答案,因此可以预见到未来对公约存在差异性理解也是可以接受的事实。基于此,我们认为讨论公约的和谐性要比讨论公约的统一性更为适合。

读者对第2条中的声明应该不陌生,例如《汉堡规则》第3条就是采用同样的处理方式,尽管其中的语言表述并不是完全相同。同样,本公约的措辞和《联合国国际货物销售公约》第7条第1款的措辞几乎完全一致。[1]

为了实现公约的统一性,或者实质意义上的公约和谐性,非常重要的一点,就是要获得一些资料文献,以验证各国法院和仲裁员对于类似案件是否采用相似的判决或裁决。当然除了公约第2条在原则上做出的暗示以外,公约并没有明确规定每个成员国有尊重其他国家先例的义务。然而,根据公约第93条规定,区域性经济组织或机构可以通过批准程序或者相应的程序批准本公约,所以在区域性范围内可以成功地实现公约的和谐性。如果欧盟批准本公约,那么欧盟通过欧盟法院的权力就可以建立一个统一的机制。

1.4 第3条 形式要求

第3条 形式要求

第19条第2款、第23条第1款至第4款、第36条第一款第(b)

---

1 关于《汉堡规则》第3条,参见K. R. Simmonds“汉堡规则的解释:第三条注释”,载Samir Mankababy主编的《关于海上货物运输的汉堡规则》一书(Leyden:A. W. Sijthoff,1978),第117-123页。关于《联合国国际货物销售公约》第7条,参见H. Bernstein & J. Lookofsky主编的《欧洲对联合同国际货物销售公约的理解》一书(Deventer:Kluwer,1997),第20-27页。

项、第(c)项和第(d)项、第40条第4款第(b)项、第44条、第48条第3款、第51条第1款第(b)项、第59条第1款、第63条、第66条、第67条第2款、第75条第4款以及第80条第2款和第5款述及的通知、确认、同意、约定、声明和其他通信应当采用书面形式。经收发人同意的,可以为此目的使用电子通信。

第3条规定的是形式要求。规定形式,在技术上存在两种可能性。任何一种形式要求都是和具体的实质性的条款相关,或是存在一种总括性条款对格式予以规定,但是会明确指向相关的具体条款。本公约即采用后一种方式。选择此种方式可能存在的问题就是实践中会仅仅研究某个实质性条款而忽视其形式要求。

形式要求对于保护当事人避免处于不明的法律地位或法律后果方面是很有必要的。这些形式要求决定了举证的方式。

因此,通知、确认、同意、约定、声明和其他在第3条中被提及的通信方式应当采用书面形式。公约没有对证人证言或者公共当局的声明做出任何形式要求。形式要求只针对特定的情况。第3条提及内容以外的或者其他条文涉及的通知、确认等应以什么形式出现,公约并未作出明确规定。公约对此保持沉默的可能原因在于,在公约调整的范围之外,可以由各国法律规定形式要求。

第3条中规定的"书面"形式可以被电子通信方式所代替。然而,这种可能性仅仅存在于和电子通信有关的当事人同意的情况下。公约第3条并没有对"同意"一词的表述进行阐释,或许以默示方式同意也是可能存在的。例如,电子通信的接受人并不反对且用相同方式提供了一份回复。公约也没有对"同意"做出任何进一步的规定。为了阐明概念的缘故,公约中包含了有关"同意"的条款。

公约第3条并不包含所有的形式;例如,很有必要去看一看公约第八章中关于运输单证和电子运输记录的具体条款*。第八章"单证"一词本身就说明其是以书面形式为先决条件。电子运输记录是公约规定的新事物并在第三章中单独对电子运输记录做出规定。**

在本总括性条款中并没有规定未遵守第3条形式要求的法律后果。有些形式要求是至关重要的,以至于未遵守这个要求就会导致合同无效的情况发生。例如,根据第80条第5款,批量合同中背离公约强制性条款的内容,仅在非托运

---

* 原文表述为第七章,译者认为属于笔误。根据公约规定,应为第八章。——译者注

** 原文表述为第二章,译者认为属于笔误。根据公约规定,应为第三章。——译者注

人的第三方明确表示同意时,可以在承运人和该第三方之间发生效力。如果此种同意没有满足第3条规定的形式要求,那么这种背离对于第三方来说不发生效力。在其他情况下,形式要求与合同的有效性之间并不必然存在联系。例如,根据第23条第1款至第4款的规定,在货物灭失或损坏的情况下需要提交通知。没有适当发出通知的,包括发出的通知不符合形式要求的,根据23条第2款的规定,都不会导致索赔请求的无效性。

《汉堡规则》第1条第8款中包含了形式要求的初期形态,该条款对"书面"一词作出定义。该条款仅仅初步规定,只适用于某些特定的情况。其中并没有提及电子通信方式的可能性。一方面,根据《汉堡规则》第14条第3款,如果不与提单签发国的法律相抵触,那么提单的签发可以采用电子方式。另一方面,提单和其他运输单证以及《汉堡规则》第19条所规定的货物灭失、损坏或迟延交付时发出的通知都与特定形式有关。除了对提单以及第3条第6款规定的货物灭失或损坏的通知这两种情形以外,《海牙—维斯比规则》未对形式要求做出特别明确规定。

除上述内容以外,《汉堡规则》和《海牙—维斯比规则》并没有对其他的形式要求作出进一步的特别规定,但是,根据《海牙—维斯比规则》,舱面货的责任免除以及有关货物价值的申报必须记载在提单或者类似的权利凭证中。这些都属于有关形式要求的特殊情况。

1.5 第4条 抗辩和赔偿责任限制的适用

第4条 抗辩和赔偿责任限制的适用

一、本公约的规定,凡可为承运人提供抗辩或限制其赔偿责任的,适用于以合同、侵权行为或其他理由为依据就运输合同所涉货物的灭失、损坏或迟延交付或就违反本公约规定的其他任何义务对下列人提起的任何司法程序或仲裁程序:

(a)承运人或海运履约方;

(b)船长、船员或在船上履行服务的其他任何人;或

(c)承运人或海运履约方的受雇人。

二、本公约的规定,凡可为托运人或单证托运人提供抗辩的,适用于以合同、侵权行为或其他理由为依据对托运人、单证托运人或其分合同人、代理人或受雇人提起的任何司法程序或仲裁程序。

第4条对公约规定的索赔性质或索赔基础做出明确规定。该条还阐明了根据公约规定有权进行抗辩和享受赔偿责任限制的主体。在很多情况下,各国法

律也会规定相似的内容,但并不是必须规定的内容。所以很有必要为此而建立一个和谐的基础。否则,因各国间法律规定的差异性将可能导致一些不确定性。

第4条被分为两款。第1款从承运人的角度,规定了索赔的基础和有权进行抗辩和享受赔偿责任限制的主体,第2款则是从托运人的角度就类似的问题表明立场。

就承运人的角度而言,就先前所提到的两个问题分开单独予以评述。

在很多案例中,争议中的索赔人和被告之间都会存在直接的合同联系。这种情况在如下情形是非常明显的,例如多数情况下就货物的灭失或损坏问题,托运人向规则第1条第5款所定义的承运人提起诉讼。在其他方面,或许存在关于索赔性质的不同观点。例如索赔人有可能是非托运人的收货人的情形。在一些国家的法院,就认为索赔人与承运人之间并不必然存在合同上的关系,但可能被认为存在准合同关系(quasi-contractual),或者是侵权关系。

当(合同)承运人以外的其他人履行运输时,也会存在上述明显问题。可能涉及的是公约第1条第7款所定义的海运履约方,公约对此做出专门规定,解决货物在海运履约方控制之下发生了灭失或者损坏,或者由于海运履约方造成损失的问题。也有可能涉及承运人或是海运履约方的受雇人造成货物灭失或损坏的问题。如果货方希望直接向上述主体中的任何一位提起诉讼,就会产生在多大范围内适用公约的问题。上述责任主体享有的抗辩和赔偿责任限制问题将在下文中分别述及。

即便是在托运人和承运人之间这种最基本的合同关系中,当索赔方通过提起侵权之诉或者基于非合同的其他法律关系提起诉讼以规避公约的适用时,也有可能产生类似问题。如果货物的索赔诉讼是基于侵权提出的,就意味着即便在托运人直接向承运人提起诉讼的情况下以及前文提及的那些索赔关系下,被告承运人也是没有权利根据公约的规定享受赔偿责任限制。

为了避免前文所讨论的那些困惑,公约第4条规定一切索赔请求,无论是基于什么法律关系,只要在公约调整范围内,责任主体都可以适用公约中的抗辩和赔偿责任限制条款。[2]

索赔依据的事项和第4条第1款中规定的货物灭失或损坏或迟延交付密切相关。然而,如果存在其他的索赔事由,例如与运输单证及虚假陈述有关,则责任主体的抗辩和赔偿责任问题都由规则第4条予以解决。

根据《海牙—维斯比规则》第4条附加条款第1项的规定以及《汉堡规则》第7条第1款的规定,在这些公约所调整的货物赔偿请求范围内,也采用同样的

---

2 公约适用范围主要与公约的第二章有关联。

原则而不论索赔的基础如何。《汉堡规则》还将此规定适用于货物迟延交付的情形。1980年多式联运公约第20条第1款采取与《汉堡规则》相同的模式。新公约的不同之处在于其将适用范围从仅仅适用于货物赔偿请求扩大到了适用于违背公约下一切义务的索赔情况。

公约并没有对向遭受货物灭失或损坏的托运人或其他货物利益方支付赔偿的货物保险人的地位进行区别对待，但是总的来说，代位求偿权会使货物保险人处于和得到保险赔偿的托运人或其他货物利益方相同的地位。总体而言各国有关货物保险人地位的规定并非一致，因此货物保险人的具体法律地位有赖于适用的各国国内法的规定，但是目前这种情况还不会成为争议焦点。

有权享受承运人抗辩和赔偿责任限制的主体分别在不同条文中予以规定。第4条带来立法上的影响是基于喜马拉雅条款。喜马拉雅条款通常被广泛使用于班轮运输的标准条款和多式联运操作中；从《海牙规则》责任制度的角度来看，喜马拉雅条款的目的在于向规则所罗列的主体提供和承运人基于《海牙规则》相同的保护。由于《海牙—维斯比规则》第4条附加条款第2项不是一个完整的喜马拉雅条款，因为未能保护独立合同人，因此订立一个全面的喜马拉雅条款是必要的。根据1954年做出判决的喜马拉雅案件，[3]可以得出如下一般性结论，即至少在英国根据普通法，《海牙规则》有关承运人的保护不能扩展适用于第三方。基于合同关系的保护是非常必要的。当今英国1999年合同(第三方权益)法案为第三方提供了一些保护，但是从国际的视角，由喜马拉雅案件产生的类似法律空白，在其他国家仍然存在。当建立一项制度保护承运人以外的其他人时，就很有必要在公约中对此作出明确规定。

喜马拉雅事件间接地涉及承运人和海运履约方的替代责任问题。只有确立替代责任制度，才能涉及保护问题。通常情况下，索赔人更愿意向承运人或者海运履约方提起诉讼，而不是船长。然而，承运人的独立合同人或海运履约方的独立合同人，则可能作为共同被告或者作为索赔人无法起诉承运人或海运履约方时的备选被告之一。替代责任和其责任限制问题在其他的法律中也有规定，但是公约在第18条和第19条第3款至第4款对此作出规定。替代责任所覆盖的主体和第4条第1款所列举的主体并不一致，这两者必须分开考虑。

规则第4条第1款(a)项规定承运人有权享有第4条第1款中规定的利益。除了公约第1条第6款和第7款定义的海运履约方以外，公约并没有规定其他

3　Adler v. Dickson (The Himalaya) [1954] 2 Lloyd's Rep. 267. 参见 Scruttons Ltd v. Midland Silicones Ltd [1962] AC 446。有关案件背景参见 T. E. Scrutton 撰写的《Scrutton on Charterparties and Bills of Lading》，第18版，(伦敦：Sweet & Maxwell, 1974)第249–250页及其随后更新版本的评论。

履约方的权利、义务和责任。根据规则第19条第1款,海运履约方必须承担公约对承运人规定的义务和赔偿责任,且有权享有公约对承运人规定的抗辩和赔偿责任限制。对海运履约方的保护在第4条第1款(a)项中也明确体现,这看上去似乎毫无必要,因为第19条第1款中也包含了同样的内容。然而,第19条第1款包含一些适用条件,第4条第1款却没有相同的条件限定。除了海运履约方以外的其他履约方是不受第4条第1款保护的。

根据第4条第1款(b)项,船长、船员或在船上履行服务的其他任何人能够享有公约规定的抗辩和赔偿责任限制的权利。最有可能产生问题的就是后者。履约方没有包含其中,除非该履约方是在船上履行服务。由于装卸工人和港口经营人通常会被定义在海运履约方范围内,所以它们包含于第4条第1款(a)项的规定中。当考虑到本公约在本质上仍然属于"海运+其他"的特点,因此对第4条第1款(b)项规定的主体做出限制也就不足为怪。根据第26条,只要运输合同满足公约第1条第1款的定义,则包括海运区段在内的多式联运将受公约调整。有人提出将喜马拉雅条款保护独立合同人的内容扩展到与海运无关的阶段是不合适的,因此公约第4条第1款(b)项排除了非海运履约方,除非该履约方在船上提供服务。例如,陆上承运人作为非海运履约方,不能适用于公约的保护性规则,而根据(合同)海上承运人的要求履行运输的海上承运人,因为具有海运履约方的资格,可以受到公约第4条第1款(a)项的保护。

另外,有必要澄清一下什么是"在船上履行服务的其他任何人",很显然,这一表述使得公约第4条第1款仅适用于有限的独立合同人。

根据《海牙—维斯比规则》第4条附加条款第2项,如果就货物灭失或损坏向承运人的受雇人或代理人(该受雇人或代理人并非独立合同人)提起诉讼,该受雇人或代理人有权援引承运人依照该公约可援引的各项抗辩和赔偿责任限制。该条款是在《海牙—维斯比规则》中增加的一个内容,在《海牙规则》中并没有类似的条款。《海牙—维斯比规则》的条款看上去并未对《鹿特丹规则》第4条第1款(b)项的解释有任何启发。相反,《海牙—维斯比规则》在条款中括号里面表述的一段文字对于如何确定喜马拉雅条款的保护范围带来更多的困惑。

《汉堡规则》第7条第2款仅提及"受雇人或代理人",其适用范围是否包括独立合同人还不是特别清楚,但至少可以很明确地将装卸工人和港口经营人包括其中。《1980年多式联运公约》第20条第2款在这方面和《汉堡规则》的规定相同。但是,这些规定对于本公约第4条第1款(b)项的解释没有太大帮助。

因此如何理解第4条第1款(b)项提及的"在船上履行服务的其他任何人",将留给各国法院和仲裁员很多解释空间。

根据第4条第1款(c)项的规定,承运人或海运履约方的受雇人也被包括其中。

第4条第2款涉及的问题前文已经讨论过,但是是从托运人的立场上予以阐述。与先前的责任制度相比,这一点属于创新内容。除了第1条第8款定义的托运人以外,第1条第9款所定义的单证托运人也属于受保护的范围。公约还包括了针对托运人责任方面的规定。因为根据公约第33条,单证托运人需要承担托运人根据第七章(托运人向承运人承担的义务)所负担的义务和责任,[4]以及承担托运人根据第55条(向承运人提供补充信息、指示或文件)下的义务和责任,所以给予单证托运人喜马拉雅条款保护被认为是十分必要的。当托运人与单证托运人和海上运输阶段联系到一起的时候,没有必要像承运人一方那样单独区分出独立合同人。除了托运人和单证托运人以外,托运人和单证托运人的分合同人以及托运人和单证托运人的代理人和受雇人也在保护范围之列。

(邵子洪、郭萍翻译)

---

4 原文表述是第六章(chapter 6),经过与公约文本对照,译者认为是笔误,故根据公约规定,翻译为第七章。——译者注

第二章　适用范围

迈克尔·斯特雷(Michael F. Sturley)*

2.1　概述

本章规定了公约强制适用的情况,即规定了公约在何时具有法律上的强制力。在实践中,本章或许比第一章所规定的要广泛。例如,商事主体可能自愿将公约中的制度并入他们之间订立的民事合同中。一直以来标准租约格式中的首要条款通常选择《海牙规则》或者《海牙—维斯比规则》来处理一些责任方面的争议。假设这种惯例会持续下去,那么《鹿特丹规则》作为被选择的适用法律的机会将大大增加。各国立法机关或许会在其国内法中扩大公约的适用范围,通过其国内法律系统而将公约适用于本来不受公约调整的合同。[1] 本章也是公约正文的开始。它决定了《鹿特丹规则》的最小适用范围,但是通过其他方式可以扩展该适用范围。

适用范围和承运人的责任期间紧密相连,但又存在明显区别。本章列明了公约适用的交易类型,而公约第12条有关责任期间的条款,则确定了公约规定条款之下承运人需要负责的一段期间。换句话说,公约的第一章确定了某一特定运输的哪些环节受公约调整(如考虑安排的运输条款是如何规定的,与运输相关联的国家是否是公约缔约国)。一旦根据第一章确定了运输中的某些环节应当受公约调整,则根据第12条的规定,确定运输阶段的哪些环节的节点应当根据公约规定予以适用(如可能是港到港运输阶段,也有可能是门到门运输区段)。根据第12条的规定,门到门运输的责任期间对如何起草第一章的内容产生显著影响,[2] 尽管如此,仍然需要单独考虑具有明显差异的责任期间的规定。

《海牙规则》和《海牙—维斯比规则》在很大程度上是通过"单证"的方法来解决适用范围的问题。如果交易是由规定种类的单证所调整的,则与《海牙规

---

* 位于美国奥斯丁的德克萨斯大学的法学教授。联合国国际贸易法律委员会第三工作组美国代表团资深顾问,联合国国际贸易法律委员会第三工作组专家组成员。

1 当美国批准《海牙规则》时,美国国会就颁布了美国海上货物运输法(COGSA),将《海牙规则》的范围扩大到国际公约原本不适用的一些情形。

2 参见第5条。

则》或《海牙—维斯比规则》缔约国存在联系的海上运输受到这两个公约调整。这种规定方式本身已经不能适应现代商业发展的需要(部分原因是这种方式包含的范围太窄,部分原因是因为这种方式容易产生歧义)。于是,《汉堡规则》引入了合同方式(将单证方式排除在外)。如果交易是受任何运输合同(租船合同除外)调整,那么和《汉堡规则》缔约国存在联系的海上运输便受公约调整。同样这种方式本身也不能适应现代商业发展的需要(部分原因是这种方式包含的范围过宽而产生的风险,部分原因是这种方式同样容易引起歧义)。在公约讨论过程中,有代表提议应当采用一种新的贸易方式,在这种方式下,和批准公约的缔约国存在联系的班轮运输受公约调整,但如果是不定期租船运输则仍被排除在外。联合国国际贸易法律委员会认为,仅就这种贸易方式本身而言也是无法令人满意的(部分原因是这种方式包含的范围太窄而产生的风险,部分原因是这种方式执行起来同样会产生歧义)。[3]

最后,联合国国际贸易法律委员决定从三种不同的方式中各汲取一些因素。通过将单证、合同还有贸易方式的优点合并到一个单独的体系中,公约更准确地界定了哪些交易应受公约调整,哪些交易应该被排除在外(因此避免了条款范围过大或是过小的问题)。而且一种方式的不确定性可以被另一种方式更加明确的规定所克服,因此就产生了公约文本最终稿"适用范围"一章,预计这一章未来会获得意料之中的效果。

2.2 第5条 一般适用范围

第5条 一般适用范围

1. 除须遵循第6条的规定外,本公约适用于收货地和交货地位于不同国家且海上运输装货港和同一海上运输卸货港位于不同国家的运输合同,条件是运输合同约定以下地点之一位于一缔约国:

(a)收货地;

(b)装货港;

(c)交货地;或

(d)卸货港。

---

3 为了获取关于三种方式和它们各自优劣势方面的更加充分的讨论,参见 M. F Sturley,"解决适用范围方面的困惑:联合国国际贸易法委员会运输法项目中的合同、贸易及单证"(Solving the Scope-of-Application Puzzlw: Contracts, Trades, and Documents in the UNCITRAL Transport Law Project),国际海商法杂志(2005),第25-28页。

2. 本公约的适用不考虑船舶、承运人、履约方、托运人、收货人或其他任何有关方的国籍。

2.2.1 条文概述

第5条是适用范围这一章的核心。该条采用"默认原则",即只要是公约规定的交易行为就受公约调整。第5条所包括的范围比较宽泛,正是由于该条款包含范围过于宽泛,导致一些本不应该受公约调整的交易类型也可能被包括在内。第6条则及时得将这些错误的内容排除出去。然而我们还是有必要考证一下满足第5条规定的各项具体要求。

2.2.2 合同方式:"运输合同"

在不考虑第5条和第一章内容的前提下,如果要适用《鹿特丹规则》,必须满足第一项要求。即公约适用的前提条件就是所完成的运输是基于一份"运输合同"。与《汉堡规则》一致,本公约一开始就是通过合同方式界定公约的适用范围。即使是公约的正式名称《全程或部分海上国际货物运输》也强调了公约的核心在于规范承运人和托运人之间的合同关系。

"运输合同"是公约定义的第一个术语。第1条第1款规定:

"运输合同"是指承运人收取运费,承诺将货物从一地运至另一地的合同。此种合同应对海上运输作出规定,且可以对海上运输以外的其他运输方式作出规定。

本条定义有几个方面值得注意。最基本一点就是,定义中要求承运人承诺运输货物(undertake to carry goods),请注意承诺履行,并非实际履行。从第1条第5款中也可以看出这一点,第1条第5款将承运人定义为与托运人订立运输合同的人(也就是承诺运输货物的人),并非事实上运输货物的人,在第1条第8款中,将托运人定义为与承运人订立运输合同的人(也就是接受承运人承诺的人),而非将货物交给承运人运输的那个人。在现有的文本规定中将焦点集中于合同而不是实际履行是非常重要的,这一主旨在公约的其他部分也是很重要的。

"运输合同"的定义还强调了适用公约必须满足的其他两个条件。第一个条件是托运人必须同意支付运费(按条文用语出现的先后排序,并非按重要性排序)。如果承运人同意运输货物并且不主张托运人支付运费的情况下(也就是承运人做了免费承运的承诺),公约是不适用的。当然这个问题在实践中很少出现,因为承运人几乎必然会主张托运人支付运费。毕竟承运人是依靠这一行来维持生计。但如果存在一个免费的非商业运输,那么该运输不受公约调整。

第1条第1款具备的更重要的条件就是与交易有关的海运因素。为了适用公约,合同必须要对海上运输做出规定。但是合同没有必要仅限于海上运输。它"可以对海上运输以外的其他运输方式做出规定"。"可以"一词表明其他的运输方式是可选择的;单一的海上运输的合同(如一个港到港合同)毫无疑问是受公约调整的。从公约使用的官方标题表述用语看,《鹿特丹规则》调整全程或部分海上国际货物运输合同(作者强调)。因此公约并非是一个完全的多式联运公约(如果采用两种不同运输方式,公约可能会适用),而是调整"海运+其他运输"的一个公约。

公约并没有列明合同对海上货物运输需要规定的具体内容。在实践中,很多运输合同并没有明确声明货物将怎样被运输。在大多数情况下,很明显运输货物是根据当事人意向的方式,尽管有时当事人的意图并非很明显。当一个位于伦敦的远洋承运人为了一票运往布宜诺斯艾利斯的12个40英尺的远洋运输集装箱签发远洋提单时(且支付的运费仅够将一个集装箱通过空运方式运往布宜诺斯艾利斯),很明显当事人约定的是以海运方式进行运输。相反,当一家航空公司为了一票从伦敦运往布宜诺斯艾利斯的单个空运集装箱签发了空运单(运费价格较高),很明显当事人约定的是以空运方式进行运输。

但是如果货运代理人为了一个从哥本哈根运往日内瓦的20英尺的集装箱签发了一份普通提单,没有迹象表明当事人是希望通过船舶、火车还是公路货车进行运输,这种情况下该如何判断?联合国国际贸易法律委员曾经考虑过这样一项建议,即公约只能在货物实际上经由海运的情况下适用,[4]但是委员会基于一些原因最终摒弃了这个建议。从理论层面上,这个建议会将焦点从"合同"转向"实际履行"情况上,这一点和这一章的理论是不相符的。从实践层面上看,在采用任何一种运输方式之前,货物常常会遭受灭失或损坏(如货物在最初储存的地点被人从仓库偷走)。因此从公平角度出发,联合国国际贸易法律委员认为通过国际货运代理选择的某个单一运输方式从而确定适用的法律的观点是不合适的。[5]

在公约讨论通过的最后一天,联合国国际贸易法律委员明确表示,决定不对海上货物运输合同必备的内容作出明确规定。因此这个问题就留给各国法院根据个案情况来处理。法院当然也有权利根据货物实际运输的方式,作为当事人

---

4 参见联合国文件 A/CN.9/WG.III/WP.36 第2条第1附加款第6段(2004)。

5 有关该项建议的更全面讨论以及反对该建议的相关观点,参见 M. F Sturley,"解决适用范围方面的困惑:联合国国际贸易法委员会运输法项目中的合同、贸易及单证"(Solving the Scope-of-Application Puzzle: Contracts, Trades, and Documents in the UNCITRAL Transport Law Project),国际海商法杂志(2005),第32-33页。

在合同中意向选择运输方式的证据。[6] 如果货运代理人订立了将一个20英尺的集装箱从哥本哈根运往日内瓦的合同,又立即和远洋承运人订立了履行运输的分合同,这些事实已经足以证明当事人实际上约定的是海上运输。相反,如果货运代理人已经安排以铁路方式运输货物,足以证明当事人实际上约定的是铁路运输。但是是否可以要求法院仅凭货物实际是通过船舶或火车承运就能够判断合同是采用海上运输或者铁路运输的问题,并不存在一个很清晰的界限原则。因此每个案件还是应当基于具体实际情况来判定。

2.2.3 地理上的要求

一旦存在一份满足要求的运输合同,在公约适用之前必须要满足三项地理要求。三项中的前两项要求货物运输具有充分的"国际性",第三项要求与缔约国(《鹿特丹规则》的缔约国)具有充分的联系。

货物运输的国际性

如同所有的国际运输公约,《鹿特丹规则》无意于调整纯粹的国内运输。[7] 从公约起草的背景考虑就不难理解这一点,因为公约讨论之初就是想针对国际运输制定一项新制度。对于纯粹的单式运输制度来说,这是一个非常简单的要求。因此,调整港到港海上运输的《汉堡规则》,适用于"两个不同国家之间的海上货物运输合同"(当然还需满足其他要求)。因为《鹿特丹规则》可能要调整门到门多式货物运输[8](除了港到港海上运输之外),所以在国际性方面的要求更为复杂。

当联合国国际贸易法律委员考虑国际性要求时,出现了两种观点:一种观点认为公约应该在并且仅在合同约定的收货地和交货地处于不同国家时才能适用。换句话说,这一要求强调应当关注运输的整个过程并确定该运输本意是否具于国际性。这一观点与现行的运输公约的规定是一致的,即关注的重点是运输的整个过程,且认为本公约的焦点应当集中在合同而不是合同实际履行问题上(因为合同也是将焦点集中于承运人承诺履行的整个运输过程之上)。

另一种观点则认为公约应仅在合同约定的装货港和卸货港在不同国家时适用。换句话说,这个要求的重点在于是否存在海上运输并且确定海上运输的本意是否具于国际性。这一观点与现行的运输公约感觉是不完全一致的,因为其

---

6 有关该项建议的更全面讨论以及反对该建议的相关观点,参见M. F Sturley,"解决适用范围方面的困惑:联合国国际贸易法委员会运输法项目中的合同、贸易及单证"(Solving the Scope-of-Application Puzzle: Contracts, Trades, and Documents in the UNCITRAL Transport Law Project),国际海商法杂志(2005),第32页。

7 参见《海牙—维斯比规则》第10条;《汉堡规则》第2条第1款。

8 《汉堡规则》第2条第1款。如果其他方面也满足《海牙—维斯比规则》第10条的要求,《海牙规则》类似地适用于每一份和不同国家港口之间货物运输有关的提单。

中现行的每个运输公约的焦点都在于其调整的运输方式是否具有国际性。这个观点和本公约的“海运+其他”的本质倒是比较吻合。海上运输区段并不简单的就是本公约所调整的门到门运输的一个部分。海上运输区段是引发公约是否适用的关键部分。如果没有海上运输区段,公约不能调整多式联运的其他运输区段。为了保持海上运输区段的核心重要性,很多人认为这一点应成为公约中有关国际性的必备要件。

在公约草案讨论的最后一天,联合国国际贸易法律委员会认为两种观点都具有说服力并最终作出决定:不管是整个运输过程还是其中的海运部分都需要具有国际性。[9] 从实践角度出发,公约设置这个双重要件基本没有任何区别。当海上货物运输具有国际性时,整个运输过程自然也具有国际性了(反之亦然)。也有可能(如同联合国国际贸易法委员会工作组所做)存在一种假设的情况即两个要求中仅仅满足其中一个。例如,将货物用卡车经过短途运输从温哥华运到西雅图,然后又将其通过海运方式运往檀香山,整个运输过程(从温哥华到檀香山)具有国际性,但海上运输(从西雅图到檀香山)并不具有国际性。类似地,如果用卡车将货物从西雅图运到温哥华然后再通过海上运输到檀香山,海上运输(从温哥华到檀香山)具有国际性,但是整个运输过程(从西雅图到檀香山)并不具有国际性。

对海上运输具有国际性要求的这一尴尬措辞要予以很好的理解,因为这种尴尬的情形更多的建立在一种假设上。如果简单地规定“装货港和卸货港位于不同国家……”公约条文的阅读和理解将更加容易。但是如果将货物通过海上从檀香山运到西雅图,再通过公路从西雅图运到温哥华,然后通过海上从温哥华运到蒙特利尔,是可以满足国际性要求的。在这种不太可能采用的运输方案下,整个运输过程(从檀香山到蒙特利尔)是具有国际性的且最初的装货港(檀香山)和最终的卸货港(蒙特利尔)处于不同的国家,但是其中所有的海运区段都不具有国际性(因为檀香山到西雅图是美国境内的运输,温哥华到蒙特利尔是加拿大境内的运输)。为了避免本公约可能适用于这种不具有国际海上运输区段的货物运输的风险,最终对国际性要求作出修改,即强调同一个海上货物运输过程中的装货港和卸货港必须位于不同的国家。

和缔约国的联系

在任何一个运输公约适用于某一具体的合同之前,该合同必须与公约缔约

---

9 并没有关于海上运输区段之前或之后的内陆运输区段的国际性的要求或期待。一段途经日内瓦和纽约的从米兰到芝加哥的货物运输是满足国际性要求的。这个运输过程(从米兰到芝加哥)是国际性的,海上运输过程(从日内瓦到纽约)也是国际性的。而从米兰到日内瓦的国内运输区段和从纽约到芝加哥的国内运输区段都不符合国际性的要求。

国存在充分的联系。长期以来,不同的运输法公约对联系的程度做出不同规定。一些非海运公约要求装运地所在国和目的地所在国都应当在公约缔约国。[10] 但是没有一个海运公约作出如此限制。《海牙规则》适用于当装货港所在国为公约缔约国的情形(并没有提及目的港所在国家的问题)。[11] 即《海牙规则》仅适用于出口货物(从公约缔约国出口的货物运输)。《海牙—维斯比规则》通过规定首要条款(直接地或间接地)将《海牙规则》的适用范围扩大了一些。[12]《汉堡规则》既适用于装运地位于缔约国的情形,也适用于目的地位于缔约国的情况。[13] 即《汉堡规则》适用于出口和进口货物运输(驶入、驶出缔约国的运输)。

《鹿特丹规则》通过使得联系要求更加容易满足的方式,延续了公约适用范围不断扩大的趋势。如同《汉堡规则》一样,《鹿特丹规则》也适用于出口和进口货物运输。就多式联运而言,适用范围也可能扩大。装货地所在国可以指的是货物接受地[14](在海上运输之前的最初陆上区段)国家或者是装货港所在地国家[15](海上运输开始的地方),目的地所在国可以指的是货物交付地国家[16](在海上运输之后的最后陆上运输阶段)或是卸货港国家[17](海上运输终止的地方)。如果上述四处地点中的任何一处位于缔约国境内,《鹿特丹规则》都将适用。[18] 假设运输过程从柏林开始(货物接受地)通过陆路运往安特卫普,再继续通过海运从安特卫普(装货港)运往蒙特利尔(卸货港),最后通过铁路从蒙特利尔运往芝加哥(交货地)。假设德国、比利时、加拿大或美国是《鹿特丹规则》的缔约国,那么这个运输过程和公约缔约国就存在充分的联系。

2.2.4　国籍——一个不相干的因素

公约条文明确规定船舶的国籍以及运输合同当事人的国籍与公约的适用范围无关。[19] 这个问题产生于五十多年以前,在制定《海牙—维斯比规则》的过程

10　参见《华沙公约》第 1 条第 2 款。

11　参见《汉堡规则》第 10 条。严格来说,《海牙规则》适用于一切公约缔约国签发的提单。作为惯常做法,可以推测提单通常是在货物装运国签发的。

12　参见《海牙—维斯比规则》第 10 条。

13　参见《汉堡规则》第 2 条第 1 款。

14　第 5 条第 1 款(a)。

15　第 5 条第 1 款(b)。

16　第 5 条第 1 款(c)。

17　第 5 条第 1 款(d)。

18　就港至港运输而言,收货地和装货港是同一地点,同样地,交货地和卸货港也是同一位置。因此从港至港运输中关于地理位置的要件需求方面为视角,《鹿特丹规则》和《汉堡规则》的规定是一致的。

19　第 5 条第 2 款。

中,有人提出一个国际公约可否适用于两个属于同一国家的国民之间的诉讼。于是《海牙—维斯比规则》中增加一个条款阐明当事人的国籍与公约是否适用毫不相干。[20]《汉堡规则》[21]采用了相同的表述,几乎同样的表述又再次出现在《鹿特丹规则》第5条第2款的规定中。尽管这个条款或许在这个意义上说没有存在的必要,但是联合国国际贸易法律委员会担心如果删除了这段语句,可能会被人们当作船舶或当事人的国籍或许和公约的适用范围有关的一个信号。

2.3 第6条 特定除外情形

第6条 特定除外情形

一、本公约不适用于班轮运输中的下列合同:

(a)租船合同;和

(b)使用船舶或其中任何舱位的其他合同。

二、本公约不适用于非班轮运输中的运输合同,但下列情形除外:

(a)当事人之间不存在使用船舶或其中任何舱位的租船合同或其他合同;并且

(b)运输单证或电子运输记录已签发。

2.3.1 条文概述

一旦公约第5条大范围地将可能受到公约调整的每种运输包含进来,第6条的任务便是将那些不应该受到强行性法律约束的运输排除在外。准确定义应包含的和应排除的运输之间的界线对于采用"合同"方式界定公约适用范围通常是一个难题,尤其是对于一个认可多种类合同类型的现代行业而言尤为如此。[22] 因此第6条采纳了传统的根据单证确定适用范围的方式,并采用了一项新的贸易方式以助于对公约适用的不同合同类型做出必要的区分。

2.3.2 租船合同的排除

在20世纪20年代初讨论《海牙规则》时,起草者决定(经过大量讨论之后)

---

20 参见《海牙—维斯比规则》第10条。

21 参见《汉堡规则》第2条第2款。

22 关于这些问题的详尽解释,参见M. F Sturley,"解决适用范围方面的困惑:联合国国际贸易法委员会运输法项目中的合同、贸易及单证"(Solving the Scope-of-Application Puzzle: Contracts, Trades, and Documents in the UNCITRAL Transport Law Project),国际海商法杂志(2005),第27页。

将提单之下的货物运输(有必要适用强行规则)和租船合同之下的货物运输(认为没有必要适用强行规则)区分开来。[23] 因此,《海牙规则》明确规定适用提单,[24]而租船合同被明确地被排除在公约的适用范围以外。[25] 基本原因在于租船合同的当事人通常是富有经验的具有平等议价能力的商业人士,因此每一方都能在市场中保护自身的权益。似乎看不出有任何必要保护承租人免受出租人过于强大的谈判优势的影响。当在租船合同下签发提单,且这些租船合同提单流通转让至第三人时,再将第三人排除适用的合理依据就不存在了。因此,《海牙规则》明确规定,一旦租船合同提单被转让至了第三人,则公约适用于该租船合同提单。[26]《海牙—维斯比规则》1979年议定书对此未做任何改变,因此上述条款规定仍然保留在《海牙—维斯比规则》中。《汉堡规则》继续将租船合同排除在外,并就租船合同提单作出了与之前国际公约实质相同的条款规定。[27]

当联合国国际贸易法律委员会对此问题进行讨论时,大家已经达成共识,即仍然继续保持将租船合同排除在外的做法。航运实践部门坚决支持继续采用上述做法,也没有一个人能够提出充分的理由来改变这一现象。然而,实现这个共识,却要比20世纪20年代的时候更为复杂。非常关键的一个词汇"租船合同"从来就没有得到满意的界定(尽管已经对此做出了努力),即便是在20世纪20年代(商事活动并不像如今那么复杂)的时候也是如此。伴随着新的商业实践活动的发展,当下的承运人和货主会订立一份内容广泛的合同,相对提单而言,虽然这种类型的合同与传统的租船合同存在更多的相似性,然而这种合同既不同于租船合同也不同于提单。考虑到这种新合同的当事人通常是具有相当谈判能力的富有经验的商业人士,以公约对待租船合同当事人的方式来对待这些订立新合同当事人很合乎情理。[28] 但是界定哪些新合同与租船合同具有充分的相似性,哪些没有相似性并非易事,尤其是在没有就相关标准达成一致意见的情况下。

联合国国际贸易法律委员最终决定综合采用贸易方式和单证方式的做法将租船合同排除在外。作为一般原则,班轮运输下的运输应当受《鹿特丹规则》调整,但是联合国国际贸易法律委员注意到在班轮运输实践中,有时也会采用租船合同和类似租船合同的协议。因此,公约第6条第1款(a)项将班轮运输中的一

---

23 关于这些谈判更为详尽的讨论,参见M. F. Sturley"联合国国际贸易法律委员会起草文本的适用范围",国际海商法杂志2004年第10期,第140-141页。

24 《海牙规则》第1条(b)项。

25 《海牙规则》第5条。

26 参见《汉堡规则》第1条(b)项和第5条。

27 参见《汉堡规则》第2条第3款。

28 对批量合同的处理上,产生了很多完全不同的问题,这些问题必须单独讨论,参见公约第80条。

切租船合同全都排除在外，(b)项则将班轮运输中的“使用船舶或其中任何舱位”的其他合同排除在外(如箱位租赁合同或舱位租赁合同)，即便从字面上讲这些合同类型并不是完全符合租船合同的特性。

作为一般规则，第6条第2款将所有的非班轮运输排除在外，但是联合国国际贸易法律委员会认为一个总括的除外条款范围过于广泛。尽管联合国国际贸易法律委员同意将所有的不定期船舶运输排除在外，但是“不定期租船”的范围比“非班轮运输”的范围稍微要窄一些。例如，“一经要求”，通常作为班轮公司进行经营的承运人要向公众提供服务并签发提单，但是他们并不按照有规律的船期表从事运营活动。因为他们签发的是提单而不是订立租船合同，所以他们的运输过程典型地属于《海牙规则》和《海牙—维斯比规则》的调整范围之内。为了保证提单能够在公约适用范围之内的做法保持下去，[29]公约第6条第2款在作出排除非班轮运输的一般性规定外，增加了一个例外情形，即如果非班轮运输下既没有使用租船合同也没有使用类似协议的，如果签发了提单或其他等同于提单作用的其他现代单证的，则公约仍然适用。[30]

2.3.3 班轮运输和非班轮运输的定义

公约第6条以及采用贸易方式就是建立在区分班轮运输和非班轮运输的能力基础之上。公约第1条第3款对“班轮运输”定义如下：

“班轮运输”是指通过公告或类似方式向公众提供、按照公布船期表使用船舶在特定港口之间定期运营的运输服务。[31]

为了确定一项运输是否为班轮运输，该项运输服务必须满足两个要求(每个术语都使用相对概括的语言来表达，这是为将来的商业和规则的发展保留一定的灵活性)。首先，向公众提供的这项服务必须以公开的方式或者类似的方式。在一些国家，法律明确规定提供班轮运输服务的必须提供一份备案的运价表。不管怎样，在大部分国家提供班轮运输服务的习惯模式都为公众所熟知。其次，这项运输服务必须包含按照公布船期表进行的船舶定期营运。这个定义中有关运输服务的两项要求，采用的是“包括”这一术语，因为提供班轮运输服务也可能有其他服务要求，例如提供仓储等。[32]

---

29 第6条第2款(a)项。

30 第6条第2款(b)项。

31 第1条第4款。

32 参见工作组第15次会议报告，UN Doc. A/CN.9/576，第57段落(2005年)。

2.4　第7条　对某些当事人的适用

第7条　对某些当事人的适用

虽然有第6条的规定,如果收货人、控制方或持有人不是排除在本公约适用范围之外的租船合同或其他运输合同的原始当事人,本公约仍然在承运人与此等当事人之间适用。但是如果当事人是根据第6条被排除在外的运输合同的原始当事人,本公约在此等原始当事人之间不适用。

如前文所述,[33]通常租船合同所排除的只是原始的合同当事人。如果承运人签发了一份提单,并被转让至第三人(即原始承租人以外的人),那么任何现行的海运公约都将(在公约适用的前提下)[34]调整承运人与该第三人之间的关系。

《鹿特丹规则》保留了以往海运公约对租船合同提单的传统做法,但是因为公约适用范围扩大,因此需要一个较为广泛的方式处理这个问题(而不仅仅限于租船合同或是提单)。第7条没有限于租船合同的条文是因为第6条的排除条件没有做出如此限制。正如第6条排除了那些类似于租船合同的运输安排(但是这些运输安排又区别于租船合同),因此第7条规定公约适用于那些被公约排除在外的"任何"运输安排之下承运人和第三人之间的关系,该第三人继承托运人的权利。

同样地,正如公约总体上没有限于提单一样,第7条没有仅仅限于提单的签发或转让。[35] 事实上,第7条甚至没有限定于运输文件或电子运输记录(就像公约中许多条文那样)。第7条列举出这些被公约排除在外的运输安排之下拥有相关权利的当事人名单,包括收货人、控制方和持有人。同时,这些当事人能凭借他们的地位承继原始托运人同样的权利,[36]从狭义的传统角度分析,这些当事人处于租船合同提单持有人的地位。由于根据《鹿特丹规则》的规定,托运人有

33　参见本公约第6条。

34　参见《海牙规则》第1条(b),第5条;《海牙—维斯比规则》第1条(b),第5条;《汉堡规则》第2条第3款(原英文表述是《汉堡规则》第1条(b),第5条;《汉堡—维斯比规则》第1条(b),第5条等;译者认为是笔误,故根据上下文意思,修正为现有表述。——译者注)

35　比较《海牙规则》第1条(b),第5条;《海牙—维斯比规则》第1条(b),第5条;《汉堡规则》第2条第3款。

36　例如,收货人是指具有权利提取货物的人,参见公约第1条第11项。控制方的定义体现在第1条第13项(并在第51条中进一步解释),此外持有人定义体现在第1条第10项。

可能是收货人、控制方或持有人,因此第7条很明确地规定了上述特殊处理方式并不能适用于原始合同当事人之间。

(邵子洪、郭萍翻译)

第三章　电子运输记录

约瑟·安吉罗、伊斯崔拉·法瑞阿(José Angelo Estrella Faria)*

3.1　概述

信息和通信技术所带来的优势在商业领域是显而易见的。电子通信的快捷及广泛应用显著地提高了效率和生产率,电子记录代替纸质交易文件的使用,显著地降低了交易成本。

然而,作为记录法律上重要信息的一种方式,电子通信存在一些缺点。电子通信的信息在一段时间后可能变得无法识别或不可靠(通常是因为软件的过时、设备的落后或两者兼而有之),[1] 而且较之纸质文件,它们更容易被复制、篡改或转载。上述所有的情形都要求,将电子记录与纸质文件具有相同法律地位的评判标准应当不断发展。

1996 年,联合国国际贸易法律委员会通过了《联合国国际贸易法律委员会电子商务示范法》(以下简称 MLEC),开启了在这方面的探索。[2] 5 年以后,又通过了内容更为详细的《联合国国际贸易法律委员会电子签名示范法》(以下简称 MLES)。[3] MLEC 已被广泛采用,而且越来越多的国家都以其作为本国电子

---

* 国际统一私法学会(UNIDROIT)秘书长,联合国国际贸易法律委员会前高级法律官员,第三工作组秘书。

1 经验已经表明:最终,"我们在电子环境下能够保持的只能是部分内容",但是"无期限地保存这些内容还是非常困难的"[J. Dumortier & S. Van den Eynde:《电子签名和信任档案服务》(www. law. kuleuven. ac. be/icri/publication/172SLM2002. pdf? where),2009 年 1 月 12 日,第 5 页]。

2 MLEC 的起草历史,参见 1999 年《联合国国际贸易法律委员会电子商务示范法实施指南》,纽约,联合国出版,No. E. 99. V4(www. uncitral. org/uncitral/en/uncitral texts/electronic commerce. html),2007 年 11 月 30 日,第 123-150 段(以下简称"MLEC 实施指南")。

3 MLES 的起草历史,参见 2002 年《联合国国际贸易法律委员会电子签名示范法实施指南》,纽约,联合国出版,No. E. 02. V8(www. uncitral. org/uncitral/en/uncitral texts/electronic commerce. html),2007 年 11 月 30 日,第 12-25 段(以下简称"MLES 实施指南")。

商务立法的基础。[4] MLEC 也成为许多国家从联邦层面协调国内电子商务立法的参考,如加拿大[5]和美国。[6] 在 2005 年,作为上述两个示范法补充的《联合国有关国际合同使用电子通信公约》(EEC)出台,该公约旨在进一步协调各国国内立法的分歧,并且解决国际公约中格式要求的问题。[7] 上述示范法和 ECC 制

4　截至 2009 年 1 月,已通过立法实施《电子商务示范法》的规定,至少有以下国家:澳大利亚(1999 年《电子交易法》)、中国(2004 年《电子签名法》)、哥伦比亚(1999 年《电子商务法》)、多米尼加共和国(2002 年《电子商务的法律、文件和数字签名》)、厄瓜多尔(2002 年《电子商务法、电子签名和数据电文》)、法国(2000 年《适应信息技术和电子签名的证据法 2000-230》)、印度(2000 年《信息技术法》)、爱尔兰(2000 年《电子商务法》)、约旦(2001 年《电子交易法》)、毛里求斯(2000 年《电子交易法》)、墨西哥(2000 年《联邦民事法典、联邦民事诉讼法典、商法典以及对联邦消费者保护法典的法令修改和补充规定》)、新西兰(2002 年《电子交易法》)、巴基斯坦(2002 年《电子交易条例》)、巴拿马(2001 年《莱伊数字签名》)、菲律宾(2000 年《电子商务法》)、韩国(2001 年《电子商务框架法》)、新加坡(1998 年《电子交易法》)、斯洛文尼亚(2000 年《电子商务与电子签名法》)、南非(2002《电子通信和交易法》)、斯里兰卡(2006 年《电子交易法》)、泰国(2001《电子交易法》)、阿拉伯联合酋长国(迪拜)(2002 年《电子交易与商务法》)、委内瑞拉(2001 年《数据电文和电子签名法》)和越南(2006 年《电子交易法》)。MLEC 同样被采用的还有英属根西岛(2000 年《电子交易法》)、英属泽西岛(2000 年《电子通信法》)和 英属马恩岛(2000 年《电子交易法》)、大不列颠和北爱尔兰海外领地的百慕达群岛(1999 年《电子交易法》)、开曼群岛(2000 年《电子交易法》)和特克斯和凯科斯群岛(2000 年《电子交易条例》)、中国香港特别行政区(2000 年《电子交易条例》)。

5　为了实施《电子商务示范法》,加拿大通过了国内法——《统一电子商务法》。由加拿大法律统一会议于 1999 年通过,在加拿大的许多省份和地区颁布,包括艾伯塔、安大略省、爱德华王子省、萨斯克彻温省和育空地区。魁北克省颁布的具体法案为《建立信息技术法律框架法》,尽管魁北克省颁布的此项法案在范围上更为宽泛,但法律规定内容方面有所不同,除了实现《统一电子商务法》规定的许多目标以外,基本上与《电子商务示范法》(MLEC)的规定一致。有关统一电子交易法的最新资料,可以参见 www. chlc. ca/en/us/,2009 年 1 月 13 日登录。

6　在美国,统一州法国家委员会将 MLEC 作为起草美国《统一电子交易法》的基础,该法案在 1999 年被通过(这一法案的条文规定和官方评论可以参见 www. law. upenn. edu/bll/ulc/uecicta/eta1299. htm,2009 年 1 月 13 日登录。)《统一电子交易法》已经在哥伦比亚地区和以下 46 个州得以颁布实施:阿拉巴马州、阿拉斯加州、亚利桑那州、阿肯色州、加利福尼亚州、科罗拉多州、康涅狄格州、特拉华州、佛罗里达州、夏威夷州、爱达荷州、印第安纳州、艾奥瓦州、堪萨斯州、肯塔基州、路易斯安那州、缅因州、马里兰州、马萨诸塞州、密歇根州、明尼苏达州、密西西比州、密苏里州、蒙大拿州、内布拉斯加州、内华达州、新罕布什尔州、新泽西州、新墨西哥州、北卡罗来纳州、北达科他州、俄亥俄州、俄克拉荷马州、俄勒冈州、宾夕法尼亚州、罗得岛州、南卡罗来纳州、南达科他州、田纳西州、得克萨斯州、犹他州、佛蒙特州、弗吉尼亚州、西弗吉尼亚州、威斯康星州和怀俄明州。其他州有可能在不久的将来开始执行该法案,包括伊利诺伊州,该州已经通过《电子商务安全法》(1998 年)实施联合国国际贸易法律委员会颁布的 MLEC,关于统一电子交易法的最新信息,参见 www. nccusl. org/nccusl/uniformact_factsheets/uniformacts-fs-ueta. asp,2009 年 1 月 13 日登录。

7　关于 EEC 起草历史,参见《联合国有关国际合同使用电子通信国际公约》,UNCITRAL 秘书处注释说明(UN 销售出版物 No. E. 07. V.)(www. uncitral. org/uncitral/en/uncitral_texts/electronic_commerce/2005Convention. html),2007 年 11 月 30 日,第 21-43 段落。

定的基本原则已经成为各国普遍接受的判定标准,以确认电子记录的法律地位。[8]

没有任何一个示范法解决了权利凭证和可转让单证方面的具体问题,而且ECC[9]明确地将上述问题排除在公约适用范围以外,因为可能存在未经授权进行复制的潜在问题。ECC的主要目的仅是保证电子单据与纸质文件具有同等法律地位,而权利凭证和可转让票据产生的问题已经超出了该公约的范围。[10]

《鹿特丹规则》中关于电子运输记录的规定就是专门填补货物运输领域中的这一空白。

大多数国家法律对纸质文件在形式要件和证据方面的作用作出规定。相应的,为了支持形式要件和证据规则体系操作的角度,这些国家都或多或少的要求具有法律意义的信息应当被记录在能够展示和储存的有形媒介中,以供之后使用。此外,为确保纸质文件的真实性,传统方式是在纸质记录中并入或附加记号(如手写签名或签章)。

《鹿特丹规则》第3条的一般规定是为了消除电子通信方式可采性的疑问,电子通信方式应满足第1条第17项规定的各项要求,以满足基本的通知交换和书面通信交流的功能,《鹿特丹规则》强调的唯一条件是使用电子通信的接收人、发送人同意使用这种方式。

根据各国国内法,签名具有多项功能,而且各国的规定并非相同。尽管各国规定存在多样性,但是所有的法律制度都承认签名至少具有以下功能:(1)对人员的识别以及对该人员参与签字行为的确认。(2)将该人员与文件的内容关联起来。

与先前的公约,特别是1996年《电子商务示范法》所采取的方式一致,《鹿特丹规则》也侧重于上述两项基本功能。

联合国国际贸易法律委员会有意避免确定某一项可实现相同功能的特定技术。联合国国际贸易法律委员会认为,强制某一特定技术的使用,或赋予它一个

---

8 联合国国际贸易法律委员会有关文书的基本假设是那些传统的法律概念,如单证、书面、签署、原始格式之类的表述,不需要被全新的概念所代替。联合国国际贸易法律委员会所采取的这一方式被称为"功能等同方式"(functional equibalence approach),它是对传统采用纸质文件领域一些形式要求做出基本功能分析,以确定如何将这些功能可以在非物质化的环境中进行调换、复制或模仿。UNCITRAL主张通过"中立"原则,即不依赖或推荐使用特定类型的技术为前提,但是该技术可以适用于所有类型的信息交换和储存。这种做法有助于确保立法能够适应未来技术的发展而不至于很快就成为陈旧的规定。

9 依据ECC第2条第2段的规定,该规则不适用于汇票、本票、运单、提单、仓单或任何可转让单据和票据。上述单证或票据是指持票人或受益人可以要求交付货物或支付金钱的凭证。

10 参见《联合国有关国际合同使用电子通信国际公约》的解释说明(联合国,2006年,销售No. E. 07. V. 2),第80-81段。

比其他产品或技术更有利的地位，这样促进某一特定技术的做法是不恰当的。联合国国际贸易法律委员会也倾向于在《鹿特丹规则》中仅规定“电子签名”的功能性定义，将其他具体标准留给各国国内法或交易各方自己决定，只要该界定能够满足功能要求。这种方式对未来使用目前尚未出现的技术留下很好的灵活空间。[11] 有关采用技术中立性的一般原则，已经被吸收到许多国家的法律之中，[12]它体现了各方当事人有权为了满足其需要而选择某项技术的自由。当事方有责任举证其选择的技术的安全水平能够满足电子通信的需要。这样可避免过多的技术复杂性和降低相关费用。[13] 为满足《鹿特丹规则》中的签名要求，有一些电子方式可能因此被使用，包括下面简要介绍的方式。[14]

“数字签名”也称为公钥加密系统，是使用非对称加密技术[15]以确保电子信息的真实性，并保证信息内容完整性的一个技术应用名称。数字签名使用的是所谓的公钥加密，它是基于算法函数产生两个不同但数学上相关的“钥匙”，[16]这是为这种技术被称为非对称加密系统的原因。其中一把钥匙是创建数字签名，或将数据转化为一个看似不知所云的形式，另一把钥匙用于验证数字签名或将信息还原成其原来的形式。虽然配对钥匙具有数学相关性的，但从公钥的知识

11　参见第三工作组（运输法）第十五届会议工作报告，2005 年 4 月 18 日至 28 日，纽约（联合国文件 A/CN. 9/576，第 203 段）。

12　有关电子商务立法的大多数国家使用 MLEC 公约作为模板。除了极少数例外，各国在执行 MLEC 公约时，都保留了其技术中立的做法，既没对某个特定技术做出规定，也没有偏袒任何特定技术的使用。在欧盟范围内使用的电子签名的法律制度中，虽然不像 UNCITRAL 示范法那样明确采取技术中立的规定，但仍允许在法令认可的电子签名以外使用那些被称之“高级签名”（advanced sinatures）的方式［参见 Directive 1999/93/EC of the European Parliament and of the Council on a Community framework for electronic signatures（欧盟官方杂志 L. 第 13 号，2000 年 1 月 19 号），第 12 页］。

13　S. Mason：“电子签名实践”，载《高科技法律杂志》2006 年第 6 期第 2 号，第 153 页，全文涵盖在第 148-164 页中。

14　各种电子签名方法更详细的讨论，见“有关电子商务的未来工作——为建立一个有利于电子商务发展的法律框架必备要素的综合参考文件：国际使用电子认证和签名方法的示范章节”［联合国文件。A/CN. 9/630，2007 年 4 月 25 日——附录 1-5，在（www. uncitral. org/uncitral/en/commission/sessions/40th. html），2009 年 1 月 12 日］。

15　加密是应用数学的一个分支，它将信息转变成为一个看似难以理解的形式，然后再返回到其原来的形式。

16　通常使用了一系列适用于素数的数学公式会产生大量数字。其他数学技术正在使用或正在开发中，例如椭圆曲线加密系统，它通过明显减少钥匙长度的使用，以提高安全程度。

中获取私钥几乎是不可能的。[17]

生物识别是通过其内在的生理或行为特征来识别个体的一种方式。可能在生物识别技术中使用的识别特征包括DNA、指纹、虹膜、视网膜、手或脸部的形状、面部热像、耳朵的形状、声音、体味、血管纹、笔迹、步态和键入模式。

生物识别设备的使用通常是捕获个体生物学特征的生物样本的数字形式。生物识别数据即从该样本中提取出来的一个参考模板。最终,存储在参考模板中的生物识别数据与最终用户以核查为目的提取的数据进行比较。因此,身份识别或验证是否实现是有可能显示出来的。[18]

密码和代码都用于信息或服务的访问控制,同时也用于电子通信的签名。在实践中,代码的使用不如前者频繁,这是因为在非加密邮件中代码可能存在被解密的风险。然而,密码和代码都是用于“身份验证”的最普遍方法,在大量的交易中,包括大多数网上银行、自动取款机提取现金、刷卡消费等交易中的访问控制和身份验证中得以普遍应用。

需要注意的是可以综合多种技术验证电子交易的真实性。一些技术或单一技术的反复使用可以被应用于单一的交易中。例如,动态签名认证可与完整性信息的加密相结合。此外,密码可在互联网上传送,通过使用加密技术[如在浏览器中的安全套接层(SecureSocketsLayer :SSL),结合使用生物识别技术来激发一份数字签名(非对称加密),并在接收端生成一个网络认证协议(Kerberos)通行证(对称加密)的方式,从而达到保护密码的作用]。

3.2 定义

3.2.1 第1条第17项:电子通信

这个定义包括两个要素:(1)生成、发送、接收或储存信息的方式;(2)信息可获取性的要求。

关于通信方式而言,定义中包括了单纯的“电子”技术在内的更为广泛的技

17 一些现有的标准是指用“计算不可执行”的概念来形容预期不可逆转的过程,即希望从一个用户的公钥中得到该用户的秘密私钥是不可能的。“计算不可执行”,是一个相对的概念,它是基于受保护的数据价值的基础之上,用来保护它所需的计算开销,时间长度,以及攻击数据需要的成本和时间,基于以上因素的评估既要看当前技术发展也要考虑未来技术的进步。[美国律师协会,数字签名指南:认证机构的法律基础设施和安全的电子商务(芝加哥,美国律师协会,1996年8月1日),第9页,注释23,源自www.abanet.org/scitech/ec/isc/dsgfree.html,2007年4月5日登录]。

18 国际生物识别协会(IAfB)和国际计算机安全协会(ICSA),1999年生物识别词汇表,(www.afb.org.uk/docs/glossary.htm),2007年11月30日登录。

术,联合国国际贸易法律委员会在以前的文本中用“数据电文”的通用表述方式泛指这些技术。所有与定义中所列举方式具有相同功能的通信手段和储存信息的方式都涵盖在“类似方式”的表述中。“类似方式”的表述表明《鹿特丹规则》不仅适用于现有的通信技术,而且还可适应可预见的未来技术发展的需要。

定义的第二个要素将电子形式信息的概念与联合国国际贸易法律委员会先前为了使电子形式和书面形式的信息具有同等法律效力的相关标准相结合。这项要求就是电子通信中包含的信息应该是“可供此后援引使用”。这项要求表明电子通信方式必须满足如下基本标准,即满足信息能够以书面形式或包含在一个文件中或其他以纸质为基础的媒介形式保留内容的特点。虽然有些功能是通过传统的“书面形式”来完成,但联合国国际贸易法律委员会更侧重于信息被存储在一个稳定的、可读的形式中这个要素。[19]

“电子通信”的定义集中在信息内容本身,而不是其传输的形式。因此,就《鹿特丹规则》的宗旨而言,数据电文是否以电子形式从一台计算机传输到另一台计算机,或者是否通过不涉及电信系统的方式传输,例如,包含数据电文的磁盘通过快递寄送给收件人,都是无关紧要的。

3.2.2　第1条第18项:电子运输记录

通常包含在运输单证中的多种合同事项(如承运人的名称和地址,货物描述,收货日期),可能不一定包含在一个单一的电子通信中,这取决于用于存储和交换电子通信采用哪种方式。事实上,合同事项中的很多细节内容可能通过电子方式保存在不同的地点,并且再恢复时只是显示了单一电子记录的一部分。《鹿特丹规则》承认这种可能性。

同样的道理,《鹿特丹规则》承认将一个单独的电子通信(合同一般条件规定或安全指示)条款并入电子运输记录的可能性。这可以通过附件或其他具有逻辑关系的方式,如超链接到一个网站,将包含的信息并入电子运输单证中。

3.2.3　第1条第19项:可转让电子运输记录

第1条第20款规定了不可转让电子运输记录,是指“不是可转让电子运输记录的电子运输记录”。

可转让电子运输记录的定义清楚地表明,并不是每一个电子记录都是可转让的。事实上,该定义中的(b)项明确地将电子记录的使用与第9条中提出的

19　MLEC第6条;EEC第9条,第2段。

要求联系起来。即未能满足这些要求的电子运输记录就不能够被认定为属于可转让的电子运输记录。

3.2.4　第1条第21项：签发可转让电子运输记录

可转让电子运输记录中“排他性控制”的概念，是《鹿特丹规则》所建立的为促进电子运输单证使用制度的一个基石。

该规定的主要灵感来源于《统一电子交易法》（UETA），它是美国执行UNCITRAL《电子商务示范法》的产物。[20]《统一电子交易法》第16条规定，“可转让记录”建立的标准与《统一商法典》（UCC）第3条和第7条有关记载或记录在法律上具有同等地位。关于UETA中包括这样一个条款的合理性问题，UETA的官方评论如下：

可转让纸质文书和文件是独特的，因为其本质虽然是一个有形的物体——一张纸，但实际上体现了无形的权利和义务。仅仅通过创设一项特殊的电子方式就将一份纸质可转让文件或文书所包含的内容体现出来是非常困难的，这一特点也决定了有关可转让文件和文书规则绝非可以通过使用电子记录的方式就可以简单地修改并取代纸质书面形式要求。然而，交易各方强烈愿望希冀能够在电子环境中也能建立一些规则以便获得单证转让所带来的好处，这个愿望已经体现在“可转让记录”这一节中。

UETA第16条规定可转让文书与电子记录具有等同法律效力的基本要求就是电子记录需要具备人可以“控制”的特点。享有对电子记录的“控制”，可以看成是对替代了类似纸质的可转让文书的“占有”。更准确地说，第16条的“控制”代替了可转让承兑票据或可转让权利凭证的交付、背书和占有。第16条（b）项认为控制权的存在，就是要确认“用以证明可转让记录中相关利益转移的一个系统可以令人信服地证实‘主张控制权的人’是该可转让记录的被签发人

20　1999年美国统一州法国家委员会通过了UETA（法案的条文及官方评论，参见www. law. upenn. edu/bll/ulc/uecicta/eta1299. htm，2009年1月20日登录）。《统一电子交易法》已经在哥伦比亚特区、美国维尔京群岛以及以下46个地区颁布实施：阿拉巴马州、阿拉斯加州、亚利桑那州、阿肯色州、加利福尼亚州、科罗拉多州、康涅狄格州、特拉华州、佛罗里达州、夏威夷、爱达荷州、印第安纳州、爱荷华、堪萨斯州、肯塔基州、路易斯安那、缅因、马里兰、马萨诸塞州、密歇根州、明尼苏达州、密西西比州、密苏里州、蒙大拿、内布拉斯加、内华达州、新罕布什尔州、新泽西州、新墨西哥州、北卡罗来纳州、北达科他州、俄亥俄州、俄克拉荷马州、俄勒冈州、宾夕法尼亚州、罗得岛、南卡罗来纳州、南达科他州、田纳西州、得克萨斯州、犹他州、佛蒙特州、弗吉尼亚州、西弗吉尼亚、威斯康星州和怀俄明州，其他州有可能在不久的将来开始执行该法案，包括伊利诺伊州，已经通过《电子商务安全法》（1998年）来实施联合国国际贸易法律委员会颁布的《电子商务示范法》，关于UETA实施的最新信息，参见www. nccusl. org/nccusl/uniformact_factsheets/uniformacts-fs-ueta. asp，2007年11月30日登录。

或被转让人”。正如官方评论指出的,关键是“无论是否涉及第三方登记或技术保障,这样一个系统必须能够令人信服地证实有权收款之人的身份情况”。

在 UETA 下,如果一个用以证明可转让记录中的利益转移的系统能够“令人信服地证实了某个人是该可转让记录的被签发人或被转让人”,那么该人即被认为拥有可转让记录的控制权。[21] 根据 UCC 第 1 条至第 201 条第 20 项的规定,一个拥有可转让记录控制权的人,获得与记录持有人同样的地位,并且拥有 UCC 下书面记录持有人或等同方式记录持有人相同的权利和抗辩,包括以适当方式成为持有人所享有的权利和抗辩,例如分别通过合法转让或买卖等方式成为一份可转让权利凭证持有人的情形。依据本条,交付、占有和背书,并不能获得或行使任何权利。

UETA 的官方评论建议,通过使用一个可信任的第三方登记制度可以满足“控制”的要求,但是“满足这些严格标准的技术制度也应当是第 16 条所允许的技术制度”。根据官方评论,第 16 条“针对签发人或债务人,提供了创建、转让和执行电子票据和类似单证的法律支持”。

公约基本上采用了类似的方式。可转让电子运输记录与纸质运输单证具有相同法律效力,任何时候可转让电子运输记录的使用都受程序约束,包括但不限于以下事项:(1)影响可转让电子运输记录排他性转让给预期持有人的方法;(2)确保可转让电子运输记录保持其完整性;(3)持有人能够证明其是持有人的方式。这些条件被规定在《鹿特丹规则》第 9 条中,将在后文一并进行讨论。

3.2.5　第 1 条第 22 项:转让可转让电子运输记录

与纸质形式运输单证的交接、背书具有同等法律效力的电子方式是根据第 9 条规定的电子记录使用管理程序,进行电子运输记录的排他性控制权的转让。

21　如果可转让记录以如下方式被创建、存储和转让,则一个系统满足这样的要求,并且某个人将被视为享有可转让记录的控制权人:(1)每一个可转让记录的权威副本的存在都是独一无二的、可识别的,而且除非满足第(4)、(5)、(6)段的规定,否则也是不可改变的。(2)当签发可转让记录时,权威副本能够识别谁是享有控制权的人;或作为权威副本可以证明可转让记录已经被转让,谁是可转让记录的最新受让人。(3)权威副本可以在主张控制权的人或其指定的保管人之间传递并持有。(4)增加或变更权威副本中的可识别转让人的任何复制或改变,必须征得享有控制权人的同意。(5)每一份权威副本的复印件以及复印件的复件都应该可以很容易地被识别为是复印件而不是权威副本。并且(6)权威副本的任何修订应当可以被识别出是经授权的还是未经授权的。

3.3 第8条 电子运输记录的使用和效力

第8条 电子运输记录的使用和效力

在不违反本公约所述要求的情况下:

(a)凡根据本公约应在运输单证上载明的内容,均可在电子运输记录中加以记载,但电子运输记录的签发和随后的使用须得到承运人和托运人的同意;并且

(b)电子运输记录的签发、排他性控制或转让,与运输单证的签发、占有或转让具有同等效力。

3.3.1 本条款目的

第8条(b)项规定了电子运输记录在签发、排他性控制或转让方面和运输单证的签发、占有或转让之间具有同等功能的一些基本原则。

与第3条规定相似,第8条具有广泛的授权功能。(a)项规定了只要承运人和托运人同意签发并随后使用电子运输单证,则电子运输单证上记录的信息和纸质运输单证上记录的信息具有广泛的相同法律效力。(b)项为电子运输记录,包括可转让电子运输记录的实际使用奠定了基础。

3.3.2 制定可转让电子运输单证面临的法律挑战

提单在运输合同中、相关的贸易合同中和方便支付的押汇信用证中都发挥着很多重要功能。提单最基本的功能是证明承运人收到提单上记载的货物,并已将货物装船。提单也是运输合同的证明,并包含合同中基本条款。这两项功能也是不可转让运输单证共有的,如海运单。提单还有一项额外的特有功能,即允许货物在运输过程中,提单所代表的货物可以进行转让。正是提单这一特有功能很好地解释了提单在跟单信用证体系中所扮演的核心角色,即体现了对货物的权利,可以为贷款需要质押提单或者签发信用证时,可以确保向卖方支付货款。在许多国家,提单的转让被推定为货物占有的转让,并且提单的转让可以视为货物权利的转让。

使用电子单证代替提单的前两个功能是一个相对简单的任务,并且在许多交易中海运单已经有效地被电子通信所取代。而提单的可转让功能则产生很多困难,主要是因为电子记录是不可能被实际"持有"、"背书"或"交付"的。这些功能则需要用其他可能的手段来实现,使得在任何时候,电子记录的有权"持有人"与可转让运输单证的"持有人"具有同等法律地位。即谁有权指示承运人交

付货物、谁有权将该权利转让给其他人并且谁在货物抵达目的地后有权要求提取货物。

用具有同等法律效力的电子单证代替传统的纸质可转让运输单证需要首先解决单证的可转让性问题。这也被认为是在国际贸易实务中实施电子商务"可能存在的最大挑战"。[22]

为了转让财产或完善货物担保权益,法律规定必须通过实际交付货物或者转让代表货物的单证予以实现,交易双方仅仅交换电子信息并不足以实现有效转让财产和完善担保权益的目的,但是当事人应当举证存在转让权利的意图,该权利通过运输单证或保护担保权益得以体现。因此,即使是在普遍认同电子通信或电子记录具有纸面单证同等效力与法律价值的国家,在没有对转移财产或完善担保权益的法律修改前,电子通信与电子记录都无法独自有效地转移货物权利或完善担保权益,也不能以此对抗第三人。

之前对可转让权利凭证的法律基础进行分析,显示"目前还没有普遍存在的一种法定方式,可以让贸易各方通过交换电子信息达到像使用纸质单证一样有效转移法律权利的情形"。[23] 而且可转让单证的法律机制"在本质上是基于有形的原始纸质方式,易于当场直接确认。在现有的各国法律制度下,单证的可转让性无法与原始纸质单证的实际占有相剥离。"[24]

因此,可转让运输单证的电子转让最主要的障碍是需要创造一种方式,可以让合法转让的持有人感受到保障,即确实存在一份权利凭证、单证表面没有缺陷,并且签名或者其他替代方式是真实的,单证是可以转让的,这种方式使得对电子单证的控制等同于法律上纸质单证的实际占有。[25]

要求转让有形货物的实际占有或推定占有,或者实际交付代表货物或其他权利的文件的实践意义是为了避免各方对同一货物或权利主张某种权益的冲突。两个人不可能同时拥有某个货物或者同时持有一份确定的货物运输单证,所以"占有"这个要件就确保了转让链条的有序性。最终,法律制定的目的是保证只有一个人可以有效控制货物、代表货物的单证,或者其他可转让文书。

《鹿特丹规则》的目的就是通过建立一个电子制度代替这种功能。它通过

---

22 参见 J. B. Ritter & J. Y. Gliniecckí:"国际电子商务和行政法:国家改革协调的必要性",载《哈佛法律与技术学报》1993 年第 6 期,第 279 页(全文刊载在第 263-285 页)。

23 同上。

24 参见 K. Bernauw:"比利时有关提单形式的当前发展",刊载在 A. N. Yannopoulos 编辑《海运提单:传统形式,替代形式和 EDI 系统》,(海牙:Kluwer Law International,1995),第 114 页,(全文刊载在第 87-125 页)。

25 D. B. Pedersen:"互换农业商品之权利凭证的电子数据交换",载《爱达荷州法律评论》1995 年第 31 期,第 726 页(全文刊载在第 719-746 页)。

将电子可转让性与既定的程序连接在一起,从而确保在任何给定的时间点,只有一个人能够行使可转让电子运输记录的“排他性控制权”(见可转让电子运输记录的“签发”和“转让”定义)。

为了用电子记录来代替传统的运输单证,人们已经提出或正在开发许多市场实践和商业模式。许多模式需要依靠可信任的第三方或者运输合同的一方当事人来管理注册系统,通常是在一个封闭的网络下,旨在记录和使运输单证的电子替代物的签发和转让产生效力。

《鹿特丹规则》的起草者们意识到了这些发展,并未意图干涉其中。与此同时,他们还意识到科技的快速发展,这种发展可能使众多商业模式建立在解决方案的基础上,而不再需要可信任的第三方或封闭网络作为基础。举例来说,一种可以想象到的模式可能是依靠某种科技设备以确保电子记录的唯一性,并使得该记录本身得以在转让链条中被“传递”。

联合国国际贸易法律委员会的最终政策选择是制定一个一般规则,既可以适应封闭网络和注册系统,也可以适用其他模式下的解决方案。为实现上述目标,《鹿特丹规则》对电子运输记录的“签发”和“转让”的定义中引入可转让电子运输记录的“排他性控制权”概念(参见第一章介绍,第1条第21项和第22项规定)。

3.4 第9条 可转让电子运输记录的使用程序

第9条 可转让电子运输记录的使用程序

一、使用可转让电子运输记录,应当遵守包含以下内容的程序:

(a) 向预期持有人签发和转让可转让电子运输记录的方法;

(b) 可转让电子运输记录保持完整性的保证;

(c) 持有人能够证明其持有人身份的方式;和

(d) 已向持有人交付货物的确认方式,或根据第10条第2款或第47条第1款第(a)项第(ii)目和第(c)项,可转让电子运输记录已失去效力的确认方式。

二、本条第1款中的程序应当在合同事项中载明且易于查明。

3.4.1 本条款目的

本条规定的主要目的是为私人契约下确立的电子可转让性的条件和程序提供一个法律基础。

在过去的几十年中,一些政府间的或非政府间的国际组织及众多电子通信技术的用户曾多次尝试在电子环境下重现传统纸质提单的功能。[26]

在很大程度上，切实可行的解决方法就是在合同中作出明确规定并约束使用该系统的用户。但是，这种自愿条款在与本国法律冲突时将让步于国家法律，同时可能无法针对第三方予以执行或约束第三方。[27] 当运输单证用来支持那些发生在非监管的、仅对预先登记的参与者开放的贸易及金融交易中时，就会产生更多的问题。

事实上，当加入一个封闭的可转让系统中的个人和公司之间，事先同意接受该系统规则约束时，则对于权利凭证的背书和实际转让具有相同功能的电子替代方式，法院还是倾向于接受的。然而，在没有法定规则认可该协议的强制执行力或作为他们执行依据的情形下，且第三方未明确同意受这些规则约束，则法院在确定这些电子系统规则是否对第三方有执行力的判定结果将大大不同。

举例来说，处于破产程序企业的管理人，在企业破产之前不久将处于运输过程中的货物出售给电子系统内的另一参与者，则该参与者希望得到货物而非破产企业的不动产利益。当面对被电子系统确认的买家提出索赔时，破产企业的管理人可能会提出拒绝受这些规则的约束，并抗辩其没有接受电子系统或提出没有法律规定使其受这些规则的约束。破产企业管理人可能会坚持认为法院应该适用货物所在地的法律以确认财产所有权是否有效转移。在这种情况下，除非适用的法律承认电子系统的可转让规则的有效性，否则法院会坚持认为，只有在全球范围内被普遍接受的可以转让货物交付权利的提单背书方式，才能赋予单证持有人主张交付货物的权利。

正如《鹿特丹规则》预期的那样，为了缓解目前存在的一些法律问题，在货

26　有关各方面发展的评论，参见 M. Dubovec："使用电子提单作为抵押产生的问题及可能性"，载《亚利桑那州国际法和比较法杂志》（2006 年春季版）第 23 期，第 437－466 页。有关更早期倡议的相关信息，如海运单证实践情况以及国际海事委员会有关电子提单规则，参见联合国国际贸易法律委员会所做的早期研究（UN Doc. A/CN. 9/WG. IV，WP. 69）（1996 年联合国国际贸易法律委员会年鉴，第二册，第二章 B 节）

27　迄今为止，一些已开发的登记系统成功的很少，因为业界不太愿意接受这些系统，尤其是银行业，不愿意接受信用证下作为抵押的一份纸质提单的电子替代品。技术解决方案的开发人员认为接受电子单证并不是改变运输法以适用电子单证就可以解决的问题，主要问题是是否可以赢得在其贸易关系中使用装运单证客户的信任和获得安全保障。（M. Dubovec："使用电子提单的问题及可能性"，载《亚利桑那州国际法与比较法杂志》2006 年第 23 期，第 465 页。）这一观点有一定的道理，但是应当通过"国家立法者制定明确的法律规则，而不是被一些登记制度所产生的混乱法律结构"来加强这些客户的信任感和安全感。据说使用电子商务的原因之一不是为了满足技术发展的可行性问题，而是因为"很少有法律去规制它的使用"。电子数据交换本身并不是问题。然而，"当这些数据代表那些包含有价值资产的可转让单证时，就有必要建立一个法律体系来解决问题"。（同上）

物流通过程中控制权的转让方面,公约明确了当事人在合同中约定某个电子系统和程序具有法律效力的规定。

3.4.2 当事人意思自治的角色

联合国国际贸易法律委员会一贯承认合同和“当事人意思自治”的重要性。在一对一的交易当中,如果当事方认为更多的采用电子商务是能够满足其需要的最佳解决方案,则尊重当事人的选择是至关重要的。[28] 因此,《鹿特丹规则》对于当事人自由选择使用电子商务的方式留下很多空间。

相当数量的电子商务交易是在一个封闭的网络内进行,也就是只有有限数量的个人或者企业才能作为参与者被授权加入其中,比如在银行内部支付系统中或者在证券和商品交易所中。在过去的十年中电子商务的快速增长也带来了其他网络模式的发展,如供应链或贸易平台。

虽然这些新的模式原本都是围绕直接的电脑对电脑连接的原始结构方式,正如那个时代已经存在的多数封闭网络一样,是应用公共介入方式,如互联网作为公共连接设施的趋势正在增加。即使在采用更为现代方式的模式下,封闭网络依然保持着他们的独有特色。通常情况下,封闭网络是根据先前拟定的合同标准、协议、程序和以各种名称体现的规则,如“系统规则”、“操作规则”、“贸易伙伴协定”等予以运行,或者是根据为了提供和保障所有团体成员必要的运行业务功能、可靠性和安全性而制定的自愿行为守则下予以运行。[29] 这些规则和协议通常处理这样的事项,如电子通信法律价值的确认,发送或接收电子通信的时间和地点,进入网络的安全程序和当事方使用的验证方式或签名方式。[30] 根据适用法律所限定的契约自由的范围内,这些规则和协议通常具有自我执行力(即仅在协议当事方之间具有约束力——译者注)。

---

28 2004年美国采用电子商务的统计中,93%是在制造业中使用,都是通过一对一(B2B)交易实现,处于领先的位置,而运输业中有31.2%采用这种形式(参见美国商务部,E-Stats,2008年5月16日(www.census.gov/eos/www/2006/2006reportfinal.pdf),2009年1月12日登录)。

29 例如,欧洲经济委员会,联合国贸易便利化和电子商务中心,第32号建议,题目为“电子商务自我监管手段(行为守则)”(ECE/TRADE/277)源自 www.unece.org/cefact/recommendations/rec_index.htm,2009年1月12日登录。不论是从国家层面还是从国际层面,都有很多人倡议应当制定示范合同。例如,欧洲经济委员会,促进国际贸易程序工作组,第26号建议,题为“电子数据交换的交换协议的商业使用”(TRADE/WP.4/R.1133/Rev.1);以及联合国贸易便利化和电子商务中心,第31号建议,题为“电子商务协议”(ECE/TRADE/257),都可在 www.unece.org/cefact/recommendations.rec_index.htm 网站上查询,2009年1月12日登录。

30 在贸易缔约方协议之下通常涵盖的相关问题的讨论,参见 A. H. Boss:“电子数据交换协议:全球视野下的私人契约”,载《西北国际法律和商业杂志》1992年第13期第1卷,第45页。

3.4.3　可转让电子运输记录适用的程序

第9条第1款(a)项：向预期持有人签发和转让可转让电子运输记录的方法

第9条第1款(a)项中明显的模糊措辞可能会对粗心的读者产生误导，以为达到那些要求十分容易。其实正相反，第9条第1款(a)项提出了一个相当严格的要求，并不是每个系统都能满足这个要求。事实上，这个规定必须和第1条第21项中可转让电子运输记录"签发"的定义一起解读，这个定义中明确要求电子记录必须能够"确保该记录自生成至失去效力处于排他性控制之下"。换言之，只有不能被多于一人同时"持有"的电子记录才能符合要求。

如果有人想通过接收特定的电子通信或者电子记录获得一项排他权益，如占有权，则接收人必须满足这样的条件，即同样的电子通信或电子记录不会在流通链中被前手发送给其他任何人，从而产生其他人主张权利的可能性。

应当意识到电子通信缺乏传统可转让文书和权利凭证的有形性，因此才需要存在一个注册系统尝试用电子记录替代纸质单证及单证的实际转让。典型情况是，在一个或者多个电子记录中能够包含那些在纸质单证中必要记载的相同信息。此外，电子记录中还应当包括能够记录货物的交易、权利或者可接受性的一系列电子通信。被确认为合法"持有人"的人拥有"排他性控制权"。

至少理论上，如果计算机技术能够创造出独一无二的电子记录，能够被持有人排他性的持有并且在转让给他人的过程中不会面临被复制的风险，则也可以达到同样的目的。[31]

目前的计算机技术还不能创造出这样独一无二的电子记录，这就意味着电子可转让系统仍将长期主要依靠电子登记制度。[32]

然而，正如前文提到的，《鹿特丹规则》同时确认容许采用电子登记制度和诸如使用电子符号或具有唯一性的电子记录等技术设备的方式。[33] 就像UETA一样，《鹿特丹规则》作出如此规定可以确认这样一个事实，即为了促使电子单证的使用，能够激励行业去大力通过花费大量的时间和资源去发展电子系统和

31　有关理论探讨参见R. E. Kahn & P. A. Lyons："数字化对象的代表价值：关于可转让性和匿名问题的探讨"，载《电信 & 高科技法律杂志》(2006年秋季版)第5期，第189-198页

32　有关电子登记制度支持电子可转让系统问题的一般概述，参见"电子商务未来可能的工作——有形货物权利和其他权利的转让"的报告(UN Doc. A/CN. 9/WG. IV/WP. 90，2000年12月20日，源自www. uncitral. org/uncitral/en/commission/working_groups/4Electronic_Commerce. html，2009年1月12日登录)。

33　参见(运输法)第三工作组第十五届会议工作报告，(纽约2005年4月18日至28日)，(联合国文件A/CN. 9/576，第193-195段)。

电子程序”。[34]

第9条第1款(b)项：保证可转让运输记录保持完整性

法律通常要求当事人出示“原件”或者“可信的文件副本”以证明事实或主张。作为原始纸质单证的电子等同物是电子记录,也需要以某种方式制作和保存,以保持其包含信息完整性和展示信息的能力。确定电子记录完整性需要考虑的因素包括信息记录是否系统化,是否完整无错的记录以及如何防止信息不被篡改。[35]

第9条第1款(c)项:持有人能够证明其持有人身份的方式

第1条第10款(b)项规定可转让电子运输记录的“持有人”为“根据第9条第1款述及的程序可转让电子运输记录接收人或受让人”。这些条文的综合效果是要求可转让系统具有这样的程序,即主张是持有人的人应当举证证明单证最初是签发给他的,或者单证是随后经转让给他的,以表明他对电子记录享有排他性的控制权。

要完成这项举证主要取决于使用的技术能否保证电子记录的唯一性。例如,如果应用密钥系统,通过一系列常规转让,密钥最终被“传递”的人就是持有人。

如果应用登记系统,很显然能够被系统确认享有电子运输记录排他性控制权的人就是持有人。根据进入登记系统的方法不同,将会涉及很多种电子形式,例如“认证”、“签名”或者身份识别或综合上述方式的任何方式。

近年来,多种不同的电子认证和签名技术被开发出来。每种技术的目的都是满足不同的需要和提供不同程度的安全保障及技术需求。电子认证和电子签名的方式可被分为三种类型——基于用户或者接受人的认知(如密码,个人识别号码(PINs));基于用户生理特征(如生物识别技术);基于用户拥有的物品(如存储口令或其他信息的磁卡)。[36] 第四种是可能综合了多种认证和签名方式,而且不属于上述任何一个种类,可以用来表明电子通信的始发人(如一份含有手写签名的传真或者在电子信息底部打印名字)。最近被应用的技术包括公钥基础设施(PKI)上的电子签名,生物识别技术,个人识别号码(PINs),用户定义的密码或指定密码,手写签名的扫描件以及使用电子笔签名。[37] 建立在多种技术的混合解决方案日渐普及,如综合使用密码和传输层安全系统(TLS/

---

34 R. D. Whitaker:“统一电子交易法有关电子替代物规定对可转让本票的规制”,载《商业律师》199年第55期,第449页(全文刊载于第437-453页)。但是,笔者注意到满足UETA第16条规定的标准“并非易事,并且需要精心设计以及系统和实践的监督。关键因素将是数据的完整性。法院评估可转让记录的控制问题预计可能会集中在系统性的保护,例如,分工、备份系统的复杂性、活动日志,以及对存储异地内容进行验证的副本安全性等,这些要求使得很难篡改未经检测的记录”。

35 MLEC.第8条第3款(a)项和(b)项;ECC.第9条第4款(a)项和(b)项。

36 参见工作组在其32届会议上有关电子商务的工作报告(维也纳1998年1月19日至30日)(UN Doc. A/CN.9/446),第91段等。

37 MLES实施指南,第33段。

SSL)，就是将公钥加密技术和对称加密技术结合在一起。

3.5　第 10 条　可转让运输单证或可转让电子运输记录的替换

第 10 条　可转让运输单证或可转让电子运输记录的替换

一、如果可转让运输单证已签发，且承运人与持有人约定以可转让电子运输记录替换该运输单证：

(a)持有人应向承运人提交该可转让运输单证，若签发的单证不止一份，应提交所有单证；

(b)承运人应向持有人签发一份可转让电子运输记录，其中应包括一项替换该运输单证的声明；并且

(c)该运输单证随即失去效力。

二、如果可转让电子运输记录已签发，且承运人与持有人约定以可转让运输单证替换该电子运输记录的：

(a)承运人应向持有人签发一份替换该电子运输记录的可转让运输单证，其中应包括一项替换该电子运输记录的声明；并且

(b)该电子运输记录随即失去效力。

3.5.1　本条款目的

第 10 条规定了电子记录与运输单证之间相互替换的一般规则。该条的规定是非常必要的，例如在跟单信用证之下，议付行在向卖方议付货款时，会要求卖方提交纸质运输单证。

保证运输单证唯一性的内容并不适用于电子记录。就同一货物运输而言，避免同时存在纸质运输单证和电子运输记录流通也同样重要。因此，第 10 条规定无论何时，当签发一份运输单证或电子运输记录以代替另一种形式时，原签发的运输单证或电子运输记录则失去效力。

3.5.2　多份正本单证

如果签发了多份正本可转让运输单证，所有的正本运输单证收齐的前提下，才可以签发可转让电子运输记录以替代上述运输单证。[38]

(李莹莹、郭萍、何冰翻译)

38　参见(运输法)第三工作组关于其 15 届会议上的报告(纽约，2005 年 4 月 18 日至 28 日)(UN Doc. A/CN.9/576)，第 188 段。

第四章　承运人的义务

菲利普·得利贝克(Philippe Delebecque)*

4.1　概述

《鹿特丹规则》第四章涉及承运人的义务。[1] 这一章很好地体现了新公约的逻辑结构,内容不仅涉及全程或者部分海上国际货物运输合同制度的范围,而且包括合同的订立、内容和履行的方方面面。首先,合同的订立,涉及单证的签发及其法律后果;其次,合同的内容,涉及公约规定的各方当事人、承运人和托运人的义务;最后,合同的履行、不履行合同及其后果,涉及对货物灭失、损坏或迟延交付的责任。《鹿特丹规则》并非是调整全程或部分海上运输的一个综合性并具有自我执行力的公约,而是主要对运输合同的框架以及在公约规制范围以外当事人有权自由协商内容等作出基本规定的强制性公约。正如公约标题所表明的,其目的仅仅是调整合同方面的事项,更准确的说是从国际视野调整合同事项。

与《海牙—维斯比规则》不同,《鹿特丹规则》并没有仅仅考虑承运人的责任问题,而是特别关注了运输合同的框架以及涉及的相关义务,特别是承运人的义务问题。《海牙规则》和《汉堡规则》都没有"承运人的义务"的表述,在国际海运公约史上这是一个全新的概念。在 UNCITRAL 制定的公约中专门以该词语作为第四章的标题,并融合了大家讨论的内容。这一章主要涉及承运人的法律地位。更准确的说,承运人是运输合同第一当事人,即与托运人订立合同的人。在运输合同之下,承运人有权收取运费,承诺将货物从一个地方运到另一个地方(《鹿特丹规则》第 1 条第 1 项),承运人拥有权利的同时应当履行相应的义务。

承运人享有一些权利,特别是主张运费的权利,以作为合同下(第 1 条第 27 项)货物运输的补偿,尽管新公约没有强调这一点。公约最初的版本有一章是关于运费的,但是因为这一做法被认为过于商业化而且与法不合,工作组就删掉了这一章。因此,公约最终的版本主要集中在义务方面。首先,就涉及的主要义

---

*　私法教授,巴黎大学法学博士,法国巴黎 Pantheon-Sorbonne 区 1 号,联合国国际贸易法律委员会第三工作组法国代表团成员,联合国国际贸易法律委员会第三工作组专家组成员。

1　原文为《鹿特丹规则》第三章,且下文中多次出现,译者认为是笔误,故根据公约规定一律翻译成第四章。——译者注

务而言,承运人应接受货物并将货物运送至目的地,最后将货物交付收货人。在责任期间,承运人还有辅助义务或者特定义务,即承运人应妥善而谨慎的装载、操作、积载、照管和卸载货物。就适用于海上航程而言,承运人还有附加义务即谨慎处理使船舶和装备处于并保持适航状态。

与其他公约相关标题内容相比,新公约第四章的效果是显而易见的:

——国际公路货物运输公约(CMR)包含了一章(见第二章)涉及运输合同的缔结和履行,但不包括承运人义务方面的规定。

——在"统一国际运输某些规则的公约"(蒙特利尔公约[航空公约])中只有一个条文是相关的,即第13条关于交付货物时当事方的义务。

——关于国际铁路运输公约/有关国际铁路货物运输合同统一规则(COTIF-CIM)(铁路公约)规定的较为详尽,包括装载和卸载的义务(第13条款)和交付货物的义务(第17条款)。

——内河货物运输公约(CMNI)在第二章规定了合同当事方的权利和义务,包括接收、交付、延迟,危险或有污染的货物,解约与交付。

至于各国法律的规定就更加有意思,[2]但是大多数情况下,这些国家法律都是在重复国际公约的内容。就海事而言,我们可以考虑:

——英国法律并没有做出特别规定,因为英国法复制了《海牙—维斯比规则》的内容(1971年海上货物运输法案),但是一些英国学者[3]还是列举了几项承运人的义务,包括提供适航的船舶,照管货物以及签发提单的义务。

——希腊法律(1958年私海商法典)规定了货物运输合同的内容并且深化了船舶所有人的义务(第111条及其后条文),但是没有明确区分运输合同和租船合同的界限。

——中国法(《中华人民共和国海商法》)中,从第46条到第65条款规定了承运人的责任,但是将义务和责任规定在一起。第81条至第88条款涉及货物交付;一个特别的部分(第89条及其后条文)规定了合同的解除。遗憾的是,在《鹿特丹规则》下我们没有发现任何关于合同终止的内容,这个具体并且重要的问题应该由各国适用的法律进行规制。[4]

2　参见荷兰民法典,第8条:381 DCC。

3　J. F. Wilson,《海上货物运输》,第四版(Harlow:Longman,2001年),第190页;Halsbury《英国法》,第四版,第43卷第2部分(London:Butterworths,1974年),注释第1823。

4　在欧盟,适用的法律根据欧洲规则的适用范围所决定:注释第593/2008,2008年5月17日,该规则又被称为"罗马法1","罗马法1"分别对货物和旅客做出规定(在旅客运输的情况下,将有关消费者的相关规定体现在旅客运输的一般规定中)。货物方面,当事人选择自由的权利受到限制;如果没有做出选择,那么规制该交易的法律将适用交货地法律或承运人惯常居所地法律。

——瑞典1994年海商法第262条总结了航次期间承运人的义务，即承运人从接收货物开始至交付货物期间，"应当合理谨慎的尽快完成运输，照管货物并在其他方面维护货主的利益"。

——法国法律(L.1966年6月18日)，尤其是第三章明确了合同的履行，如同《海牙—维斯比规则》的规定一样，规定了适航义务；在实施法律的条例(1966年11月31日 法令)中，规定了承运人的强制义务(第38条)；条文也详细规定了各方当事人的具体义务，航程的中断，灭失，运费，滞留，转运和交付。[5]

——意大利的法律中，没有特别规定适用《海牙—维斯比规则》，一些意大利学者坚持认为法律仍然规定了"承运人的职责"，尤其强调了"船舶适航"和"适货"的义务。[6]

——西班牙法律(西班牙商法典)和法国法律类似，一些学者认为规定了"合同的内容"和"承运人的义务"[7]，并且发展了"开航前""航行期间"和"开航后"的义务。

——比利时法律(1807年商法典，第91条)参照了《海牙—维斯比规则》的规定。

——韩国法律也参照了《海牙—维斯比规则》的规定。[8]

第四章的总体框架安排具有迷惑性，因为这一章并非完全规定承运人的义务，其中的六个条款，有两条规定了承运人的权利(第15条、第16条)，有三条规定了承运人的义务(第11条、第13条、第14条)，还有一条规定了责任期间(第12条)。这一章已经被修改了好多次，最初的版本内容很少，既没有规定责任期间，(这一具体问题是在前一章中予以考虑)，也没有关于可能形成危险的货物的相关规定；并且在最初的版本中，现第16条的内容是被包含在第14条内容中。起草中对第四章所有条款都进行了讨论，调整，修订和重新排序。最终关于责任期间的这一章内容被整合进了现在的第四章。从语言表述的角度这是不合逻辑的，因为在英文中"责任"一词主要指的是义务，而不是直接的赔偿责任。新公约的框架结构安排没有完全遵照合同顺序做出相应规定。当然不可否认，

---

5 参见 P. Bonassies & Ch. Scapel，《海事法条约》(Traité de droit maritime)(巴黎：LGDJ，2006年)，第1001节。

6 参见 S. M. Carbone，《海商法》(Diritto Marittimo)(Torino：Giappichelli，1997)，第269页.

7 参见 I. Arroyo Martinez，《海商法课程》(Cursor de Derecho maritimo)，第二版(Tampa：Thomson：2005)，第538页及其后页。

8 参见 L. S. Chai，《韩国海商法概述》(Une introduction au droit maritime coréen)(P. U. A. M.，2006)，第115页：作者认为包括适航义务和照管货物的义务。

这种安排具有很强的实用性[9],而且实践中产生的问题可以在公约规定中找到答案。

此外第四章最初曾经包括一个第13条,该条款涉及一些特别而且富有争议的问题。标题是:“运输合同范围之外的运输。”[10]内容如下:

> 应托运人的请求,承运人应签发一份单独的运输单证或电子运输记录以包括未涵盖在运输合同中的特定运输,运输单证或电子运输记录还可以约定不承担运送货物的义务。在这样的情形下,承运人对于货物的责任期间仅仅是运输合同涵盖的期间。[11]

这一条文内容没有获得一致同意,而且从单方角度考虑,也会影响公约的多式联运的特性。而且条文与公约的基本原则相矛盾,因为承运人可以对运输合同涵盖范围以外的运输签发一份运输单证,但只需对运输的一小部分负责。同样,这样的条文也会与公约第41条的规定产生矛盾。因为第41条规定运输单证是承运人接收货物的初步证据。在满足上述这些条件的情况下,是否还可能说一份运输单证可以包括一段未涵盖在运输合同范围的特定运输?

这条规定涉及一项具体而且非常重要的商业实践,因为根据货物买卖合同的内容,托运人通常会主张要求签发一份单独的运输单证,尽管事实上,承运人不愿意或无法完成全部运输。在这种情况下,是否存在上述条文规定就变得很重要,因为托运人应该有权要求承运人签发一份单独的运输单证,并且承运人也签发了这样一份单证,尽管单证未能包括非涵盖在运输合同范围的一段运输。

在海运区段前或海运区段后,托运人或收货人可能自己安排陆地运输。托运人也可能要求自己承运。特别是在“商人拖带”(merchant haulage)模式下,收货人更喜欢由自己来完成合同约定运输的最后区段至内陆目的地的运输。在这种情况下,很显然缔约承运人(contractual carrier)无须对上述运输承担合同责任,因为运输合同规定了有限的适用范围。因此,原来拟定的第13条规定就是确认这种情况发生的可能性,并且赋予了托运人此项特殊权利。

在讨论期间,可以发现托运人并不享有真正的订约自由,大多数情况下仍然要取决于承运人的决定。当运输由承运人和其他人共同完成时,人们就非常关注一份单独的运输单证该如何签发。这就是为什么公约在条文规定的开始,就

9　有关笔者的意见,参见“新公约……从民法的角度来看”,刊载国际海事委员会年鉴(安特卫普:CMI,2007/2008),第264页及其后内容。

10　法语解释(déplacement n´entrant pas dans le hamp du contrat de transoprt)不是很令人满意。这本身就是表明公约讨论中存在很多困难。

11　在最初的版本,还有最后一句话,表述如下:“如果运输单证或电子运输记录规定的未涵盖在运输合同范围的一段运输,由承运人予以安排,则承运人系代表托运人安排此种运输。”

提出一项最基本的要求,即“应托运人的要求”。换言之,该规定仅在托运人要求签发单证的前提下发生效力,从而保护托运人的利益免受承运人不法活动的影响。工作组认为这项预防措施仍然不够充分,因此尽管经过多方努力并尝试完善这个条款,[12]工作组最终还是决定删除这个条款。

然而,很显然“商人拖带”这种实践做法并没有因为草拟的第13条被删除而遭到诟病。“筹备工作”一词表达的很清晰,工作组很明确的表明,上述条文被删除并不意味着不再许可长期形成的商业惯例。工作组以及联合国国际贸易法律委员会都先后表示删除草拟的第13条无意于对商人拖带协议这种类型的运输合同进行批评或谴责。因此非常有意思地预见到未来新公约和有关商人拖带的具体实践做法将会共存。

4.2 第11条 货物的运输和交付

第11条 货物的运输和交付

承运人应根据本公约,按照运输合同的条款将货物运至目的地并交给收货人。

如同任何一种货物承运人,“联合国国际贸易法律委员会界定的承运人”有两个主要义务——运输货物和交付货物。在承运人不同意将货物从一地承运到另一地的情况下,这样的合同不能称之为运输合同。同样的,当承运人没有义务在目的地交付货物给受益人,并且由于无人提货而将其放弃在码头,则货物运输合同就被曲解了。为了理解承运人的义务,有必要考虑公约的用语,正像第11条所规定的那样,公约暗示了应当妥善和谨慎地从事运输的义务。

同样也很有必要认真解读那些“根据合同条款”履行义务的含义。因此就会提出这样的问题,当事人是否有权在合同中约定公约规定以外的一些条款?答案是肯定的。当事人有权将公约未规制的事项纳入合同条款中,例如关于运费支付的规定,交货时间的规定(参见第22条),装卸时间和滞期费的规定,以及选择行使变更收货人或目的港权利的规定(在不违反第50条第1款(a)、(b)项规定的前提下)。

在批量合同中契约自由体现得更加充分,因为当事人可以背离公约规定并且对合同的内容做出安排(第80条)。然而当事人不可以排除或限制他们的主

---

12 有人提议应当添加一些内容以便澄清并特别指明某段特定运输并非承运人本人完成,例如使用这样的条文表述“对于余下的运输部分,承运人应当作为代表托运人的货运代理人进行相关的安排”,但是工作组不接受这一提议,考虑到避免与有关代理或货运代理的相关规定发生冲突。

要义务(第 80 条第 4 款);特别是,承运人不能排除或限制有关适航的义务。这也是第 11 条规定的义务。[13]

很明显在货物运输合同下,承运人的基本义务是将货物从接收地运送到目的地。在法国法律的规定中,承运人应当将约定的货物(如规定航线)从一个港口运送到另一个港口(L. 1966 年,第 15 条)。如果承运人有过失,托运人可以解除合同并向承运人起诉要求索赔。公约中没有涉及这一问题。这也就是为什么公约将这一问题留给各国适用的实体法来解决的原因,在欧盟适用的是合同法。根据法国法律,托运人可以终止合同并获得赔偿。例如,获得改用航空运输所花费的费用。[14]

承运人有将货物运到目的地的义务,而不是交付地,尽管第 5 条第 1 款(c)项界定新公约适用范围时考虑了交付地的问题。根据第 11 条的规定,"目的地"一词的表述在目前的条文规定中是相当合适的,有助于澄清承运人的主要义务并区别于卸货地,事实上卸货地经常被错误地作为目的地的代名词。

与运输义务有关的最后一个问题就是绕航条款[15]是否依然有效。目前为止,答案应当很明确,因为《海牙规则》或者《海牙—维斯比规则》只否定了免除承运人责任条款的效力,也就是那些旨在排除和限制承运人责任的条款无效。因此考虑新的第 79 条第 1 款(a)项规定是非常必要的。

交付货物也是承运人显而易见的义务之一。承运人应在适当的时间将货物以与接收货物时同样的状况交付给收货人。根据第 11 条,交付货物是承运人的义务。第 13 条第 1 款重复了相同的内容。这是一条新的规定并且是与运输合同关系密切的一个条文规定。《海牙—维斯比规则》没有附加给承运人交付货物的义务。这是一个有争议的问题,而且有必要在这个问题上澄清正确的实践做法和法律规定。新公约非常明确地规定承运人有义务在目的地将货物交到收货人或其代理人的手上。关于交付货物,收货人也有接受交付和确认交付的义务。公约在第九章中进一步规定了这些重要问题。

原则上,交付必须在目的地完成。然而,必须考虑到不可预见的无法归责于承运人的一些情况。在这种情况下,法国法律规定承运人可以免除责任。[16] 在新公约下,解决办法是相同的。除此之外,运输单证中通常含有绕航条款,允许

13　参见笔者观点,刊载在"联合国国际贸易法律委员会公约和合同自由"一文,《海商法及海洋法年刊》(Annuaire de droit maritime et océanique) 第 26 卷, 南特, 2008 年,第 485 页及其后内容。

14　Cass. com. 2003 年 5 月 27 日,Jiffar, DMF 2003,第 854 页。

15　例如条款规定:"船舶可以自由挂靠任何港口或以任何顺序挂靠港口,为了任何目的,在没有引航员的情形下开航,在所有情况下拖带或/和帮助船舶,而且为了救助人命和/或财产而偏离航线。"参见 J. F. Wilson,第 20 页;Bonassies & Scapel, 注释第 1025 页。

16　Cass. com. 2001 年 11 月 13 日,DMF 2002,342,obs. Achard。

承运人,比如港口处于罢工状态时,在临近港口交付货物。直到目前,这样的条款都是有效的;这些并不被认为属于《海牙规则》或《海牙—维斯比规则》所禁止的免除责任的条款。他们仅仅旨在确定义务或减轻义务。[17] 然而,新公约第79条第1款(a)项规定,运输合同中的任何直接或间接地排除或限制承运人或海运履约方承担义务的条款一概无效。

新公约关于承运人将货物交付给收货人的规定是非常明确的,即收货人是基于运输合同或运输单证或电子运输记录(第1条第10款(b)项)有提货权的人,同时收货人有接受交货的义务(第43条)。第8章的其他条款(第47条及之后的条款)解释了收货人未能在运输合同约定的时间和地点接受交付货物的情形。如果承运人将货物交付到无权收货的人手中,那么承运人就存在过错。实际上,此种情形下的具体实践情况经常很复杂,例如,当船舶在单证流转到收货人手中之前到达目的地。大多数情况下,承运人会同意在出具保函的情况下,无需其他证明情况即交付货物。这一实践做法众所皆知,并且普遍被认为是有效的。新公约并不想指责这种做法,但是因为新公约选择对这种实践做法保持沉默,从而将保函是否有效的问题留给适用的各国法律来解决。[18]

至于交付的方式,在新公约中没有规定交付的时间,但是这方面的内容涵盖在第21条的规定中,即当货物没有在约定的时间在目的地交付的构成迟延交付。如果运输合同中没有具体规定交付货物的时间,因延迟而产生的责任问题并不在公约规定范围内。

公约对于交付货物的状况也没有做出规定;这个内容被包含在第17条第1款的规定中。根据第17条第1款,承运人对于该条其他几款规定的情形下产生的货物灭失、损坏和延迟交付应承担赔偿责任。赔偿责任是违反义务的后果。理论上,完全有可能认为赔偿责任是当事人一方违反首要义务后产生的第二性义务。赔偿责任体系受制于合同的内容。

《海牙—维斯比规则》不适用于承运人错误交付货物产生的损失问题。结果导致规则中有关承运人的抗辩和赔偿责任限制的规定无法适用于错误交货。现在,有了一项重大的改变。即新公约,特别是第11条的规定,明确了承运人将货物交付给收货人的义务,因此毫无理由怀疑错误交付的索赔将首次被视为新公约规定的索赔类型范围之内并且也可以被视为第17条规定的货物损失的索赔范围内。

---

17 参见 Cass. com. 2005年11月15日,Fort Royal, DMF 2006,146。

18 有时,托运人允许承运人在未出具提单的前提下交付货物,但是要求承运人应获得担保函;这种合同安排是有效的:参见法国法律,Cass. com. 2007年5月22日, DMF 2007,607,JCP2007,Ⅱ,10139。

正如英国法的规定一样,法国法律规定错误交付的责任是严格责任,而且用免责条款来限制或排除其责任是无效的。除此之外,如果收货人由于不可抗力的原因不能接收货物,则承运人应当暂停或停止交付行为。在新公约下可能存在这样的案件,即承运人可能能够举证证明货物损失不是归因于第17条第2款规定的过失导致的,但是承运人应当负举证责任。然而,我们必须指出,承运人可能是首次能够根据第59条规定的错误交货的责任进行限制(如果根据第61条的规定,存在承运人本人故意造成此种损失的作为或者不作为,或者是明知可能产生此种损失而轻率地作为或者不作为的情况下,承运人仍然将丧失限制其对错误交货承担责任的权利)。

4.3　第12条　承运人的责任期间

第12条　承运人的责任期间

1. 承运人根据本公约对货物的责任期间,自承运人或履约方为运输而接收货物时开始,至货物交付时终止。

2. (a)收货地的法律或条例要求将货物交给某当局或其他第三方,承运人可以从该当局或该其他第三方提取货物的,承运人的责任期间自承运人从该当局或从该其他第三方提取货物时开始。

(b)交货地的法律或条例要求将货物交给某当局或其他第三方,收货人可以从该当局或该其他第三方提取货物的,承运人的责任期间至承运人将货物交给该当局或该其他第三方时终止。

3. 为确定承运人的责任期间,各当事人可以约定接收和交付货物的时间和地点,但运输合同条款作下述规定的即为无效:

(a)接收货物的时间是在根据运输合同开始最初装货之后;或

(b)交付货物的时间是在根据运输合同完成最后卸货之前。

此处承运人的责任期间不同于《海牙—维斯比规则》和《汉堡规则》中的相关规定。在《海牙—维斯比规则》下,承运人的责任期间从货物被装载到船舶上开始,直到货物被从船舶卸载完成时结束。这就是实践中所谓的“钩到钩”原则。在《汉堡规则》下,承运人的责任期间是指货物在承运人掌管下的全部期间。而《鹿特丹规则》也采用了与《汉堡规则》相同的原则。但是,当承运人在抵达装货港之前接收货物并且在卸货港之外的内陆交付货物时,由于《鹿特丹规则》确立了“海运+其他”的机制,因此上述原则仍将得以适用。

显而易见的是,承运人的责任期间非常重要,因为承运人在这段期间内要履行其义务或者说在这段期间内至少要承担赔偿责任。索赔人应当举证证明损失并且证明损失发生在这段期间(第17条第1款)。

本条规定包括三部分即以下三款条文:第12条第1款、第12条第2款、第12条第3款。

4.3.1 第12条第1款:管货之下的责任期间

本条规定界定了承运人可能承担责任的期间,如果承运人承担责任,则不能通过运输合同条款排除或限制其责任(第79条(b)项),批量合同除外(第80条)。只有当引发损失的事件发生在"运输"期间,承运人才要对因货物灭失和损坏而遭到的损失负责。当然,对"运输"进行界定是非常重要的。在所有的运输公约中都能发现这种规定,包括《汉堡规则》。《汉堡规则》(参见其第4条)规定海上运输包括了货物在承运人掌管下的全部期间(第4条第2款)并且限定这个期间从货物的接收到货物的交付。在法国法下,海运承运人对货物从接收到交付承担责任。《鹿特丹规则》至少原则上采纳了这一内容。《鹿特丹规则》将承运人的责任期间界定为从承运人或履约方[19]接收待运货物开始直到交付货物为止的这段时间。当托运人违反其义务,没有将货物交给承运人时,则认为责任期间并未开始。承运人的责任期间仅从实际接收货物时开始。

在责任期间之外,承运人当然也有可能承担责任,但此种责任并非公约规定范围之内。此时应当根据准据法予以确认。

责任期间的起止界限还是比较好确定的,但是在运用实质正义的方法[20]或者合同约定方法的情况下,如何理解上述界限还是会产生问题。这一问题在公约草案"筹备工作"时就有代表提出,但未曾进行过深入讨论。除此之外,尽管一些代表提议对交付一词进行界定,但工作组在这个问题上倾向于保持模棱两可的态度。

4.3.2 第12条第2款:将货物交付给当局

将货物交付到当局的规定来自于《汉堡规则》(第4条第2款(a)项第2目和第4条第2款(b)项第3目)。这是很重要的,因为在很多国家,由于一些原因,在船舶抵达和离开时政府当局会进行干预。更精确地来说,一些国有装卸公司(如港务局)为承运人提供服务,事实上是将这种服务强加给承运人。这是法律上或事实上的垄断情形。在这种情况下,承运人不得不将货物交付给这些公司,此时承运人的责任终止。[21] 这种解决办法饱受诟病,因为尽管货物实际上还

---

19 这是一个新的经过缜密考虑的表述。履约方是公约规定的一个新概念(第1条第6项)。

20 参见法国法律:Cass. com. "Rolline"案,1992年11月17日,DMF 1993,563,obs. P. Bonassies。

21 参见法国法律:Cass. com. 1999年12月7日, DMF 2000,903,obs. P. Bonassies。

在承运人的掌管下,但承运人已经不再承担责任。同样,收货人或其代理人对当局提起的索赔之诉几乎是不可能成功的。

4.3.3 第12条第3款:接收时间和交付时间的合同界定

合同中有关接收和交付货物时间的定义是非常重要的。但是,这一问题很难被理解并且在公约制定中被反复讨论了很多次。一方面,当事人可以通过定义开始日期和终止日期而自行在合同中界定责任期间,简言之,就是定义责任期间的界限,契约自由原则再次被确认。另一方面,公约条文又限制了当事人行使订约自由的权利,即规定接收货物不能发生在装载之后,交付货物不能发生在卸载之前。换言之,合同当事人可以约定,用装载和卸载货物替换接收和交付货物,并且约定责任期间可以是从装载货物至卸载货物之间的这段期间。

第12条第3款的规定中有一些灵活之处,但是禁止对此加以滥用。虽然体现了订约自由原则,但是包括了两项限制。允许当事人制定合同条款并根据他们自己的理解界定接收和交付。另外,不妨碍当事人将货物装载与接收以及货物卸载与交付予以吻合。

第12条第3款(a)项规定,不能将接收货物的时间限定为晚于根据运输合同进行的最初装载货物时间。但是,我们并不清楚此种表达是否意味着“运至船边”即《海牙—维斯比规则》中的“钩到钩”原则。由此也一定会产生问题,因为第12条第3款用的词语表述是“最初的装载”而不是“最初接受货物”。实际上,最初的装载意味着装上第一种运输方式的交通工具上,可能是船舶、卡车、火车或者小船。如果是船舶,正如《海牙—维斯比规则》下的规定,最初的装载意味着开始往船舶上装载。在那种情况下,合同规定接收货物开始于挂上吊钩时起而交付货物是于货物脱离吊钩时止的条款是有效的。[22] 这些条款的目的是确定合同当事方的义务。他们的目的不是限制承运人的责任,而是确定承运人的义务,这在公约中有明确的规定。

另一问题由此产生——第12条第3款是否意味着承运人对装载以前或者卸载之后发生的货物灭失或损坏的有关免责规定是有效的,尽管在这段期间内承运人或其受雇人员事实上掌管着货物。事实上,第12条第3款没有改变第12条第1款的规定,而是仅仅限制承运人,即不得将最初货物装载后或者最后卸货之前的时间排除在其责任期间以外。即使承运人依照第13条第2款的规定达成协议,本条第3款的规定仍将适用。

---

22 参见有关“clauses sous palan”: Cass. com. “Fort Fleur d'épée”案,2007年5月22日, DMF 2007, 811。

结果就是承运人应该对在运输合同中规定的期间内的货物负责，这也可能被限定在“钩到钩”运输。然而，承运人可以通过订立免责条款，免除其就装货前或卸货后在码头上发生的货物损坏的责任。当然公约的规定并不妨碍某个强制适用的准据法规定承运人责任期间包含公约规定的责任期间之前或之后的期间。在这方面，法国法律（和其强制性规定）适用于从货物接收到交付的期间。因此如果承运人在装载之前就掌管了货物，免责条款是无效的。但是，如果过了吊钩后承运人方对货物进行掌管，则免责条款有效。

为了完善和澄清这些规定我们付出了很多努力。毫无疑问，最终的公约文本是最好的，尽管仍保留少部分模糊之处。但是，有管辖权的法院肯定知道该如何将第12条第1款和第12条第3款综合考虑。

4.4 第13条 具体义务

第13条 具体义务

1. 在第12条规定的责任期内，除须遵循第26条的规定外，承运人应妥善而谨慎地接收、装载、操作、积载、运输、保管、照料、卸载并交付货物。

2. 虽有本条第1款规定，在不影响第四章其他规定以及第五章至第七章规定的情况下，承运人与托运人可以约定由托运人、单证托运人或收货人装载、操作、积载或卸载货物。此种约定应在合同事项中载明。

我们应当对此条规定的标题给予关注。据观察关于“特定义务”的说法是不适当的，因为公约规定本身制定的是承运人的标准义务。这表明题目应该是“一般的义务”或“与货物相关的义务”。实际上，关于承运人的义务没有什么特别的，[23]我们只是简单的列举。

4.4.1 第13条第1款：照料货物的义务

第13条第1款规定了有关照料货物的义务。它适用于全部责任运输期间。《鹿特丹规则》所例举的义务和《海牙—维斯比规则》中的规定一样。就像《海牙—维斯比规则》里描述的，这条规定包含两个副词——妥善和谨慎。“谨慎”的狭义理解为小心照料，“妥善”的意思更进一步——简单地说，就是谨慎加上

---

23 这就是为什么法语翻译（特别义务）没有更多意义的原因。

技能因素或者谨慎加合理措施的使用。[24] 本条是确定承运人对货物尽到义务的一个标准，这个标准大致上相当于合理的照顾。具体而言就是承运人知道或者应当知道货物特性的前提下应当采取的一切合理措施。[25]

第13条第1款规定了运输合同的内容。在所有的运输方式中，承运人应该接收、装载、操作、积载、运输、保管、照料、卸载和交付货物。当然，并非每一次运输中都涉及上述环节。特别是公路运输之下，大多数时间装载和卸载是由发货人和收货人完成的。但是，一般情况下一个运输合同是由承运人接收货物，装载货物等。

在实践中，根据货物的性质和需要特殊保护的情况不同，对运输货物的照料义务也不同。

至于运输，原则上由承运人直接连贯的完成。但是，一些情况需要考虑在内，例如中途停运，绕航[26]或者转运。通常合同中保留了转运的自由，即当船舶不能继续航行时，为考虑船舶所有人的利益转运；当航程被中止时，为考虑货物所有人的利益进行转运。公约中没有阻止承运人要求托运人赔偿因航程中止产生费用的条款。

与《海牙—维斯比规则》不同，《鹿特丹规则》在货物接收与交付方面罗列了承运人一些新的义务。这些新规定的义务更加准确。有时，采用教学式的手段是必要的——尤其是对于确保货物接收和交付被认定为是承运人的义务是非常必要的。至于其他义务，没有任何改变，那些已经公布的已知判例法有必要继续保留下去。

承运人一旦违背这些义务，必须采取补救措施。公约中没有提供任何具体解决办法。因此，应当从各国适用的法律中寻求答案。然而，如果因此涉及承运人的责任，则应当是在《鹿特丹规则》调整范围之内。事实上公约第59条明确规定，承运人对于违背本公约规定义务所承担的赔偿责任数额是可以进行限制的。在《海牙—维斯比规则》下，承运人赔偿责任限制数额仅仅适用于货物灭失或损坏的情形（第4条第5款(a)项）。因此应当再次强调，承运人的这种赔偿责任限制范围已经得以扩展。

4.4.2　第13条第2款：有关托运人装载和操作的协议（FIO/FIOS）

第13条第2款是一个创新性的条款。条款的适用范围允许承运人将其义

24　参见 Margetson:《海商法律问题》(Alphen aan den Rijn: Wolters Kluwer, 2008年)，第75页。

25　参见 Wilson 一书，第195页。

26　在这方面，第24条是指适用法律。根据适用的法律，也就是说有关合同的法律并且如果根据英国法律或法国法律，绕航并不构成合同违反，除非绕航已经触及合同的根本问题。

务转移给托运人和/或者单证托运人,或者是收货人。目前航运实践中,通常可以看到承运人对装货/卸货不负责(FIO)和承运人对装货/卸货/积载不负责(FIOS)条款,而且该条款表明承运人不但不支付上述操作环节产生的相关费用,也不负担因此遭受的风险。因为在国际海上运输中大多数损坏发生在装载或卸载过程中,因此这些条款很重要;除此之外,因这些活动产生的费用和造成货物损坏的责任也是可以由买卖合同当事方在合同中按照约定予以分配。但是,在运输合同中,这项自由是被剥夺的。这个问题是有争议的,不同的法律制度之间存在差异。在《海牙—维斯比规则》下,第3条第2款仅仅规定了承运人的义务。在英国判例法[27]中,《海牙—维斯比规则》的框架结构安排可以看出是允许承运人将装载和积载的义务转让给货物的相关利益方;在Devlin法官的观点中,倾向于根据这一框架结构来理解,而非《海牙—维斯比规则》字面显示的框架结构内容,因为后者会导致一个不合理的结果,即FIO条款被各方视作可接受的,如果法律予以限定的话,则会与实践情况不符。根据美国法律,《海牙—维斯比规则》第3条第2款的含义就是其字面理解的意思。[28] 在法国法律中,学者们普遍认为法国法律没有遵循英国的论点,[29]在大多数情况下,判例法不承认FIO(S)条款是有效的。[30]

在新公约下,允许就承运人的传统义务采用订约自由原则。但是,第13条第2款的目的不是确立对托运人或收货人的义务,而是宁愿遵循常见商业做法,允许承运人和托运人约定由托运人承担通常需要承运人承担的义务并且约定承运人对因此造成的货物灭失或损坏不负赔偿责任。出于不同的商业原因,托运人可能情愿自己装载和积载货物,包括使用专业的技术知识或拥有特殊装备等。由于这些原因,第13条第2款在解决FIO条款的相关法律问题上迈出了积极的一步,而这一问题在国际法中至今还不是很明确。

在班轮运输中,就集装箱货物而言,承运人承担了公约规定的一些义务。在一些情况下,特别是针对不规则货物或非集装箱货物,例如大型机械,特殊装备或特定物品,班轮运输中也会采用FIO(S)条款,因此,有人建议将该条款限制在非班轮运输的建议没有被接受。

在托运人负责装载等义务的情况下,作为托运人代理的承运人是否可以雇佣他人完成这些任务,承运人是否可以通过代理制度将装载、卸载货物等法定义

---

27 上议院1956年12月5日,Renton and Co. v. Palmyra一案,劳氏法律报告1956年第2卷,第379页;上议院,The Jordan Ⅱ一案,2004年,劳氏法律报告2005年第1卷,第57页。

28 参见Margetson,第79页。

29 参见Bonassies & Scapel, 注释第1006页。

30 然而,一些仲裁案件(巴黎海事仲裁院作出的)持更加开放的观点。

务和赔偿责任转移给托运人？承运人是否可以托运人代理人的身份安排这些服务？答案可能是否定的。如果装载或卸载实际上是由承运人完成的，尽管承运人是受托完成上述作业，那么装卸作业也不会被认为由托运人完成。当然，这要有赖于承运人和托运人达成一致协议的情形下。因此最终的结果是，第17条第3款第1项明确规定，如果货物损坏是由于装载、卸载等作业引起的，而且装载、卸载等作业是依据第13条第2款订立的协议完成的（"除非承运人或履约方是代表托运人，单证托运人或收货人完成这些活动的"），则承运人可以根据第17条的规定免除赔偿责任。

第13条第2款下的免责暗示了两个条件：(1)有一份承运人和托运人的协议；不需要单证托运人或收货人的同意，即使当事人的协议上规定承运人的义务将由单证托运人或收货人承担。(2)另一个条件是关于协议的格式要求，该协议必须在合同事项中载明。

至于协议的范围，没有任何限制条件。尽管第13条第1款和第四章到第六章的规定涉及有关承运人的责任和托运人义务的规定，该协议也是有效的。除此之外，协议可以涉及任何义务问题，甚至包括积载义务。

至于协议的结果，其范围是非常宽泛的。该协议内容不仅影响相关作业费用的负担而且影响到赔偿责任的承担。到现在为止，人们已经达成一致：FIO条款对费用的承担有影响，即仅能将装载或卸载的费用转移给托运人或者收货人承担；但是如果更进一步并且约定免除承运人的赔偿责任的问题则并没有得到一致的理解和认可[31]。但是目前根据新的公约规定，有一点是毫无疑问的，即FIO条款涉及的内容比较宽泛但是有明确的范围限制。

根据新公约，FIO条款使得托运人（或单证托运人和收货人）对任何因未能有效完成装卸义务等而导致的货物损失负责，但是并不缩短承运人对于货物的责任期间，即承运人仍然承担装载和卸货期间的其他义务，例如货物的照料义务，因为承运人的这些义务在运输合同中明确予以规定。进一步来讲，第17条第3款第1项表明在FIO(S)条款下，如果装卸作业等并不是承运人自己完成的，则承运人可以免除发生在装载或卸载时货物损坏的赔偿责任。

如果托运人承担装载的法定义务，则这一义务应当满足公约的一般规定；例如第18条d项（承运人对其他人的责任）条款内容就不适用，因为完成该装载作业的人并非"直接或者间接地在承运人的请求或者承运人的监督或控制下"完成的。除此之外，这样的义务也不存在任何限制。如果灭失或损坏发生在由托

31　参见Carbone，263；Cass. com. 1982年10月5日，Dir mar. 1983，262："……条文没有规定对责任方面的影响，但是与这些活动产生的费用方面有影响"（clausole non hanno effetto sulla responsabilita, ma solo sull´ imputazione delle spese relative a dette operazioni）。

运人或收货人完成的装载或卸载期间,托运人或收货人应当自行承担货物的灭失或损坏。如果承运人因此遭受损坏,托运人应当根据第30条第1款的规定承担赔偿责任。对于收货人而言,从逻辑推理的角度,应当适用于有关托运人的规定。托运人和收货人具有相同的地位。

4.5 第14条 适用于海上航程的特定义务

第14条 适用于海上航程的特定义务

承运人必须在开航前、开航当时和海上航程中谨慎处理:

(a)使船舶处于且保持适航状态;

(b)妥善配备船员、装备船舶和补给供应品,且在整个航程中保持此种配备、装备和补给;并且

(c)使货舱、船舶所有其他载货处所和由承运人提供的载货集装箱适于且能安全接收、运输和保管货物,且保持此种状态。

就第14条而言,其适用范围是特定的,即第14条仅适用海上运输。第14条主要规定了承运人的主要义务。这些义务并不是新的规定。在1893年,《哈特法》就规定了有关载运船舶适航和保管货物的基本义务。在《海牙—维斯比规则》下可以发现相同的规定(第3条第1款)。[32]《汉堡规则》删除了这些规定,基于的理由是承运人的责任采取过错推定原则和由承运人举证证明已经谨慎处理完成运输合同义务的制度已经足矣。

联合国国际贸易法律委员会公约保留了传统的承运人义务,尽管公约的适用范围已经采用门到门运输方式,但是单独规制有关货物照料的义务和船舶适航的义务仍然是很有必要的。然而,此种义务是绝对的。航程应当是运输合同下约定的航程而非运输中的任何一个阶段。[33]"航程"一词可以被解释为运输单证记载的全部航程。海商法确认的船舶适航通常包含如下三个不同方面。它们分别是,船舶的实际物理状态,船员和装备的有效性,和船舶的适货性。

在《海牙—维斯比规则》(第3条第1款)下,承运人应当在开航前和开航当时谨慎处理使船舶适航。这可以被解释为涵盖了至少从装载开始直到船舶开始航行的整个期间。

根据《鹿特丹规则》,对要求承运人谨慎处理使船舶适航的条款规定方面做

---

32 并且存在于所有国家的法律中;参见法国法律,L. 1966,第21条。

33 The Makedonia 1962年劳氏法律报告第1卷,第316页,第329-330页。

出了一些变化。很显然适航义务的期限明显延长了。承运人应当谨慎处理使船舶适航的义务不仅体现在航程开始之前和开航当时,而且延展至整个航程,并且规定不仅要使船舶适航(make),而且还要保持此种适航状态(keep)。承运人在开航之前和整个航程中都要始终尽职地做到谨慎处理的义务。因此谨慎处理使船舶适航的义务已经变成一个连续的义务。

这一改变并不影响承运人和货物利益方之间风险的平衡。这项义务适用于整个航程,而不是仅仅限定在开航之前。这种解决办法是相当公正的,因为现在与船舶随时进行通信联络是完全可行的;与海上航行中的船舶通信联络困难的时候是非常有限的。国际安全管理规则(ISM)[34]明确规定了船岸联络的义务,因此履行ISM规则也应当对有关承运人的义务提出新概念。

第14条应该和第17条联系起来理解。第17条规定了任何违背承运人义务的责任条款。在《海牙—维斯比规则》下,索赔人负有举证责任。在《鹿特丹规则》下,因不适航造成的货物灭失、损坏或延迟交付问题,公约达成了一个折中的解决办法。这一规定在工作组中被讨论了好几次。最终的解决办法体现在第17条第5款(a)项,即当承运人可能举证证明其已经尽到谨慎处理使船舶适航的义务时,索赔人可以通过证明灭失或损坏"可能"[35]是由不适航导致的,以应对承运人的抗辩。

更准确地来说,问题是——如果承运人未尽到合理谨慎义务,会承担什么样的法律后果?承运人未能尽合理谨慎是违反了其法定义务,如果这一违反义务的行为导致或促成货物的灭失或损坏或者延迟交付,承运人要承担全部或者部分赔偿责任。由索赔人承担最初的举证责任;索赔人必须证明货物已经灭失或损坏并且这种灭失或损坏是发生在承运人的责任期间。接下来举证责任转移给承运人,承运人可以举证证明损坏的原因不是自己的过错或者举证证明损坏是由于第17条所列除外风险导致或促成的。最后举证责任可能再次转给索赔人,而索赔人可能通过证明损坏可能是由船舶的不适航导致或促成的,从而推翻承运人无过失责任的推定。如果索赔人成功举证,则举证责任再次转移给承运人,并且承运人可以举证证明损坏不是由于船舶的不适航引起的或者证明自己已经尽到合理谨慎使船舶适航并保持船舶处于适航状态。

谨慎处理的含义,最初见于美国《哈特法》,并被定义为——大致相当于普通法中的合理注意义务。根据普通法,尽到谨慎处理使船舶适航的义务是承运

---

34 参见R. El Mariky:《国际安全管理规则对海上安全处理的影响》(Les incidences du traitement de la sécuritémaritime par le Code ISM),埃克斯—马赛2009年论文。

35 这个副词引起工作组的特别注意。

人的绝对义务。[36] 在法国法下,也采取了相同的做法。[37] 正如 W. Tetley 写道[38],我们可以将合理谨慎义务定义为一个严格的、适任的承运人为完成第 15 条规定的义务而付出的合理努力。[39] 我们很难对合理谨慎义务单独进行界定。因此法院不得不要依靠基本常识,专业知识和国内外判例法来综合加以判定。

当船舶在海上航行时,谨慎处理的义务判定标准应当区别于当船舶在港口时谨慎处理的判定标准。有人建议,为了确定承运人是否已经尽到谨慎处理使船舶适航的义务,应当参照"海事安全的现行标准"。这一建议没有被接受,工作组更倾向于保持传统的标准去判定是否尽到谨慎处理使船舶适航,而非设立一个使船舶适航的固定义务。承运人的义务没有延伸到去提供一个完美的船舶,而且即使不考虑一些海上特殊风险,也不可能存在一个永远不发生故障的船舶。[40]

使船舶适航的义务是一个不能被委托给其他人的个人义务。承运人可以雇佣其他人去谨慎处理地履行该义务,如果受托人并不勤勉,那么承运人需要承担赔偿责任。[41] 在这一问题上,判例法有明确的规定。[42]

此外为了航行的目的,承运人也不得不确保船舶适航。在开航前、开航时、开航后,船舶必须处于适航的状态,足以应对特定季节下航程中遇到的一般风险。"适航"一词要求船舶应当满足抵御航程中的风险并且适合在预期航程中运送所载货物的需要。因此提供一艘适航船舶的义务就是要提供一艘能够抵御航程中一般风险的船舶。这并不需要船舶是完美的,[43]但是承运人应确保船舶的适航性,不仅仅尽到诚实善意的努力以使船舶适航。承运人要对任何导致不适航的船舶潜在缺陷负责。

承运人应当妥善地配备船员,装备船舶和提供供应品。从航海实践或者甚至是行政管理的角度,船舶应当满足上述要求,这项义务也是一个连续的义务。

最后,承运人应当确保并保持船舶的船舱和船舶其他场所适于接收货物。《海牙—维斯比规则》规定了船舶的方方面面应当满足这项要求。在《鹿特丹规则》下,条文还明确规定装载货物的集装箱也应当满足该项要求。先前的

---

36 参见 Margetson,第 63 页。

37 Bonassies & Scapel, 注释第 1003 页, 使用"diligence requise"的表述。

38 参见 Margetson,第 66 页。

39 原文表述是第 15 条,但是译者根据上下文意思,认为应当针对的是《鹿特丹规则》第 14 条有关具体适航义务的规定。但是为了尊重原文,译文未做调整,特此说明。——译者注

40 参见 Halsbury's, 英国法,第 4 版,Vol. 43(2)(伦敦:Butterworths,1974),注释第 1656 页。

41 W. Tetley, 海上货物索赔,第 3 版(蒙特利尔:Blais,1988),第 391 页。

42 上议院,Muncaster Castle 一案,1961 年 12 月 7 日,劳氏法律报告 1961 年第 1 卷,第 57 页。

43 参见 Margetson 一书,第 71 页。

草案使用了“包括集装箱”的文字表述。集装箱可能被认为是船舶固有的一个部分。因此,在公约最后的版本中,使用“和任何集装箱”的表述取代了先前的用语。

工作组还有一个难题没有考虑——当集装箱并不适于货物运输并且损坏的发生与运输无关,而是与租赁来的集装箱有关时如何处理?依笔者的观点,应当适用于与集装箱租赁相关的法律。当然,如果损坏是由运输引起的,本公约将得以适用。[44]

4.6　第15条　可能形成危险的货物

第15条　可能形成危险的货物

虽有第11条和第13条规定,如果在承运人责任期间内货物可能或合理显现可能对人身、财产或环境构成实际危险,承运人或履约方可以拒绝接收或装载货物,且可以采取包括将货物卸下、销毁或使之不能致害等其他合理措施。

第15条是海上运输法律的传统规定条款(参见《海牙—维斯比规则》第4条第6款;法国法令:1966年12月31日,第44条)。新公约对该内容进行了变革。第15条不仅适用于海上运输,它也和环境保护有关。条文措辞更加合适,因为航行之前和航行之后是没有区别的。此条规定适用于第12条所定义的责任期间中。

承运人被赋予一种权利即承运人或履约方可以拒绝运输处于危险状态下的货物。这种危险应当被理解为现实发生的危险或者显而易见的危险。笔者认为,此种判定应当秉承抽象的标准(in abstracto)而非具体的标准(in concerto)。

从涉及人员、财产或者环境的角度,应当广义理解危险的含义。先前草拟的公约条文曾经讨论了“对环境构成不合法或不可被接受的危险”。现在的公约条款指的是对环境的危险;对于承运人而言,根据不同国家的法律判断是否构成危险是很困难的。因此应当采用客观的标准并且承运人对可能形成危险的货物应当尽到合理谨慎的义务。与其他国际海事公约相比,本公约制定了一个较低的标准,并且对承运人来说更容易找到某个国家的法律规定以销毁货物。但是,公约在“明显可能”的表述之前加上一个“合理的”词语,就是能够确立一个客观的标准,从而承运人可以据此衡量其销毁的是否是其所宣称的危险货物。

44　参见法国法律:Cass. com. 2002年3月5日,DMF2002,969;CA Aix 2007年2月15日,Matisse,DMF 2007,346,DMF 2008,实证法(Le droit positif) en 2007年,注释第84页。

例如,在货物受到污染的情形下,承运人可能因此评价出货物对人员或者环境构成了危险,因此拒绝装载货物并且可能采取措施销毁货物。

在公约草案讨论期间,有人提出建议应当限制承运人在第15条中的权利,即通过规定只有当承运人并不知道货物本身的危险性质的情况下,承运人才能采取条文规定的任何措施。也有人建议承运人应当解释采取任何措施的原因并且表明如果采取比实际措施更轻微的措施将不能避免货物所产生的事实上的或潜在的危险。但是这些建议都没有被接受。如果只有承运人能够证明其不知晓货物的危险性质从而才能采取措施的话,无异于将运送危险货物的风险从托运人转移到承运人。因此这些观点也没有被接受。

根据第15条承运人不能享有无限制的和不受控制的自由裁量权。该条款仅仅明确了承运人采取合理措施去避免货物所造成的危险并不构成承运人对接收货物照管义务的违反。

值得注意的是,第17条第3款第15项明确规定,如果承运人根据第15条和第16条的规定行使其权利,则承运人可以对其行为免除赔偿责任。但是,按照第17条第3款第15项免除承运人的责任不是绝对的;在任何情况下,承运人应确保采取的措施符合第15条(以及第16条)规定的合理标准和承运人在公约下负有照管货物的义务。

第15条得到了工作组的许可,但是仍有一些问题仍然没有得到解决。例如,当错误或者失实陈述影响了承运人自己的判断,承运人是否可以起诉托运人并且主张合同无效?这一问题公约没有规定,此时应当根据准据法予以解决。在法国法下,法院很有可能因为这种理由宣布合同无效。

另外,承运人可能对危险货给其他各方造成的损坏负侵权责任。公约同样没有对该责任作出规定。在欧盟,适用的法律是欧盟关于合同外义务的规则(又称罗马II规则)。

最后,根据第15条的规定,如果承运人放弃采取措施将会发生什么后果?例如,由于危险影响到了货物,承运人本应采取措施,但在这种情况下却什么都没做,如果货物造成损坏承运人是否要对损坏负责?这并没有排除"预防原则"。欧盟是认可"预防原则"的。[45] 承运人将受到海事赔偿责任限制公约(LLMC)(伦敦1976公约)的保护。

---

45 参见欧共体条约第174条第2款;法国法律,L.1.03,2005年,环境章,第5条,预防原则可能产生于德国的一项原则,德文表述为Vorsorgeprinzip。

4.7　第16条　海上航程期间牺牲货物

第16条　海上航程期间牺牲货物

虽有第11条、第13条和第14条规定，承运人或履约方仍可以在海上牺牲货物，但应是为了共同安全，或是为了保全同一航程中人命或其他财产，使之免遭危险而合理作出此种牺牲。

本条款内容最初被规定在第14条款中。经过讨论之后，工作组决定单独设立一个条款予以规定。这条规定仅适用于海上运输并且本质上也符合共同海损理论。“共同海损行为是并且仅是为了同一航程中财产的共同安全，使之免遭海上风险而采取合理的有意的行为，并导致或产生了任何特殊的牺牲或者费用。”(1994年约克安特卫普规则，规则A，第1款)

第84条对这个理论持保留态度，并且不适用该理论。第84条规定“本公约的任何规定概不影响适用有关共同海损理算的运输合同条款或国内法规定”。

在上述条件下，第16条规定并没有改变现有的解决办法。我们发现在《汉堡规则》(第5条第6款)下也有相同的规定。第16条仅仅在条文文本中提及共同海损理论上的含义，但是并不符合共同海损的所有要件。第16条规定的范围既有较宽泛的一面，也有较狭窄的一面。具体如下：

——较宽泛的方面，因为第16条强调的是同一航程中的人命和财产，在某些情况下，会产生共同海损的请求权，但它不适用于所有的情形。

——较狭窄的方面，因为第16条仅仅强调共同海损的牺牲，而没有包括共同海损费用。

条文赋予了承运人一项权利，即承运人有权利为了船舶所有人和货主的利益而牺牲货物。这项决定可能由承运人或者履约方作出，但是该决定只有在某些条件得以满足时才生效，具体条件如下：

——仅在海上采取的措施。在第16条的文本和标题中都清楚的提及这一点(在先于或者后于海上航行的公路运输阶段采取这些措施的决定是错误的，并承运人可能承担由此产生的责任)。

——这个决定意味着造成货物的共损牺牲(没有明确地指出共损费用，比如海难救助的决定)。

——该决定必须满足一个合理的标准(对危险的判定，不是以一种对于航行有影响的危险的客观标准为基础，而是以承运人对于当时情况理解的主观分析为基础)。

——决定必须经过深思熟虑;即决定是为了保护"同一航程"中的人命或货物的共同安全或者保全"同一航程"中的人命或货物的。[46]

至于承运人作出决定的结果,与第15条中规定的情形相同。如果可预见上述条件都得以满足,则承运人对于作出的牺牲免除赔偿责任。然而,还有一个问题,就是在抛弃货物的情形下,承运人是否还能主张运费?这个问题再一次留给适用的各国法律予以解决。在法国法下,答案是肯定的。

4.8　结论

本章重点阐述承运人的义务和除外风险之间的关系以及更广阔意义上的承运人的义务与责任之间的关系。这些问题具有相关性并且应在新公约中进行理解与阐释。有关承运人和托运人的赔偿责任、风险以及义务的规定贯穿于整个公约。它们体现了承运人和托运人利益的整体平衡。因此,对新公约的评价需要考察所有的条款,而不仅仅是一章的内容,即使这一章规定的是基本规则,比如第4章。航海过失的删除,为保证适航而应持续的尽到合理谨慎义务,责任限制数额的增加,以及其他一些规定都呈现一种平衡,与此同时,这些内容也促进了海商法律的强制力和清晰化。

(李莹莹、郭萍、何冰翻译)

46　必须强调的是,2009年废除了这种表达。

第五章　承运人对灭失、损坏或延迟交付的赔偿责任

亚历山大·凡·基格勒(Alexander von Ziegler)*

5.1　概述

精通海上货物运输法律的律师、从业人员或者学术研究人员习惯遵循1924年《布鲁塞尔公约》(通常被称为《海牙规则》)规定的一项十分特殊的责任机制,该规则后来又被所谓的《维斯比修正案》所修改,称为1968年《海牙—维斯比规则》。[1]

只有仔细研究公约的历史背景,才有可能理解《海牙规则》以及依据该公约制定的各国国内法的独特风格与框架内容。《海牙规则》的编写更像是一份"提单范本",即一个可以反映出该规则最初设定目的的框架结构,而非有关合同责任的合理立法或者法律文件。[2] 因此《海牙规则》采用的是一个以规定承运人责任界定为基础的非常复杂的法律架构。只有将该公约第3条第1款与第4条第1款相互连接系起来才有可能得出正确的结论。结果就是在一个海上货物损坏的案件中,如同"乒乓球比赛"一样,《海牙规则》在举证责任以及后续的责任分配和免责方面的规定相互交叉彼此作用,这种方式早已被大家所熟知而且在较为广泛的领域内采用。[3]

《海牙规则》在将近一个世纪的发展中,在全球范围内的成功适用几乎已经克服了它框架体系上的缺陷。然而,这一成功不能改变这样一个事实,即《海牙规则》的体系和部分规则已经变得不合时宜并且不能适应国际贸易与运输的现代化环境。一百年之后的今天,一个由联合国国际贸易法律委员会(简称UNCI-

---

* 教授,法学博士,瑞士苏黎世舍伦贝格威特默律师事务所合伙人,国际海事委员会前秘书长,联合国国际贸易法律委员会第三工作组瑞士代表团成员以及联合国国际贸易法律委员会第三工作组专家组成员。

1 参见 A. von Ziegler:"契约承运人责任",载《德克萨斯国际法杂志》2009年第44期,第330页(全文刊载在第329–348页)[转引自 von Ziegler, Liability]。

2 同上。

3 Nitram. Inc. v. Cretan Life, 599 F. 2d 1359, 1373 (1979年第5巡回法院)。

TRAL)[4]重新起草的公约,正试图对海上货物索赔中涉及承运人责任的已有的法律和各国法院规则确立的一些基本原则予以重构。这样,《海牙规则》下已知的一些法律原则由于UNCITRAL公约而做出较大修改,但新的公约在最大程度上并没有试图修改《海牙规则》的本质,也没有改变国际法律机构在适用《海牙规则》过程中多年来谨慎设立的一些原则。[5]

1978年《汉堡规则》是由联合国国际贸易和发展会议(简称UNCTAD)和UNCITRAL共同做出的一个与此相类似的尝试,但是在那个时代,更加强调承运人责任体系的构建是订立公约需要努力的目标。然而,事实证明《汉堡规则》对于航运业和保险业来说是难以被接受的,因此《汉堡规则》只得到了十分有限的支持。虽然如此,《汉堡规则》在推动有关承运人责任机制的不同法律原则的体系重构方面起到了引导作用,这种进步推动了UNCITRAL第三工作组完成新的统一化进程。[6]

简而言之,在关于责任问题方面,新公约是在适用《海牙规则》和《海牙—维斯比规则》的一些现有的广为人知的原则基础之上,进行了一些修订、更新、重构和澄清。[7]

UNCITRAL公约已经从一个与现存所有运输法公约一样[8]的"责任中心主义"公约转变为一个协调海上运输合同各方当事人之间的一切合同关系的文本。这一重心的改变,将对新的UNCITRAL公约中有关责任的承担和确认产生巨大影响。[9]

另外,UNICITRAL决定突破现有公约的限制,并没有停留在码头界限[10](人

---

4 条款的数量参见联合国国际贸易法律委员会第41次会议确定的最新公约版本。对于该报告的全部内容,参见联合国国国际贸易法律委员会制定的,《联合国国际贸易法律委员会报告》附则I, UN Doc A/63/17(2008年6月16日至7月3日)[也被引用作"UNCITRAL公约"]。

5 参见von Ziegler, Liability,第330-331页。

6 同上,第331页。

7 同上。

8 例如,参见经1968和1979议定书修订的1924年布鲁塞尔统一提单若干法律规则的国际公约(《海牙—维斯比规则》);联合国海上货物运输公约(《汉堡规则》);经1978议定书修订的1956国际公路货物运输合同公约(CMR);2000布达佩斯内水货物运输合同公约(CMNI);经1999议定书修改的国际铁路运输公约附录,关于国际铁路货物运输的统一规定(COM-COTIF1999);统一国际航空运输某些规则的公约,1929年10月12日在华沙签订,经于1955年9月28日在汉堡签订的议定书和1975年9月25日在蒙特利尔签订的第4号议定书修订(华沙公约);1999蒙特利尔统一国际航空运输某些规则的公约(1999蒙特利尔公约)。

9 参见von Ziegler, Liability,第331页。

10 《海牙规则》第1条(e)项,参见Pyrene Co. v. Scindia Steam Navigation Co., [1954] 1 Lloyd's Rep. 321(Q. B.)(认为船舶所有人的权利和免责延伸到"货物已经越过船舷之前的部分装载作业的情形")。

为划定的)或者港口界限[11],而是允许新公约适用于从内陆接受货物时起到目的地内陆交付时止,合同承运人本人或其履约合同方[12]实际保管货物的门到门运输期间。[13] 基于这样一项合理的决定,因此就产生了一个十分复杂的规则,即关于公约的适用范围原则以及该公约与适用于陆地辅助运输区段其他公约之间关系的原则。[14]

进一步而言,新公约有关责任问题的规定不应当仅仅反映公约适用范围从单纯的海运区段扩大到包括其他非海运区段的问题,还应当包括为了完成(门到门)运输合同而采用一切运输区段和一切运输方式的责任机制调整的问题。[15]

UNCITRAL 公约在如下方面做出明确规定:承运人的基本义务(第三章),[16] 违反这些义务可能会导致承运人承担赔偿责任(第四章)。[17] 条文之间互相发挥作用的类似规定存在于 1924 年《海牙规则》第 3 条第 1-2 款和第 4 条第 1-2 款。因为赔偿责任与义务是密切相关的,它们不能各自独立发挥作用。因此,在研究新的 UNCITRAL 公约关于责任问题的条款时,理解承运人的义务是至关重要的(第三章)。

举证责任可以说是贯穿责任机制的主线。对于每一个从业人员来讲——无论是保险理赔人员,索赔人,或者辩护律师——甚至于每一个运用《海牙规则》判决的法官,毋庸赘言的是任何一个责任机制的构建都是围绕着举证责任在索赔人和承运人之间来回移转进行详尽规定。[18]

虽然,《海牙规则》并没有阐明责任机制,但是在新公约中却有明确的规定。第 17 条进行了非常谨慎和详尽的规定,包括可供当事人选择的所有准备提出货物索赔或抗辩所需的条款。运输法领域的这一成就是不可估量的,同时有利于责任机制国际适用的统一。

也许有人抨击第 17 条过于冗杂以及繁琐。然而,UNCITRAL 作出的选择是合理的,因为新公约为从事海事货物案件的律师和法官们如何解决举证责任分配问题提供了明确的指路明灯。至少,这反映出本条款是 UNCITRAL 第三工作组仔细反复讨论的结果,同时也是被许多行业代表所支持的成果。[19]

---

11 《汉堡规则》第 4 条第 1 款的规定:("在装货港口,运输过程中,和卸货港口……")。

12 参见第 19 条中的论述。

13 第 5 条和第 12 条第 1 款,参见 von Ziegler, Liability,第 332 页。

14 同上。

15 同上。

16 第 15-16 条。

17 第 17-23 条。

18 参见 von Ziegler, Liability,第 347 页。

19 同上,第 348 页。

5.2 第17条 赔偿责任基础

第17条 赔偿责任基础

1. 如果索赔人证明,货物灭失、损坏或者迟延交付,或者造成、促成了灭失、损坏或者迟延交付的事件或者情形是在第四章规定的承运人责任期间内发生的,承运人应当对货物灭失、损坏和迟延交付负赔偿责任。

2. 如果承运人证明,灭失、损坏或者迟延交付的原因或者原因之一不能归责于承运人本人的过失或者第18条述及的任何人的过失,可免除承运人根据本条第1款所负的全部或者部分赔偿责任。

3. 除证明不存在本条第2款规定的过失之外,如果承运人证明下列一种或者数种事件或者情形造成、促成了灭失、损坏或者迟延交付,也可免除承运人根据本条第1款规定所负的全部或者部分赔偿责任:

(a)天灾;

(b)海上或者其他通航水域的风险、危险和事故;

(c)战争、敌对行动、武装冲突、海盗、恐怖活动、暴乱和民变;

(d)检疫限制;政府、公共当局、统治者或者人民的干涉或者造成的障碍,包括非由承运人或者第18条述及的任何人所造成的滞留、扣留或者扣押;

(e)罢工、关厂、停工或者劳动受限;

(f)船上发生火灾;

(g)通过合理的谨慎无法发现的潜在缺陷;

(h)托运人、单证托运人、控制方或者根据第33条或者第34条托运人或者单证托运人对其作为承担责任的其他任何人的作为或者不作为;

(i)按照第13条第2款所述及的约定进行的货物装载、操作、积载或者卸载,除非承运人或者履约方代表托运人、单证托运人或者收货人实施此项活动;

(j)由于货物固有缺陷、品质或者瑕疵而造成的数量或者重量损耗或者其他任何灭失或者损坏;

(k)非由承运人或者代其行事的人所做包装不良或者标志欠缺、不清;

(l)海上救助或者试图救助人命;

(m)海上救助或者试图救助财产的合理措施;

(n)避免或者试图避免对环境造成危害的合理措施;或者

(o)承运人根据第15条和第16条所赋权利的作为。

4. 虽有本条第3款规定,有下列情形之一的,承运人仍应当对灭失、损坏或者迟延交付的全部或者部分负赔偿责任:

(a)索赔人证明,承运人或者第18条述及的人的过失造成、促成了承运人所依据的事件或者情形;或者

(b)索赔人证明,本条第3款所列事件或者情形以外的事件或者情形促成了灭失、损坏或者迟延交付,且承运人无法证明,该事件或者情形既不能归责于其本人的过失,也不能归责于第18条述及的任何人的过失。

5. 虽有本条第3款规定,在下列情况下,承运人还应当对灭失、损坏或者迟延交付的全部或者部分负赔偿责任:

(a)索赔人证明,造成或者可能造成,促成或者可能促成灭失、损坏或者迟延交付的原因是:(i)船舶不适航;(ii)配备船员、装备船舶和补给供应品不当;或者(iii) 货舱、船舶其他载货处所或者由承运人提供的载货集装箱不适于且不能安全接收、运输和保管货物;并且

(b)承运人无法证明:(i)造成灭失、损坏或者迟延交付的原因不是本条第5款第(a)项述及的任何事件或者情形;或者(ii)承运人遵守了第14条所规定的合理谨慎义务。

6. 承运人根据本条规定被免除部分赔偿责任的,承运人仅对根据本条应由其负赔偿责任的事件或者情形所造成的那部分灭失、损坏或者迟延交付负赔偿责任。

5.2.1　第17条第1款:初步证据规则

每一个货物灭失或损坏的货运案例都是从“初步证据规则”开始的。[20] 在这一规则下,如果托运人不仅能证明承运人收到的是完好无损的货物,并且货物是在随后的运送过程中遭受损坏,则推定承运人要对其承担责任。[21] 以下两项证据可以证明上述责任推定:(1)“清洁提单”表明货物装上船舶时货物外表状况

20　参见A. von Ziegler, Haftungsgrundlage im internationalen Seefrachtreche (Zurich/Basel/Greneva: Schulthess, 2002),第386-394页(提供一个初步证据的观点)[引为“von Ziegler, Haftungsgrundlage”]。

21　同上,第386页。

是良好的并且,(2)货损通知,确定货物损坏发生的时间。[22]

"清洁提单"仅是货物以良好状况交付运输的初步证据,但是,一旦提单被转让到一个新的持有人手里,则"清洁提单"的证据效力便增强了,因为此时针对一个善意的货物索赔的第三人(收货人),与货物状况相反的证明是不被承认的。这项有关提单证据效力[23]的古老规则在第41条的规定中得以确认,并且不只适用于可转让的运输单证[24],而且有限度的适用于包含合同事项的其他形式的单证[25]。

根据初步证据规则进行举证的第二个有力证据就是及时发出有关货物损坏、灭失或延迟的通知。[26]

虽然海上运输公约没有对初步证据规则和由货物利益相关方提供证据的不同方面作出相应的规定,然而,初步证据规则仍然是国际海事法律在1924年《海牙规则》的框架基础上所建立起来的一项原则,并且始终作为复杂的举证责任体系的一个起点。[27] 为了与20世纪建立起来的行业实践情况相一致,现在这一规则最终也被规定在新公约中。新的UNCITRAL公约第17条第1款规定"如果索赔人证明货物灭失、损坏或迟延交付,或造成、促成货物灭失、损坏或迟延交付的事件或情形发生在第3章规定的承运人责任期内"则承运人应对货物灭失、损坏或迟延交付负赔偿责任。

新公约第21条规定的责任机制也包含了因迟延交付而造成的损坏。国际上对于迟延交付产生的何种程度的损失应当包含在《海牙规则》和相关的国内立法以及可适用的国内立法以及是否应当对迟延交付单独制定责任原则的问题上一直争论不休,新公约的规定终结了上述争论。目前迟延交付被包括在公约列明的灭失或损坏中。这也与初步证据规则相关。这样,货物索赔人不得不证明迟延交付发生在责任期间内,即货物处于承运人掌管之下。

---

22 参见A. von Ziegler, Haftungsgrundlage im internationalen Seefrachtreche (Zurich/Basel/Greneva: Schulthess, 2002),参见第23条第1款(解释了根据合同的描述推定承运人已交货,除非灭失通知在交付前或者交付时已送至承运人)。自从1968维斯比规则,这一点已经被确立,相反的证明在提单到善意第三方时是不被允许的。见维斯比规则第3条第4款。参见这是为了保护第三方(尤其是在一个清洁提单下的一个善意的收货人提出索赔时)。参见von Ziegler, Haftungsgrundlage,第435页。这个规则已经在新公约第41条中得到进一步发展。参见第41条(给出了合同事项的证据效力)。

23 参见A. von Ziegler, Schadenersatz im internationalen Seefrachtrecht (Zurich: Nomos Verlag, 1989),第64-79页[引为"von Ziegler, Schadenersatz"]。

24 第41条(b)款(i)项。

25 第41条(b)款(ii)项和(c)款。

26 第23条;参见第23条中的论述。完全遵照当前《海牙规则》体系的规定(同时也被《汉堡规则》采纳);参见von Ziegler, Schadenersatz,第79-87页。

27 参见von Ziegler, Haftungsgrundlage,第377-454页。

这产生了一个原本不需要在《海牙规则》规定范围内解决的新问题,现在却成为新公约中货物索赔的一部分——即根据目的地的"合理市场价格"[28]得出的关于(实际)货物灭失或损坏赔偿的计算规则,但是新公约没有对索赔人证明的迟延交付造成的损坏赔偿应如何计算的规则做出规定,[29]也没有明确规定承运人应在多大程度上对特定迟延交付所造成的所有可能经济损失承担赔偿责任。因此虽然就第17条的立法目的而言,可以满足索赔人初步举证证明迟延的实际先决条件,但是要证明由于迟延造成的实际损坏(以及损坏总额)可能是相当困难并充满争议。[30]

5.2.2 第17条第2款:不存在过错的证明

如前文所述,1921年制定《海牙规则》时最初是以一份提单的示范形式予以规定的,随后并未进行相关改动,将其名称转化为《1924年布鲁塞尔国际公约》(即1924年《海牙规则》)。这一历史的特殊性也许可以解释为什么《海牙规则》第4条第2款列明一些不同免责事项的"目录名单",这一"目录名单"列举了19世纪末期提单中常见的免责事项。其中的16项免责事项罗列了承运人试图免责或援引抗辩的各种损坏的原因。[31] 第17项是个例外,也就是所谓的(q)条款,它是在大陆法系国家代表团的要求之下添加进去的。[32] 因为大陆法系国家的律师们不习惯于公约立法者机械地罗列或例举不同免责事由的立法技术,并且大部分免责事项都可以包含在一项普遍存在的保护伞规定之下,以达到合同当事方免责的目的。这个保护伞规定就是通过合同当事方举证证明其已经尽到合理谨慎的注意义务,以及损坏不是因其过错造成的,从而免除赔偿责任。[33]

在1924年批准《海牙规则》时,许多国家代表团在最终签署议定书时,利用《海牙规则》文本的保留条款予以保留,以便能够将《海牙规则》内容转变成适合本国的国内法。[34] 公约允许各缔约国改变公约内容形式。[35] 因此也导致了很多国家在将《海牙规则》内容转为国内法时,将(q)条款从列明免责事项中删除,而取而代之的是增加一个免除赔偿责任的绝对保护伞条款。坚持称其不承担赔偿责任的承运人,有义务按照1924年《海牙规则》第4条第2款(q)项中所述的规

---

28 《海牙—维斯比规则》第4条第5款(b)项,在第22条中确认和进一步指定。

29 第60条中提及的第22条并不足以辅助索赔人证明由于延误造成的损坏。

30 参见第21条下的论述。

31 《海牙规则》,第4条第2款(a)-(p)项。

32 《海牙规则》,第4条第2款(q)项。

33 参见 von Ziegler, Liability,第340页。

34 《海牙规则》,签字议定书。

35 同上。

定证明其无过失。[36]

在那些将(q)条款加以“升级换代”的国内立法中,《海牙规则》列明免责事项目录中所包括的内容被视为是承运人特定的免责事项。德国(Handelsgesetzbuch)、法国(1966 年法国海商法)[37]和瑞士(Seeschifffahrtsgesetz)等国家,是当前仍然将海事公约吸收到本国国内海商法的代表国家。[38] 正是这种立法调整的需要,引发了缔约国在 1925 年签署《海牙规则》议定书所做的筹备工作中作出公约保留。根据 1924 年《海牙规则》的特殊(并且相当特别)的议定书规定,允许各个缔约国在国内法中进行相应调整,因此也导致了建立在《海牙规则》基础之上的大量不同立法版本的出现,这种现象甚至在《海牙规则》生效之前就已经出现。[39]

新公约第 17 条第 2 款确认了这一点,因此将(q)条款的内容规定在一般免责保护的规定中。[40]

这种免责顺序的框架结构上的变化无意于偏离 1924 年《海牙规则》和其等效的国内立法所确立的原则。显然,承运人的赔偿责任基础仍然是过错责任。[41] 新公约明确规定,对承运人而言,通过举证证明不存在 UNCITRAL 公约第 17 条第 2 款规定的过错的路径仅仅是其中的一项选择,因为在经过初步证据规则而被推定责任的情况下,承运人还可以选择举证存在第 17 条第 3 款(a)-(o)项中的一个免责事项的路径免除赔偿责任。[42]

仔细研读 UNCITRAL 公约第 17 条第 2 款后,我们发现对于承运人而言,相比《海牙规则》(q)条款的类似举证规定,承运人更加容易满足 UNCITRAL 公约的举证责任条件。在《海牙规则》规定下,承运人必须证明其对导致的货物灭失或损坏完全不存在过错。那就意味着,即使是承运人存在最轻的过错,也会导致(q)条款规定的事项不适用。相比之下,承运人现在根据 UNCITRAL 公约第 17 条第 2 款的规定,只需要证明“损失的原因或原因之一……不是由于其过失造

---

36 参见 von Ziegler, Liability,第 340 页。

37 以及之后的相关立法。

38 参见 von Ziegler, Haftungsgrundlage,第 324-327 页(讨论了(q)条款在国内法中的角色)和第 333-338 页(讨论了不同国家对《海牙规则》第 4 条的采纳和应用)。

39 另一个可以通过立法改变相关内容的例子就是根据 1924《海牙规则》第 4 条第 5 款的规定,《海牙规则》的签署国有自由裁量权,决定采用本国货币计算赔偿责任限额,而非公约规定的计算单位。参见 von Ziegler, Liability,第 340 页和第 341 页。

40 第 17 条第 2 款(“承运人免除了全部或者部分责任……如果证明灭失,损坏,或者延误的原因或者原因之一不是由于承运人的过失或者承运人应负责的任何一个人的过失所造成的”)。

41 同上。

42 参见 von Ziegler, Liability,第 341 页。

成"即可。[43] 这项区别非常重要，因为新公约似乎允许适用所谓的"瓦里斯库拉原则"[44]，同样也适用于那些满足 UNCITRAL 公约第 17 条第 2 款有关保护伞规定的情形，而在《海牙规则》(q)条款所要求的较重的举证责任规则之下，不允许这种责任分配规则的适用。[45]

5.2.3　第 17 条第 3 款：具体的免责事项

目录的作用

出人意料的是，在新公约是否应列明推定的免责事项的问题上，在草案起草的整个过程中引发了激烈的争论。[46] 八十多年前，也有过虽然不相同但是类似的讨论。[47] UNCITRAL 可以选择之前的任一方法来解决现在这个问题。然而，经过多年以来国际范围内大量实践经验的发展与分享，表明至少保留免责事项目录的主要内容和结构的做法仍然存在很多优势，即意味着国际社会将来适用新公约时将可以参考已经建立的稳固的各国法律体系。[48] 采用这种列举方式，不仅能为律师和法官提供便利，而且对于众多的船公司和保险公司也有益处，因为这些公司可以在没有律师和法院参与的情况下，依靠这些列明规定（经过岁月沉淀，证明此种列明规定的方式是一个非常有效的工具）来处理和解决海上货物案件。[49] 这种优势被保留下来，因此 UNCITRAL 公约第 17 条第 3 款也采取这种"目录"列明的方式。

删除"航海过失"免责

与 1924 年的《海牙规则》有 17 项免责规定不同，新公约只列举了 15 项特定的免责事项。然而，单纯从数量上比较，可能会导致错误的结论，以为《海牙规则》中的 16 项免责事项在新公约现代化进程中都未能得以存活下来。事实上没

43　参见 von Ziegler, Liability，第 341 页。

44　Schnell v. Vallescura, 293 US 296, 306(1934)；参见第 17 条第 2 款（载明承运人有责任去证明损坏是意外的风险或者承运人疏于照管货物造成的）。

45　"第(q)项包含了最严格的免除货物损失责任的规定。"EAC Timberlane v. Pisces. Ltd., 745 F. 2d 715. 718(1st Cir, 1984)；参见 G. Gilmore & C. L. Black. The Law of Admiralty，第二版（St. Paul; 1975)，第 167–168 页（声明承运人需要证明导致损失的原因之一或所有原因都不是因其过错造成的）。

46　参见 UNCITRAL 公约第 68–70 段（涉及对于列明的承运人可能会免责的情形的赞成和反对意见的讨论）。

47　参见 von Ziegler, Haftungsgrundlage，第 23 页（讨论了 1921 年海牙规则系承运人利益和货方利益妥协的产物）。

48　参见 von Ziegler, Liability，第 341 页和第 342 页。

49　同上。

有在新公约中保留下来并且最终被删除的只有一项非常重要的免责事项，即根据《海牙规则》第4条第2款规定的关于船长和船员的传统免责——“航海过失”免责。关于本条免责事项被删除的优缺点已经在很多文章中进行讨论。[50]这个问题不仅在国际海事委员会推进统一化进程的初期阶段被热议，而且后来在联合国国际贸易法律委员会讨论公约草案期间也被多次讨论 。然而，是否保留该特殊免责事项的争论，后来被另一争议所取代，即在国际运输现代化责任机制之下，承运人能否对构成其核心业务的领域，例如运输和航行方面，免除其过失责任的争议。此外，由于现代通信技术的发展，那种认为船舶一旦处于航行中，在岸的承运人就已经失去了对船舶和货物的控制，并且无法对船长和船员的错误判断和过错负责的观点，已经变得不合时宜。[51] 这很像1955年“海牙议定书”中关于航空承运人的规定，即航空承运人为其飞行员在航行过程中的过失负责，在新公约规定之下，海运承运人现在也有一个类似的义务。[52]

有人认为，“航海过失”这一免责事项的删除不会产生很大的影响。这是因为建立在《海牙规则》基础上的国际判例法已经证实，当承运人主张航海过失免责时，法院会更加认真地审议船员的状况是否满足《海牙规则》第3条第2款有关适航的规定。[53] 然而，因为船长、船员的任何疏忽最后都要归责于承运人并构成承运人的责任基础，因此该条款的删除可能在一定程度上改变了承运人和他们责任保险人的风险分配，在碰撞案中尤为如此。

新列明的免责事项

尽管1924年《海牙规则》规定的17项免责事项在缔约国国内法制定中或多或少存在一些变化，但是这些变化几乎无意于改变1924年《海牙规则》所建立的体系。这17项免责事项要么被移至其他条文，要么与其他类似条文合并。[54]因此，传统的免责事项（(q)条款和“航海过失”免责条款除外）都可以在UNCITRAL公约第17条第3款(a)-(m)项列明的13个免责事项中找到踪迹。[55]

---

50 参见von Ziegler, Haftungsgrundlage，第221-332页（讨论了《海牙规则》的免责条款），第339-341页（总结了免责条款的结果和分歧），第346-371页（讨论了《汉堡规则》中被采纳和被删除的免责条款）。

51 参见von Ziegler, Liability，第342页。

52 参见1929华沙公约第20条第2款（规定了“飞行员过失抗辩”）；参见华沙公约1955海牙议定书第18条第3款（删除了这个抗辩）。

53 参见von Ziegler, Haftungsgrundlage，第417-419页（强调了《海牙规则》第3条关于赔偿责任和提供免责证据的影响）。

54 (q)条款是唯一一个被移除在免责事项列明目录之外的规定。现在可以在第17条第2款中找到踪迹。

55 参见von Ziegler, Liability，第342页和第343页。

船上发生的火灾

在船舶上发生的火灾并要求免除承运人和船舶所有人的责任，一直是海商法中的一个特殊现象。[56] 因此，《海牙—维斯比规则》第 4 条第 2 款第 2 项明确对火灾免责作出特别规定。[57] 尽管国际海事委员会和联合国国际贸易法律委员会在筹备公约起草工作中曾经考虑过要删除火灾免责条款，但是一些国家的代表明确提出火灾免责条款的存留仍然具有十分重要的意义。因此，UNCITRAL 公约第 17 条第 3 款明确了船上火灾的免责并规定承运人对船上发生的火灾没有过错。至于 1924 年《海牙规则》中关于火灾免责的实际过错的举证要求已经被删除。[58] 事实上很多有据可查的法律纠纷都涉及与过错相关的举证责任，而且很多学者公开发表了关于 1924 年《海牙规则》有关火灾免责规定的观点，尤其是那些与火灾案件举证责任分配有关的问题。[59]

根据新公约的规定，承运人需要证明火灾发生以及火灾造成货物灭失、损坏以及迟延。[60] 然而，应当谨记的是该项免责仅在推定承运人有责任的前提下适用，而且公约对火灾免责的适用限制在满足如下条件的情形，即（1）在海上航程中；以及（2）在船舶上发生火灾。[61] 船舶必须是实际装满货物的船舶或计划装货的船舶。[62] 意味着，在毫无关联的第三方船舶上发生的火灾仍然不能援引本条予以免责。[63] 如果火灾发生在内陆区段（内河航行除外），其他免责事项（如货物固有缺陷等）可以开始发挥作用，或者更多的情况下，其责任可以根据 UNCITRAL 公约第 17 条第 2 款规定的兜底性条款来确定。[64]

一旦承运人已经举证证明船舶上发生了火灾，货物利益方[65]应当要么证明承运人存在过错（通过其行为或不为确定存在过错），要么证明船舶不适航导致

56　例如，美国“火灾法令”，46 U. S. C.　$ 182(2000)（2006 年废止）；G. Gilmore & C. L. Black, The Law of Admirally，第二版，(St. Paul. 1975)，第 834 页，第 879 页。

57　《海牙规则》，第 4 条第 2 款（b）项。

58　参见 von Ziegler, Liability，第 343 页。

59　参见 von Ziegler, Haftungsgrundlage，第 425–432 页（概括了火灾举证责任的特殊法律规定）。

60　第 17 条第 3 款第（f）项。

61　UNCITRAL 公约第 70 段（规定在第 17 条第 3 款中）推翻了举证责任的一般规定并创建一个可以反驳的假定条件）。

62　第 17 条第 1 款。

63　同上。

64　参见第 17 条第 3 款（缺少如同 UNCITRAL 公约第 5 章那样限制在海上运输阶段的规定）。

65　通常情况下，托运人或收货人享有诉权。《海牙规则》已经确立了推定识别这样一个人的基本原则。新公约的初稿中包含了一个有关诉权的特别规定，但在后期被删除了。

火灾发生或造成货物损坏。[66] 此时新公约的特殊性开始发挥作用,因为《海牙规则》将个人的过错范围限制在承运人本人存在"实际"过错和私谋,新公约则扩大了适用范围,明确规定履行运输合同的任何人的过错。[67] 这一点是非常重要的,因为根据《海牙规则》机制,即使存在承运人本人的疏忽或过错,火灾免责条款仍然发挥作用。根据《鹿特丹规则》第17条第3款第6项的规定,情况有所不同,根据举证责任体系一般原则,如经证明参与运输合同履行的人存在过失的,承运人仍然可能要承担赔偿责任。[68]

由托运人装载、操作和积载

正如前面所讨论的,如果托运人与承运人约定某些装载、积载或卸载作业应该由托运人或者收货人自己完成,则承运人没有妥善照顾货物的义务。如果损坏发生在这些作业阶段,承运人因此可以依据新公约第17条第3款第9项的规定提出免责抗辩。[69] 然而,这种可能性不应该被误解为承运人不必承担其正常应承担的责任;第9项只适用于典型的FIOS案件(承运人不负责装货、卸货、积载)中,即在这些案件中,当事人订立协议明确了他们这种操作上和商业方面的选择,并且约定承运人不是代表托运人或者收货人的利益去完成这些活动,除非合同另有约定。[70]

免责事项列表的变化

与《海牙规则》第4条第2款第1项相比,"财产救助"这一表述被添加到新公约中有关"人命救助"的免责条款中。这一规定类似于1978年《汉堡规则》的规定。此外,在免责事项列表中还增添了如下三个新的免责情形,以作为无过错情形以及责任机制扩大的补充:(1)有关环境损坏措施方面的免责;[71](2)承运人针对那些可能构成危险的货物所采取的行为的免责;[72](3)第17条第3款第9项规定的FIOS情形下的免责,该规定对承运人管货义务的灵活性方面作出限制。[73]

---

66 第17条第5款。

67 参见 von Ziegler, Liability,第343页。

68 第17条第4款第1项和第18条。

69 第17条第3款第9项(声明了当承运人与托运人达成协议以后可以免除装货、积载和卸货的责任)。

70 同上,参见 von Ziegler, Liability,第344页。

71 参见第17条第3款(n)项。

72 参见第17条第3款(o)项。

73 参见第17条第3款(i)项。

迟延赔偿责任案件中免责事项的适用性

新公约还包含其他亮点，例如公约列明的所有免责事项都可以适用于迟延造成（经济）损坏的情形。[74] 但是，并非第 17 条第 3 款规定的所有免责事项都同样适用于迟延损坏的案件。[75] 然而，在这一方面并不存在解释条文的实际问题，因为很清楚的是，承运人为了不承担因迟延而带来的责任，要么直接证明其没有过错[76]，要么举证证明迟延是由于 UNCITRAL 公约第 17 条第 3 款从（a）-（o）项列表中特定免责事项之一造成的。[77]

5.2.4　第 17 条第 4 款：托运人的举证责任

类似于《海牙规则》的责任体系，一旦承运人成功地援引了 UNCITRAL 公约第 17 条第 3 款（a）-（o）项规定的免责事项，即意味着"乒乓游戏"已经开始，然后举证责任转移给货物索赔方，由货物索赔方证明承运人的过失是造成货物损坏的原因或者此种过失促成了损坏的发生。[78] 如果有证据证明存在第 17 条第 3 款中的免责抗辩事项，则可以反驳上述推定。反驳应该区别于反证，[79]因为后者试图推翻承运人在新公约第 17 条第 3 款下所做的举证。[80] 一方面，反证是将举证责任再次转移给承运人以对抗初步证据规则；另一方面，新公约第 17 条第 4 款规定的过失举证，抵消了（如果成功的话）推定过失的效果并且恢复了承运人应当承担责任的情形。[81]

新公约非常小心地为货物索赔方构建了两个不同的举证路径。一方面，货物索赔方可以举证证明承运人的过失促成了除外风险（这是为 UNCITRAL 公约第 17 条第 4 款第 1 项所准许的）的发生。[82] 另一方面，其他货物索赔人可以证明存在其他的原因促成损失发生。在后一种情况下，举证责任转移给承运人，承运

74　参见第 17 条第 1 款，第 21 条（定义了延迟）。

75　第 17 条第 3 款（j）项（载明了损耗和潜在缺陷的免责事项）。"迟延"是海上运输国际法规定的新领域，因此许多问题有待于将来进行澄清。参见联合国国际贸易法律委员会编，关于第 21 次会议第三工作组报告，UN Doc. A/CN. 9/645（第 14-25 页，2008 年 1 月），第 64-65 段落。

76　参见第 17 条第 2 款。

77　参见 von Ziegler, Liability，第 344 页。

78　第 17 条第 3-4 款（描述了承运人一方无过错推定的情况，但是声明索赔人可以举证推翻承运人无过错的推定）。

79　进行反证应该总是可能的。

80　例如，举证证明损坏原因与火灾没有任何关系或者从未发生过火灾。

81　参见 von Ziegler, Liability，第 345 页。

82　例如，火灾是由承运人负责的事件或者情形造成的。参见第 17 条第 4 款第 1 项。

人需要证明该事件或情况并非归因于其过失。[83]

然而当索赔方选择第一种举证路径的,就变成了过失或疏忽的直接举证方式,选择第二种路径则是通过单独致因举证而进行因果关系的举证方式(在这种举证模式下无须考虑过错因素)。在第一种情况下承运人将受困于直接承担赔偿责任,然而,在第二种情况下,承运人仍然有机会通过举证证明其对受损原因没有过错,从而免除赔偿责任。在后一种情况下,承运人将会发现自己处于类似新公约第 17 条第 2 款中规定的“捷径”情形。[84]

5.2.5 第 17 条第 5 款:不适航和合理谨慎

不适航

索赔人还有第三种选择路径去对抗承运人成功援引 UNCITRAL 公约第 17 条第 3 款第(a)-(o)项下的免责事项。公约第 17 条第 5 款就提供了这样一种可能性,即索赔方通过举证证明灭失、损坏或延误可能是由船舶不适航造成的或者归因于船舶不适航。适航主要包括船舶本身适航,配备船员以及船舶适于运载货物。[85] 简言之,适航的方方面面都是十分重要的。

仅在有关不适航原因的事件发生在海上航程中,才可以采取这种举证路径。这一点并没有做出非常明确的规定,但是根据公约第 14 条有关适航义务限定适用于海上航行的规定,可以得出这一结论。[86] 如果在运输合同下,涉及内陆运输阶段的船员是否适职以及是否适货的问题,则应当适用第 17 条第 4 款规定的有关过错举证或者另有其他不同原因举证的一般规则。[87]

非常有意思的是,新公约第 17 条第 5 款对有关不适航举证的程度方面进行了一些限制,即索赔方应当仅仅举证证明导致损坏的“可能原因”是不适航就可以。[88] 这样就存在一种危险,即该举证义务使得货物索赔方可以发挥便利的优势,去对抗承运人的抗辩,例如,承运人举证证明存在海上风险或者船上发生火灾,而这两项免责事项或多或少与其他几项免责事由一样,隐含着可能存在船舶

---

83 例如,损坏的证明不仅是由发生火灾时的灭火措施引起的,而且是因为之前不合理地将货物暴露在雨水中造成的。参照第 17 条第 3-4 款(规定了承运人一方无过错推定的情形,但是索赔人可以举证推翻承运人无过错的推定)。

84 参见 von Ziegler, Liability,第 345 页。

85 第 17 条第 5 款第 1 项,第 14 条。

86 同上(表明第 17 条中描述的与列举在第 14 条中的义务有关的责任)。

87 参见 von Ziegler, Liability,第 345 页和第 346 页。

88 参见第 17 条第 5 款第 1 项(确立索赔方应当证明灭失、损坏或者延误可能是由包括不适航在内的几个原因之一引起的)。

不适航。[89]

证据和举证具有不同的重要作用，而且在不同国家管辖范围存在不同含义。第一，证据和证明的重要性和含义将在很大程度上取决于不同国家管辖范围内生效的程序法的规定。因此，在每一个国家管辖范围内，从战略和操作的角度来看，举证责任有不同的结果。例如，当事人可以在一个管辖范围内参与诉讼前置程序以及收集证据程序，但是要求他们自己在另一个管辖范围内向法院提供与第一次索赔请求有关的全部事实和依据。第二，举证责任和有关证据的法律规定通常是由实体法（根据法律冲突规范所确定）和诉讼程序规则之间相互作用的结果所决定。因此，我们还不清楚新公约第 17 条第 5 款第 1 项中提及的"可能性"标准将如何以及在何种程度上带给货物索赔方有利的地位。在新的公约规定下，很清楚的一点就是有关不适航原因举证方面，索赔方不必遵循严格证据规则。在这个方面，新公约仅仅确认了某些判例法所明确的减轻索赔方有关不适航举证责任的事实。[90] 这种确认的方式得到了大家的认可，因为货物索赔方在获得所有相关事实证据方面存在实际困难，这些事实证据可以作为不适航相关原因的佐证，并且还要满足举证责任的要求。[91] 这一额外举证路径的存在可能会导致"准"推定不适航规则的产生，至少可能会由此引发争论，即货物损失与船舶、船员或货舱的状况有关。然而，考虑到新公约第 17 条第 5 款第 1 项的措辞，上述可能产生的后果不应该被过分夸大，因为这种有关"可能性"举证的特权仅仅适用于有关不适航原因的举证方面，而非不适航本身的举证方面。[92]

合理谨慎

一旦成功的举证证明存在有关不适航原因的可能性，则举证责任再次转移至承运人。此时承运人面临如下两种选择，即可以通过下列事项的举证反驳货方有关原因方面的举证：（1）货物索赔方根据 UNCITRAL 公约第 17 条第 5 款第 1 项所证明的船舶不适航，不是造成货物灭失、损坏或者迟延的原因（即缺乏因果关系举证）；（2）承运人已经合理谨慎地尽到船舶适航的义务（即合理谨慎的举证）。[93]

上述内容的成功举证是承运人最后可能能够抓住的抗辩机会并因此免除承运人的赔偿责任。如果举证不成功，已经确立的赔偿责任将在以下三个方面予

89　参见 von Ziegler，Haftungsgrundlage，第 419-422 页（举例说明在发生海上风险时已经尽到合理谨慎义务），第 425-432 页（概括说明火灾案件中有关举证责任的特殊规则）。

90　参见 von Ziegler，Liability，第 346 页。

91　参见 von Ziegler，Haftungsgrundlage，第 446 页。

92　参见 von Ziegler，Liability，第 346 页。

93　第 17 条第 5 款第 2 项。

以限制:(1)损坏分摊的理念;[94](2)建立在综合因素之上的责任限制的程度;[95](3)一般赔偿责任限制的方式。[96]

第17条第5款第2项提及的“合理谨慎”与《海牙—维斯比规则》第3条第2款的规定一样。唯一显著不同的区别是在新公约下有关船舶适航的合理谨慎义务是一个连续的义务,[97]而不再局限于《海牙规则》中规定的“开航前和开航当时”。[98]

5.2.6　第17条第6款:责任分配及共同发生的原因

即使货物索赔方成功的证明了承运人要承担责任,[99]后者仍可以通过举证在其负责的原因中还共同存在承运人免责的其他原因以及各原因发挥作用的程度范围,则承运人可以因此限制其责任承担。[100] 这就是新公约规定的所谓“瓦里斯库拉原则”[101],说明承运人仅对那些归因于承运人负责的事件或情形所造成的部分灭失、损坏或者迟延负责。[102] 因此,承运人不得不将损失的每一个方面归责于除外原因或者仍由其负责的原因。[103] 一旦原因分配原则适用于货物损坏索赔,则会导致承运人承担责任的情形大大减少。[104]

瓦里斯库拉原则启动的条件就是货物索赔方要么举证满足UNCITEAL公约第17条第4款规定,要么举证满足第17条第5款的规定。与《海牙规则》的情况相反,只要在某个案件中,承运人选择根据新的“(q)条款”进行无过错的一般举证,则责任分配机制就发挥作用。[105]

美国有关共同原因造成损坏的现行法律是建立在瓦里斯库拉原则基础之上,与美国法律规定以及《汉堡规则》第5条第7款的规定相比较,新公约构建的

94　第17条第6款。

95　第22条。

96　第59条至第61条。

97　参见第四章第14条的论述。

98　《海牙规则》/《海牙—维斯比规则》第3条第2款;参见von Ziegler, Haftungsgrundlage,第129-141页。

99　“框架的核心内容如同‘乒乓球游戏’,举证责任在当事人之间来来回回的转移……”T. J. Stevenson & Co., Inc. v. 81, 193 Bags of Flour., 629 F. 2d 338,381(第5巡回法院,1980)。

100　Schnell & Co. v. S. S. Vallescura, 293 US 296, 303-304(1934).

101　同上。该原则以案件名称命名,并且对于承运人抗辩方面规定了非常严格的条件。

102　第17条第6款。

103　第17条第2-3款。

104　参见第17条第2款和第6款(解释了如果承运人对于造成损坏的事件或者情形承担部分责任,则承运人对损坏承担部分责任)。

105　《海牙规则》第4条第2款(g)项中免责条款的严格规定,并不允许适用瓦里斯库拉原则,因为免责事项只能在承运人对损坏无过错的前提下才可以援引。参见《海牙规则》第4条第2款(g)项。

机制和标准更加具有适应性，不那么僵硬，也更具有灵活性，而且也不太可能导致非此即彼的情形。一方面，这种规定方式将更加有助于进行适当判断；另一方面，也更重要的是，能够更好地解决问题。[106]

然而仍然有一些问题有待于公约未来的解释，并且第 17 条第 6 款应当仅适用于造成货物灭失、损坏或迟延的索赔原因是共同原因导致的（有些原因是承运人承担赔偿责任的，有些原因是承运人不承担赔偿责任的）。当两个不同的原因各自都造成了部分损坏的，毫无疑问第 17 条第 6 款将得以适用。[107] 但是如果是承运人和货物利益方同时造成的货物损坏，并且承运人可以根据第 17 条第 2 款和第 3 款的规定免除其赔偿责任的情况下该如何处理？严格地说，没有哪一部分特定的损坏可以归因于某方或另一方的责任，因为常常是共同原因造成了同一损坏。非常典型的案例就是，货物利益方自己造成损坏，[108]但承运人也无法根据第 17 条第 2 款和第 3 款来证明其没有过错。根据本公约构建的框架结构和解释[109]，上述这种案例应当遵循第 17 条第 6 款所特别确立的相同原则，因此导致了责任分摊应当建立在确定原因和过错的比例基础之上。

当将第 17 条第 6 款的规定与适用有关灭失、损坏的责任限制条款（第 59 条），或延迟的责任限制条款（第 60 条）联系在一起时，就会产生另外一个问题。即是否按比例减少的原则也同样适用于根据第十一章所计算出的赔偿责任限制数额还是基于赔偿责任限制计算出的最终赔偿数额低于根据第 17 条第 6 款确定的责任比例？第 17 条第 6 款就不能适用？根据新公约的措辞和体系结构，第二种解释方法应当是正确的，即承运人从第 17 条第 6 款中获得的利益，仅限于承运人承担的部分责任比例范围的赔偿数额低于根据第 59 条和第 60 条计算出的赔偿责任限制数额的情形。

5.3　第 18 条　承运人为其他人负赔偿责任

第 18 条　承运人为其他人负赔偿责任

下列人的作为或者不作为违反本公约对承运人规定的义务，承运人应当负赔偿责任：

(a)任何履约方；

(b)船长或者船员；

106　参见 von Ziegler, Liability，第 347 页。

107　也就是并发原因的情况。

108　也就是疏忽造成的情况。

109　并且不涉及国内法。

(c)承运人的受雇人或者履约方的受雇人;或者

(d)履行或者承诺履行运输合同规定的承运人义务的其他任何人,以该人按照承运人的要求,或者在承运人的监督或者控制下直接或者间接作为为限。

5.3.1　替代责任原则

国际海事法一直认为承担了从一个地方到另一个地方运送货物责任的承运人,不仅要为其自己及个人行为负责,而且也要对根据运输合同决定参与履行合同义务的人的行为负责。[110] 因此那些人的行为后果将归于承运人,就如同承运人自己履行了这些义务一样。[111] 海事法的特殊性涉及有关航海过失的特殊免责,即当船长和船员在驾驶船舶中的过失导致了货物灭失或损坏,承运人可以由此免除赔偿责任。[112]

继曼卡斯特城堡案件[113]之后,人们企图进一步限制承运人对根据运输合同履行部分义务人员的行为和过失的责任,即那些并非直接受雇于承运人的人,也就是所谓的独立合同人(所谓的《海牙—维斯比规则》草案的曼卡斯特城堡修正案)。[114] 然而,这一修正案在《海牙—维斯比规则》"外交会议"中未通过,因此没有被1968年的《海牙—维斯比规则》所采纳。[115]

在海事法中还包括一项原则就是"喜马拉雅"规则。在这一规则中,通过扩大运输方面准据法的保护范围(包括各种免责事项和责任限制),承运人可以在合同中保护其船长和船员免受被以侵权行为直接诉讼所承担的责任。该原则的初衷就是为了避免索赔人直接向船员提出赔偿请求,从而获得更为充足及更多的赔付,而这些赔付在那些保护承运人免受无限制责任的国内法和国际法规则

110　这一原则写在罗马法律"receptum nautarum vel cauponum vel stabulariorum"原则中,在这一原则下,承运人要对一切参与经营的船员和人员的行为和疏忽承担严格责任。参见A. J. M. Meyer-Termeer, Die Haftung der Schiffer im griechischen und romischen Recht (Terra: Zutphen, 1978)。

111　有关谨慎处理使船舶适航义务的不可替代责任方面,可以参见如下案例:G. E. Dobell & Co. Steamship Rossmore Company, Ltd,[1895] 2 Q. B. 408;International navigation company v. Farr & Bailey Manufacturing Company, 181 US 218,225 (1901)[美国最高法院]。有关照管货物义务的类似原则 参见von Ziegler, Haftungsgrundlage,第150页。

112　《海牙规则》第4条第2款(a)项。

113　Riverstone Meat Co. Pty v. Lancashire Shipping Co. Ltd. (The Muncaster Castle), [1961] 1 Lloyd's Rep. 57 [H. L.]参见von Ziegler, Haftungsgrundlage,第110-119页。

114　CMI关于斯德哥尔摩会议报告, 英国海商法协会:关于国际分委员会报告的评论,(CONN. C31-63, 经修订的6-63);CMI关于斯德哥尔摩会议报告,议定书草案或者国际公约(CONN./Sto-9),第546页,参见von Ziegler, Haftungsgrundlage,第118页。

115　CMI, Travaux Preparatoires,第180-181页。

下是根本不可能实现的。这个原则被《海牙—维斯比规则》引入，现在是国际海上货物运输法律的通行标准，[116]也同样适用于其他运输公约。[117]

新公约现在已经澄清、协调并在某种程度上扩大了承运人为其他人所承担的责任以及其他人在第18条至第20条的规定下对货物索赔人所承担的责任。[118]另一方面这个"喜马拉雅"条款保护的受益主体范围被限定在被认定为"海运履约方"的人。[119]

5.3.2　第18条(a)项：对任何履约方的责任

新公约引入了"履约方"[120]这一概念，目的是使托运人和收货人获得赔偿的可能性大大增加，从他们的合同相对方（承运人[121]）扩大到在海上运输阶段履行了全部或部分承运人义务的一切其他人员（海运履约方[122]），当然，承运人对这些人的行为和疏忽有（并且保持承担）责任。承运人对履约方的责任存续在履约方履行运输合同的全部期间，也就是说，承运人的全部责任期间范围内，而且承运人的责任扩展至所有履约方，无须考虑履约方履行义务的期间是否在海上或者其他任何运输阶段。很明显，符合这种"履约方"的人包括曼卡斯特城堡案件中涉及的"独立合同人"，这些独立合同人概念的提出正是《海牙—维斯比规则》外交会议中试图去限制承运人责任的目的所在。

5.3.3　第18条(b)项：对船长和船员的责任

通过删除旧的航海过失免责内容从而将对船长以及船员的全部责任纳入其中是公约的一个新成就。船长、船员是否由承运人或者其他公司或者履约方（例如租船合同下的出租人）直接雇用与本规定制定的目的无关。

5.3.4　第18条(c)项：对雇员的责任

除了第18条(b)项中描述的海运人员以外，新公约将承运人的责任延伸至包括承运人对所有雇员的行为和疏忽的责任，当然也包括了承运人对任何履约

116　《汉堡规则》第7条第2款，《海牙—维斯比规则》第4条附加条款（art 4 bis）第2款，参见 von Ziegler，Haftungsgrundlage，第36页。

117　1999蒙特利尔航空运输公约第30条第1款；CMNI第17条第3款和第22条。

118　在这种情况下，新公约比《汉堡规则》更加清晰，因为《汉堡规则》在第5条第1款的规定中，只是采用一些原则性表述而带来一些问题。参见 von Ziegler，Haftungsgrundlage，第200页。

119　第19条第1款和第4款。

120　第1条第6款。

121　第1条第5款。

122　第1条第7款。

方的责任,不论该履约方是否是海运履约方。但是新公约没有明确指出这些行为和疏忽是否必须是发生在其雇佣范围之内,也没有明确这些人的所有行为或疏忽,即使与其主要职责或雇佣范围无关,是否也会导致承运人根据新公约承担责任。然而,在工作组谈判公约条款过程中,无异于偏离那些基于合同责任和侵权责任所确立的一般原则,也就是说,委托方仅对其雇员在雇佣范围内的行为和疏忽负责。

5.3.5 第18条(d)项:对任何其他人的责任

第18条通过例举式的“兜底”条文规定,将承运人的责任延伸至对任何其他人的违约行为产生的责任。即在运输合同下履行或承诺履行承运人任何义务的其他任何人,只要该人员的行为是直接或者间接在承运人的要求下进行的,或直接或间接的在承运人的监督或控制之下进行的。[123] 不同于列明在第18条(a)项到(d)项的其他雇员和人员,承运人仅对那些直接或者间接在他的要求下或者在他的监督或控制下的那些人的行为负责。这一条件明确表明那些不在承运人控制或监督之下涉及的物流链条上的单位(如在承运人保管货物期间,那些负责货物操作的强制性国有机构),承运人不需要负责。

5.4 第19条 海运履约方的赔偿责任

第19条 海运履约方的赔偿责任

1. 符合下列条件的,海运履约方必须承担本公约对承运人规定的义务和赔偿责任,且有权享有本公约对承运人规定的抗辩和赔偿责任限制:

(a)海运履约方在一缔约国为运输而接收了货物或者在一缔约国交付了货物,或者在一缔约国某一港口履行了与货物有关的各种活动;并且

(b)造成灭失、损坏或者迟延交付的事件发生在:(i) 货物到达船舶装货港至货物离开船舶卸货港的期间内;(ii)货物在海运履约方掌管期间内;或者(iii) 海运履约方参与履行运输合同所载列任何活动的其他任何时间内。

2. 承运人约定在本公约对其规定的义务范围之外承担义务的,或者约定其赔偿责任限额高于本公约所规定的限额的,海运履约方不受

---

123 第18条(d)项。

该约定的约束，除非海运履约方明确约定接受该义务或者该更高限额。

3. 符合本条第 1 款所列条件的，对于受海运履约方委托，履行运输合同约定的承运人义务的人违反本公约对海运履约方规定的义务的作为或者不作为，海运履约方负赔偿责任。

4. 本公约规定概不要求船长或者船员、承运人的受雇人或者海运履约方的受雇人负赔偿责任。

5.4.1 概述

承运人的责任产生于运输合同，因此基于承运人和托运人之间的运输合同关系，承运人负责根据合同约定完成货物运输，否则就必然会产生承运人的法律责任问题。托运人以及交货时的收货人应当向其合同相对方——承运人提出违约索赔。[124] 从这个角度来讲，索赔人不太可能被允许选择向一个不受合同约束的人提起直接的违约索赔主张。在某些情况下，运输法通过引入“实际承运人”这一概念来弱化这一原则，首次采用这种方式的就是在国际航空旅客运输这一特殊的社会经济环境下。主要的想法就是乘客和他们的亲属不仅有权利对已经购买了客票的航空公司提起诉讼，而且有权利起诉代表合同承运人实际履行某个航段的航空公司。这一概念在“1961 年瓜达拉哈拉公约”中被提出，并被随后的 1999 年蒙特利尔公约所采纳，后者已经取代了华沙公约体系。[125] 这一规则随后又被扩展到用于货物索赔中。

然而，陆上运输法没有使用这一概念，《汉堡规则》通过将“实际承运人”引入 1978 年《汉堡规则》责任机制中的方式，试图在海事领域产生一个类似的效果。[126] 实际承运人是指受承运人委托，履行全部货物运输或者部分运输工作的人。在包含了多层次不同类型租船合同的复杂海上货物运输过程中，这种对承运人分合同人进行责任分配的方式，对于身处复杂的海运货物体系中的托运人而言，帮助是极为有限的，尤其是存在多个不同格式和种类的租船合同的情形下尤为如此。《汉堡规则》仅仅解决了承运人第一个合同层面的问题，而事实层面的情况就很难适用于托运人，因此也就很难对货物利益方提供额外的利益保障。

仅仅对“实际承运人”概念进行复制，并不足以使得新公约的起草者面对另一种也更实用的选择方式——即公约并不是将内部合同关系仅限于合同承运人

---

124 关于这一点必须提起读者们注意的是，新公约预见了这样一种情形，即无法根据合同事项确定谁是承运人。根据公约规定，在这种情况下，实际装运货物的船舶登记船东将被推定为“合同承运人”（即所谓的“承运人识别条款”）。参见公约第 37 条第 2 款。

125 1999 蒙特利尔航空运输公约第 39 条，以下同。

126 参见《汉堡规则》第 10 条。

与他所雇佣的履行运输合同的人之间，而是将其扩大到任何履行或者承诺履行承运人在运输合同下有关货物接收、装载、操作、积载、运输、照料、卸载或者交付义务的人，以该人直接或者间接在承运人的要求、监督或者控制下行事为限。[127] 这样就使得托运人（或收货人）不仅可以起诉合同承运人，也可以同时（或可选择性地）起诉履行了部分运输合同的一切其他人员（针对其履行部分）。

在如此宽泛的定义范围内，意味着所有的合同方，无论是履行陆上运输区段还是海上运输区段，无论是出口陆运区段还是进口陆运区段，都将受制于新公约框架下的赔偿请求。这也可能包括货运代理人、经销商、包装公司和陆地承运人，实际上在大多数情况下，他们并不知道他们事实上已经被归入此类，仅仅是因为另一方当事人（他们的委托方）签订了一份门对门的运输合同，同时向托运人提供了一份涵盖陆上运输阶段的运输单据。如果公约缔约国选择适用第十三章、第十四章规定，考虑到可能适用严格的司法管辖原则，则对于适用“海运+其他”原则覆盖范围内那些仅仅从事陆地运输的当事人而言，也将被包含在本公约适用范围内是一项比较重的负担。

妥协的结果是，只有在从货物到达装运港到离开卸货港这段期间，履行承运人任何义务的履约方才可以在公约项下被提起诉讼。[128] 这也就是为什么公约在第19条引入了“海运履约方”责任，并且根据第17条在提起违约责任请求之外又增加了一个侵权责任请求的原因。这一规定对海运履约方具有积极的意义，因为他同时也享有合同承运人在公约下所享有的利益、免责，特别是责任限额的保护。这些特权在一般侵权法下将得不到适用，也正因为如此，货物利益方会主张向履行了承运人在运输合同项下某些义务的人员提起侵权之诉。

同理，那些不能被认定为海运履约方的人也不能从这一公约条款中受益，因而这些人仍不得不依赖于任何适用于他们的相关责任机制法律。与现行法律框架下已经施行的状况相比，他们被置于一种不好也不坏的境地。

这一条款的好处也很难预计，其原因在于，条款适用的范围及其结果将根据提起诉讼的地点不同而存在很多差异。[129] 一方面，在对国外一方很难主张行使管辖的地区或者很难就涉及承运人解决合同纠纷的地区，这种直接向履行方（即非合同方）提起的诉讼，将会是非常新颖的方式，并且可能因此带来大量的有关海上货物的诉讼（但同时也会增加费用）。[130] 这甚至对管辖权会产生很大影

---

127 第1条第6款(a)项。

128 参见第1条第7款。

129 不是因为公约的适用会存在不同，而是因为目前现实状况下的含义和各自情形已经存在很多差异。

130 使双方参与到一个诉讼程序中（如果是因为第19条应用的结果）可能会简化索赔链。

响，尤其是在缺乏合同关系而向第三方提起侵权之诉是非常困难的情形下。另一方面，就目前存在不同的违约诉与侵权诉管辖方面，这个条款对于航运业而言，可以将不利因素转化为有利因素，因为针对海上货物索赔案件，可以存在两个并行的选择方式，不论是在管辖条款规定方面，还是在责任基础和适用准据法方面。

对于陆上履约方来说，情况依旧没有改变——他们不会面对根据本公约下提起的直接诉讼，但是同时也无法从公约获得赋予承运人的特权保护。

第 19 条规定的结果已经超出了第 4 章中提及的单纯的责任问题。只要公约一提及"承运人"这个字眼儿，[131]考虑到第 19 条第 1 款的规定，就应当考虑是否适用于本条款涉及的"海运履约方"。

5.4.2　第 19 条第 1 款：责任基础和抗辩事项

公约构建了履约方直接承担责任的基础，这就是"承运人以外的，履行或者承诺履行承运人在运输合同下有关货物接收、装载、操作、积载、运输、照料、卸载或者交付的任何义务的人，以该人直接或者间接在承运人的要求、监督或者控制下行事为限。"[132]它严格限制了对在货物到达船舶装货港至货物离开船舶卸货港期间履行或者承诺履行承运人任何义务的履约方的法律后果。[133] 这些海运履约方承担着和承运人一样的义务和责任，但同时他们亦得享受适用于承运人的抗辩和责任限制。依据第 18 条之规定，本条规定还包括了该履约方对其他人承担的责任。[134]

为了启动这种特别的责任基础，有一个与第 19 条适用的地理范围相关的前提条件，即该主体应当在缔约国接收或交付货物，或者应当在缔约国的某个港口实施相关活动。[135] 很明显，这里的缔约国不必与公约第 5 条第 1 款(a)项或(c)项所提到的规定一致，但是它也可以区别于第 5 条第 1 款(b)项或(d)项所列明的地点和港口，尽管实践中大多数情况下这些地点/港口往往是吻合的。

该特定赔偿责任基础的适用范围被限制于那些托运人声称的损失发生在海上运输区段的情形下。托运人应当能够证明如下任意一种情形：(1)事件发生在：(a)从货物到达装运港；并且(b)货物离开卸货港之间的这段期间。(2)事件发生在货物处于海运履约方控制之下的这段期间，该期间亦可能超出上述第一

131　第 1 条第 5 款。

132　第 1 条第 6 款(a)项。

133　第 1 条第 7 款。

134　这个规定独立于第 19 条第 3 款中确定的原则，看起来好像有些重复，即承运人的一切义务和责任，包括第 18 条中的那些规定，都适用于海运履行方。

135　第 19 条第 1 款(a)项。

个标准中提及的港口的界限范围。由于本条是专门针对海运履约方的,因此该履约方的活动内容必须充分符合第1条第7款规定的"海运"范围内。于是,作为另一项可选择措施,托运人可以证明事件发生在任何其他时间,只要履约方参与履行根据运输合同预期应完成的活动,并证明履约方符合第1条第7款中界定的海运履约方,并且随后在海运操作环节已经履行了或者承诺履行了相关活动。因此可以说,一日成为海运履约方,将永远作为海运履约方。

5.4.3 第19条第2款:合同承运人作出的特殊协议

实践中可能存在这样一种情况,即合同承运人为了取悦托运人或收货人而同意承担异于常规的责任。典型的例子就是约定较高的赔偿责任限额(公约第59条第1款)。[136] 更复杂的例子就是涉及根据公约第59条第1款的规定申报较高货物价值的效力问题,因为这是托运人通过单方面声明作出的,并且被包含在合同事项中。[137]

在合同承运人和托运人之间就这种合同利益达成一致的情况下,对未参与该磋商的海运履约方而言,适用这些较高的标准是不公平的,因为在大多数情况下他不是必然从这些约定的好处或对价中获益。

这也就是为什么第19条第1款特别强调海运履约方不受那些特殊协议的约束,除非他明确地[138]表示愿意接受此种义务或愿意受较高责任限制数额的约束。但是公约对于如何援引更高责任限额的问题规定得并不明确。是否需要与托运人达成一项协议?或者针对第19条第2款(最后一句)的效果,只要证明与承运人或者代表承运人的其他人(分合同人或者代理人)之间存在一项确认接受较高责任限额就足够?如果是后者(毫无疑问是针对此种协议的更为现实的方案),会带来举证的问题,因为对于托运人[139]而言,要举证证明在海运履约方和承运人(或分合同人)之间曾达成此种义务的约定或承担更高责任限额的约定是相当困难的。因为这是货物索赔方独享的一项利益,因此通常情况下也应当由他承担此种举证责任。证据披露制度会有一定的作用,但是在大多数法院管辖范围内只有索赔人在某种程度上知道存在该协议的事实情况下,该制度才有意义。

与第19条第2款似乎没什么关系的一项内容是当事人之间依据第63条的规定对诉讼时效进行延展的情形。很明显任何时间延展只能在涉及该项延展的当事方之间发挥效力。如果此种诉讼时效延展的约定被不适当地应用于非约定

---

136 "或者承运人和托运人约定高于本条规定的责任限制数额"。

137 "除非托运人已经申报货物的价值并包含在合同事项中"。

138 因此,仅仅知晓这些条款是不够的(如通过持有一份运输单证/合同事项的副本)。

139 而且对于收货人而言更是如此。

方，则可能出现这样的情形，即海运履约承运人受两年的诉讼时效的约束，而合同承运人则可能受被有效延展的诉讼时效的约束。

5.4.4　第 19 条第 3 款：替代责任——海运履约承运人

该条款明确规定，符合第 1 条第 7 款所界定和包含范围内的委托人（海运履约方）对其受托履行运输合同项下承运人任何义务的人员承担全部责任。此项替代责任的规定要比很多国家侵权法下确立的转承责任机制的范围宽泛，根据后者，委托人仅对履约方侵权范围内的行为或不为负责。

第 19 条第 3 款实际上也是第 18 条有关合同承运人的替代责任的重申。

5.4.5　第 19 条第 4 款：船长、船员和雇员的责任

公约试图明确无论是船长、船员还是承运人（或海运履约方）的其他雇员，依据新公约都不必承担责任。与典型的喜马拉雅条款规定的情形不同，在喜马拉雅条款之下，上述雇佣人员全部都受到与承运人一样的保护，[140]新公约则明确规定不适用于向船长、船员或雇员直接提起的索赔责任。[141] 这就意味着这些人员不再自动地受到享有与承运人同样抗辩事项的保护，至于他们是否要基于可适用的侵权法直接承担责任将取决于各国侵权法的明确规定。这种情况非常接近于《海牙—维斯比规则》议定书生效前的状态，即问题集中到承运人是否可以通过合同约定使这些人员享受承运人同样的利益，是否能够直接向这些人员提出赔偿请求。[142]

与以往的国际公约相比，新公约贯彻的一个理念就是作出明确的区分，即要么一方当事人根据公约的全部规定，要承担直接的、完全的责任（同时也可以援引抗辩事项和享受责任限制），要么不承担任何责任，当然不承担责任的情况下也不能援引抗辩事项和责任限制。[143]

5.5　第 20 条　连带赔偿责任

第 20 条　连带赔偿责任

1. 对于货物灭失、损坏或者迟延交付，承运人和一个或者数个海运履约方均负有赔偿责任的，其赔偿责任为连带责任，但仅限于本公约所

140　《海牙—维斯比规则》，第 4 条补充条款的第 2 款。

141　第 19 条第 4 款。

142　即典型的“喜马拉雅”条款。

143　第 1 条第 7 款和 19 条第 1 款。

规定的限额。

2. 在不影响第61条的情况下，上述所有人的累计赔偿责任不得超过本公约所规定的赔偿责任总限额。

UNCITRAL公约第20条规定，如果承运人和一个或者多个海运履约方对货物的损坏负责，他们在公约规定的赔偿责任限制数额范围内承担连带责任。进一步而言，第20条阐明了责任不应超过本公约所规定的赔偿责任总限额。

根据第19条规定的“海运履行方”责任内容，使得货物索赔人享受了增加索赔请求被告的利益，因此提高了索赔的概率。但是这种利益所带来的好处令人质疑，因为承运人发生破产的情况，对索赔人而言并非是经常发生的特殊风险，因为承运人的责任通常由船东保赔协会（P&I）承保。

然而考虑到P&I实行“先付条款”原则，并且考虑到这样的一个事实，即第59条第2款“集装箱条款”适用的结果将使得承运人的赔偿责任限制变得没有意义，并使得承运人针对一项巨大索赔请求数额时承担的是无任何责任限制的赔偿责任，则承运人破产的风险仍然是存在的。

新公约为货物索赔人提供了在承运人和海运履约方中选择某一方[144]作为被告的权利。似乎可以推定合同承运人一定是被告之一，[145]因此得出的结论就是合同承运人无法获得公约有关海运履约方责任体系的保护（第19条和第68条）。因此，在特定的货物索赔案件中，被货物索赔人选择的被告方中可能包括一个或多个海运履行方，而基于种种原因，被告名单中没有包括合同承运人。

事实上第20条为货物索赔人提供了额外的利益，因为新公约规定承运人和海运履约方承担连带赔偿责任，[146]这种方式使得索赔人向他们其中之一或每一个主张全部的充分的赔偿请求，然后被告方根据他们之间的内部协议或法律关系进行追偿、追索或赔偿。[147] 这种连带赔偿责任的责任限制根据UNCITRAL公约第59条和第60条的规定予以确定。[148]

逻辑上讲这种责任限制或赔偿责任的规定只能援引一次。从一方被告方所获得的赔偿，将自动地从向另一被告（其他被告方）索赔数额中扣减。在同一法院根据同一诉讼程序提出索赔的情况下，不会产生问题。但是现实并非如此。

---

144 或者“几方当事人”，视情况而定。

145 第20条第1款规定“如果承运人和一个或者多个海运履行方有责任……”

146 第20条第1款。

147 这种内部赔偿和可能进行分摊的协议不在公约适用范围内，因此公约既没有对这种赔偿作出任何实质性的规定，也没有指出允许受理货物索赔的同一法院可以对该内部分摊规定争议予以处理的任何程序上的规则。

148 第20条第1款的最终条文。

这就是公约第20条第2款规定所有责任人的累计赔偿责任不得超过公约所规定的赔偿责任总限额的原因。在一些简单的案件中,这个规定是非常清晰的,但是在一项索赔的一个或其他方面受到特定事实或特殊协议影响的案件中,却是相当复杂的问题。例如,在合同承运人同意并约定较高责任限制数额的案件中,或被告一方或多方根据第61条丧失责任限制的案件,[149]或者索赔人在不同管辖法院提出不同索赔请求并且为了保全其索赔请求的目的,已经扣押或滞留一些财产(如船舶)的案件中。因此对这种案件的全面处理必须非常小心谨慎,以遵循第20条第2款的原则。

5.6 第21条 迟延

第21条 迟 延

未在约定时间内在运输合同约定的目的地交付货物,为迟延交付。

第四章构建的责任体系就是规定承运人(以及为了上述目的情况下还包括海运履约方[150])对于货物在目的地迟延交付货物造成损失的责任。[151]

本条规定不涉及在接受货物代运过程中、在提供运输单证,或者履行承运人任何其他期待义务中可能发生的迟延责任问题。公约将本条严格限定为因未在约定时间约定地点交付货物所造成的损失(经济损失)。[152]

如果对交付货物时间已达成协议,那么承运人将要承担未在约定时间交货造成的(经济)损失。[153] 公约留给当事方自行决定,如何根据合同规定对交付货物的时间约定予以解释。[154] 而更加明显的现实就是在海上运输中当事方明确约定货物交付时间的情形相当少见,因此在如何理解约定的交付时间的问题上也就变得非常容易。而在对时间的约定,仅能从公开发布的船期表、共同声明、航运及贸易习惯、竞争对手的实践情况,或是特定交易的平均运送时间等因素中体现时,对本条的解释将变得非常困难。在这种情况下,对于时间是如何约定的问

---

149 这就是为什么第20条第2款中要提到第61条的原因。

150 第19条。

151 《海牙规则》是否包含因为迟延造成的货物损失并不明确。在大多数国家,因迟延造成损坏的赔偿问题是由该国的国内法调整。参见Von Ziegler, Schadenersatz,第92-95页。《汉堡规则》第5条第2款规定了此种迟延交付货物的责任问题,并提及“对一个勤勉的承运人所要求的合理时间范围内”。参见Von Ziegler,Schadenersatz,第95-96页。

152 第11条和第43条。

153 第17条和第21条。

154 第21条。

题应当根据所适用的某个国家的合同法的原则规定予以确定。

为了作出判定,还应当考虑当事方有关时间、小时、日期、星期或者月份具体是如何特别约定的。根据当事方特别约定的程度不同,将或多或少决定了计算的工作以及因此种迟延造成的经济损失的证明责任是更加困难还是更加容易。

就实际交付货物后发出通知的时间(根据第23条第4款)以及诉讼时效(根据第62条第2款)而言,关于交付时间是否存在明确的协议就显得无关紧要。[155]

在有关承运人对货物灭失或损坏的责任之外,公约还在多处提及迟延交付的责任问题。公约规定的每一项原则以及涉及的焦点问题都适用于迟延交付的案件:多数情况下通过证据证明存在根据第21条规定的约定交付时间,并且举证证明货物事实上没有在约定时间交付的,就足以初步证明存在迟延交付。[156]然后由承运人负责解释发生迟延的原因。[157] 然而在很多情况下,在承运人责任范围内的物流链而言的时间内可能包括导致迟延的很多元素,其中一些承运人可以借以寻求保护,而有些却不能。此外,公约对适航的概念增加了一项新的诠释,因为对船舶"适于预定航次"的标准要求可能包括船舶的速度能力应当能够满足合同中对时间方面的要求。[158]

承运人应对其雇佣的履行运输合同的第三方的行为或者疏忽负责。[159] 这本身不是一个大问题,但在运输链中涉及的众多人员、企业及参与方之间的相互关系将使得运输责任的分摊变得更加复杂和困难。更多的情况是,承运人试图依靠第17条第6款确定的瓦里斯库拉规则中有关赔偿责任分配的内容减少其承担的责任。然而,在迟延交付的情况下,迟延造成的损失通常并不是涉及运输链的各方共同作用的结果,而是各方都可能存在不同程度的迟延,[160]并共同导致了运输的某个特定阶段的时间损失。

更为复杂的情况是,在迟延交付的案件中,货物索赔方涉及"海运履约方"的

155 一个有趣的(但更可能是假设的)案件可能会出现,即货物已经抵达但是两年内仍未交付。从约定的交付货物时间的角度,根据第62条第2款的规定,2年的诉讼时效适用于基于货物灭失的索赔请求或迟延交付货物的索赔请求。例如,当货物被保存在船舶计划航线上的某个地点,虽然货物没有灭失但是存在严重迟延的,也符合该案件确定的情形。

156 第17条第1款。

157 第17条第2款和第3款。

158 第14条和第17条第5款(a)项。

159 第18条。

160 这将成为一个实际上不可能实施的证明。

情形。该索赔方应当举证造成迟延的事件发生在"海运履约方"负责的阶段。[161]

迟延和货物灭失常常是相互作用的,因为对于一个特定的收货人而言,货物在某个特定时间之后交付的,将使得一些货物丧失其全部价值。尽管货物依然"存在",有时是在船舶"计划航线的路途中",还没有在目的地交付货物,但是对于收货人而言就如同已经发生了灭失一样。从经济的角度来看,上述情形可能没有区别。《汉堡规则》已经包含这样一个"假设"的情形,即"如果货物在规定的交付期满后的60个连续日内还没有交付,则有权提出货物灭失索赔的人可以视为该货物已经灭失"。[162]

但是这样"假设"的规定并没有被引入新公约,而是留给当事方在考虑如下因素的情况下,确定迟延是否构成"迟延",即是否已经确知货物存在和货物身处何处,以及承运人是否有效地(直接和间接)掌控货物。

该差异非常重要,因为适用的赔偿计算规则和责任限额是截然不同的:对灭失或损坏的赔偿是根据"完好货物的市场价格"来确定,但对于迟延交付而言并不存在同样的标准。那么迟延交付的赔偿范围如何确定?虽然因迟延造成的损失主要是考虑其经济损失是显而易见的事情,但是公约条文本身并没有清楚地表明在计算迟延交付经济损失中,在多大范围内考虑近因原则以及如何考虑损失的可预测性问题。有时索赔的经济损失可以是该迟延交付货物价值的数倍。[163]

这就是第60条明确对于第22条所规定的物理性灭失或损坏的赔偿限额同样适用于由迟延引起的经济损失的原因。另外,承运人还可享有将赔偿责任限定为延迟货物应付运费的2.5倍。[164] 承运人对这一限制权利的丧失条件,与货物发生物理性灭失或损坏情形下的条件一样,即承运人实施了特定行为。[165] 然而,与物理性损失相比较,迟延造成物理性损失的责任限制不适用于2.5倍运费,而是根据第60条提及的第20条规定的内容确定,仍然适用于"完好货物的市场价格"计算的赔偿责任限额。这将导致令人不满的情况发生,即承运人处于有利的地位以决定将货物损毁而不是将货物迟延交付给收货人,对于后者,根据第61条第2款的规定,承运人应当承担责任。

161　第19条第1款。

162　《汉堡规则》第5条第3款;参见 von Ziegler, Schadenersat,第96页。

163　例如,一个送往贸易展览或者交付一个重要的设计样品,由于到达太晚造成的商业影响,导致交易的错失,并因此造成货方利益的巨大损失。

164　第60条。

165　第62条第2款。作为承运人(更为常见的是船长)在操作不同货物的优先顺序时经常会从商业角度作出决定,很可能对于一些迟延情形而言,承运人完全知晓其作出决定的结果会导致迟延结果发生。

根据第21条所确定的经济价值很可能被证明非常之高,因为如果没有这样一个迟延交付赔偿责任规则的话,国际买卖合同的当事方将根据其在买卖合同中约定的运输前或运输后交付货物的情形不同,而不得不自己承担迟延的风险(属于买卖法的范畴)。[166] 由于传统的海上保单仅承保根据市场价值计算的货物物理性灭失和损坏风险,并不承保迟延产生的纯经济损失,因此买卖合同当事方无法将迟延风险转嫁给海上货物保险人。在新公约的规定下,至少在某种程度上,存在了此种赔偿的可能性。[167] 但这也仅限于货物索赔人能够举证证明运输合同中存在有关在目的地交付货物时间约定的情形。

5.7　第22条　赔偿额的计算

第22条　赔偿额的计算

1. 除须遵循第59条的规定外,承运人对货物灭失或者损坏应支付的赔偿额,参照货物在根据第43条确定的交货地和交货时间的价值计算。

2. 货物价值根据商品交易价格确定,无此种价格的,根据其市场价格确定,既无商品交易价格又无市场价格的,参照交货地同种类和同品质货物的通常价值确定。

3. 货物发生灭失或者损坏的,承运人对超出本条第1款和第2款所规定的赔偿额不负任何赔偿责任,除非承运人与托运人在第十六章* 的限度内约定了赔偿额的不同计算方法。

5.7.1　第22条第1款:到达目的地完好市场价值

UNCITRAL公约第22条规定了如何计算承运人造成货物灭失或损坏的赔偿计算数额问题。赔偿计算采取了已经确立的并称之为"完好货物的市场价格"的原则。尽管这一原则是在1968年以前确立的,但是该原则是在对《海牙规则》的"维斯比"修订案中[168]被正式引入,并且新公约也确认这一重要规则作为计算赔偿数额的方式。[169]

这种赔偿额的计算方式被限定适用于货物灭失或损坏的情形。对于第21

166　FOB/CIF(运输前), DDU/DDP(运输后)(2000年国际贸易术语解释通则)。

167　然而,这种赔偿可能会很低,因为承运人将自己对迟延的责任限制到运费的2.5倍(第60条)。

*　英文原文为第15章,译者认为是笔误,实际应当为第16章。——译者注

168　《海牙—维斯比规则》第4条第5款(b)项。参见von Ziegler, Schadenersatz,第106-107页。

169　1978年的《汉堡规则》对此保持沉默。

条所规定的迟延，并不适用。[170]

原则上，赔偿额根据货物（完整并处于良好状态下）到达目的地时的价值确定。因为新公约对目的地交货进行了非常细致的规定，[171]因此第22条第1款的内容还需要参考第43条。[172] 但是公约条文对于如何参考，规定得并不是非常清楚，似乎在理解第22条时应当参考第43条有关交付时“约定的时间和地点”的界定，在涉及货物索赔中，应用“完好货物的市场价格”原则时需要考虑这些因素。

根据该原则确定的赔偿数额并不是基于违约行为必然索赔的数额。货物利益方应当证明他们的确遭受了如此数额的实际灭失或损坏。[173]

5.7.2　第22条第2款：计算

作为第22条第1款提及的计算“完好货物的市场价格”赔偿金额的标准是商品交易价格，如果没有此种价格，根据其市场价格确定。如果没有市场价格的，参照交货地同种类和同品质货物的通常价值确定。这是对海运实践以及《海牙—维斯比规则》第4条第5款（b）项确定的法律框架的体现。[174]

5.7.3　第22条第3款：限制赔偿责任的价值

第22条第3款进一步明确仅在承运人和托运人约定了不同方式的赔偿计算数额的情况下，承运人对超出该条第1款和第2款规定的数额负有赔偿责任。

这种体现一定范围的合同自由，要受第15章关于合同自由基本原则的限制，以及UNCITRAL公约大部分内容所体现的强制性的限制。

第22条第3款明确了哪些情形不适用于《海牙—维斯比规则》第4条第5款（b）项所确定的统一计算方式[175]——即由于货物利益方未主张比第22条计算的数额更高的赔偿额的情况下，应当根据第22条第1款和第2款的规定计算赔偿数额及责任限制数额。第22条仅适用于发生货物（物理上）灭失或损坏的情形；因此额外约定的赔偿限额仅适用于那些物理性损坏的情形，而不适用于因迟

170　参见对第21条的论述。

171　第八章：货物交付；参见第八章的论述（译者认为属于笔误，应当为第九章）。

172　第43条：接受交货的义务。

173　这常常不是一个数额的问题而是诉权问题。遗憾的是，诉权问题在公约草案讨论的后期阶段被联合国国际贸易法律委员会第三工作小组从工作范围中删除。参见联合国国际贸易法律委员会第三工作组的第18次会议报告，UN Doc. A/CN. 9/616 (6-17 Nov. 2006)，第114-118段。

174　参见 von Ziegler, Schadenersatz，第97-107页。

175　同上，第118-111页。

延而导致的经济损失的情形。[176]

5.8 第23条 发生灭失、损坏或者迟延时的通知

第23条 发生灭失、损坏或者迟延时的通知

1. 除非已在交货前或者交货时,或者在灭失或者损坏不明显的情况下,在交货后交货地的七个工作日内向承运人或者向实际交付货物的履约方提交了表明此种灭失或者损坏一般性质的货物灭失或者损坏通知,否则,在无相反证据的情况下,推定承运人已按照合同事项中有关货物的记载交付了货物。

2. 未向承运人或者履约方提交本条述及的通知,不得影响根据本公约对货物灭失或者损坏索赔的权利,也不得影响第17条所规定的举证责任分担。

3. 被交付货物的人与承运人或者与当时被要求承担赔偿责任的海运履约方对货物进行了联合检验的,无须就联合检验所查明的灭失或者损坏提交本条述及的通知。

4. 除非在交货后二十一个连续日内向承运人提交了迟延造成损失的通知,否则无须就迟延支付任何赔偿金。

5. 向实际交付货物的履约方提交本条述及的通知,与向承运人提交该通知具有同等效力;向承运人提交通知,与向海运履约方提交通知具有同等效力。

6. 对于任何实际发生的或者预想发生的灭失或者损坏,争议各方当事人应当为检验和清点货物相互提供一切合理便利,且应当为查询有关货物运输的记录和单证提供机会。

5.8.1 第23条第1款:发生损坏或灭失时的通知

运输法中的一项基本原则就是收货人应当确认收到货物的数量与状况。无论是基于国内法或基于国际公约,运输法都规定收货人有义务立即检查货物数量与状况,并在短时间内尽快通知承运人货物不符的情况。然而,根据适用法律及规定的不同,对发出此种通知的时间限制以及货物利益方未能及时发出通知的后果可能差别很大。在一些案件中,没能及时发送通知的后果对主张索赔权利本身是致命的;在其他一些案件中,会对货物索赔人证明灭失或损坏的方式上

176 对于延迟交付的情形,参见第21条关于延迟的论述。

存在一些有限的不利因素。

根据海上运输法，收货人未尽通知义务通常被认为是限制了该通知的证据效力，即货物索赔方在发出此种通知后，仍然有义务举证证明货物灭失、损坏或迟延发生在承运人掌管货物期间（初步证据规则）。[177]

公约第23条也遵循了这一惯例。因而与调整其他运输方式的国际公约相比，更偏向保护托运人的利益。[178]

第23条第1款规定除非在公约规定的较短期限内发出相反的通知，否则推定承运人已经按记载的合同事项交付足额数量并且内容无误的货物。有关货物存在差异（损坏或灭失）的通知"接近于"货物的"初步证据"举证——因为该通知证明了在通知发出时货物处于损坏或灭失状态。[179] 日期离实际交货日期越近，通知的证据效力则越强。

另外，未在规定期限内发出通知不会在很大程度上影响货物索赔人的地位，因为他们有义务证明货物灭失、损坏发生在承运人掌管货物期间。然而，显而易见的是发出通知的时间与实际交货时间间隔越长，货物索赔人的处境越不利，因为货损发生在实际交货后的可能性大大增加，因此货物索赔人就失去了向承运人主张权利的基础。

赋予收货人发出通知的时间是，如果收到货物时损坏或灭失明显的，应当立即发出通知；若货物损坏或灭失不明显的，应当在交货后七个工作日内发出通知。[180] 工作日依照交货地当地日历习惯确定。假如存在周六和周日两天周末时间，则通知时间包含实际交货日后的九个日历日。[181]

该通知应当包括此种灭失或损坏的一般属性。依据新公约确立的货损通知制度，通知越不明确，其在起诉时证据效力越弱。

5.8.2　第23条第2款：未及时发出通知

第23条第2款的规定比较有利于货物索赔人，明确规定未能及时发出索赔通知的并不影响索赔人的法律权利。未发出通知的行为只会削弱索赔人根据第17条第1款举证的效力。未发出通知的时间越长，受到的相关影响越大。然

177　参见 von Ziegler，Schadenersatz，第81-83页。

178　1999年蒙特利尔航空运输公约第31条第4款。

179　这表明货物灭失或损坏的事件发生在发出通知之前并且是在责任期间内，除非能够举证证明损坏在装运前已经存在（该事实可以通过一份清洁的运输单证予以反驳）。

180　这符合 CMR 第30条第1款的规定。1999年蒙特利尔航空运输公约第31条第2款仅仅提及14天，但是没有明确是工作日。

181　货物灭失或损坏不明显的通知时间，相比于《海牙—维斯比规则》规定的3天通知时间要多出4天；第23条第1款规定的时间可能会比较长，因为该时间仅计算工作日。

而,只要没有其他的可替代的证据支持货物索赔人的,该通知仍然可以作为表面证据使用。

对习惯于《海牙—维斯比规则》体系的海运货物律师而言,可能会认为第23条第2款的规定没有必要,但是既然新公约确立了"门到门"制度,则第23条第2款澄清上述内容的规定还是应当受到欢迎的。[182]

5.8.3 第23条第3款:联合检验

为与《海牙—维斯比规则》第3条第6款的规定[183]保持一致,公约第23条第3款规定在对货物灭失及损坏进行联合检查的情况下,无须提交第23条第1款规定的通知。此种检验应当是收货人与承运人"共同"进行。而且仅在双方之间适用。这就导致一种情况的发生,即索赔随后向海运履约方提出,而海运履约方并未参与联合检验,则该检验不适用于第23条第3款规定。然而,很明显的是,联合检验所确定的所有事实——因为是事实问题而非法律问题,因此对于未参与检验的一方而言,事后很难将其推翻。

5.8.4 第23条第4款:迟延交付的通知

在发生货物灭失或损坏(第23条第1款和第2款)时,新公约有关发出通知以及未发出此种通知的法律后果的规定方面,对货方而言是比较有利的,但是这些规定并不适用于迟延交付的情形。在交货后21个连续日(公约未表明工作日)内,收货人应当向承运人提交迟延交货通知,否则将丧失索赔权。通知时间自迟延货物实际交付之日计算,并且在多数情况下,21天的期限对于收货人确认迟延并向承运人发出迟延存在的通知是比较宽裕的。货方所要做的事情就是向承运人发出货物迟延的通知[184]及迟延造成损失的事实。然而,该通知无须具体告知迟延造成损失的性质或程度。

5.8.5 第23条第5款:通知送达方

鉴于公约引入了"履约承运人"(主要是承运人与海运履约承运人之间承担连带责任的情形[185])这一概念,第23条第5款规定通知可以向任何履约方[186]或者合同承运人发出,而且无须考虑收货人发出通知的对象是谁,都具有向其他责任

---

182 与CMR第30第1款规定的通知时间一致的事实,非常有助于门到门运输单证的应用。

183 参见von Ziegler, Schadenersatz,第83-84页。

184 该通知证明存在违反合同约定交付时间的迟延事实。

185 第19条。

186 第1条第6款(a)项。

主体发出通知的同等效力。很显然,向承运人发出的通知具有向海运履约方(第19条)发出通知的同等效力,但是尚不是很清楚的是,向陆运履约方(公约第1条第6款(a)项和(b)项)发出的通知是否具有向海运履约方同等的效力。就涉及的货物灭失或损坏而言,实际诉讼后果并无较大差距。但是就货物迟延交付而言,货物利益方在第23条第4款规定的时间内向陆运履约方提交的通知,仅在向合同承运人索赔迟延交付损坏赔偿时有效,但是很可能不能适用于针对海运履约方的索赔,因为海运履约方不是第23条第4款规定的索赔通知的接收方。

5.8.6　第23条第6款:便利取证的义务

像《海牙—维斯比规则》第3条第6款(第5段)与《汉堡规则》第19条第4款一样,新公约规定各方当事人应为检验和清点货物相互提供便利。[187] 另外,当事人应为查询有关货物运输的记录和单证相互提供机会。后一义务要求一方当事人有向另一方披露书面材料的义务,诸如涉及温度的图表、装载计划、航海日志、向主管当局提交的报告、检验报告等。

第23条第6款规定的义务是否超出当地程序法有关披露证据的规定要求,根据"法院地法原则"确定。另外,一方当事人履行第23条第6款规定的义务将产生何种法律后果,公约本身并未明确。

(许馨、王丹华、郭萍翻译)

187　参见 von Ziegler, Schadenersatz,第84页。

第六章　有关特定运输阶段的补充条款

犹夫·林德·赖斯姆森(Uffe Lind Rasmussen)*

6.1　概述

鉴于第四章规定了承运人责任的一般规则,广泛适用于《鹿特丹规则》调整的运输合同的所有区段,第五章规定了特定运输区段的三个条款作为第四章的补充。第24条关于绕航的规定以及第25条关于舱面货的规定只适用于海运区段,第26条基于网状责任确定的有关海上运输之前和之后的运输的规定则只适用于非海运区段。

6.2　第24条　绕航

第24条　绕　航

如果绕航根据适用的法律构成违反承运人义务的,承运人或者海运履约方不得因此被剥夺本公约为其提供的任何抗辩或者赔偿责任限制,但第61条规定的情形除外。

6.2.1　一般规定

由于船舶绕航会使得运输的货物可能会遭遇更多的风险,而且根据一些国家的国内法或判例法,地理上或者其他方面的不合理绕航可能会产生部分甚至全部变更合同的深远影响。因此承运人可能会因此丧失运输合同约定的抗辩和责任限制的权利以及法定的抗辩和责任限制的权利。此外,在绕航情形下,可能并不需要证明损失是由绕航引起的。第24条旨在确保无论根据国内法律或实践(如果有该法律或实践)关于绕航适用何种原则,承运人都受到《鹿特丹规则》

* 法学硕士,法学博士,丹麦哥本哈根船东协会法律部部长。联合国国际贸易法律委员会第三工作组丹麦代表团成员。

下的抗辩和责任限制权利的保护。[1]

6.2.2 《海牙规则》、《海牙—维斯比规则》和《汉堡规则》有关绕航的规定

与《鹿特丹规则》第 24 条的规定相比较,《海牙规则》与《海牙—维斯比规则》第 4 条第 4 款有关绕航的规定有所不同,规定任何为救助或企图救助海上人命或财产而发生的绕航,或任何合理绕航都不认为是违反公约规定或运输合同的情形,并且承运人对由此造成的任何灭失或损坏不负赔偿责任。《海牙规则》和《海牙—维斯比规则》第 4 条第 4 款的用语似乎隐含着这样的意思,一个非为该条所特许的绕航可能会构成违反《海牙规则》和《海牙—维斯比规则》或运输合同规定的情形。然而《海牙规则》和《海牙—维斯比规则》第 4 条第 4 款未对违反该条规定可能产生的法律后果作出规定。这样规定的用意可能在于现有的国内法中关于绕航的规定可以继续适用,尤其是那些有关不合理绕航可能使承运人丧失抗辩权及责任限制的国内法规定。[2,3]《汉堡规则》没有关于绕航的规定,尽管《汉堡规则》规定了为救助海上人命采取的措施或者为救助海上财产而采取的合理措施所导致的灭失、损坏或迟延交付,承运人不负赔偿责任。[4] 一般认为在《汉堡规则》下绕航原则不起作用,[5]但关于因果关系和责任承担的一般规定仍然约束承运人的行为。[6] 然而也不能说《汉堡规则》下绕航的法律地位已完全明确。遗憾的是,无论是《海牙规则》、《海牙—维斯比规则》还是《汉堡规则》都没能在公约中明确规定绕航的法律后果。公约都将所有这些内容留给各

1　参见联合国文件 A/CN. 9/WG III/WP. 21(以下简称“WP. 21”)《运输法公约草案》第 103 段,第 6 条第 5 款关于绕航附加规定的评论。根据《国际海事委员会框架文本草案》第 5 条第 5 款有关绕航的评论,认为关于绕航的规定并不剥夺承运人享有责任限制的权利,不同于框架文本中规定的绕航即丧失责任限制保护的观点。载《2000 年国际海事委员会年刊》2000 年 11 月,第 136 页。

2　参见 N. Gaskell,R. Asariotis,Y. Baatz 编著:《提单:法律与合同》,伦敦劳埃德出版社 2000 年版,第 193、195 页(以下简称“Gaskell”),书中提到“不能明确地认定并得出可能的一种解释认为《海牙规则》保留了绕航条款,这只不过是英国法律的规定而已。”

3　然而,可以这样理解《海牙规则》和《海牙—维斯比规则》,即承运人仍保有援引第 3 条第 6 款规定的一年时效的权利,以及第 5 条第 5 款规定的责任限制的权利。因为在这两条中都使用“在任何情形下”的表述,参见 F. Stevens:“单位责任限制”一文,载 M. L. Hendrikse,N. H. Margetson,N. J. Margetson:《以海商法为视角看提单下的货物索赔》一书,克卢沃国际出版社(Kluwer Law International)2008 年版,第 274 页与 Gaskell(参见注释 2)第 198 页的对比。

4　第 5 条第 6 款。

5　Gaskell(参见注释 2),第 199 页;H. Honka:“新海上货物运输——以北欧为路径”,载 H. Honka:《新海上货物运输:以与其他规定进行比较的北欧路径》一书,埃博学术大学出版社(Åbo Åkademi University)1997 年版,第 103 页(以下简称“Honka”);以及 J. F. Wilson:《海上货物运输》(第 6 版),皮尔森/朗文(Pearson/Longman)出版社 2008 年版,第 218 页。

6　《汉堡规则》第 5 条。

国的国内法处理，[7]而在《鹿特丹规则》第24条中，绕航的法律地位有了十分明确的规定。

6.2.3 《鹿特丹规则》关于绕航的规定

最初公约第24条草案中的(a)款有一个与《海牙规则》和《海牙—维斯比规则》第4条第4款类似的规定。然而后来这一款被删除了，而草案中的(b)款则被保留并形成了现在第24条仅有的一个条款，[8]经修订后该条明确规定[9]绕航并不使承运人或海运履约方丧失《鹿特丹规则》中规定的任何抗辩权或责任限制的权利，[10]除非构成第61条规定的导致责任限制权利丧失的情形。第24条规定的"任何抗辩"一词包括第17条规定的为了救助或企图救助海上人命所采取的措施或为了救助或企图救助海上财产所采取的合理措施下所享有的免责事项。[11] 此外，根据第17条规定必须在绕航和灭失、损坏或迟延之间存在因果关系时，承运人才承担任何绕航引起的赔偿责任。

修订前的(b)款规定："若根据国内法，绕航本身构成承运人违反义务的事由，那么这种违反只有与本公约的规定一致时国内法才能适用。"[12]而修改后的条文采用了"本公约的抗辩或责任限制"的用语，从而使得绕航的法律后果更加

7 Honka(参见注释5)第107页。

8 WP.21(参见注释1)第6条第5款(a)项。"承运人对于救助或企图救助海上人命或财产引起的绕航，以及任何其他合理的绕航造成的货物灭失、损坏或迟延交付不承担赔偿责任。"

9 参见联合国文件A/CN.9/WG III/WP.32(以下简称"WP.32")第23条第2款以及第112段关于修改文字建议的注释。这个建议在之后的草案的脚注以及联合国文件A/CN.9/WG III/WP.81(以下简称"WP.81")的第24条中又被再次提及，并且在第三工作组第19次会议的联合国文件A/CN.9/621中第119段被采纳。

10 联合国国际贸易法律委员会第三工作组(运输法)(以下简称"第三工作组")最后修订的草案中包含两个自然段涉及绕航问题并规定在第25条，即方案A是联合国文件A/CN.9/WG III/WP.56(以下简称"WP.56")。方案B是基于美国提出的建议案，体现在联合国文件A/CN.9/WG III/WP.34中第38段。这个建议除一些修改之外大致和方案A相同，但附加了根据公约或国内法的规定绕航构成承运人违反义务的情形只适用于远洋船舶偏离航线的不合理绕航。方案B在第三工作组的第13次会议上得以考虑，参见联合国文件A/CN.9/552第101段和第102段加以评析，并被包括在联合国文件A/CN.9/WG III/WP.39的第12段中，联合国文件A/CN.9/WG III/WP.39包括了重新修订的部分公约内容。然而第三工作组删除了方案A和方案B，取而代之的是关于绕航的一个修订条款——几乎与第24条内容完全一致——被加入公约中，并且作为唯一的一条。参见第三工作组第19次会议，联合国文件A/CN.9/621的第118-119段，以及WP.81(参见注释9)第24条和注释79。如果方案B被采纳，则在很大程度上减少了适用国内法中有关绕航规定的条文或惯例的可能性。

11 第17条第3款第(l)、(m)项。

12 WP.21(参见注释1)第6.5条第2款。

明确。[13] 然而，这并不表明工作组打算对此做出实质修改，同时只有在国内法中将绕航作为违反承运人义务的情形，并且在与《鹿特丹规则》规定一致的范围内，才可以对“抗辩或责任限制”一词进行理解和适用。

6.2.4　国内法关于绕航的规定

第24条并未排除各国国内法对绕航的规定。根据第24条规定，只要在其规定范围内，公约的成员国可以适用或援引该国内法有关绕航及其法律后果的规定。所以国内法可以规定不合理绕航构成违约，并且赋予托运人决定该违约行为是否达到解除运输合同的情形。[14] 但是，如果按照国内法托运人有权选择解除合同并且向承运人提出违约损坏赔偿时，则无论如何承运人都有权援引《鹿特丹规则》规定的抗辩和责任限制的权利（第61条规定的情形除外）。[15]

如果一国国内法认为舱面货运输和迟延构成绕航的，则此种绕航也同样适用包括第25条在内的《鹿特丹规则》。如果舱面货运输是根据第25条规定进行的，则不得依国内法认定为绕航。

6.3　第25条　船舶上的舱面货

第25条　船舶上的舱面货

1. 在船舶舱面上载运货物，只能限于下列情形：

(a)根据法律的要求进行此种运输；

(b)货物载于适合舱面运输的集装箱或车辆之内或之上，而舱面专门适于载运此类集装箱或车辆；或者

(c)舱面运输符合运输合同或相关行业的习惯、惯例或做法。

2. 本公约有关承运人赔偿责任的规定，适用于根据本条第1款在舱面上载运的货物的灭失、损坏或迟延交付，但根据本条第1款(a)项或(c)项载运货物的，对于舱面载运货物涉及的特殊风险所造成的灭失、损坏或迟延交付，承运人不负赔偿责任。

3. 在舱面上载运货物，不是本条第1款所准许的情形的，对于完全由于舱面载运货物所造成的灭失、损坏或迟延交付，承运人负赔偿责

13　参见 T. Nikaki：“准绕航原则”，载《海商法及商法期刊》(Journal of Mairitme Law and Commerce) 2004年第35期，第51页。

14　关于英国法中的不合理绕航的后果，参见 S. Gievin：《海上货物运输》，牛津大学出版社2007年版，第316页。

15　特别是第17条和第59-61条。

任,且无权享有第17条规定的抗辩。

4. 第三方已善意取得可转让运输单证或可转让电子运输记录的,承运人无权对其援用本条第1款第(c)项的规定,除非合同事项载明可以在舱面上载运货物。

5. 承运人与托运人明确约定货物将载于舱内的,如果货物载于舱面造成任何灭失、损坏或迟延交付,对于此种灭失、损坏或迟延交付,承运人无权享有限制赔偿责任的利益。

6.3.1 概述

第1条第24项规定的"货物"是指"承运人根据运输合同承运的任何种类的制品、商品和物件"。包括不是由承运人或不是以承运人名义提供的包装以及任何设备和集装箱。[16] 与《海牙—维斯比规则》相反,《鹿特丹规则》[17]没有排除[18]活动物和舱面货的责任,如果运输合同中注明货装舱面并且如此运输。《鹿特丹规则》与《汉堡规则》都对舱面货运输作出特别规定,[19]解决如下问题:例如,货物被置于舱面运输产生的问题;承运人对此产生的货物灭失等的责任及责任限制的问题;如果该货物在舱面上运输,但是单证上未载明货物被置于或可能被置于舱面上运输,第三方主张可转让的运输单证的法律地位问题。《鹿特丹规则》在此方面的规定与《汉堡规则》十分相似,但是在允许将货物置于舱面运输的不同情形下,以及由于舱面运输而导致的货物灭失和损坏的承运人赔偿责任方面,《鹿特丹规则》的规定则更为详细。[20]

6.3.2 舱面货运输中承运人的权利

第25条是对货物必须装于舱内这一主要规则的例外规定。与舱内货运输不同,因为舱面运输必将使货物面临特殊风险,尤其是容易受天气风险的影响。此外,承运人行使运输舱面货的权利仍要遵循承运人管货义务的一般性规定。[21]

在下列情形下货物可以装于舱面:

---

16 货物的定义不包括用于载运货物的公路与铁路车辆。参见联合国国际贸易法律委员会(以下简称"委员会")第41次会议的决定,联合国文件A/63/17,第90段。

17 《汉堡规则》第1条第5款。

18 《海牙—维斯比规则》第1条第3款。

19 《汉堡规则》第9条。

20 关于允许排除或者限制承运人和海运履约方对于活动物的义务和责任的特殊规定见第81条。

21 第13条第1款。

(a)法律允许的运输。[22] 这里的法律主要指公法,如行政法规中要求某些危险物应当置于舱面运输。这里所指公法通常是指船旗国法律,但也可能是其他国家的公法。

(b)如果将货物装载于适合舱面运输的集装箱之内或之上,或者公路车辆或铁路车辆之内或之上,[23]而且舱面适于运输这些集装箱或车辆[24]。如果一艘船舶在建造时没有甲板或者货舱舱盖而只有舱口围板,那么不论是第25条还是起草工作都没有明确规定装运的货物是否可以全部或部分装载于舱面还是舱内。在这种情况下船舶的舱底也不能被认为是甲板。例如在运输危险货物的情况下,看起来这种解释也不是很合适。

在运输集装箱和车辆时,承运人需要灵活选择将这类货物装载在特别适合于此种运输的舱面或者是置于舱内。[25] 为了使承运人能够有效地灵活选择,第25条第2款第一部分对适于舱面运输的集装箱或车辆规定了与舱内运输相同的责任规定。而《汉堡规则》却没有这样相应的规定。

(c)根据运输合同或行业习惯、贸易惯例或做法运输此类货物运输。[26]

在公约起草过程中,除了根据合同规定、惯例等允许将货物在舱面运输的规定以外,[27]是否有必要对集装箱(后来扩大到车辆)进行特别规定产生了疑问。显然,多数情况下人们第一反应就是集装箱和车辆应当归于上述(b)项

---

22 第25条第1款(a)项。"法律所要求的"的表述为WP.81(参见注释9)第25条所使用,后更改为WP.21(参见注释1)第6.6.1条的"可适用的法律、行政法规和规章"。WP.21中这个表述的含义很可能比《汉堡规则》第9条第1款中的"法律法规及规章"更加复杂。"法律所要求的"看上去似乎很简短,但与WP.21相比并没有实质上的变化,参见WP.81注释80。

23 第25条第1款第2项。"集装箱"和"车辆"是明确的概念,参见WP.21(参见注释1)第1条第26项、第27项,以及之后由第三工作组修改的草案文本,后者仅涉及装载在舱面的集装箱之内或之上。然而,根据荷兰的提议,参见联合国文件A/CN.9/WG.III/WP.102(以下简称"WP.102")以及第三工作组第21次会议报告所提及的建议,参见联合国文件A/CN.9/645,第75段,第三工作在第21次会议上决定在第25条第1款第2项中增加公路货运车辆和铁路货运车辆,参见联合国文件A/CN.9/645,第82段。

24 甲板必须"特别适于"运输集装箱或车辆。这意味着甲板必须配备集装箱紧固件/系缆环板或者其他可以使集装箱锁紧的装备以及用于固定车辆的链条。使用"特别适于"这个标准的提议是在国际海事委员会的讨论中提出的(国际海事委员会国际分委员会编著,2000年CMI年报,第275页)。

25 参见《国际海事委员会在框架文本草案》第5条第6款有关舱面货的评论,载《2000年CMI年报》2000年11月版,第136-137页。参见WP.102注释4(参见注释23)。

26 第25条第1款第(c)项,参见(d)项下的评论。

27 第三工作组第13次会议,联合国文件A/CN.9/552,第104段。

和(c)项中。[28] 然而有人建议认为,(b)项、(c)项规定的两种情形有必要"能够反映可能会引起不同法律后果的不同行业惯例"。[29] 不同的法律后果体现在第25条第2款第二部分。[30] 该条款规定了承运人对由于舱面货运输的特殊风险所引起的损坏等免责,如果这类货物运输是根据(a)项和(c)项的规进行。但是这种特殊风险的免责规定对依照(b)项装运的集装箱不适用。有观点提出,[31]当集装箱和车辆载于适合此类运输的舱面上时,它们只能被归入(b)项规定的范围。如果这种理解成立的话,实践中所有装载于全集装箱船舶甲板上的集装箱属于(c)项规定的情形,并且因此可以享有特殊风险免责条款保护而这些免责事由本无意于适用装载于全集装箱船甲板上的集装箱。

6.3.3 承运人对舱面货的责任

《鹿特丹规则》关于承运人责任的一般规定适用于按照第25条第1款装载在舱面的货物灭失、损坏或迟延交付。[32] 但是,根据第25条第1款(a)项或者(c)项的规定,对货物置于舱面运输的特殊风险造成的损失等承运人不承担赔偿责任。此种特殊风险的免责事由可以根据第17条第3款列明的免责事由予以确定。[33] 因此,承运人应当举证证明此种特殊风险存在,并且当此种特殊风险造成货物损坏时,如果索赔人证明是由于承运人的过失造成或导致货物的灭失、损坏或迟延,则承运人对此负全部或部分责任。[34]

公约没有对"特殊风险"的概念作出规定。除了恶劣天气造成的风险外,草

---

28 强调这样的理解是由于第三工作组在较为早期的草案中,关于第25条第1款第3项的导引词被删除的事实,在该草案中第(c)项的情形被包含在第(a)项和第(b)项中。见第三工作组第19次会议,联合国文件A/CN.9/621第121段采纳了WP.81中没有导引词的第25条第1款第(c)项(参见注释9)的规定。此项条文也成为《鹿特丹规则》最终确定的条文。

29 第三工作组第13次会议,联合国文件A/CN.9/552,第104段。

30 参见(c)项下的相关内容。

31 不考虑在注释29中注明的起草过程。为了支持此种解释,参见WP.102(参见注释23),第6段。

32 第25条第2款。特别是第17条。

33 F. Berlingieri:"2004年5月联合国国际贸易法委员会工作组关于运输法的会议",Il Diritto Marittimo 106,2004年版,第1167页(以下简称Berlingieri)。

34 《汉堡规则》第5条第5款关于承运人对活动物特殊风险造成的损失等责任的规定与现有公约第25条第2款有关舱面货的规定相类似。尽管《汉堡规则》第5条第5款规定得更为详细,但第25条第2款的特别风险条款与《汉堡规则》第5条第5款的规定的适用情形相同——即承运人证明特殊风险的存在,并且如经证明即可推定承运人不承担责任。除了第17条第3款所列事项以外,第25条第2款规定的特殊风险究竟有多大范围是令人怀疑的。

案起草中也未更加明确地将何种风险列入特殊风险之中。[35]

舱面货运输需要特别授权，并且承运人对舱面货运输符合第 25 条第 1 款规定负有举证责任。如果违反第 25 条第 1 款的规定将货物置于舱面进行运输并且是货物灭失、损坏或迟延交付的排他性原因，则承运人对此承担严格责任。[36]然而承运人仍有权享受赔偿责任赔偿限制，除非承运人违反了双方将货物装于舱内运输的明确约定而将其置于舱面运输。在此种情形下，承运人无权对货物置于舱面运输而引起的任何货物灭失、损坏或迟延享有责任限制。[37]

6.3.4 舱面运输货物的协议以及第三方获得可转让运输单证和电子记录的法律地位

根据第 25 条第 1 款(c)项的规定，在符合运输合同约定(或习惯等)情况下，货物可以置于舱面进行运输。该协议并不要求是明示的，[38]并且在承运人和托运人之间，并没有要求在运输单证或电子运输记录中载明货装舱面。但是《汉堡规则》的规定与此稍有不同。[39]

然而对于善意取得可转让运输单证或可转让电子记录的第三人来说，除非合同事项明确载明货物可置于舱面运输，否则承运人不得援引将货物装于舱面上的协议。但是，如果运输单证或电子记录中包含一项允许选择将货物置于舱面的一般性规定，即记载有“货物可以置于舱面”的字样，就足以认定承运人可

35　国际海事委员会在框架文本草案中关于舱面货问题，对第 5 条第 6 款的评论，载《2000 年国际海事委员会年刊》，第 136-137 页。国际海事委员会的国际分委员会在第 4 次会议讨论的建议，载《国际海事委员会年刊》2000 年 10 月，第 275-276 页；以及第 6 次会议上对该提议进行的讨论，载《2001 年国际海事委员会年刊》2001 年 11 月，第 333-334 页。从这些讨论中得出了一个结论：第 25 条第 2 款旨在给予承运人与舱面货有关的“特殊风险”责任的一般保护。此条规定不限于对国内法中准绕航法律后果的保护。

36　第 25 条第 3 款。

37　第 25 条第 5 款。WP. 21(参见注释 1)第 6.6.2 条以及随后的修订版本中，承运人只在下列情况下丧失责任限制的权利，即货物损失的排他性原因是由于此种舱面运输导致的。这里的“排他性”一词在之后，即第三工作组在第 19 次会议，UN Doc. A/CN. 9/621，第 125-126 段中，更改为“由此造成的损失……”为了保持与公约中约定的因果关系一般原则保持一致，对这种表述上的变化也一直存在争论。另外，第三工作中在同次会议上决定保留第 25 条第 5 款开头部分使用的“排他性”表述，因为人们普遍感觉违反明示装舱面协议会丧失责任限制的规定非常重要，这样承运人就可以预见到违反该规定应当受到的惩罚后果。

38　第三工作组关于联合国文件 A/CN. 9/552 的第 19 次会议第 105 段中，提出了明示协议是否必要的问题。Berlingieri(参见注释 33)第 1166 页关于 WP. 32(参见注释 10)第 24 条第 1 款的评论，认为应当要求存在明示的协议，同时认为仅仅要求舱面货系“根据运输合同”运输的是远远不够的。但是，公约中并未对其加以变更。

39　根据《汉堡规则》第 9 条第 2 款第一部分的规定，如果承运人和托运人双方同意货物应当或可以置于舱面运输的，承运人应当在提单或其他证明运输合同的单证中加入此种声明。

以进行舱面货运输。[40] 这一规定与《汉堡规则》是一致的。[41]

本公约草案的前几版[42]与公约第24条第3款规定有所不同,尤其是关于要求可转让运输单证或电子记录中应当注明货物装于舱面运输的规定,这样是为了使承运人日后可以援引此种运输是依据第25条第1款的规定来对抗取得单证或记录的善意第三人。

尽管工作组曾有过建议,但最终第25条第3款的规定仍然不适用于不可转让单证。[43] 该规定与第41条中收货人享有的信赖不可转让运输单证或记录的合同事项而享有权利的规定相呼应。这里信赖权并不包括没有对舱面货加以声明的情形。

6.3.5 舱面货与跟单信用证统一惯例600(UCP600)

与UCP500[44]相同,UCP600[45]规定运输单证中不需要明确记载货物装载或将要装载于舱面,但运输单证上"货物可以被装于舱面"这样的条款是可以接受的。UCP600制定的海运法律背景是《海牙规则》和《海牙—维斯比规则》,涉足信用证交易的银行不会接受承运人按照上述规则排除或限制其对于舱面货运输责任的内容。而《鹿特丹规则》将舱面货运输纳入公约规定的强制义务范围这一做法改变了上述情形,因此当《鹿特丹规则》生效后,UCP600似乎应满足此种现代化发展的需要。

6.4 第26条 海上运输之前或之后的运输

第26条 海上运输之前或之后的运输

如果货物灭失或损坏或者造成迟延交付的事件或情形发生在承运人的责任期间内,但发生的时间仅在货物装上船舶之前或仅在货物卸离船舶之后,本公约的规定不得优于另一国际文书的下述条文。在此种灭失、损坏或者迟延交付的事件或情形发生时:

---

40 第25条第4款。第25条第4款在符合第1款第3项规定的前提下,其提及的一般性情形只能适用于存在有关舱面货运输的协议——不适用于依据惯例等进行的舱面货运输。从这个角度看,第25条第4款的规定与《汉堡规则》第9条第2款一致。

41 《汉堡规则》第9条第2款最后一部分。

42 WP.21(参见注释1)第6.6.3条及之后有关的草案以及WP.56(参见注释10)、第26条第3款、WP.81(参见注释9)、第25条第4款提出修改意见,并且WP.81的文本得到第三工作组第19次会议的采纳,参见联合国文件A/CN.9/621,第121段。

43 第三工作组第13次会议,联合国文件A/CN.9/552,第110段。

44 UCP500第31条,1993年。

45 《跟单信用证统一惯例》第26条,国际商会,2007年。

(a)根据该国际文书的规定,如果托运人已就发生货物灭失或损坏或造成货物迟延交付的事件或情形的特定运输阶段与承运人订有单独和直接的合同,本应适用于承运人全部活动或任何活动的条文;

(b)就承运人的赔偿责任、赔偿责任限制或时效作了具体规定的条文;和

(c)根据该文书,完全不能通过订立合同加以背离的条文,或不能在损坏托运人利益的情况下通过订立合同加以背离的条文。

6.4.1 第26条的宗旨

《鹿特丹规则》不仅调整纯海上货物运输合同,还调整结合海运和其他运输方式的货物运输合同,即多式联运合同。这就会产生调整多式联运中其他单个运输方式的规则与《鹿特丹规则》之间的适用关系问题。这个问题在《鹿特丹规则》第26条和第82条中得到了解决。[46]

在起草工作中,第26条条文的最终确定涉及两个问题的考虑。第一,《鹿特丹规则》是应该建立在纯粹的统一责任制之上还是将统一责任制和网状责任制混合的机制?[47] 至于第三种可能性——纯粹的网状责任制——从尽可能实现统一的总体目标的角度,以及一旦货物经由海运转至非海运时,本公约不宜过多调整有关非海运单一运输机制之下的单证和控制权的事实角度[48],网状责任制既不现实也不能令人满意。[49]《鹿特丹规则》采用的是混合责任制,在该制度下,大多数规定来自于统一责任制,一小部分来自于有限的网状责任制,即根据调整不同运输方式规则的不同适用不同的规定。只有强制性的调整单式运输方式的国

---

46 详见第十六章关于第82条的规定。

47 在统一责任制下承运人与托运人在整个多式联运全程运输中适用相同的规定,无须考虑在多式联运的下每个不同区段适用的单式运输规则。在统一责任制和网状责任制混合的制度下,适用于托运人和承运人之间的一些规则,根据和建立在运输下每个不同区段适用的单一运输规则的不同而有所变化,而其他一些规则则适用于整个多式联运区段。纯网状责任制的目的在于将所有单式运输方式下的规则直接适用于承运人和托运人。

48 T. Nikaki:"'混合'的多式联运的冲突法:联合国全程或部分海上国际货物运输公约",载《海商法与商法期刊》(Journal of Maritime law and Commerce)2006年第37期,第543页提出了采用更为广义的经修订的网状责任制的建议,但并未解释该制度在实践中如何运作。也可以参见K. F. Haak和M. A. I. H. Hoeks:"在国际公约冲突的领域中多式联运的安排",载《国际海商法期刊》(Journal of International Maritime Law)2004年第10期,第428页。

49 除了CMI很早之前制定的一个草案——2001年5月《文本框架草案》第4条第4款之外,载《2001年国际海事委员会年刊》,第361页——CMI和第三工作组在其后考虑的草案都是建立在有限的网状责任制基础之上。

际公约或文书[50]的规定，即指调整非海运区段以及涉及承运人的责任、责任限制以及诉讼时效（以下简称“责任等”），可以直接适用于承运人和托运人之间，且作为特别法优先适用于《鹿特丹规则》。其他所有的问题仍受《鹿特丹规则》调整。

第二，《鹿特丹规则》是否也应规定公约之间的冲突？在《鹿特丹规则》和调整单式非海上货物运输的国际公约之间是否存在冲突这个问题一直存在很多争议。工作组制定的《运输法文本草案》[51]和其之后的草案将第26条作为一个规范公约之间冲突的条文。但是，在工作组协商的最后阶段，另行制定了一条规定公约之间冲突的条款，[52]并且考虑到实务中有助于理解第26条，因此就不再将第26条作为调整公约之间冲突的条文。[53]

从上述讨论中得出的结论是：第26条的唯一目的就是将有限的网状责任制纳入《鹿特丹规则》之中。而采用有限的网状责任制的实践影响是使公约之间产生冲突的风险大大减少。

反对采用网状责任制的一个理由是[54]：这样的制度常常使实际调整承运人责任的规则具有不可预测性。另外，虽然统一责任制能够让当事人预见可能产生的赔偿责任，但是会导致承运人在行使追偿权时具有不可预测性。网状责任制能够确保承运人向托运人承担的责任与非海运履约承运人对承运人承担的责任相一致，从而降低了行使追偿权的成本。

6.4.2　第26条的网状责任制

如果灭失、损坏或者造成迟延交付的事件或情形发生在承运人的责任期间内，第26条规定的关于责任等的特殊规则可以对承运人适用，但发生的时间仅在货物装上船舶之前或仅在货物卸离船舶之后。第26条的具体内容将在稍后讨论。

50　参见B4项下。

51　WP.21（参见注释1）第4.2条。

52　第82条，参见第三工作组第20次会议，联合国文件A/CN.9/642，第236段，以及第三工作组第21次会议，联合国文件A/CN.9/645，第257-258段，后者采纳了联合国文件A/CN.9/WG.III/WP.101第85条的规定，该规定后来演变成《鹿特丹规则》第82条。

53　第三工作组第19次会议，联合国文件A/CN.9/621，第191-192段，第三工作组第21次会议，联合国文件A/CN.9/645，第204段和第257段。“不优先于”一词的保留可能会导致将第26条误解为是解决公约冲突的条文［在委员会第41次会议（注释17）的第97段中提到］的误解。然而由于没有一个更好的可以替代的词语，因此最终确定将其保留。

54　CMI设立的一个国际工作组指导CMI国际分委员会，其撰写的论文：“门到门运输”，载2000年《国际海事委员会年刊》，第118-121页，其中简要地阐述了支持和反对统一责任制和网状责任制的观点。

运输合同双方如果愿意,可以背离第26条的规定并在双方之间的合同中约定适用完全的统一责任制来替代有限的网状责任制,或者在尊重第79条规定的合同自由原则限制的前提下,约定适用第26条提及以外的另一有关责任方面的公约规定[55]。在该条文下,除非《鹿特丹规则》另有规定,当事人不能直接或间接地排除或限制承运人的责任。相反,双方可以约定承运人的责任高于《鹿特丹规则》的规定。此种约定的较高责任限制数额也可以超出第26条中提到的其他公约如《国际公路货物运输合同公约》(CMR)[56]有关责任限制的规定,即使这一约定在CMR下无效,在《鹿特丹规则》情况下很可能是有效的。将另一国际文书中的强制性规定并入《鹿特丹规则》,并不意味着该文书强制性的特点会影响《鹿特丹规则》。只有责任条款等类似规定才可以被并入《鹿特丹规则》。一旦根据第26条的规定某个国际文书被并入《鹿特丹规则》,该被并入内容的强制性将取决于第79条的规定。

从第26条(a)项中的"根据该国际文书规定"的表述可以看出,《鹿特丹规则》缔约国法院应当适用依26条(a)项规定本应适用的任何强制性国际文书,不论该法院所在国本身是否为该国际文书的缔约国。[57]

关于海运履约方的地位问题,由于他们部分履行了承运人的义务,如同踏入承运人鞋子一样,[58]因此他们的地位也可由第26条调整。但是,仅限于港口范围内的活动,如码头作业,假如这种作业受某一强制性国际公约的约束。[59]

针对第26条各个不同的方面,将依据这些术语在法条中出现的先后顺序从以下几个方面进行分析:

---

55 WP. 21(参见注释1)第4.2.2条规定:"除适用国内法规定的情形外,第4.2.1条适用于运输合同。"第三工作组起草的包括WP. 56(参见注释10)第27条第3款在内的草案都有相同的规定,参见WP. 56注释第114条。第27条第3款的措辞被第三工作组修改,但修改后的意思并未改变,参见WP. 81注释93(参见注释9)。由于该措辞与之前第26条的规定有关联,因此在进一步考虑之后,这一段最终没有被删除了,也就是说,关于公约冲突的解决方法最终没能被采纳。参见联合国文件A/CN. 9/645,第85段和第204段,以及(a)项下的评论。

56 CMR第41条规定直接或间接背离CMR规定的约定无效。

57 在WP. 21(参见注释1)第54段中,有人建议法院所在国应当是该强制性国际文书的缔约国。然而,这个评论意见是在第26条被起草作为公约冲突解决条款之时作出的。而第26条在最终的文本中不被认为是公约冲突解决条款,因此相关的评论也就无关紧要了。同时参见不要求法院所在国是该强制性国际文书的缔约国的支持意见。参见Gertjan van der Ziel:"《鹿特丹规则》中的多式联运",载《国际海事委员会年刊》2009年,第306页。

58 第19条。

59 《1991年联合国国际贸易运输港站经营人赔偿责任公约》,此公约规定了港站经营人的责任、责任限制以及诉讼时效,但并未生效因此也不能起到作用。

“货物灭失或损坏或者造成迟延交付的事件或情形”

如果承运人违反《鹿特丹规则》下的义务而承担的责任并不会造成或不会被认为是灭失、损坏或者迟延交付，则第 26 条的规定不起任何作用。

“发生的时间仅在货物装上船舶之前或仅在货物卸离船舶之后”

灭失、损坏或造成迟延交付的事件或情形只有发生在承运人的责任期间内，[60]第 26 条的规定才可以适用，但是仅适用于货物装上船舶之前或卸离船舶之后，而且必须与运输中的一个特定阶段相关。货物灭失等的发生地主要是考虑在哪个地点造成或发现损失。如果不能确定损坏的发生地，则第 26 条规定的网状责任制将不能适用，只适用《鹿特丹规则》有关责任的一般条款规定。这一原则同样适用于损坏累计发生的情形，除非能够证明此种损坏在装船之前或卸船之后的唯一一个运输区段中有所扩大。[61] 迟延交付是另外一种产生责任的类型，也常常不能确定迟延发生在哪个特定运输区段，还是与全程运输都有关联。如果不能证明迟延交付的地点，则该情形将在第 26 条调整范围之外。

当灭失、损坏或迟延交付发生在海运区段，只适用《鹿特丹规则》的一般规定而不适用第 26 条的规定。即使存在调整单式运输方式的强制性国际文书，如适用于海运区段[62]的《海牙—维斯比规则》时，也是如此。

“优先”

“优先”这个措辞表明，《鹿特丹规则》有关承运人责任等的规定会被一个强制性国际文书的规定所取代，但是仅限于该强制性文书的规定与《鹿特丹规则》相冲突的情形[63]。

“国际文书”

选择“国际文书”而非“国际公约”的表述，其意图在于能够将一些区域性经济组织采纳的规则，如欧盟的规范纳入其中。[64]

有关承运人的责任等问题的国内法，不论是将某个国际单式运输文书吸收为国内法或者是单独制定国内法，该国内法都不能优先于《鹿特丹规则》适用。并入《鹿特丹规则》的是国际文书的相关规定而不是国内法。“国际文书”包括

---

60 第 12 条。

61 2001 年 5 月 CMI 国际分委员会第五次会议的报告，载《国际海事委员会年刊》2001 年，第293-293 页，以及 WP. 21（参见注释 1）第 49 段和第 53 段对第 4. 2. 1 条的评论。

62 第 89 条规定，强制退出《海牙规则》、《海牙—维斯比规则》及其 1979 年特别提款权议定书和《汉堡规则》。

63 委员会第 41 次会议（参见注释 17），第 97 段。

64 第三工作组第 21 次会议，联合国文件 A/CN. 9/645，第 84 段提及了“区域性经济一体化组织制定的规则”，这可能也包括了欧盟制定的规则或指令。

现已生效和将来生效的文书。[65]

第26条中没有涉及国内法的规定是第三工作组遭遇的争论最多的一个问题,这一决定的作出非常艰难并且在最后的讨论中才完成。[66] 争议提出将文书涉及的范围扩大至包括国内法,将有利于托运人根据国内法享有比《鹿特丹规则》更多的索赔。[67] 另外,删除国内法的适用是为了强调《鹿特丹规则》所要寻求的统一的宗旨,进而增强了法律的可预见性。

"适用另一国际文书中责任等条款的情形"

第26条(a)到(c)项规定了强制性的国际文书应当优先于《鹿特丹规则》适用的条件。

第26条(a)项的假设条件

第26条(a)项的规定是建立在一个假设条件的基础之上:托运人已经与承运人就特定运输阶段(非海运区段)订立一个单独的、直接的合同,而在这个阶段货物发生了灭失、损坏或迟延交付,并且一项强制性国际文书本身条款规定,该国际文书强制适用于该合同下承运人的所有活动或任何活动,则该国际文书中关于责任条款等的规定可以直接调整托运人和承运人之间的合同。《运输法文本草案》[68]及第三工作组随后所制定的一些草案,采取了这样一种解决公约之间冲突的路径,即根据适用于承运人活动的相关条款规定,发生损失时有关承运人责任等的强制性国际文书,优先于《鹿特丹规则》适用。同时需要指出的是,假如根据各个单式运输公约各自不同的适用范围,这些公约将不会适用,因此第26条也将不会起到作用。[69] 为了证明该相反意见,引入了这个假设条件来代替最初采用的公约冲突条件。[70]

该假设条件要求存在一份损失等发生在"特定运输区段"时所缔结的一份假设的合同。"特定区段"这个用语是指适用灭失等发生的特定运输区段的法律,而

65　这一点在WP.21(参见注释1)第50段的评论中有很清晰的阐述。第三工作组第11次会议,联合国文件A/CN.9/526第248段和第250段规定了一个相反的、暂行的规定,但最终没有更改原有的规定。在联合国文件A/CN.9/WG.III/WP.78中,根据秘书处的记录,提及与其他相关公约,时,第28段中写到:"草案第27条第1段采用了有限的网状责任……并不与……已生效的或将来生效的单式运输公约造成冲突。"

66　第三工作组第21次会议,联合国文件A/CN.9/645,第83段和第87段。

67　对此问题进行过多次讨论的会议包括:第三工作组第12次会议,联合国文件A/CN.9/544,第25段,第三工作组第18次会议,联合国文件A/CN.9/616,第226段,第三工作组第19次会议,联合国文件A/CN.9/621,第187-190段,以及第192段以及第三工作组第20次会议,联合国文件A/CN.9/642,第163段和第166段。

68　WP.21(参见注释1)第4.2条。

69　第三工作组第18次会议,联合国文件A/CN.9/616,第224段。

70　在第三工作组第18次会议提出的建议,参见联合国文件A/CN.9/616,第224段,并在第三工作组第19次会议被采纳,参见联合国文件A/CN.9/621,第192段。

非调整全部运输区段的法律。假设根据《鹿特丹规则》，运输合同的一部分也满足《国际公路货运合同公约》(CMR)下运输合同的范围，并且货物的损坏实际发生在铁路运输区段但货物仍装载在公路运输车辆上。在这种情况下，根据假设的条件，很可能适用的是《有关铁路货物运输统一规则》(CIM)的相关责任规定，而非《国际公路货运合同公约》(CMR)的责任规定。前提条件就是如果就该铁路区段单独订立一份合同，CIM将适用于该铁路运输区段。同样的，承运人为了履行其在《鹿特丹规则》下货物运输合同而与区段承运人签订一份多式联运合同，“特定区段”的情况很可能意味着一方当事人应当了解该多式联运机制以及适用的强制性国际文书，只要该国际文书本应调整损坏实际发生的不同运输区段。

以上所阐述的关于假设条件的理解是基于对第26条(a)项的字面理解。如果将背对背合同情况的保护看作是第26条的初衷，那么对第26条目的的解释则是旨在适用《国际公路货运合同公约》(CMR)的责任规定或多式联运制度。

“就承运人的赔偿责任、赔偿责任限制或时效作了具体规定”

有限的网状责任制仅适用于专门规定了承运人的责任、责任限制或诉讼时效的强制性国际文书。[71] 第26条对于承运人的某些活动作了特殊规定；因此这里的“责任限制”是指承运人的责任限制，“诉讼时效“是指托运人向承运人提起诉讼的期间。

公约中对于《鹿特丹规则》中的哪些条款应当让步于强制性国际文书作了限制性的规定。其他国际文书中仅仅间接影响责任的规定并不能优先于《鹿特丹规则》适用，[72]如其他国际文书中有关货物灭失通知的规定。公约第23条关于灭失、损坏或迟延的通知规定应当适用，并且不能因为第26条的规定而被置于一旁。否则的话，托运人或收货人会处于一个不利地位，因为在其发出灭失、损坏通知之前，将不得不确认根据哪个规则中有关通知的规定予以执行。

“根据该文书，完全不能通过订立合同加以背离的条文，或不能在损坏托运人利益的情况下通过订立合同加以背离”

按照第26条的规定，被适用的国际文书必须具有强制性特点，这意味着根据第26条(c)项，这些规定完全不能背离或者损坏托运人利益。

(黄丹玲翻译)

71　第26条第(b)项。第13条、第26条的规定优先于承运人照管货物的义务规定。此项涉及第26条的规定很可能被忽视，因为第26条并未包括任何关于承运人照管货物义务的修改。第13条提到了第26条实际上是错误的。在第三工作组第9次会议，联合国文件A/CN.9/510第118段中解释到，第5条第2款第1项(现在的第13条)提及第4条第2款(现在的第26条)是为了适用于涉及运输合同和转运合同混合情形的第4条第3款的规定。而第4条第3款后被委员会第41次会议删除，参见联合国文件A/63、17，第53段。

72　WP.21(参见注释1)第52段对第4.2.1条的评论。

第七章　托运人对承运人的义务

约翰·斯蔡林(Johan Schelin)*

7.1　概述

1924年《海牙规则》通过的时候，十分强调承运人的责任，由此导致规则中仅有很少的几条规定了托运人责任。根据第4条第3款的规定，由于托运人或其代理人或受雇人的任何过失或疏忽导致的承运人或船舶所遭受的灭失或损坏，托运人应当承担责任。另外，第3条第5款规定，托运人应当保证由他提供货物的标志、件数、数量和重量等信息的准确性。在《汉堡规则》起草过程中增加了一条托运人未对危险货物加标志或标签以及未告知货物的危险性的责任条款(第13条)。

然而，在《鹿特丹规则》的谈判过程中，人们认为以更加详细的方式规定托运人对承运人的义务和责任的时机已经成熟。运输中托运人的作用逐渐变得越来越重要。出于安全原因的考虑，货物单证也逐渐增多。有时被托运的特殊货物需要特殊的照管，但不可能要求承运人掌握这方面的知识。因此《鹿特丹规则》特别专章规定了托运人对承运人的义务和责任问题。

7.2　第27条　交付运输

第27条　交付运输

1. 除非运输合同另有约定，否则托运人应当交付备妥待运的货物。在任何情况下，托运人交付的货物应当处于能够承受住预定运输的状态，包括货物的装载、操作、积载、绑扎、加固和卸载，且不会对人身或者财产造成损坏。

2. 根据第13条第2款订有约定的，托运人应当妥善而谨慎地履行根据该约定承担的任何义务。

---

* 副教授，法学博士，斯德哥尔摩大学 Axel Axson Johnson 海上及其他运输法研究所所长。联合国国际贸易法律委员会第三工作组瑞典代表团成员。联合国国际贸易法律委员会第三工作组专家组成员。

3. 集装箱或者车辆由托运人装载的，托运人应当妥善而谨慎地积载、绑扎和加固集装箱内或者车辆内的货物，使之不会对人身或者财产造成损坏。

7.2.1　备妥待运

除了支付运费的义务之外，托运人对承运人最重要的义务是交付备妥待运的货物。根据第1款的规定托运人和承运人可能总是需要阐明什么是备妥待运。例如，他们可以约定托运人应当交付用集装箱装载的货物。在此种情况下，集装箱也被认定为是一种货物（详见第1条第24项定义）。他们也可以约定货物应当装箱并由承运人将箱子积载于集装箱内或货盘上。实践中也普遍存在代表合同承运人的货运代理人将少量的货物集拼在一个集装箱内的情形。

如果合同当事方没有具体规定货物应当如何交付运输，则推定货物可以承受预定运输的状态，包括货物的装载、操作、积载、绑扎、加固和卸载的过程。特别值得注意的一点是只要求货物能够承受预定的运输。如果承运人决定采用未经托运人同意的一个运输方式或航线或对此未通知托运人，则托运人不会因为没有履行这方面的义务而承担责任。

另外，托运人还有义务确保交付货物时货物处在一个不会对人身或财产造成损坏的状态。因为用于集拼货物的集装箱以及其他设施也被认为是货物这样一个事实的存在，所以托运人应当注意不仅货物本身应当得以妥善积载，而且集装箱以及其他设施也应当处于良好状态，例如，检查集装箱是适于运输的。

第27条第3款将第1款中托运人的基本义务具体化，即如果货物被积载于集装箱内或拖车或铁路、公路车辆上，那么该货物应当以不会损坏人身或财产的方式加以积载、绑扎和加固。这意味着如果预计使用拖车运输并通过滚装船穿越北海，则车辆上货物的积载和加固的方式不但能够使货物满足公路运输需要，还能够满足海上运输要求。托运人不能以海运单中仅仅载明车辆才是货物为由逃避其责任。

虽然托运人有义务注意货物不会对人身造成损坏，但这个事实并不意味着船员由于包装的缺陷而造成的伤亡可以根据公约第30条的规定向托运人索赔。由于船员伤亡产生的责任应当由可适用的国内侵权法调整。[1] 但承运人已经就雇员的伤亡进行赔偿的，可以根据第27条第1款和第30条的规定向托运人追偿。

1　参见H. Honka：“UNCITRAL草案下托运人的义务与责任”，载《斯堪的纳维亚研究所海商法年刊》（简明版）2006年，第49页。

7.2.2　在 F.I.O 和 F.I.O.S 条款下货物的操作、装卸和积载

根据第 13 条第 2 款的规定，承运人和托运人可以约定装载、操作、积载或卸载由托运人完成。这在散货贸易中是很常见的，由于经济和航运实践的原因，租船合同如航次租船合同下的当事人约定由托运人装载有时也包括积载货物。这些条款通常被称为 FIO 或 FIOS 条款。第 27 条第 2 款表明这种情况下托运人有责任确保妥善、谨慎地进行这些操作。如果在装卸货物期间托运人有过失并造成船舶的损坏，则托运人对此应当承担责任。

7.2.3　迟延交付待装货物

第 27 条并没有对托运人将迟延交付将给承运人的问题作出规定。如果托运人没有在规定时间内向承运人交付货物，原则上无论如何都应当支付运费。在班轮运输中，货物应当被甩下并由下一班船完成运输。如果在航次租船合同下，迟延的结果会导致滞期费规则的适用。在定期租船合同中，承租人承担时间风险并应当持续支付租金。如果货物装上船舶并未能在集装箱中妥善地积载，则不仅增加了对船舶损坏的风险，也会造成迟延交付的风险，承运人有权根据第 30 条在一般责任规则下向托运人追偿因迟延交付而造成的损失。虽然在起草过程中"迟延"一词已从第 30 条中删除，但并不改变上述责任的承担。

7.3　第 28 条　托运人与承运人在提供信息和指示方面的合作

> 第 28 条　托运人与承运人在提供信息和指示方面的合作
>
> 如果有关货物正确操作和运输的信息处于被请求方的占有之下，或者有关货物正确操作和运输的指示是在被请求方能够合理提供的范围之内，且请求方无法以其他合理方式获取此种信息和指示，承运人和托运人应当就对方提出的提供此种信息和指示的请求作出响应。

第 28 条阐明了承运人和托运人应当合作的原则，从而使得托运人能够交付待运货物并提交有关货物的正确单证。就承运人而言，本条并未直接规定不予以配合的惩罚后果，但如果承运人没有回应托运人提出的要求，而后船舶因货物受到损坏的，则无论如何都不能视为托运人存在过失（详见第 30 条）。

7.4　第29条　托运人提供信息、指示和文件的义务

第29条　托运人提供信息、指示和文件的义务

1. 托运人应当及时向承运人提供承运人无法以其他合理方式获取，且是为下述目的而合理需要的有关货物的信息、指示和文件：

(a)为了正确操作和运输货物，包括由承运人或者履约方采取预防措施；并且

(b)为了使承运人遵守公共当局有关预定运输的法律、条例或者其他要求，但承运人须及时将其需要信息、指示和文件事宜通知托运人。

2. 本条规定概不影响根据公共当局有关预定运输的法律、条例或者其他要求，提供有关货物的某些信息、指示和文件的任何特定义务。

托运人为了正确操作和运输货物以及使承运人遵守法律、法规以或公共当局的其他要求而提供有关货物的信息、指示和文件的义务仅次于托运人交付待运货物的义务。此项规定旨在确保承运人能够妥善处理货物以避免对货物、船舶以及其他财产造成损坏。与《汉堡规则》，特别是《海牙—维斯比规则》相比，《鹿特丹规则》更加强调安全以及货物文件。这是因为如今海关当局要求船方提供比适用《海牙—维斯比规则》和《汉堡规则》时期更多的货物单证。

托运人只需要提供承运人无法以其他合理方式获取，并且是合理需要的信息、指示和文件。承运人通常被认为是处理货物领域内的专家。然而，对于货物的特殊性质而言，通常托运人才是处理货物的专家，并且在此情形下他有向承运人提供指示的义务。托运人应当及时向承运人提供进口国的法律、法规和公共当局要求的信息、指示和文件，否则承运人将可能面临无法卸货的困境。“公共当局”这个用语表明托运人仅有义务了解政府机构、区域机构以及当地主管部门所颁布的规则，但不包括如码头经营人公司发布的规则。[2]

第2款明确本条规定不影响根据公共当局有关预定运输的法律、条例或其他要求提供有关货物的信息、指示和文件的特定义务。换句话说，本条只调整托运人和承运人之间的合同关系，并不改变一方或双方依公共当局规定所承担的义务。

2　参见H. Honka：“UNCITRAL草案下托运人的义务与责任”，载《斯堪的纳维亚研究所海商法年刊》(简明版)2006年，第51页。

7.5 第30条 托运人对承运人赔偿责任基础

第30条 托运人对承运人赔偿责任基础

1. 对于承运人遭受的灭失或者损坏,如果承运人证明,此种灭失或者损坏是由于违反本公约规定的托运人义务而造成的,托运人应当负赔偿责任。

2. 灭失或者损坏的原因或者原因之一不能归责于托运人本人的过失或者第34条述及的任何人的过失的,免除托运人的全部或者部分赔偿责任,但托运人违反第31条第2款和第32条对其规定的义务所造成的灭失或者损坏,不在此列。

3. 托运人根据本条被免除部分赔偿责任的,托运人仅对因其本人的过失或者第34条述及的任何人的过失所造成的那部分灭失或者损坏负赔偿责任。

第30条第1、2款规定了托运人违反对承运人的义务承担的基本责任。托运人的责任基础是过错责任并实行一般的举证原则,即托运人存在过错的证明首先由承运人举证,这与第17条关于承运人责任的规定有所不同。在公约谈判过程中,一些代表团认为托运人的责任应当与承运人的责任规定呼应。然而,在公约谈判的最后,代表团一致认为举证责任不应当倒置。这是因为实务中很少出现真正是由货物造成船舶损坏的情况,并且举证责任倒置可能会使托运人处于一个尴尬的境地。例如,如果货物和船舶在海上均遭受损坏,这将会导致托运人与承运人相互斗智斗勇的情况发生。先起诉的一方当事人会因将举证责任转移给另一方当事人而受益。根据第30条第3款的规定,托运人仅对因实际归属于其本人的过失或第34条述及的任何人的过失造成的那部分损失负赔偿责任。

关于责任基础存在一个很有意思的问题:托运人违反义务的后果中是否也包括迟延的责任?尽管在公约谈判中已将"迟延"一词删除,但似乎托运人的责任应当包括由于迟延所造成的纯经济损失。例如,由于托运人没有向承运人提供相关文件的过失并导致船舶被扣留在港内,那么托运人应当根据《鹿特丹规则》第30条的规定对此承担责任。

7.6 第31条 拟定合同事项所需要的信息

第31条 拟定合同事项所需要的信息

1. 托运人应当及时向承运人提供拟定合同事项以及签发运输单证

或者电子运输记录所需要的准确信息,包括第36条第1款所述及的事项;合同事项中拟载明为托运人的当事人名称;有收货人的,收货人名称;须凭指示签发运输单证或者电子运输记录的,指示人名称。

2. 承运人收到根据本条第1款提供的信息时,理当认为托运人已对信息的准确性给予保证。托运人应当就此种信息不准确所导致的灭失或者损坏向承运人作出赔偿。

除了与货物有关的信息、指示及文件以外,托运人还应当提供拟定合同事项所需要的以及运输单证和电子运输记录签发所需要的信息。这是一项非常重要的义务,因为承运人的许多责任都取决于运输单证中的相关信息。因此承运人对实际提供的信息准确性承担严格责任。这是根据第31条第2款中的措辞"理当保证准确性"推定出来的。对此确定的时间点是在承运人收到有关信息的时候。如果在此之后发生了影响信息准确性的事件,则托运人不对此承担责任。如果托运人未能提供信息,则根据第30条基本责任的规定,仅在其存在过失时承担责任。

7.7 第32条 危险货物的特别规则

第32条 危险货物特别规则

当货物因本身性质或者特性而已对人身、财产或者环境形成危险,或者适度显现有可能形成此种危险时:

(a)托运人应当在货物交付给承运人或者履约方之前,及时将货物的危险性质或者特性通知承运人。托运人未履行此项义务,且承运人或者履约方无法以其他方式知道货物危险性质或者特性的,托运人应当就未发通知所导致的灭失或者损坏向承运人负赔偿责任;

(b)托运人应当根据货物预定运输任何阶段所适用的公共当局的法律、条例或者其他要求,对危险货物加标志或者标签。托运人未履行此项义务的,托运人应当就由此导致的灭失或者损坏向承运人负赔偿责任。

托运人对于在货交承运人或履约方之前,及时地将货物的危险性质及特性告知承运人,并对危险货加以标志或标签的这两项义务承担严格责任。这样规定的目的是避免由此造成的人身伤亡、船舶及其他财产损坏的事故。《汉堡规则》第13条也有一个类似的规定。该条款的一个重要问题就是什么是危险货物。本公约中没有关于危险货物的定义,只是规定如果货物因其本身的性质或特性而对人身、财产或环境形成危险，或合理地显现构成危险的，托运人有义务告知并对货物加以标签。人们认为如果公约给出一个更精确的定义则会使条文无法涵盖所有类型的货物。当然《国际海运危险货物规则》(IMDG)可以为法院确定某一类型的货物是否被认定为危险货提供指南。然而，需要铭记的是第32条规定的危险货物不仅包括自身被划定为危险货物的情形，“或合理显现构成危险的”措辞表明，如果此类货物与其他类型的货物装载在一起时会产生危险的，托运人也应当将其告知承运人。如果承运人或履约方已经知道货物的危险性质或特性的，则托运人没有告知承运人的义务。例如，油轮经营人肯定知道汽油属于易爆物品，在这种情况下对于货物在船上造成的爆炸事故，托运人不承担责任。

应当按照货物预定运输的任何法律、法规和其他要求对货物加标志和标签。例如，用车辆将货物从柏林运至鹿特丹，并在鹿特丹装船，该货物应当依据《公路危险货物国际运输》(ADR)和《国际海运危险货物规则》(IMDG)的规定加标记。所采用的标志和标签以满足预定运输所适用的规定为准。如果已选定的运输发生改变，则托运人没有义务更改标志或标签。因为这在实践中对托运人来说是不可能实现的。

7.8　第33条　单证托运人享有托运人的权利并承担其义务

第33条　单证托运人享有托运人的权利并承担其义务

1. 单证托运人必须承担本章和第55条对托运人规定的义务和赔偿责任，且有权享有本章和第十三章为托运人提供的权利和抗辩。

2. 本条第1款规定不影响托运人的义务、赔偿责任、权利或者抗辩。

第33条规定单证托运人承担与托运人同等的义务和责任。当货物以FOB价格进行买卖时，这项规定就显得十分必要。此时收货人变成了托运人，但同时“实际托运人”实际上就是将备妥待运的货物交给承运人并且为如危险货物等货物加标志和标签的人。后者也是运输单证中被记载为托运人的人。这里还涉及第55条的规定，据此规定，如果承运人经过合理努力后仍不能找到控制方或托运人，则单证托运人有提供信息、指示和单证的补充义务。第33条第2款规定，本条文不影响托运人的义务与责任。但这条规定对于实践有何影响还难以判断。第33条第2款似乎没有提到托运人与单证托运人之间承担连带责任问题。如果托运人指示单证托运人向承运人发出某些指示而单证托运人未履行该职责，那么托运人当然地要为此不作为承担责任。但这样并不意味着严格责任不存在例外。例如,如果单证托运人提供的信息记载在合同运输单证中,但是该信息被证明是不准确的,则托运人并不当然地承担责任,因为单证托运人的行为并未得到托运人的授权(参见第34条)。第33条第2款的规定应被简单地理解为除了单证托运人所承担的义务和责任以外,托运人仍然要负担某些义务和责任。不能仅因为单证托运人的存在就理所当然地认为托运人可以免除所有的义务和责任。[3]

7.9　第34条　托运人为其他人负赔偿责任

第34条　托运人为其他人负赔偿责任

托运人委托包括受雇人、代理人和分合同人在内的任何人履行托运人的任何义务,对于此等人的作为或者不作为造成违反本公约规定的托运人义务,托运人负赔偿责任,但托运人委托承运人或者代表承运人行事的履约方履行托运人的义务,对于此等人的作为或者不作为,托运人不负赔偿责任。

托运人应当为其委托的履行托运人任何义务的人的作为或不作为承担赔偿责任。但不对承运人或代表承运人行事的履约方的作为或不作为承担责任。这在一定程度上是很显而易见的,因为本章涉及的是托运人对承运人的责任,这在第34条中已经做出明确规定。

(黄丹玲翻译)

3　参见H. Honka:"UNCITRAL草案下托运人的义务与责任",载《斯堪的纳维亚研究所海商法年刊》(简明版)2006年,第48页。

第八章　运输单证和电子运输记录

藤田友敬（Tomotaka Fujita）*

8.1　概述

公约第八章规定了运输单证和电子运输记录（译者注：原文表述为“第7章”，译者认为属于误述，应当是第8章。以下凡是涉及公约章节数目的，均以公约规定为准予以纠正，不再一一指出）。尽管有如此宏大的标题，此章仅谈及关于运输单证和电子运输记录的有限问题。例如，运输单证或者电子运输记录的转让问题就被包含在第11章。本公约未规定物权法方面的问题（如单证或者电子记录的转让如何对运输货物的占有权产生影响等）。本章只是规定了运输单证或者电子运输记录签发的义务以及上述单证或电子记录应包含内容的相关规定。

这里非常有必要解释一下公约第1条中与本章密切相关的术语的定义。不像之前的《海牙—维斯比规则》或者《汉堡规则》等运输法公约，本公约没有采用“提单”[1]这个术语。相反使用了“运输单证”取而代之。根据本公约，合同双方如何命名或称谓一份单证无关紧要。“运输单证”的定义是“承运人在运输合同下签发的单证，该单证（a）证明承运人或者履约方收到了运输合同项下的货物；并且（b）证明或者包含一项运输合同”（第1条第14款）。这个定义并不包括像场站收据这样的单证，因为该单证仅是收到货物的证明而不是运输合同的证明。

运输单证有两类：可转让运输单证，如提单（第1条第15款），和不可转让运输单证，如海运单（第1条第16款）。这两种单证可以根据是否包含如“凭指示”或者“可转让”，或者可被认为具有同等效力的其他措辞来加以区别（第1条第15款）。使用何种类的措辞以表明该单证是可转让或者不可转让的特性应当根据适用的国内法加以确定。公约本身没有表明单证适用的法律，因为法律选

---

* 日本东京大学法律和政治学院，法学教授。联合国国际贸易法律委员会第三工作组日本代表团成员，也是联合国国际贸易法律委员会第三工作组专家组成员。

1　公约也避免使用“权利凭证”这个概念（document of title）（参见《海牙规则》和《海牙—维斯比规则》第1条（b）项），因为在很多大陆法系国家这个概念非常难以理解。

择问题被认为不在公约的考虑范围。[2]

公约确认了不可转让单证下的一种特殊分类,即"表明交付货物时必须提交的不可转让运输单证"。在一些国家,这类单证被称为"记名提单"。关于公约是否有必要规定这类"中间类型的"单证,工作组有不同的意见。有人主张不应该鼓励这种单证的使用。但是,工作组最终决定因为存在此种单证在实践中被使用的事实,有必要对这些单证的规则进行统一规定。[3] 公约为此类单证制定了一些特殊规则,不适用于普通的不可转让运输单证(参见第41条第2款第2项、第46条和第51条第1款)。

"电子运输记录"的定义是"承运人在运输合同下以电子通信方式发出的一条或者数条电文中的信息,包括作为附件与电子运输记录有着逻辑联系,或者在承运人签发电子运输记录的同时或者之后以其他方式与之链接从而成为电子运输记录一部分的信息,该信息:(a)证明承运人或者履约方收到了运输合同项下的货物;并且(b)证明或者包含一项运输合同"。电子运输记录也分为可转让电子运输记录和不可转让电子运输记录(第1条第20款和第21款)。公约没有规定与"记名提单"相对应的电子单证。联合国国际贸易法律委员会工作组认为确认此种没有在现实实践中使用的中间类型的运输记录缺乏实践需要。[4]

8.2 第35条 运输单证和电子运输记录的签发

第35条 运输单证和电子运输记录的签发

除非托运人与承运人已约定不使用运输单证或者电子运输记录,或者不使用运输单证或者电子运输记录是行业习惯、惯例或者做法,否则,货物一经向承运人或者履约方交付运输,托运人,或者经托运人同意的单证托运人,有权按照托运人的选择,从承运人处获得:

(a)不可转让运输单证,或者,符合第8条第(a)项规定的,不可转让电子运输记录;或者

(b)适当的可转让运输单证,或者,符合第8条第(a)项规定的,可转让电子运输记录,除非托运人与承运人已约定不使用可转让运输单证或者可转让电子运输记录,或者不使用可转让运输单证或者可转

2 参见第三工作组(运输法)关于第二十一次会议的工作报告(2008年1月14-25日,维也纳),UN Doc. A/CN.9/645,第120段落。

3 参见第三工作组(运输法)关于第十七次会议的工作报告(2006年4月3-13日纽约),UN Doc. A/CN.9/594,第208-211段落。

4 参见第三工作组(运输法)关于第二十一次会议的工作报告(2008年1月14-25日维也纳),UN Doc. A/CN.9/645,第157段落。

让电子运输记录是行业习惯、惯例或者做法。

8.2.1　承运人签发运输单证或电子运输记录的义务

关于使用运输单证或电子运输记录的贸易合同、行业习惯、惯例或者做法

第35条规定了承运人签发一份运输单证或电子运输记录的义务。尽管第35条的条文结构有些繁复，在开头和(b)项中重复提到交易方的合同和行业习惯等不使用可转让的运输单证或者可转让的电子运输记录并不是多余的。条文开头的表述关注的是根本不使用任何单证或者电子记录的合同或者行业习惯等，而条文中的关注点是不使用可转让单证或者运输记录的合同或者行业习惯等（强调符号为译者所加）。这两个条件结合的结果就引出下面的规则：

(1)如果存在不使用任何运输单证或者电子记录（不论可转让还是不可转让的）的贸易合同、行业习惯、惯例或者做法，则承运人没有义务签发此类单证。

(2)如果存在不使用可转让的运输单证或者电子运输记录的贸易合同、行业习惯、惯例或者做法，托运人有权要求签发一份不可转让的运输单证或者不可转让的电子运输记录。

(3)如果不存在关于使用运输单证或者电子记录的贸易合同、行业习惯、惯例或者做法，承运人应该在托运人的要求下签发一份可转让的或不可转让的运输单证或者电子运输记录。

尽管《海牙规则》和《海牙—维斯比规则》以签发提单为前提，[5]而且《汉堡规则》要求承运人签发提单，[6]但是在现在的国际贸易中，不签发提单的海上货物运输越来越常见。第35条反映了这样的实践做法。例如，如果在一些区域贸易中使用海运单而非提单是行业惯例，根据本条规定，托运人无权要求承运人签发提单（可转让运输单证）。尽管免去承运人签发一份可转让的运输单证或可转让的电子运输记录的绝对义务似乎非常合理，但第35条允许合同双方根本不使用任何单证或者电子运输记录的做法可能不太容易实现。如果没有明确的协议，法院很难找到既不使用一份运输单证也不使用一份电子运输记录的行业习惯、惯例或者做法，尽管第35条指出这种情况有存在的可能性。

5　《海牙规则》和《海牙—维斯比规则》第1条(b)项。

6　《汉堡规则》第14条第1款。

可转让运输单证和可转让电子运输记录的种类

尽管第35条涉及当货物一经向承运人或者履约方交付运输即应签发一份运输单证或者电子运输记录的问题，但这并不意味着公约只认可“收讫待运提单”，而不认可“已装船提单”或“已装运提单”。第35条无意于排除实践中使用的任何类型的单证。[7] 当承运人应该签发一份可转让运输单证或者电子运输记录时，一定是一份恰当的单证。如果托运人需要，例如，为了满足跟单信用证的需要，托运人有权获得一份“已装船提单”作为一份恰当的可转让运输单证。

电子运输记录的使用

使用电子运输记录而不是运输单证需要承运人和托运人双方的同意。应该注意的是第35条效力并不超越第8条(a)项下使用电子运输记录的要求。

货物收据

第35条仅提及证明运输合同的一份单证或者一份记录的签发，没有提及承运人或履约方签发的“单纯的货物收据”问题[参见“运输单证“和”电子运输记录“的定义(第1条第14款和第18款)]。尽管在公约草案最初版本中明确提出承运人或者履约方有义务向发货人签发收据，[8]但是为了简化公约条文，该规定被删除。[9]当然这个规定不会妨碍适用的某个国内法规定承运人或履约方在货物交付时有签发货物收据的义务。

8.2.2　谁有权主张一份运输单证或者电子运输记录

根据本条规定，托运人有权获得一份运输单证和电子运输记录。但是有时，托运人以外的其他人希望获得一份运输单证和电子运输记录。非常典型的情形

7　这点在工作组的第一阶段的考虑中得到证实。参见第三工作组(运输法)关于第十一次会议的工作报告(2003年3月24日至4月4日，纽约)，UN Doc. A/CN. 9/526，第26段落。

8　参见UN Doc. A/CN. 9/WG. III/WP. 101的第37条(a)项。请注意那个阶段的“运输单证”或“电子运输记录”的定义包括不证明运输合同的单纯收据。参见秘书处有关“货物运输公约的运输法草案[全程或部分][海运]”记录的第1条第15款和第19款，UN Doc. A/CN. 9/WG. III/WP. 101。

9　参见第三工作组(运输法)关于第二十一次会议的工作报告(维也纳，14-25 Jan. 2008)，UN Doc. A/CN. 9/645，第109-127段落。公约没有再使用“发货人”这个概念。“运输单证”和“电子运输记录”的定义更加的狭义，因此不包括单纯的货物收据。后者使第八章的起草者更加便利，因为他们不用再拷问自己一个特殊的规则对于单纯的收据以及这样的单证或者证明运输合同的记录是否合理。

是涉及 FOB 贸易的运输。尽管 FOB 贸易中的卖方并非运输合同下的托运人,[10]但是人们认为 FOB 的卖方在将货物交与承运人后需要获得保障而且卖方应该有权以自己的名义获得运输单证或电子运输记录,而不是以托运人代理的身份。一种可能解决的方式是第 35 条提到的"发货人"和托运人一样,有权获得一份运输单证或者电子运输记录。[11] 但是工作组更倾向于使用"单证托运人"(第 1 条第 9 款)来处理这种情形。有人认为"发货人"这种说法过于广泛而不够精确,例如它可能包括将货物交与履约方的卡车司机。[12] 经托运人同意,根据第 35 条的规定,作为"单证托运人"的 FOB 贸易的卖方有权获得一份运输单证或者电子记录。因此,FOB 卖方欲在公约下得到充分的保护,满足"单证托运人"的定义很重要。FOB 卖方应该接受他的名字出现在运输单证或者电子运输记录上(第 1 条第 9 款)。

8.3　第 36 条　合同事项

第 36 条　合同事项

1. 第 35 条述及的运输单证或者电子运输记录中的合同事项应当包括由托运人提供的下列信息:

(a)适合于运输的货名;

(b)识别货物所必需的主标志;

(c)货物包数、件数或者数量;和

(d)货物重量(如果已由托运人提供)。

2. 第 35 条述及的运输单证或者电子运输记录中的合同事项还应当包括:

(a)承运人或者履约方收到待运货物时货物表面状况的说明;

(b)承运人名称和地址;

(c)承运人或者履约方收到货物日期、货物装船日期或者运输单证或者电子运输记录签发日期;和

(d)运输单证可转让,且签发一份以上正本的,可转让运输单证的

---

10 在 FOB 贸易下,买方一定会自付费用签订从指定港口装货的运输合同(INCOTERMS 2000,FOB B3a)。

11 参见第三工作组(运输法)关于第十七次会议的工作报告(纽约, 2006 年 4 月 3 日至 13 日),UN Doc.(A/CN.9/594,第 220–222 段落)。

12 在公约草案的考虑过程中,"发货人"这个词被定义为"将货物交与承运人或者履约方运输的人"(参见 UN Doc. A/CN.9/WG.III/WP.101 中的第 1 条第 10 款)。这个词语的定义是最后作出的决定,因为公约中不再使用这个词语。参见注释 438。

正本份数。

3. 第35条述及的运输单证或者电子运输记录中的合同事项还应包括：

(a) 收货人名称和地址(如果收货人已由托运人指定)；

(b) 船舶名称(如果已在运输合同中指明)；

(c) 收货地和交货地(如果承运人已知道交货地)；和

(d) 装货港和卸货港(如果已在运输合同中指明)。

4. 就本条而言，本条第2款第(a)项中"货物表面状况"一词是指在下述基础上确定的货物状况：

(a) 货物由托运人交付给承运人或者履约方时对所装载货物进行的合理外部检验；和

(b) 承运人或者履约方在签发运输单证或者电子运输记录之前实际进行的任何进一步检验。

8.3.1 简介

第36条规定了在运输单证或者电子运输记录的合同事项中所列的信息。这个列表内容比《海牙—维斯比规则》的规定要多，[13]与《汉堡规则》的规定[14]差不多。值得注意的是该条所列内容并未穷尽。除了第36条规定之外，公约其他条款也规定了为特别目的需包括在合同事项中的一些信息。例如，如果承运人想要援引第25条第1款(c)项来对抗取得可转让运输单证或可转让电子运输记

13 《海牙—维斯比规则》第3条第3款规定如下：承运人或船长或承运人的代理人在收受货物归其照管后，经托运人的请求，应向托运人签发提单，其上载明下列各项：(a)与开始装货前由托运人书面提供者相同的、为辨认货物所需的主要标志，如果这项标志是以印戳或其他方式标示在不带包装的货物上，或在其中装有货物的箱子或包装物上，该项标志通常应在航程终了时仍能保持清晰可认。(b)托运人用书面提供的包数或件数，或数量，或重量。(c)货物的表面状况。但是，承运人、船长或承运人的代理人，不一定必须将任何货物的标志、号码、数量或重量表明或标示在提单上，如果他有合理根据怀疑提单不能正确代表实际收到的货物，或无适当方法进行核对的话。

14 《汉堡规则》第15条第1款规定如下：提单记载的事项中，必须包括下列事项：(a)货物的一般性质，识别货物所需的主标志，对货物的危险性质的明确说明(如果适用)，货物的件数或包数和重量或以其他方式表示的数量。上述全部资料由托运人提供；(b)货物的外表状况；(c)承运人姓名及其主要营业地；(d)托运人姓名；(e)收货人姓名，如已由托运人指定；(f)海上运输合同规定的装货港以及货物由承运人在装货港接管的日期；(g)海上运输合同规定的卸货港；(h)提单正本超过一份时的提单正本份数；(i)签发提单的地点；(j)承运人或其代表的签字；(k)收货人应付运费的金额，或者应由收货人支付运费的其他说明；(l)第23条第3款所指的声明；(m)在适用时，货物应在或可在舱面载运的声明；(n)经双方明确协议的货物在卸货港的交付日期或期限；以及(o)依照第6条第4款规定而约定的责任限制的提高。

录的第三人的话，合同事项应当载明货物可以被装载在舱面上。为了使承运人的赔偿责任限制数额高于第59条第1款规定的数额，托运人声称的货物价值需要包括在合同事项中。

信息存在瑕疵或者不准确并不必然使运输单证或者电子运输记录无效（参见第39条）。

8.3.2　第36条第1款：托运人提供的货物信息

第36条第1款规定了由托运人提供的有关货物信息。（a）项[15]要求"适合运输的货物描述"。在工作组的讨论过程中，[16]曾指出目前存在托运人倾向于提供冗长细致的货物技术资料描述并包含在运输单证上的趋势，因为计算机的广泛使用，使这类技术性质信息的复制花费不了太多精力。还有一点值得注意，这样冗长的描述会加重海关、安全机构和银行的负担。"适合运输"的表述是为了澄清，当托运人提供了冗长细致的货物技术资料描述时，承运人并不受在运输单证或者电子运输记录上并入上述全部信息的约束。只要包含为了运输所需的相关信息的简要描述就足够了。但是，不允许承运人拒绝那些为了海关清关或者与安全相关的必需信息。《海牙—维斯比规则》和《汉堡规则》[17]都规定了"识别货物所需的主标志"[（b）项]，"货物包数或件数或者数量"[（c）项]和"货物重量"[（d）项]这几项。（d）项中提到"如果由托运人提供"是为了确保承运人只有在托运人要求并且提供了相应信息后才有义务填写重量这一项，但是承运人自己并没有义务给货物称重。[18]

当有合理的理由怀疑提单中的记载无法准确的反映实际收到的货物的情况或者无合理的方法检验时，《海牙—维斯比规则》允许承运人可以在提单中不记录任何标志、件数、数量或者重量。[19] 相反，在本公约下，合同事项应该包括托运人提供的有关货物的任何信息。尽管在这些情况下允许承运人对于货物有关信息做出保留（参见第40条），但是承运人无权简单地拒绝将这些信息包括在合

15　鉴于《海牙—维斯比规则》没有要求类似信息，《汉堡规则》第15条第1款（a）项规定"货物的一般性质"。

16　参见第三工作组（运输法）关于第十九次会议的工作报告（纽约，2007年4月16-27日），UN Doc. A/CN. 9/621，第270-273段落。

17　尽管《海牙—维斯比规则》和《汉堡规则》中都规定了这三项，但是有所区别。《海牙—维斯比规则》下这三项是可选择的，而《海牙规则》规定"包数或者件数"和"货物重量或数量"。本公约是可以在"货物包数或者件数或者数量"和"货物重量"两者中选择。

18　尽管规定"已由托运人提供"似乎已经足够，但是工作组决定在d项中包含额外的规定。参见第三工作组（运输法）关于第十七次会议的工作报告（纽约，2006年4月3日至13日），UN Doc. A/CN. 9/594，第229段落。

19　参见《海牙—维斯比规则》第3条第3款。

同事项中。另外,托运人需保证载入合同事项中需要的以及签发运输单证或电子运输记录所需要的信息的准确性(第31条第2款)。[20]

8.3.3 第36条第2款:承运人自己的信息、行为或者意见

第36条第2款提到了承运人自己的信息(其名称和地址),其行为(接收或者装载货物,签发运输单证等),或者其意见(货物表面状况)。

与之前的国际公约类似,[21]第36条第2款(a)项要求"当承运人和履约方接收要运输的货物时,需要作出一个关于货物表面状况的声明"。"表面状况"一词的定义在第四款中。首先,如果一个合理的外部检验显示货物有些问题,这将包括在"表面状况"表述的范围内。一个合理的外部检验并不意味着该状况从外部可见。特殊的声音或者气味可能引起对带有包装的货物的怀疑,如果有这样的信息,也应该包括在合同事项中。尽管在通常情况下一个合理的外部检验已经足够,但是如果承运人或者履约方自愿进行额外的检验,在额外检验中发现的任何信息应该包括在合同事项中。例如,尽管通常情况下承运人或者履约方没有打开集装箱做内部检查的义务,但如果他们这样做了并且发现集装箱内的货物存在瑕疵,这样的信息将会包含在"货物表面状况"的说明中。

(b)项规定"承运人的名称和地址"要包括在其中。[22] 第37条第2款就规定了根据本款规定无法识别承运人的情形。与《汉堡规则》不同,[23]本公约没有要求包括托运人的名称。公约认可了在运输单证或者电子运输记录中一个不是托运人的人被认作"托运人"的可能性("单证托运人";参见第1条第9款),要求包括托运人的名称可能与此规定发生冲突。

合同事项也应该包括如下日期:(i)收到货物日期,(ii)货物装船日期,[24]或者(iii)运输单证或者电子运输记录签发日期[(c)项]。当没有指出其重要性时,第39条第2款规定了解释合同事项中标注日期的规则。

当签发的正本可转让运输单证不止一份时,合同事项中应载明正本单证的份数[(d)项]。[25] 公约早期起草的条文没有规定载明这个信息[26],因为考虑到签发多份可转让运输单证的做法已经过时了,也不值得鼓励。尽管工作组依然不

---

20 之前的国际公约有相似的条款。参见《海牙—维斯比规则》第3条第5款和《汉堡规则》第17条第1款。

21 参见《海牙—维斯比规则》第3条第3款(c)项和《汉堡规则》第15条第1款(b)项。

22 《汉堡规则》第15条第1款(c)项也要求此信息。

23 参见《汉堡规则》第15条第1款(d)项。

24 参见《海牙—维斯比规则》第3条第7款和《汉堡规则》第15条第1款(f)项。

25 《汉堡规则》第15条第1款(h)项也规定要求此信息。

26 参见UN Doc. A/CN. 9/WG. III/WP. 56. 中公约草案第38条。

愿意承认此种做法,但最终还是决定制定此规则来保护签发多份单证时的持有人的利益。[27] 值得注意的是,公约只规定了当签发了多份可转让的运输单证时但未载明具体正本份数的部分后果。例如,公约明确规定了有关交付的后果。当单证正本份数没有在合同事项中载明时[第47条第1款(c)项],把货物交给持有一份正本运输单证的持有人并不解除承运人对于其他正本单证持有人的义务。然而,当正本单证的份数没有在可转让运输单证上载明时[第51条第3款(a)项],承运人是否可以以没有出具所有份数正本单证来拒绝持有人发出的指示的问题上规定得不是十分明确。[28] 根据适用的国内法,承运人可能要对不知道签发了多份可转让运输单证的持有一份单证的持有人造成的损失负责。在这种情况下,尽管承运人的责任是基于国内法,但是承运人仍然有权援引本公约第59条的规定享有责任限制,因为它构成了"承运人违反此公约下的义务所负的赔偿责任"。

8.3.4　第36条第3款:其他信息

第36条第3款规定合同事项里应该包括有关运输的额外信息。尽管工作组认为合同事项中强制要求列出的信息应该尽量简短,并且第1款和第2款提到的信息已经足够,但是联合国国际贸易法律委员会第41次会议仍然增加了第3款的内容。[29] 在扩大这份信息列表时,有必要谨慎考虑使得扩展的内容能够控制在商业合理性范围之内。在签发运输单证或者电子运输记录时,第3款中规定的一些事项经常是实践中不可获取的信息。因此第3款提到的大多数信息受制于一些条件限制,例如"如经托运人指定"或者"如果承运人已经知道"等。

"如经托运人指定",合同事项中应当包括"收货人名称和地址"[第36条第3款(a)项]。当然,这并不影响运输单证上记载收货人为"凭托运人指示"或者"不记名"。"如果运输合同明确规定",合同事项中应当包括"船舶名称"[第36条第3款(b)项]。例如,当货物被装载在卡车上并签发了运输单证时,在多式联运单证中可能无法明确船名。"收货地"也应该包含在合同事项中,但是"交货地"应该只有在承运人已经知晓时包括在合同事项中[第36条第3款(c)项]。当货物装载在船上时,也可能还不明确交货地在哪里。如果已在运输合

27　参见第三工作组(运输法)关于第十七次会议的工作报告(纽约,2006年4月3-13日),UN Doc. A/CN. 9/594,第230、233段落。

28　参见第三工作组(运输法)关于第二十次会议的工作报告(维也纳,2007年10月15-25日),UN Doc. A/CN. 9/642,第92段落。

29　参见联合国大会第63次会议官方记录,第17份补充文本,[联合国关于国际贸易法律委员会的报告,第41次会议(2008年6月16日至7月3日)],UN Doc. A/63/17,第113-121段落。

同中指明,合同事项也应包括装货港和卸货港[第 36 条第 3 款(d)项]。

8.4　第 37 条　承运人的识别

第 37 条　承运人的识别

1. 合同事项中载明承运人名称的,运输单证或者电子运输记录中凡是与此不一致的有关承运人身份的其他信息一概无效。

2. 合同事项中未按第 36 条第 2 款第(b)项载明任何人为承运人,但合同事项载明货物已装上指定船舶的,推定该船舶的登记所有人为承运人,除非该登记所有人能够证明运输货物时该船舶处于光船租用之中,且能够指出该光船承租人及其地址,在这种情况下,推定该光船承租人为承运人。或者,船舶登记所有人可以通过指出承运人及其地址,推翻将其当作承运人的推定。光船承租人可以按照同样方式推翻将其当作承运人的任何推定。

3. 本条规定概不妨碍索赔人证明,承运人是合同事项所载明的人以外的人,或者是根据本条第 2 款所识别的人以外的人。

8.4.1　简介

实践中一个众所周知的问题就是有时候签发的提单中没有明确指明承运人是谁,而被告试图逃避以该提单所证明的运输合同下的责任。尽管持有人,如接受这样单证的银行,可能会承担部分责任,大多数人认为如果允许签发这样一份单证的一方当事人通过躲藏在面纱之后而受到保护是非常不公平的。尽管这一问题在很多国家都存在,但是在"识别承运人"的解决方式方面,各国存在很大差异。公约第 37 条为这个问题提供了一个新的但可能不完美的解决方式。

8.4.2　通过合同事项中载明的名称识别承运人

第 37 条第 1 款规定了可以依合同事项中载明的名称来识别承运人的情形。在这种情况下,公约不允许依靠其他条款来否定指明的人是承运人。例如,"光租条款"或者运输单证或电子运输记录上的"承运人识别条款"。尽管该规则看上去是很公平的、没有争议的,但是在很多情形下,无助于解决"承运人识别"问题,特别是当运输单证上没有列明承运人的名称而仅简单署名为"代表船长"的情形。第 2 款规定了解决这一问题的原则。

8.4.3　合同事项中没有载明承运人名称

登记的船舶所有人或者光船承租人被推定为承运人

当合同事项中没有载明承运人名称，根据第37条第2款的规定，将合同事项中载明的登记船舶所有人推定为承运人。登记的船舶所有人可以通过举证运输当时船舶处于光船租赁合同之下，并且证明如下内容来推翻上述推定：(i) 能够指出该光船承租人名称及其地址；(ii) 指出承运人及其地址。当光船承租人被推定为承运人时，其可以通过举证某一承运人名称及其地址方式推翻这种推定。重点要注意的是登记船舶所有人或者光船承租人不能够仅凭证明了其并未与托运人签订运输合同来推翻这种推定。必须通过地址的举证来识别承运人（或者光船承租人）。

在联合国国际贸易法律委员会工作组考虑本条规定时，本条款也是引发了最多争议的条款之一。有代表团提出建议希望删掉本条款。[30] 反对本条款的理由很多。有些人认为这样的推定是不公平的，因为有的情况下登记的船舶所有人与运输合同没有任何联系而且对承运人的信息一无所知。另外一些人认为不应该保护没有表明承运人的运输单证的持有人。然而，也有人提出认为公约应该对这种长期存在的问题提供一种解决方式，尽管该解决方式并不完美。经过长时间的讨论，工作组最终决定保留将登记的船舶所有人推定为承运人的条款。[31]

第37条第2款最为恰当的理解就是为货方提供了一种工具以便于如何选取信息将登记的船舶所有人或者光船承租人识别为承运人，而不是让他们最终承担责任。然而，登记的船舶所有人要始终谨慎了解船舶是由谁以及其是如何经营船舶的相关信息。否则，没有办法通过提供承运人身份来推翻被认为是承运人的推定。

对登记船舶所有人或者光船承租人之外的人可能采取的措施

值得注意的是，第37条第2款的推定不会伤害可能作为原告的利益。一般

30　参见第三工作组（运输法）关于第十一次会议的工作报告（纽约，2003年3月24日至4月4日），UN Doc. A/CN.9/526，第56-60段落。第三工作组（运输法）关于第十八次会议的工作报告（维也纳，2006年11月6-17日），UN Doc. A/CN.9/616，第22-24段落，以及第三工作组（运输法）关于第十九次会议的工作报告（纽约，2007年4月16-27日），UN Doc. A/CN.9/621，第281-282段落。

31　参见第三工作组（运输法）关于第十九次会议的工作报告（纽约，2007年4月16-27日），UN Doc. A/CN.9/621，第281-288段落。

原则是当原告想要让被告承担作为承运人的责任时，原告需要证明与被告签订了运输合同。尽管根据第37条第2款的规定，原告选择运输货物的登记船舶所有人或光船承租人作为承运人的做法，减轻了原告上述一般举证责任的负担，但是原告依然有权选择将其他人作为被告，只要证明与他们签订了运输合同。本条没有排除作为真正承运人的任何其他人的情形。第37条第3款就简明地确认了这一点。

与适用的国内法相关规则的关系

尽管第37条第2款规定了解决本公约下"识别承运人"问题的另一种解决方式，但是没有否定货方根据可适用的国内法获得任何可能的救济。例如如果一个国家的法律认可"表面承运人"(apparent carrier)的责任，则运输单证的持有人可以不依据第37条第2款而单独起诉该责任人。如果一国的法学理论认为当单证上没有写明承运人时，提单抬头是决定性的因素，则原告可以依据该理论，而不是依据第37条第2款确定承运人。但是，可适用的国内法不能影响原告依据本条享有的推定权利。

时效

假设原告向登记的船舶所有人提起诉讼，而且登记船舶所有人在时效过后推翻了这种推定。如果适用普通的时效规则，原告将会丧失救济权。这一结果对于原告而言很不公平。因此，公约针对起诉光船承租人或者按照第37条第2款起诉被认定为承运人的人时，规定了关于诉讼时效开始起算日期的一项特殊规则。简而言之，在识别真正的承运人或者登记的船舶所有人或光租承租人推翻了将其识别为承运人之后，赋予了原告至少90日的时间(第65条)。

8.5 第38条 签名

第38条 签名

1. 运输单证应当由承运人或者代其行事的人签名。

2. 电子运输记录应当包含承运人或者代其行事的人的电子签名。凭借此种电子签名，应当能够识别与该电子运输记录有关的签名人，且表明承运人对该电子运输记录的授权。

8.5.1 运输单证上的签名

运输单证应由承运人或者代其行事的人签发。与合同事项中的其他信息不同,缺少签名将会使运输单证无效。应该注意的是第 39 条不适用于缺少签名的情况。

就要求运输单证上有签名的问题,本条规定更多地将关于签名的有效性问题留给可适用的国内法来解决。[32] 例如,与《汉堡规则》不同,公约中没有对于签名进行界定。[33] 对于什么条件将构成真实有效的签名问题,本条没有规定。代表承运人行事的人的签名形式问题也留给了国内法解决。[34] 在未经承运人授权代其签名的问题上,公约也保持了沉默。对于未经授权签名的约束力问题根据适用的有关表面授权的各国法律规则处理。[35]

8.5.2　电子运输单证上的电子签名

正如运输单证需要签名一样,电子运输记录也应该包含承运人或代其行事的人的电子签名。像没有签名的运输单证一样,电子签名的缺少将使电子运输记录无效。

第 38 条第 2 款要求电子签名应该能够识别电子运输记录有关的签名人,并且能够表明承运人对该电子运输记录的授权。尽管这样的要求与 1996 年《联合国国际贸易法律委员会关于电子商务示范法》[36]和 2005 年《联合国国际合同使用电子通信公约》[37]中的要求相一致,但是第 38 条第 2 款没有提及对于电子签

32　参见第 63 次联合国大会正式记录,第 17 份补充文本,[联合国关于国际贸易法律委员会的报告,第 41 次会议(2008 年 6 月 16 日至 7 月 3 日)],UN Doc. A/63/17,第 124 段落。

33　《汉堡规则》第 14 条第 3 款规定:"提单上的签字,如不违反签发提单所在国法律,可以是手写、传真复制、打孔、盖章、使用符号或任何其他机械或电子方式。"参见第三工作组(运输法)关于第十八次会议的工作报告(维也纳,6-17 Nov. 2006),UN Doc. A/CN. 9/616,第 11 段落。

34　参见《汉堡规则》第 14 条第 2 款,跟单信用证对具体的签名形式作出具体要求。参见 UCP 600 的第 20 条(a)款(i)项和第 21 条(a)款(i)项。

35　公约谨慎的删掉了"授权"一词,是有意地避免产生争议。参见第三工作组(运输法)关于第十八次会议的工作报告(维也纳,2006 年 11 月 6-17 日),UN Doc. A/CN. 9/616,第 12 段落,和第三工作组(运输法)关于第十九次会议的工作报告(纽约,2007 年 4 月 16-27 日),UN Doc. A/CN. 9/621,第 291 段落。

36　第 7 条第 1 款规定:如法律要求要有一个人签字,则对于一项数据电文而言,倘若情况如下,即满足了该项要求:(a)使用了一种方法,鉴定了该人的身份,并且表明该人认可了数据电文内含的信息;(b)从所有各种情况来,包括根据任何相关协议,所用方法是可靠的,对生成或传递数据电文的目的来说也是适当的。

37　第 9 条第 3 款规定:凡法律要求一项通信或一项合同应当由当事人签字的,或法律规定了没有签字的后果的,对于一项电子通信而言,在下列情况下,即满足了该项要求:(a)使用了一种方法来鉴别该当事人的身份和表明该当事人对电子通信所含信息的意图;而且(b)所使用的这种方法:(i)从各种情况来看,包括根据任何相关的约定,对于生成或传递电子通信所要达到的目的既是适当的,也是可靠的;或者(ii)其本身或结合进一步证据事实上被证明已履行以上第一项中所说明的功能。

名使用方法的可信度问题。[38] 尽管有人建议公约应该单独界定"电子签名"的含义或者明确判定可信度的最低标准,但是工作组认为将电子签名的有效性问题交给可适用各国国内法下的相关规定予以解决是明智的。[39] 因此各国国内法下关于电子签名的规定(如果有的话)将会适用于电子运输记录的签名问题。[40]

8.6　第39条　合同事项不完备

第39条　合同事项不完备

1. 合同事项中缺少第36条第1款、第2款或者第3款述及的一项或者数项内容,或者这些内容不准确,本身不影响运输单证或者电子运输记录的法律性质或者法律效力。

2. 合同事项包含日期而未载明其含义的:

(a)如果合同事项载明货物已装船,该日期视为运输单证或者电子运输记录中载明的全部货物的装船日期;或者

(b)如果合同事项未载明货物已装船,该日期视为承运人或者履约方收到货物的日期。

3. 合同事项未载明承运人或者履约方收到货物时货物表面状况的,该合同事项视为已载明承运人或者履约方收到货物时货物表面状况良好。

8.6.1　第39条第1款:一般规定

即使第36条第1款至第3款述及的部分内容缺失或不准确,这并不影响运输单证或者电子运输记录的法律性质或者法律效力(第39条第1款)。例如,一份没有日期的提单依然是有效的,按照第41条(a)款和(b)款(i)项,合同事项中的其他信息具有证明作用。这与《汉堡规则》所采纳的规则一样。[41] 当然如果运输单证或者电子运输记录非常不完整,可能导致无效。例如,如果合同事项中没有任何关于运输合同项下货物的信息,这样的一份运输单证或者电子运输记

38　比较第38条第2款和1996年《联合国国际贸易法委员会关于电子商务示范法》第7条第1款(b)项或者2005年《联合国国际合同使用电子通信公约》第9条第3款(b)项。

39　参见第三工作组(运输法)关于第十五次会议的工作报告(纽约, 2005年4月18-28日),UN Doc. A/CN.9/576,第202段落。

40　这一点在联合国国际贸易法委员会第41次会议上被再次确认。参见联合国大会第63次会议官方记录,第17份补充文本,[联合国关于国际贸易法委员会的报告,第41次会议(2008年6月16日至7月3日)],UN Doc. A/63/17,第124段落。

41　参见《汉堡规则》第15条第3款。

录是无效的。公约中没有规定合同事项中至少应包括哪些信息，这一问题留给了可适用的各国国内法律解决。

只有第36条第1款提到的信息可以被保留，关于货物的其他信息如“货物的表面状况”不能被保留。

8.6.2　第39条第2款和第3款：缺项规则

第39条第2款和第3款规定了合同事项中的一些信息不完整或者缺少时的缺项规则。

合同事项中的日期

如果合同事项中提及日期，但是没有载明其含义（如指的是什么日期），(1)如果合同事项载明货物已装船，该日期视为货物全部装船的日期；并且(2)如果合同事项未载明货物已装船，该日期视为承运人或者履约方收到货物的日期。因为这是一个不可推翻的推定，公约不允许合同双方证明与之不同的真实意图。

货物表面状况

合同事项未载明承运人或者履约方收到货物时货物表面状况的，该合同事项视为已载明承运人或者履约方收到货物时货物表面状况良好。换言之，如果想主张收到的货物表面状况并非良好并且要对抗托运人之外的人，承运人或履约方应该在合同事项中载明“货物表面状况”［参见第41条(b)项和(c)项］。[42] 与第2款一样，公约不允许合同双方证明与之不同的真实意图。

8.7　第40条　对合同事项中货物相关信息做出保留

第40条　对合同事项中货物相关信息做出保留

1. 在下列条件下，承运人应当对第36条第1款中述及的信息作出保留，指出承运人对于托运人所提供信息的准确性不负责任：

(a)承运人实际知道运输单证或者电子运输记录中的任何重要声明有虚假或者误导内容；或者

(b)承运人有合理的理由认为运输单证或者电子运输记录中的任

42　请注意合同事项中关于“货物表面状况”的陈述是绝对证据，无论运输单证或电子运输记录是可转让的或是不可转让的。根据单证或记录的性质不同，对于第三方（持有人或者收货人）的保护要求也不同。比较第41条(b)项和第41条(c)项的内容。

何重要声明有虚假或者误导内容。

2. 在不影响本条第1款的情况下,承运人可以按照本条第3款和第4款规定的情形和方式,对第36条第1款中述及的信息作出保留,指出承运人对于托运人所提供信息的准确性不负责任。

3. 货物不放在封闭集装箱内或者封闭车辆内交付给承运人或者履约方运输,或者货物放在封闭集装箱内或者封闭车辆内交付且承运人或者履约方实际检验了货物的,在下述条件下,承运人可以对第36条第1款中述及的信息作出保留:

(a)承运人无实际可行或者商业上合理的方式核对托运人提供的信息,在这种情况下,承运人可以注明其无法核对的信息;或者

(b)承运人有合理的理由认为托运人所提供的信息不准确,在这种情况下,承运人可以列入一个条款,提供其合理认为准确的信息。

4. 货物放在封闭集装箱内或者封闭车辆内交付给承运人或者履约方运输的,承运人可以就下列条款中述及的信息做出保留:

(a)第36条第1款第(a)项、第(b)项或者第(c)项,条件是:

(i)集装箱内或者车辆内货物未经过承运人或者履约方实际检验;并且

(ii)无论承运人还是履约方均未在签发运输单证或者电子运输记录之前以其他方式实际知道集装箱内或者车辆内货物的情况;和

(b)第36条第1款第(d)项,条件是:

(i)无论承运人还是履约方均未对集装箱或者车辆称重,且托运人和承运人均未在装运货物之前约定对集装箱或者车辆称重并将其重量记载在合同事项中;或者

(ii)无实际可行或者商业上合理的方式核对集装箱或者车辆重量。

8.7.1 简介

承运人应该在合同事项中包含由托运人提供的,符合第36条第1款规定的有关货物的一切信息。承运人应该依据合同事项中的保留条款来避免可能产生的责任,而不是简单地拒绝列入相关信息。第40条对何时及何种情况下承运人应该或可以对于货物的有关信息加入保留条款作出规定。

第40条提及的保留条款就是为了表明"承运人对于托运人所提供信息的准确性不负责任。"如经常在实践中使用的"据说包含"、"托运人称重和计数"或者

"内容不详"等一般条款,足以达到该目的。与《汉堡规则》[43]不同,本公约不需要关于不准确、怀疑的理由或者缺少合理的检验方法等内容的陈述。在工作组讨论过程中,尽管有人曾建议承运人应该给出保留的理由,但是该意见没有得到支持。[44]

8.7.2　承运人应当保留信息的情形

第 40 条第 1 款规定了强制做出保留条款的情形。当承运人实际知道运输单证或者电子运输记录中的任何重要声明存在虚假或者误导内容;或者承运人有合理的理由相信运输单证或者电子运输记录中的任何重要声明存在虚假或者误导内容,应当对有关货物的信息做出保留,并指出承运人不对托运人所提供信息的准确性负责。

公约没有规定承运人未对第 36 条第 1 款规定的此类信息做出保留的后果问题。承运人在可适用的国内法下可能要承担责任。然而,承运人可以援引公约第 59 条规定的责任限制,因为这符合公约规定的"违反公约下的各项义务"的条件,尽管诉因是根据该国内法确定的。但是承运人如果在明知合同事项中的重要声明是虚假的但是故意不加入保留条款,按照第 61 条的规定,很有可能会丧失责任限制的权利。

实践中承运人会采用这样一个做法,即为了满足信用证下"清洁提单"的需要,签发的提单中没有关于货物描述的保留条款以获得托运人出具的"担保函"。尽管这样的做法不被提倡,但是与《汉堡规则》不同[45],公约没有明确规定担保函的效力问题。工作组认为根据第 61 条的规定,可能丧失责任限制的制裁已经足以限制承运人采用这一做法。[46] 对于持有人或者收货人来说,担保函不

43　参见《汉堡规则》第 16 条第 1 款。

44　参见第三工作组(运输法)关于第十一次会议的工作报告(纽约,2003 年 3 月 24 日至 4 月 4 日),UN Doc. A/CN. 9/526,第 37 段落;参见第三工作组(运输法)关于第十八次会议的工作报告(维也纳,2006 年 11 月 6–17 日),UN Doc. A/CN. 9/616,第 34 段落。

45　第 17 条第 2 款、第 4 款规定如下:……2. 托运人为就承运人或代其行事的人,未对由托运人提供以载入提单的事项或货物的外表状况作出保留而签发提单所引起的损失,而据以给予承运人赔偿的任何保函或协议,对包括受让提单的收货人在内的第三方,一概无效。3. 除非承运人或代其行事的人意图对包括信赖提单中所载货物情况的收货人在内的第三方进行欺诈,而不将本条第 2 款所述保留载入,此种保函或协议对托运人有效。在发生欺诈的情况下,如果未予列入的保留是关于由托运人提供以载入提单的事项,承运人便无权根据本条第 1 款向托运人要求赔偿。4. 在本条第 3 款所述意图欺诈的情况下,承运人应对包括信赖其所发提单中所载货物情况的收货人在内的第三方所受任何损失,负赔偿责任,而不能享受本公约中规定的责任限度的利益。

46　参见第三工作组(运输法)关于第十八次会议的工作报告(维也纳,2006 年 11 月 6–17 日),UN Doc. A/CN. 9/616,第 35 段落。

影响运输单证或电子运输记录的证据价值。关于托运人和承运人之间签订的担保函的有效性问题最终留给了可适用的各国国内法解决。[47]

8.7.3 承运人可以保留信息的情形——非集装箱货物

货物没有放在封闭集装箱内或者封闭车辆内交付给承运人或者履约方运输的,在满足如下条件时,承运人可以就有关货物的信息做出保留:(1)如果承运人无实际可行或者商业上合理的方式核对托运人所提供的信息,在这种情况下,承运人可以注明信息无法核对;或者 (2)承运人有合理的理由相信托运人所提供的信息不准确,在这种情况下,承运人可以列入一个条款规定其合理认为准确的信息。然而,在任何情况下,如果承运人或者履约方实际检查了这些货物,则不允许承运人再对信息作出保留。

8.7.4 承运人可以保留信息的情形——集装箱货物

集装箱货的特别规则

公约规定关于集装箱货的描述可以保留信息的情形。尽管有人建议针对集装箱货和非集装箱货应采用相同的规则,但是工作组认为这两种货物的区别是显而易见的,因为在实践中,他们的处理方式是存在差异的,而且可以推定承运人无法打开集装箱对货物进行检验。[48]

该特殊规则适用于货物在封闭的集装箱或者车辆内交付给承运人或履约方运输的情形。公约没有规定封闭的集装箱或车辆的"封闭"一词的含义。[49] 条文似乎没有要求集装箱事实上被锁住或者铅封,因为这样的要求似乎是不合理的,尤其是关于第4款(b)项重量的保留问题。

货物描述、主标志、包数、件数或者货物数量

当货物是装在封闭的集装箱或者车辆中交付给承运人或履约方运输时,承运人在以下情形无权对于第36条第1款(a)项、(b)项、(c)项的信息做出保留:(i)当承运人或履约方已经实际检查了集装箱或者车辆里的货物,或者(ii)他们在签发运输单证或者电子运输记录前已经实际知道集装箱内或者车辆内货物的情况[第40条第4款(a)项]。否则,承运人可以保留关于货物的描述、主标志、

---

47 即时在运输合同当事方之间,在某些情形下,《汉堡规则》也否决了担保函的有效性。参见《汉堡规则》第18条第3款。

48 参见第三工作组(运输法)关于第十八次会议的工作报告(维也纳,2006年11月6-17日),UN Doc. A/CN.9/616,第31-33段落。

49 关于"集装箱"的定义,参见第1条第26款。

包数、件数或者货物数量的信息。

货物重量

承运人保留货物重量的信息比较容易。在下列情形下，承运人不可以保留这个信息，如果(i)承运人或者履约方对集装箱或者车辆已经称重或者托运人和承运人在装运货物之前约定应对集装箱或者车辆称重并将其重量记载在合同事项中；且(ii)存在实际可行或者商业上合理的方式核对集装箱或者车辆重量[第40条第4款(a)项]。否则，承运人有权保留有关重量的信息。

8.7.5　保留条款的作用

如果承运人根据第40条做出有效保留，则合同事项中有关货物的信息不具有第41条规定的证据效力。例如集装箱里装载40台计算机，但是合同事项载明50台，如果在运输单证上载明"内容不详"的保留条款，公约允许承运人主张只收到集装箱里的40台计算机，而无须为短少的10台计算机负责。保留条款并不总是否定运输单证或电子运输记录的全部证据效力，但是仅限于在合同事项中所载事项的保留。例如当货物的重量[第36条第1款(d)项]被保留为"托运人称重"，则有关包数的信息[第36条第1款(c)项]仍然具有一般的证据效力。

保留条款的有效性不取决于交给收货人的集装箱或者车辆的状况。在工作组的讨论过程中，有人曾提议，关于放在封闭集装箱里的货物的保留条款，只有在交付货物时集装箱是完整的、未受损的、交付之前未打开的情况下才有效。[50] 尽管有一部分人支持这个提案，但是工作组的大部分成员认为这样的要求没有必要。[51] 因为合同事项的证据效力和集装箱或者车辆的状况之间没有相关的逻辑关系。然而有一点应当注意，如下文所解释的，如果受损货物是装在受损的集装箱交付的，承运人有可能要承担责任，即使该保留条款是有效的。

尽管带有保留条款的合同事项中的货物描述没有通常的证据效力，但是并非意味着可以完全免除承运人所应承担的货物灭失或损坏的责任。例如，假设集装箱到达目的地时发现有海水浸入，集装箱里的电子产品受损。合同事项中包含"内容不详"的保留条款。在这种情况下，承运人很大程度上需要承担赔偿责任，除非合同事项中指明承运人或履约方收到货物时集装箱已经被海水浸泡。假设在不存在第17条规定的免责事项的情况下，法庭能够很容易的推定货

50　参见在UN Doc. A/CN. 9/WG. III/WP. 21第154段落中所包含的公约最初文本的评论。也可参见UN Doc. A/CN. 9/WG. III/WP. 62，第49段落。

51　参见第三工作组(运输法)关于第十八次会议的工作报告(维也纳，2006年11月6–17日)，UN Doc. A/CN. 9/616，第70–73段落。

物和集装箱一起被海水损坏,尽管存在保留条款,承运人仍需要承担赔偿责任,除非承运人能够有相反的证明。

8.8　第41条　合同事项的证据效力

第41条　合同事项的证据效力

除合同事项已按照第40条规定的情形和方式作了保留外:

(a)运输单证或者电子运输记录是承运人收到合同事项中所记载货物的初步证据;

(b)在下列情况下,承运人就任何合同事项提出的相反证据不予接受:

(i)此种合同事项载于已转让给善意行事第三方的可转让运输单证或者可转让电子运输记录,或者

(ii)此种合同事项载于载明必须交单提货,且已转让给善意行事收货人的不可转让运输单证。

(c)承运人提出的针对善意行事收货人的相反证据,在该收货人依赖载于不可转让运输单证或者不可转让电子运输记录中的下述任何合同事项时,不予接受:

(i)第36条第1款中述及的合同事项,此种合同事项由承运人提供;

(ii)集装箱的号码、型号和识别号,而非集装箱封条的识别号;和

(iii)第36条第2款中述及的合同事项。

8.8.1　简介

第41条规定了运输单证或者电子运输记录的证据效力。该条款适用于没有根据第41条规定作出保留的合同事项的情形。即使合同事项作出保留,如果第40条规定的保留条款的条件不符合的话,合同事项中有关货物的信息依然有证据效力,如同不存在保留条款一样。至于保留条款的效力,参见有关第40条的评论。

8.8.2　合同双方之间的证据效力

在托运人手中,运输单证或者电子运输记录仅仅是承运人收到合同事项中所记载货物的初步证据[第41条(a)款]。合同双方可以举证来推翻这种证据效力。例如,如果合同事项中载明“40个集装箱”,承运人可以证明他实际只收

到30个集装箱。现存生效的国际公约已经对此规定了非常明确的规则。[52]

8.8.3　承运人和第三方之间的证据效力

在承运人和第三方之间，[53]根据运输单证或者电子运输记录的不同性质，证据效力是不同的。

在可转让运输单证等情形下

对于可转让运输单证或者电子运输记录，合同事项中的信息在承运人和善意的持有人之间具有绝对证据。这与现存的国际公约采用相同的规则。[54] 只有善意的持有人才能够得到保护。如果持有人知道信息不准确，则得不到保护，但是同时此种持有人还没有支付价款或没有基于合同事项中的信息改变地位的，可以假定该持有人是善意的。

相同的规则适用于"记名提单"下（即表明提取货物时应当出具的不可转让运输单证）有关非托运人地位的收货人的情形。

在不可转让运输单证等情形下

关于不可转让的运输单证或不可转让电子运输记录中的信息是否具有绝对证据效力引起广泛的争议。[55] 有些人认为禁止反言原则同样适用于不可转让的运输单证或者不可转让的电子运输记录。也有其他人反对，认为赋予绝对证据效力不能够与不可转让运输单证或电子运输记录的特性相协调。尽管《国际海事委员会海运单统一规则》第5条第(ii)款规定，海运单中有关货物描述的规定

52　参见《海牙—维斯比规则》第3条第4款，《汉堡规则》第16条第3款(a)项。

53　有个问题就是合同事项的有关信息具有绝对证据的效力是否总是将托运人排除在外。假设FOB卖方为买方安排了运输合同，FOB买方根据运输单证支付了款项。尽管FOB买方在这个假设里被认作是托运人，不是第三方，可能也值得保护。公约最初的草案文本包含一条覆盖此种情形的替代条款。UN Doc. A/CN. 9/WG. III/WP. 21的第8.3.3(b)款第(ii)项规定如下：证明收到货物的运输单证或者电子运输记录是承运人按照合同事项所描述的情况收到货物的绝对证据，如果善意的一方已经支付了款项或者因为信赖合同事项中有关货物描述而改变地位。根据该条文规定，因信赖合同事项中的货物描述而改变地位的托运人也是应当得到保护的。然而，公约的最终文本没有采纳这种方式，与之前的国际公约一致，要求绝对证据保护的是第三方的地位。

54　参见《海牙—维斯比规则》第3条第4款，《汉堡规则》第16条第3款(b)项。

55　参见第三工作组（运输法）关于第十八次会议的工作报告（维也纳，2006年11月6–17日），UN Doc. A/CN. 9/616，第49–73段落。

具有绝对证据效力[56],但是该规则明确指出该条规定仅适用于合同双方通过协议将规则并入的情形。最终,工作组采取了一个折中的方案,即与可转让的运输单证或者可转让的电子运输记录相比较,采用一种“较弱的绝对证据效力”形式。

不可转让的运输记录(不包括“记名提单”)或不可转让电子运输单证中包含在合同事项的信息也被认为具有绝对证据效力,但是效力受限于如下两方面:(1)仅针对有限的事项具有绝对证据效力;以及(2)收货人应被保护的需要更加迫切。

具有绝对证据效力的不可转让运输单证或者不可转让电子运输记录包含的信息范围

不可转让的运输单证或者电子运输记录中的合同事项包含的下列信息具有绝对证据效力:(1)(a)适于运输的货物描述,(b)识别货物所需的主标志,(c)包数或者件数或货物数量,以及(d)如果由托运人提供货物重量;(2)集装箱的号码、型号和识别号,而非集装箱铅封条的识别号;和(3)(a)货物交与承运人或履约方运输时关于货物表面状况的陈述,(b)承运人的名称和地址,和(c)承运人或履约方收到货物的日期,或者货物装上船舶的日期,或运输单证或电子运输记录签发的日期。

这些都属于有关承运人一方的信息或者承运人可确定的事项。

对第三方的要求

与可转让运输单证或者可转让的电子运输记录的持有人相比,对于第三方收货人的要求更加严格。收货人不仅要求是善意的,而且应该是依赖于合同事项中的信息行事的人(如收货人已经支付货款或者释放了针对货物的担保)。[57]

增强运输单证或电子运输记录证据效力的自由

限制第41条规定的运输单证或电子运输记录的证据效力是不可能的(第

---

56 《国际海事委员会海运单统一规则》第5条规定如下:如承运人未作保留,海运单或类似的文件中有关货物数量或状态的任何记载:(a)在承运人与托运人之间,应是收到如此记载的货物的初步证据;(b)在承运人与收货人之间,应是收到如此记载的货物绝对证据,并且,不得提出相反的证据,但以收货人始终善意行事为条件。

57 参见第三工作组(运输法)关于第二十一次会议的工作报告(维也纳,2008年1月14-25日),UN Doc. A/CN.9/645,第140-142段落。

79条第1款)。然而,合同双方可以赋予其更强的证据效力。[58] 例如,假设承运人和托运人约定签发一份并入了《国际海事委员会海运单统一规则》内容的海运单。此种情形下,按照《国际海事委员会海运单统一规则》第5条第(ii)款的规定,海运单上有关货物描述的内容具有的证据效力强于本公约第41条(c)款规定的证据效力。

8.9　第42条　"预付运费"

第42条　"预付运费"

合同事项载有"预付运费"声明或者类似性质声明的,承运人不能以运费尚未支付这一主张对抗持有人或者收货人。持有人或者收货人也是托运人的,本条不适用。

8.9.1　"预付运费"声明的效力

第42条将实践中惯用的关于"预付运费"的声明纳入条文中。如果运输单证或电子运输记录中载有这样的声明或类似性质的声明(如"运费提前支付"),承运人不能向持有人或者收货人主张运费。也不能够为了担保托运人未支付运费的目的通过留置货物来对抗持有人或者收货人。

应当注意的是,与第41条规定不同,本条并不要求持有人是善意的。这种差异的产生是基于本条的性质决定的。如果本条规定的目的是保护善意的持有人或收货人免于承担未知的义务,则缺少善意这一要件看起来就是奇怪的事情。然而,"预付运费"的声明被视作是承运人不会向持有人或收货人主张运费的声明。

在此种情形下,尽管事实上承运人没有从托运人处获得运费,不管持有人或收货人是否知道这个事实,承运人没有权利收取运费。也就是说,当合同事项中包括"运费预付"的声明时,承运人仅有权向托运人主张运费而无权向持有人要求未付的运费,尽管持有人了解运费实际上没有支付这个事实。

8.9.2　缺少"运费预付"声明的后果

还应注意到对于运输单证或者电子运输记录缺乏"运费预付"的声明时承运人是否享有向持有人或者收货人主张运费的权利问题,第42条没有作任何规

58　参见第三工作组(运输法)关于第十八次会议的工作报告(维也纳,2006年11月6-17日),UN Doc. A/CN.9/616,第67段落。

定。与《汉堡规则》不同,[59]当合同事项不包括任何由持有人或收货人支付剩余运费的声明时,本公约并没有对持有人或收货人的利益问题做出任何推定。

关于承运人是否以及什么情形下可以向持有人主张运费的问题由第58条第2款解决。对于可转让运输单证或者可转让电子运输记录上没有并入或者没有明确载明的,持有人没有支付运费的义务。[60]

(李莹莹翻译)

---

59 《汉堡规则》第16条第4款第一句话规定:"如果提单未按照第15条第1款(h)项的规定载明运费或以其他方式说明运费由收货人支付或未载明在装货港发生的滞期费由收货人支付,则该提单是收货人不支付运费或滞期费的初步证据。"

60 《汉堡规则》中包含一个类似的规定。《汉堡规则》第16条第4款第二句话规定:"如果提单已转让给相信提单上无任何此种说明而照此行事的包括收货人在内的第三方,则承运人提出的与此相反的证据不予接受。"

第九章　货物交付

戈坚·凡·得·基尔(Gertjan van der Ziel)*

9.1　概述

9.1.1　《海牙规则》和《海牙—维斯比规则》下的货物交付

《海牙规则》和《海牙—维斯比规则》未对货物交付予以太多关注。提货通知期和诉讼时效自相关货物交付时起开始计算。这些都是关于货物交付的规定。结果是在这两个国际公约下,交付货物是否为承运人的法定义务这个问题仍未得到解决。由此产生的后果之一便是对《海牙规则》和《海牙—维斯比规则》有关责任限制的规定是否适用于承运人过失交付货物的情形存在疑问。在这个问题上,还没有统一的结论。从《海牙规则》和《海牙—维斯比规则》中承运人自交付货物后免除责任的规定来看,在《海牙规则》和《海牙—维斯比规则》下承运人是否可以对过失交付货物免责这一点也是有争论的。事实上,该法律上的不确定也引出很多的判例。

9.1.2　《鹿特丹规则》下承运人的基本义务

为了消除这样的不确定,《鹿特丹规则》在第 11 条中明确规定,承运人在运输合同下的基本义务不仅是将货物运至目的地,还要将货物交付给收货人。因此,当承运人将货物交付给未被授权之人时,他就违反了本公约下的义务。在《鹿特丹规则》下,承运人的责任体系被限定在货物灭失、损坏的情形,一旦发生错误交付货物,货物并未产生物理意义上的灭失,因此应当根据各国国内法的规定确定承运人错误交付货物的责任。一旦以这种方式确立了错误交付的责任,承运人就有权根据第 59 条的规定享受责任限制。

---

* 原荷兰鹿特丹伊拉斯默(Erasmus)大学运输法教授。国际海事委员会名誉会员。联合国国际贸易法律委员会第三工作组荷兰代表团成员以及联合国国际贸易法律委员会第三工作组专家组成员。

9.1.3　定义

交付

《鹿特丹规则》并未包含交付的定义。无论是从实践还是从理论角度来看，给交付下一个合适的定义都是一个众所周知的难题。本公约避开了这个潜在的问题，首先，通过在第 12 条第 2 款和第 3 款中界定承运人对货物的责任期间终止的方式，明确通常是在约定的时间和地点交付货物；其次，通过第 48 条规定的情形，明确在合同约定的责任期间届满后货物仍处于承运人的监管之下。考虑到所有满足实践需要的目的，第 12 条第 2 款、第 3 款以及第 48 条的规定综合起来就足够了，因此也就没有必要再对“交付”进行界定。事实上，就本公约而言，交付货物意味着承运人对货物的责任转移给被授权之人（通常是收货人）。如果没有人愿意接受这样的转移，至少是没有在正确的时间和地点接受转移，承运人对此种货物无须承担一般责任，而只承担标准相对较低的责任，即第 48 条第 5 款的规定。

当然在货物的交付中也许有物理意义上的实际交付的因素，但是这并不是在任何情况下都必然如此。有时，收货人在约定的交货时间和地点实际收取货物，对货物责任的转移和对货物物理意义上保管义务的转移是同时发生的。然而，通常情况下货物是在一个代理人手中，而且在货物的责任已经发生转移之后货物仍在该代理人持有之下（尚未实际交付给收货人）。那么，在货物交付之前，这个代理人代表承运人，在货物交付之后，他就代表收货人。甚至会出现这样的情形：在物理意义上实际交付货物时，货物仍处于承运人（或者其分合同人）的保管之下，货物交付之后，承运人（或者它的分合同人）作为收货人的代理人行事。

另一个问题是承运人对货物的责任转移至收货人并不必然与承运人在运输合同下的责任有关。根据第 48 条的规定，承运人对货物的责任不同于一般责任，尽管根据该条款规定货物的交付仍然会发生。[1]

第 1 条第 10 款中的“持有人”

在（a）款中有以下四个要点需要注意：

第一，“持有人”这一术语仅与可转让运输单证的使用相关联。不可转让的

1　当本公约提及“交付”一词时，法律上仅涉及责任的转移；因此，在这个文本中最好使用“责任的转移”而不是“交付”一词。然而考虑到“交付”是广泛使用的一个词语，本公约也使用同样术语，因此这里也沿用该表述。有鉴于此，作者注意到本公约避免使用“保管”一词。考虑到货物交付时常常不具有物理意义上的实际交付因素，因此该术语的使用也没有太多的法律意义。

运输单证,包括需要提交的不可转让运输单证(如记名提单)只承认托运人和收货人。

第二,这个定义反映了可转让运输单证(单证本身用来确定谁是有权获得运输单证上记载的各项权利的人)具备法定功能的重要性。因此,持有人只能是:(1)在运输单证署名为托运人或者收货人的人;(2)最后一个被背书人,条件是在运输单证的背面进行连续背书时;或者(3)任何人,当运输单证为不记名单证或者空白背书时。

第三,单证的合法性是必要的。因为这个原因,有人建议在"拥有"一词前加上"合法的"限定被拒绝了。一个持有人是否实质上是合法的问题留给了国内法解决。在运输合同下,承运人在向出具运输单证的人交付货物时应当确定其是收货人,即使出具运输单证的人是碰巧偷窃了该运输单证的人(承运人不知道这个事实)。

第四,这个定义中使用"拥有"一词是作为一个事实上的概念。也许其在法律意义上不能理解为"持有其享有所有权的"。因此,在一个代理人出具运输单证的情形下,这个代理人或者其委托人是否被视为上述所指的"持有人"也是留给国内法解决。在这个问题上,全球范围内不存在统一的做法,《鹿特丹规则》也未改变此现象。

(b)款的实质与"第9条提及的程序"有关。这意味着在可转让电子运输单证下谁被赋予"持有人"的资格取决于运输合同的(原)当事人就该电子记录签发方式、转让方式以及这个单证的法定功能是如何协商规定的。

9.1.4　租船合同

通常情况下第九章的规定(原文写的是"第八章",译者认为这里提及的第八章属于笔误,应当是指第九章。因此下文译者直接更正为第九章——译者注)与被排除在公约适用范围以外的运输合同,如租船合同,也有关联。依照第7条,本公约适用于承运人和收货人之间的法律关系,除非该收货人是租船合同或者排除在公约适用范围以外的其他合同的原合同一方当事人。

以下将要讨论的第九章的规定,应当考虑之前讨论过的关于货物交付的(b)款至(d)款三个一般性问题的产生背景。

9.2　第43条　接受交货的义务

第43条　接受交货的义务

当货物到达目的地时,要求交付货物的收货人,应当在运输合同约定的时间或者期限内,在运输合同约定的地点接受交货,无此种约定的,应当在考虑到合同条款和行业习惯、惯例或者做法以及运输情形,能够合理预期的交货时间和地点接受交货。

如果没有人在目的地接受交货,使承运人承担在目的地交货的义务几乎没有意义。因此,就收货人是否有接受交货义务的可能性问题,在工作组内引起了广泛的讨论。

一些代表团所提出的增加一项有关收货人不当履行交付义务的规定的建议被工作组拒绝了,因为这会导致这样一个极端的后果,即通过海上运送的方式将垃圾处理给其他人。

随后,讨论集中在了收货人与货物运输的牵连程度上,即这种牵连在多大程度上会引发收货人有接受被运送货物的义务。许多代表团倾向于"收货人行使运输合同下(任何)权利时"应当引发这个义务。其中提及这样一个例子:一个收货人要求货物样品用以决定是否接受销售合同项下的货物时,他就不能再被允许拒绝承运人的货物交付,即使收货人已经决定拒绝接受销售合同项下的货物。那么,根据《联合国国际货物销售合同公约》(CISG)第86条第2款第一句的规定,此时收货人系代表卖方接受了货物,尽管对此一直存在争论。然而在公约讨论的最后阶段,工作组最终决定只有"要求交货"才能引发接受交货的义务。

如果收货人要求交货,他就有义务在第12条第3款约定的时间和地点接受交货。与第12条第3款的规定相比较,第43条增加了"或者在期限内"的表述。这样做的原因是,有时在运输合同下,在收货人接受交货之前,允许收货人在一段期限内在一个卸货港储存货物。如果运输合同没有规定交货时间和/或地点,本条规定提供了一个合理的方法。

如果在已经主张要求交货的前提下,收货人拒绝适当地接受交货,就构成违反了本公约下的义务,而且假如可适用的国内法将第30条扩大适用于收货人,则根据公约第30条的规定,收货人可能要对承运人所遭受的损失承担赔偿责任。如果国内法没有扩大公约的适用,则收货人的责任将只能由各国国内法调整。

因为收货人有权不要求交付货物,则第43条的实践价值受到很大的限制。尽管如此,第43条的规定还是被认为有价值,因为该规定有助于避免和减少在卸货港无休止地迟延接受交货,而此种迟延接受货物往往会造成港口拥挤。

9.3 第44条 确认收到货物的义务

第44条 确认收到货物的义务

收货人应按照交付货物的承运人或履约方的要求,以交货地的习惯方式确认从承运人或履约方收到了货物。收货人拒绝确认收到货物的,承运人可以拒绝交付。

这条规定在工作组内没有引起太多争论。第一句话遵循了业已存在的一个行业习惯并且为这种行业习惯提供了法律根据。通常,确认收到货物是以收货人在其提交给承运人的运输单证的背面签名方式作出。这样的签名不能与单证的空白背书相混淆。第二句话为承运人说服不情愿的收货人确认收到货物提供了一种方式。

9.4 第45条 未签发可转让运输单证或可转让电子运输记录时的交付

第45条 未签发可转让运输单证或可转让电子运输记录时的交付

未签发可转让运输单证或可转让电子运输记录的:

(a)承运人应在第43条述及的时间和地点将货物交付给发货人,声称是收货人的人未按照承运人的要求适当表明其为收货人的,承运人可以拒绝交付;

(b)收货人的名称和地址未在合同事项中载明的,控制方应在货物到达目的地前或在货物到达目的地时,将收货人的名称和地址告知承运人;

(c)在不影响第48条第1款的情况下,如果货物未能交付是因为(i)收货人接到了到货通知而未在第43条述及的时间或者期限内在货物到达目的地后向承运人主张提取货物,(ii)承运人因声称是收货人的人未适当表明其为收货人而拒绝交货,或者(iii)承运人经合理努力无法确定收货人,请求就货物交付发出指示,则承运人可以通知控制方,请求就货物交付发出指示,承运人经合理努力无法确定控制方的,承运人可以通知托运人,请求就货物交付发出指示,承运人经合理努力无法确定控制方或者托运人的,承运人可以通知单证托运人,请求就货物的交付发出指示;

(d)承运人根据本条第3项按照控制方、托运人或者单证托运人的指示交付货物的,解除承运人在运输合同下交付货物的义务。

9.4.1 序言

第45-47条规定了收货人的识别问题。根据所签发的运输单证的种类不同[2],这些条款规定了不同的内容。除非已经签发了可转让运输单证或签发了交付货物时必须提交的不可转让运输单证,否则第45条适用于所有的货物运输。

应该强调的是,第45条不仅适用于已经签发不可转让单证的情形,而且也适用于根本没有签发任何单证的情形。这种情形可能包括一些电子商务模式中使用货物的电子数据记录,而依照相关国际公约的规定,这种记录未能被认作是电子运输单证。因此,按照作者的观点,第45条是主要的基本规则而第46条和第47条则是例外规则。

9.4.2　(a)项内容

第一句话是对第11条中已作规定的承运人的一般义务所作的特别重复。此外,关于位置和地点的部分,是对第43条规定的收货人义务的延伸。

至于"收货人"的概念,已经有了一个普遍的认识。在第1条第11款中,收货人被定义为"在运输合同或者运输单证下有提货权的人"。这就意味着"收货人"是托运人指定的并且承运人应当向其交付货物的人。相应地,收货人是否对货物享有任何权利,如所有权,不是承运人要关心的事情,也与本公约没有关系。同样,除非合同当事人另行约定,在不可转让的运输单证下要求交货时,并不需要收货人对货物拥有控制权。在这种情况下,如果有另一方当事人控制货物,则此种控制权将会终止交货行为。

增加本项内容的第二句话是为了尽可能地防止错误交货。承运人有权(而不是义务)要求收货人表明自己的身份。如果被要求这样做,收货人则有义务遵循这一要求。而收货人不遵循这一要求的后果是承运人有权拒绝交货。

9.4.3　(b)项内容

通常情况下,当签发一份不可转让的运输单证时,收货人的名称和地址应在单证中载明。鉴于本条款也适用于没有签发任何单证情形这样一个事实,本条规定了一项原则,即由控制方来决定货物应当交付给谁。这个控制方也许是托运人,但是因为控制权是一项可转让的权利,也可能是根据第51条第1款,向承运人通知其为控制方的任何人。

此外,本条款规定"在货物到达目的地前或到达目的地时",控制方应当及

2　当提及运输单证时,本公约(除第46条外)也适用于这种单证的电子形式。在本章的规定中并非都如此,但是读者应当铭记的是这里有关运输单证的一切规定均适用于这种单证的电子形式。而作为例外,由于"应当提交的不可转让运输单证(如记名提单)不可能以电子形式存在",所以第46条的规定不包括任何关于电子形式的运输单证。

时将有关收货人的信息告知承运人。

9.4.4 (c)项内容

该项内容确立了一个原则——如果收货人在表明自己身份方面有不法行为,承运人将有交货与否的主动权。这个部分涉及交货不能的三种不同情形。情形(i)依照第43条的规定,以及本项内容能够适用,增加了承运人应当发出到货通知的内容。[3] 情形(ii)是关于第45条(a)项内容的规定。情形(iii)是新加的内容:"承运人经合理努力仍无法确定收货人以要求发出交货指示"。这三种情形均以承运人主动调查以便找到收货人以及收货人能够提供承运人所要求的各项指示以便处理货物为前提。

本公约关于由承运人寻求交货指示的要求遵循了行业实践做法。一般来讲,由一个代理人在目的地代表承运人行事是当地商业交易的表现。我们可以假定这样一个代理人,或者承运人本人,知道其客户的贸易模式,并且通过一些努力,能够找到(可能的)收货人。而且这两者之间的沟通非常有助于找到一个实际可行的、合法的方式以确定收货人。如果尽管做出了努力,但是仍然存在严重妨碍交货的情形,承运人应当向控制方表明身份。而这一规定背后的逻辑则是控制方是对货物感兴趣的人,[4] 而且他是为承运人所知晓的人。[5] 特殊情形下,可能会找不到控制方或者,更有可能的是,控制方拒绝发出交货指示。这时承运人应当通知托运人并要求托运人发出交货指示。更进一步的是,承运人可能会请求单证托运人(如果有的话)发出交货指示。

尽管(c)项内容十分冗长,但是并未列举出所有交货不能的情形。例如(c)项内容的第iii种情形,只是涉及不能找到收货人的情形,而没有明确涵盖收货人能够找到,但拒不提供充分的交货指示、不能提供充分的指示、拒绝接受交货等情形。本项内容规定的目的是提供一个实际可行的解决困难的方式,即承运人应当根据何种顺序向谁表明自己的身份。如果在当时情形下,承运人向其中一个人提出请求后没有得到合适的结果时,承运人应当依次向下一个人提出请求。从本条的这个意图出发,可以认为(c)项内容可以适用于所有交付不能的情形。

(c)项内容看起来具有很强的实践性,但是它并不是交货顺利完成的保证。其中提到的人可能是难以找到的,而且也不能要求承运人应对此做深入的调查。

---

3 需要注意的是,本公约未规定承运人具有发出到货通知的一般性义务,有关该义务的建议被工作组明确拒绝。

4 参见第50条第1款和第54条第1款。

5 参见第51条。

作为一项相对的义务，只要经过合理努力就已经足够。例如，由于玷污或其他损坏等原因，货物出现贬值，而无论此种贬值是发生在货物运输之初或者运输过程中，可能没有人愿意做与货物相关的事项。那么此时，承运人就不得不行使第48条规定的权利。

(c)项内容以"在不影响第48条的情况下"的语句作为开头。这些词语仅仅出现在第一句话中，但是其意思及于本项内容的其他规定中。这句话的目的是想表达，一旦出现货物交付不能，承运人有权选择要么遵循(c)项内容规定的实质程序，要么直接主张第48条规定的权利。有时，承运人向(c)项内容中的(任何)人主张都是没有任何意义的，这可能从一开始就显而易见。或者承运人可能基于其他原因而不能遵循(c)项内容规定的程序。另外，即使根据第48条的规定，承运人也不是非常轻松。因为如果出现不能交付货物的情形，承运人采取的任何有意行为都应当通知给"通知方"，[6]以及如果知晓的话，还应当通知收货人、控制方或托运人。

9.4.5 (d)项内容

如果承运人遵循了(c)项内容规定的程序并且按照控制方、托运人或者单证托运人的指示交付了货物，就解除了其在运输合同下交付货物的义务。除了交货义务的解除，这种责任的解除的另一个作用就是促使承运人能够主动采取措施并合理努力地克服种种困难而不是毫不关心地将货物置于一旁。另外，(c)项内容的规定会使得收货人不可能对货物置若罔闻，因为它可能要承担这样的风险，即另外一方，如托运人，在交付不能时，指示承运人将货物返还给托运人。应当牢记的是交付货物是承运人的一项义务，但是承运人的交付能力能否实现则是其合同相对人的责任。

9.5 第46条 签发必须提交的不可转让运输单证时的交付

第46条 签发必须提交的不可转让运输单证时的交付

签发不可转让运输单证，其中载明必须交单提货的：

(a)承运人应当在收货人按照承运人的要求适当表明其为收货人并提交不可转让单证时，在第43条述及的时间和地点将货物交付给收货人。声称是收货人的人不能按照承运人的要求适当表明其为收货人

---

6 在第48条第3款中通知方被描述为："合同事项中载明的货物到达目的地时可能存在的任何被通知的人。"

的，承运人可以拒绝交付；未提交不可转让单证的，承运人应当拒绝交付。所签发不可转让单证有一份以上正本的，提交一份正本单证即可，其余正本单证随即失去效力；

(b)在不影响第48条第1款的情况下，如果货物未能交付是因为(i)收货人接到了到货通知而未在第43条述及的时间或者期限内在货物到达目的地后向承运人主张提取货物，(ii)承运人因声称是收货人的人未适当表明其为收货人或者未提交单证而拒绝交货，或者(iii)承运人经合理努力无法确定收货人，请求就货物的交付发出指示，则承运人可以通知托运人，请求就货物的交付发出指示。承运人经合理努力无法确定托运人的，承运人应当书面通知单证托运人，请求就货物的交付发出指示；

(c)承运人根据本条第(b)项按照托运人或者单证托运人的指示交付货物的，解除承运人在运输合同下交付货物的义务，而不考虑是否已向承运人提交不可转让运输单证。

9.5.1　序言

第46条适用的单证是实践中常被称为“记名提单”、“直接提单”、“签发给一个记名人的提单”的单证。根据第1条第15款和第16款的规定，这种类型的提单属于不可转让的运输单证。

记名提单带来的一个主要问题就是在交付货物时是否应当提交。在这个问题上并没有统一做法，因为在一些国家，这样的运输单证必须提交，而在其他的国家则没有如此要求。同样，在一些国家对于记名提单是否需要提交还存在法律上的不确定性。因为缺少统一的做法和存在不确定性，因此一些承运人在其标准的运输单证中对是否需要出示单证有意表述得十分模糊。为了解决这个问题，本公约在这一点上相当明确——与所有不可转让运输单证相同，主张交付货物时不要求出具记名提单，除非单证本身作出这样要求。此做法也遵循了第46条序言中已经明确的方式。

工作组中还有这样的争论：如果运输单证只在标题写明“提单”而对出具单证没有作进一步指示，这样的标题本身是否满足第46条有关单证的规定要求。工作组的结论是将“载明”一词是否足以得出上述解释这一问题留给各国法院解决。按照作者的观点，如果各国法院对此采用比较宽泛的解释，那将会很遗憾，因为如果这样的话，公约将不能达到预期的统一。如之前提及的，有待解决的问题（之一）是一个标题为“提单”且载明一个记名的人（但是是否要出具单证未作明确规定）的单证在交货时是否必须要提交。如果除了标题本身外，没有更多关于提交单证的载明内容,则关于这个问题无法得到一致观点的现象仍会持续。

在本公约早期起草的文本中,并没有关于"记名提单"的规定。当时的观点认为这种单证要么构成由托运人背书转让给一个记名人的可转让运输单证,要么构成一个简单的不可转让的运输单证;之所以能够构成不可转让运输单证,是由于公约强化了具有明确界定的不可转让运输单证的运用以及控制权的可转让性。在公约起草的后期阶段,工作组决定将关于记名提单的规定也写进公约。而这样做的唯一原因就是这种提单现实存在且在市场上得以使用。人们认为政府应该为某些实践提供法律上的确定性而不应试图去改变这种实践。然而公约却在有关记名提单的主要争议之一的问题上保持了沉默,即单证是否并入相关权利以及在托运人和收货人之间进行单证转让时是否也会导致(可能的)被并入权利的转让。[7] 本公约只规定控制权(包括主张交付货物的权利)随记名提单在托运人和收货人之间的转移而转让。[8]

9.5.2　(a)项内容

从"记名提单"的混合特征来看,本部分的内容包含了第 45 条和第 47 条的部分规定,以达到工作组认为适合于此种类型单证的程度。

9.5.3　(b)项内容

这一部分与第 45 条(c)项和第 47 条第 2 款(a)项的规定相似,并针对记名提单做出部分适当调整。应当注意的是,本项内容规定的程序也是直接适用第 48 条的一个可替代选择。然而,第 47 条第 2 款序言中关于不提交运输单证也允许交货仅在运输单证本身包含有如此有效声明的情况时须注意的事项,在第 46 条(b)项中再次提及。有观点认为这里没有必要再规定这些注意事项,因为从货方的角度,除了托运人和收货人,不会涉及其他任何一方。

9.5.4　(c)项内容

这一部分与第 45 条(d)项以及第 47 条第 2 款(b)项遵循同样的原则,并且在很大程度上采用相同的措辞。

7　对于可转让运输单证已有明确规定(参见第 57 条的前言部分)。由于记名提单的混合特征以及相关理论的多样性,联合国国际贸易法委员会无意于作认真探索以便于各方代表对此达成共识。

8　参见第 51 条第 2 款。此外,在第 46 条第(b)项第(ii)项中也涉及记名提单的证据价值问题。然而,"持有人"的概念未被扩展至包括记名提单(参见第 1 条第 10 款)。

9.6　第47条　签发可转让运输单证或者可转让电子运输记录时的交付

第47条　签发可转让运输单证或者可转让
电子运输记录时的交付

1. 签发可转让运输单证或者可转让电子运输记录的：

(a)可转让运输单证或者可转让电子运输记录的持有人有权在货物到达目的地后向承运人主张提取货物，在这种情况下，下列要求之一得到满足时，承运人即应当在第43条述及的时间和地点将货物交付给该持有人：

(i)该持有人提交了可转让运输单证，该持有人为第1条第10款第(a)项第(i)目述及的人的，还适当表明了其身份；或者

(ii)该持有人按照第9条第1款述及的程序证明其为可转让电子运输记录的持有人。

(b)本款第(a)项第(i)目或者第(a)项第(ii)目所列要求未得到满足的，承运人应当拒绝交付。

(c)所签发可转让运输单证有一份以上正本，且该单证中注明正本份数的，提交一份正本单证即可，其余正本单证即失去效力。适用可转让电子运输记录的，按照第9条第1款规定的程序一经向持有人交付货物，该电子运输记录即失去效力。

2. 在不影响第48条第1款的情况下，可转让运输单证或者可转让电子运输记录明确规定可以不提交运输单证或者电子运输记录交付货物的，适用下列规则：

(a)如果货物未能交付是因为(i)持有人接到了到货通知而未在第43条述及的时间或者期限内在货物到达目的地后向承运人主张提取货物，(ii)承运人因声称是持有人的人未适当表明其为第1条第10款第(a)项第(i)目所述及的人之一而拒绝交货，或者(iii)承运人经合理努力无法确定持有人，请求就货物的交付发出指示，则承运人可以通知托运人，请求就货物的交付发出指示。承运人经合理努力无法确定托运人的，承运人应当通知单证托运人，请求就货物的交付发出指示；

(b)承运人根据本条第2款第(a)项按照托运人或者单证托运人的指示交付货物的，解除承运人在运输合同下向持有人交付货物的义务，而不考虑是否已向承运人提交可转让运输单证，也不考虑凭可转让电子运输记录主张提货的人是否已按照第9条第1款述及的程序证明

其为持有人；

(c)承运人根据第2款第(a)项对持有人负赔偿责任的，根据本条第2款第(e)项发出指示的人应当补偿承运人由此遭受的损失。该人未能按照承运人的合理要求提供适当担保的，承运人可以拒绝遵守这些指示；

(d)一人在承运人已根据本条第2款第(b)项交付货物后成为可转让运输单证或者可转让电子运输记录的持有人，仍根据此项交货前的合同安排或者其他安排取得对承运人除主张提货权以外的运输合同下的权利；

(e)虽有本条第2款第(b)项和第2款第(d)项的规定，一持有人在此项交货后成为持有人，在其成为持有人时不知道且理应不可能知道此项交货的，取得可转让运输单证或者可转让电子运输记录所包含的权利。合同事项载明预计到货时间，或者载明如何获取有关货物是否已交付的信息的，推定该持有人在其成为持有人时已知道或者理应能够知道货物的交付。

9.6.1 第1款

序言

第47条规定了可转让运输单证下的交货规则。[9] 第1款的规定视为适用于所有类型提单的一般规则，而第2款则是特殊规则，适用于当提单包含第2款序言中规定的注意事项的情形。因此，尽管适用规则被包含在本条第1款序言中，但是该适用规则的本意旨在适用于包括第2款在内本条的全部内容。

(a)项内容

连同“持有人”的定义，该项内容规定了提单体系的核心问题。这两个条款的规定共同明确了提单的法定功能，也规定了被提单赋予合法地位的人有权要求承运人交付货物。

提单的法定功能，是指提单本身就能确定谁是有权行使并入运输单证中各项权利的人。根据“持有人”的定义，此人只能是：(i)在运输单证中署名为“托运人”或者“收货人”的人；(ii)当运输单证背面有连续背书时，最后一个被背书

---

9 关于这种单证的概念，参见第1条第15款。实践中，这种类型的单证几乎无一例外指的是“提单”。为了便于理解，这一术语还在对第47条的评论中使用。然而，我们也应该理解，当“提单”这一术语被运用时，其意味着适用于所有可转让运输单证，包括它们的电子形式。

人;(iii)当运输单证为不记名单证或者背书为空白时的任何人。[10] 通过这种方式,单证为其拥有者提供了一些确定性,因为可以从单证本身确定其是否有权交付。通过类似的方式,这种法定功能也为承运人提供了确定性。如果承运人将货物交付给根据运输单证有权主张提取货物的人,就解除了承运人在运输合同下交付货物的义务。毫无疑问,这种法定功能是整个提单体系的本质。基于运输单证的这种法定功能,随着时间的推移提单逐渐发展成为权利凭证。

为了正常发挥其功能,显而易见,持有人必须在交货前或者交货当时向承运人出示并提交提单。

下述概念需要一些具体的解释:

——"有权"。该词语遵循了第 43 条明确规定的同样原则,即通常情况下收货人没有义务接受交货,但是一旦收货人主张交货,就有义务在第 43 条规定的时间和地点接受货物交付。

——"当货物抵达目的地后"。"之后"一词不是指"之后的任何时间"。在这里可以参考第 43 条的规定,而且后者还使用了"当……时"一词。除非另有明确约定,[11]否则运输单证发挥法定功能的适当时间是当货物已经到达目的地且承运人已做好交货准备之时。

——"提交单证"。这种义务与提单上的用词无关。当运输单证为可转让单证的任何情形下,都必须被出示且被提交给承运人,尽管这种义务未在单证中明确规定,或者其包含本条第 2 款序言中述及的注意事项。

——"持有人适当表明自己身份"。除非提单采用空白背书(这种情况在实践中非常少见)或者提单为不记名提单,提单的出具者应当是运输单证中提到的人,并且经承运人要求,应当做好适当表明自己身份的准备。尽管本条款有关表明身份的用词事实上不同于第 45 条(a)项和第 46 条(a)项中的用词,但是目的是一致的,即尽量避免错误交货。因此,承运人有权(而不是义务)要求收货人表明其身份,则此时收货人有义务适当表明其身份。

(b)项内容

当持有人不提交提单,或者经承运人要求而拒绝适当表明其身份时,承运人有义务拒绝交货。提单法律体系构建的目的就是要提供确定性,因此在本规定中有意使用"应当"一词,而在第 45 条(a)项中"可以"一词就被认为已经足够

10　在背书情形下,当提单凭指示做出时,托运人是第一个被背书人("指示"一词应被载入收货人一栏或者这一栏是空白的),或者当收货人一栏中载明"凭记名收货人的指示"或者"记名收货人或其指示"时,记名的收货人是第一个被背书人。在实践中,银行通常倾向于采用第二种选择。

11　例如,当承运人同意在交付货物之前临时储存货物时。

了。然而,对于承运人来说,在这两条规定下,其风险是一样的——即如果承运人未要求对方表明身份,并因此错误交货,可能对此负有责任。

(c)项内容

尽管许多行业组织和其他团体建议,除非商业上的绝对需要,不要使用多份正本单证,但是签发一套三份(或多份)正本提单的做法依然广泛存在。本项内容遵循了当下的实践做法,即在签发多份正本提单的情况下,提交一份正本提单已经足以主张提取货物,此后其余的正本单证均归于无效。

第35条第2款包含一项义务,规定当签发多于一份正本单证时,提单中应当载明正本单证的数量。当单证中没有提及此数量时,持有人可以推定只签发了一份正本单证。

9.6.2　第2款

概述

在过去的几十年里,围绕着提交单证产生了许多严重问题。经常发生的问题是当货物到达目的地时,不能或无法出具提单。引起不能出具提单的原因可以归纳为以下三类:

(1)疏忽的原因,例如文件流转过程中的实际延误。如果由于这些原因产生了法律问题,那么问题的解决主要依赖于商业业务的控制。有时一些实际的或者特设的解决方式也可能会使涉及的当事人满意。

(2)仅仅与买卖合同有关的原因。买方/收货人可能意图拒绝接受货物,或者还没有从银行获得运输单证,如还没有安排好预计的转售。

(3)特殊商品贸易固有的结构因素。买卖合同下的(标准)信用期限可能长于货物运输航次期限。或者在特定的贸易中,(买卖交易比较频繁下)买卖合同的较长链条通常可能会妨碍提单及时到达。这些链条环节中可能包括允许运输前销售,甚至可能包括预期(生产前)销售。在这些情形中,在货物所有权转让中提单通常不再发挥其作用。在买方和卖方之间,所有权可能在提供一系列担保函的基础上发生转让。[12] 在这些保函中,卖方向买方保证他们对货物具有所

12　是否事实上发生权利转让取决于担保函的措辞以及有关所有权转让的准据法(通常是物之所在地法),而该准据法可能不适用于买卖合同。特别是,依照作者的观点,在大陆法系国家,一旦签发了提单,但是随后没有使用提单的情况下,权利是否发生转移是存在疑问的。同样存在疑问的还有,已经脱离承运人保管下的货物,当与该货物有关的提单发生转让时,货物所有权是否发生转让。在无单放货后,提单持有人无权向承运人提出索赔的案例。参见 The Future Express [1992] 1 Lloyd's Rep. 79(Diamond J) 和其上诉案件 [1993] 2 Lloyd's Rep. 542 以及 The Delfini [1990] 1 Lloyd's Rep. 252。

有权，然而他们都知道提单此时在合同链条上的前一个卖家手中，前一卖家持有提单是为了确保货款的支付。

因此，如果在贸易和运输交易中以这种方式使用提单，它的法定功能就无须被考虑，而提单的其他功能也会产生很多不确定性，但是这些内容已经不在运输合同调整范围之内。

在货物到达目的地时无法获得提单的现象不容低估。在班轮运输中，所有需要提单的情形中，其中15%不能出示提单。在大宗散货贸易中，这个问题更加严重——估计这种情况的百分比达到50%，而在原油和相关贸易中这个百分比接近100%。

这种频发的现象和无法获得提单的结构特点使得第48条的适用对于当事人来说是不二的选择。在实践中，如果无法出具正本单证的情况下，承运人往往凭托运人或主张提货的人出具的一份担保函交付货物。[13] 承运人更希望这种担保函有银行的联合签名。然而，这种做法对承运人和赔偿人或保证人来说都是一种冒险和耗费成本的做法。承运人承担担保函无效以及赔偿人或保证人无力偿还的风险，而这种风险不在承运人投保的船东互保协会通常承保的范围内。[14] 担保函的赔偿保证人签发与银行共同签署的担保函的缺点是承担银行收取的保证费用，而且该担保函占用其一部分的借贷能力。此外，当对担保函的条款进行协商时，承运人和保函的签发人经常就担保函的数额和保证期间产生争执。最后，如果经证明凭据担保函从承运人处提取货物的人，无论基于任何原因[15]，都不是正确的收货人，货物可以被认为灭失。那么，接下来的就是单证持有人对承运人提出索赔。然而，交货后的提单并不总是赋予单证持有人享有向承运人提出索赔的权利。更重要的是，许多承运人没有财产或者没有足够的财产使他们能够赔偿货物的全部购买价款。另外，在《鹿特丹规则》下，承运人可以对错误交付货物享受单位赔偿责任限制。最终，承运人是否有能力承担对这笔索赔的赔付（至少是全部赔付）值得怀疑。如果承运人全部或部分赔付了错误交货的索赔，那么承运人就会向担保函的签发人提起追偿之诉。如果签发人是托运人，承运人的损失能够得到赔偿，并且承运人还可以向购买了货物并且签发了贸易商担保函的一方提起追偿之诉。如果签发人是“将会成为收货人”的人，而且保

13　这种担保函，有时也称之为“海事担保函”，目的是区别于之前提所到的“贸易商担保函”。为了获得海事担保函，而在贸易商担保函中包含一个反担保条款时，而且实践中也常常采用这种方式，在这两个担保函之间就产生了联系。

14　当提单作为支付货款的担保时，担保函体系的实际效用是将不支付货款的风险由货方，包括其银行，转嫁给承运人。

15　例如，在买方和卖方的合同链条中一方破产，或者当没有这种链条时，在支付货款之前，承运人应向其交付货物的一方破产。

函由银行联合签署,那么该银行将应赔偿承运人的损失,并且随后银行可能会面对其客户破产的风险。考虑到所有这些与担保函体系有关的风险和花费,以及货方一边(如果有的话)出具的贸易商担保函体系的复杂性,人们认为签发担保函不是解决提单无法获得这一问题的令人满意而又实际合理的解决方法。

有作者建议电子运输记录的运用也许能够为纸质提单在货物到达目的地时无法获得这一问题提供解决方法。这种情形也许能够解决之前第(1)类原因中提到的疏忽原因,[16]但是肯定不能解决第(2)类和第(3)类原因中涉及故意的情形。同样,电子运输记录也应当以某种方式出示,而且当事方不能或者不愿出示此提单时,纸质的运输单证和电子运输单证也就没有了区别。虽然如此,电子贸易至少部分提供了解决提单使用中产生相关问题的方法,尽管按照作者本人观点,解决这种问题与其使用电子提单还不如直接采用不用任何单证的电子贸易方式而不论该单证是纸质的还是电子的。

《鹿特丹规则》第九章关于控制权的规定提供了解决这一问题的线索。这一章的条款在起草时(在必要时各国国内法的规定作为该章的补充)就是确保在所有情形下,法律后果与可转让运输单证的持有和转让相联系,并且类似的法律后果将随控制权的拥有或转让而产生。一般来说,以电子方式来完成一项权利的转移比可转让运输单证的转让要容易得多。

在法律上,如果收货人没有在货物到达目的地时要求交货,那么他在运输合同下就没有过错。在这种情形下,承运人可能会向控制方寻求交货指示(此时控制方在可转让运输单证的情况下等同于收货人),或者行使第48条下的权利。然而如前文所述,提单持有人不要求交货的实践做法比较普遍,这是实践操作系统中出现的问题。提单体系的确定性旨在当货物到达目的地时通过向承运人出示和提交运输单证主张要求交货[17]。正如之前讨论的那样,该法定功能也是运输单证具有权利功能的基础。当提单体系内出现如此大范围不坚持它所应该坚持的实践做法,将导致整个提单体系受到破坏甚至彻底崩溃。

鉴于(1)这种问题的频繁发生和结构特点;(2)担保函体系存在诸多瑕疵以及由此导致的风险、花费和法律上的不确定性也都超出了运输合同的范围;(3)海运中使用电子商务不是解决问题的短期方案;以及(4)本公约的目标是为

---

16 至少是在可转让电子运输单证的另一个问题解决之后;就作者所知,还没有一个技术方法能够在开放的电子环境中使电子单证本身能够识别谁是排他性地享有电子单证所赋予各项权利的人。换句话说,电子提单(还)不能够发挥和纸质提单一样的法定功能。

17 或者,作为最低要求,关注承运人收到使他能够处置货物的适当的交货指示。但是依照作者的观点,收货人或者提单持有人并不必须接受交货本身,不能够逃避照管能够交付的货物的法定责任。就像之前所说的,当承运人一方有交货义务时,作为相对方的货方应对货物的可交付性负责。

当下和未来的海运实践提供确定性的法律规则,《鹿特丹规则》将第47条第2款规定的内容包括其中。该条款的目标,像先前所说的那样,不是破坏提单体系,而是在无法及时获得提单的情形下,尽可能地恢复法律的确定性。

序言

与第45条(c)项和第46条(b)项一样,第47条第2款也是以“在不影响第48条的情况下”作为开头。这句话的意思是如果在本条规定下货物不能交付时,承运人有权选择直接适用第48条的规定或者遵循本条款规定的程序。

此外,序言中规定了适用第47条第2款的一个条件。提单应当明确载明货物可以在不提交运输单证的情况下交付。仅从措辞来看,这个规定好像与本条第1款确立的原则相冲突。如前文所述,主张提货时出示和提交单证是体现单证法定功能的一个根本要素,其本身也构成运输单证权利功能的基础。因此,规定这个前提条件的目的并不是要创设一种不具备法定功能的提单。倘若如此,这样的单证也不能成为本条全部适用的真正意义上的提单。

从本条的上下文可以看出此条件设定的目的是规定一个注意事项。正如本款概述里阐述的内容,整个第2款背后的目的是当根据法律规定应当在交付货物时提交单证,却又无法得到一个真正意义的提单情形提供一个解决方案。换句话说,在第47条第1款不起作用的时候,这是一个补充规定。根据第47条第2款的规定没有提交运输单证的交货,可能导致提单在流通中不适用第(c)款下第1项规定的终止,并且提单持有人将(不再)被授予其对交货的权利。为了对这种提单的持有人提供更进一步的保护,工作组在公约谈判的晚期才将这个条件增加到第2款中来,并且将其放在序言部分。因此这一条件应当被视为针对第2款可能产生情形的一种提醒。

从该条件创设的目的可以看出,对提单中所要求的载明内容应当认真起草。首先,提单应当包含主张交付货物时应当提交提单的标准条款。其次,根据作者本人观点,这样的条款还可以规定承运人有权选择适用第47条第2款,而且应当载明“可以在不提交本提单的情况下交付货物”或者类似的语句(如果适用该条款的)。只有以这种方式执行,本款规定的这个前提条件才符合提单体系的意图。

(a)项内容

本条款(a)项和(b)项内容与涉及不可转让的运输单证的第45条(c)项和(d)项遵循同样的原则。同样,相关条文的措辞也是相似的。第47条第(a)项和(b) 项的制定仅仅是为了适应使其适用于可转让运输单证的需要。前文已经对第45条(c)项和(d) 项作出评论;这些评论同样适用于第47条第2款(a)项和(b) 项内容,同时在细节上作以必要的修改。

承运人向托运人寻求交货的指示并不是新鲜事物。这也符合许多商品交易中长期存在的实践做法,即在货物到达目的地时通常无法获得提单。在这种情形下,许多租船合同都要求承运人向承租人请求交货指示,并且在不提交提单的情况下将货物交给承租人所指定的人。另外,在一些贸易中还存在这样的一个惯例,承运人随船携带一份正本提单,而这份正本提单必须在目的地由本船船长依照托运人或者承租人的指示交给某个人。这种惯例无非就是提单不能适当发挥其法定功能,而是按照托运人或者承租人的指示交付货物。

(b)项内容

尽管向托运人或者承租人寻求交货指示的做法并非新鲜事物,而对承运人遵循这些指示的法律后果作出规定则是新的内容。本项内容规定在此种情形下,承运人解除其在运输合同下的交货义务,而不论提单是否已经向其提交。

这一法律后果要求提单持有人应时刻注意货物到达目的地的可能日期。在其贸易财务安排中,银行应该要求其客户在提单上将银行作为被通知方。当提单持有人或者预期的持有人不确定货物是否已经被交付时,其在成为持有人之前应立即联系承运人并向其询问单证中所提到的货物的下落。未能成为被通知方的银行,应该与承运人保持联系以成为被通知方。在电子通讯时代,与他人保持联系相对比较容易,特别是考虑到第 36 条下运输单证应当载明承运人的名称和地址这样一个事实情况下。依照作者本人的观点,考虑到提单作为一个证明文件的基本功能,要求持有人对货物的到达日期时刻保持机警不应构成负担过重。相反,这种要求完全符合提单法律体系。另外,在当下的实践中,提单持有人也承担着货物买卖价格全部或部分降低的风险,即使没有第 47 条第 2 款的规定,他们也应保持对货物日期的警觉。

承运人根据本项内容解除的义务,还应当符合本条款(e)项的规定。

(c)项内容

该项内容规定了托运人对承运人承担的法定赔偿责任。在(e)项下承运人可能承担赔偿善意的提单持有人损失的风险,所以规定这个赔偿责任是必要的。另外,这种赔偿责任可以减少托运人对承运人发出错误的或者轻率的指示。

综合(b) 项内容和(c) 项内容,可以得出结论,即大多数情形下,签发担保函或其他保证合同的实践做法可以被废止。

在某些情况下,这种法定赔偿责任伴随着额外担保的方式才是合理的,本条款的第二句话对此做出了规定。

(d)项内容

根据(a)项和(b)项规定交货完成之后未被提交的提单是否还有价值，如果有的话，哪一份提单享有？这个问题将在(d)项和(e)项内容中得到解决。

(d)项内容针对提单转让中存在真实延误的情形，即提单的流转慢于货物交易本身。在此情况下，交货之后的提单不再具有收取货物的权利，但是它仍然可能包含其他权利。包含什么样的其他权利将取决于提单的条款和其他条件。例如，货物到达时已经损坏，那么根据本项规定的内容，提单持有人仍然可以在交货后主张货物损坏的索赔权，除非这种损坏已经从买卖双方之间的合同链在货物的交易价格中做了扣减。在后一情况中，对货物损坏的索赔权属于卖家，只要其能够证明已经向其前一卖家支付了货物的全部购买价款而从其买家只收到扣减后的购买价款。

提单持有人在交付货物后成为持有人的，也可以享有提单项下的权利，但是其成为所有人是依据货物交付之前订立的合同或其他安排所进行的。这种"合同或其他安排"可以是基于买卖合同链条下的交易，或者银行间有关跟单信用证的任何安排。

本条规定的理念来自于1992年《英国海上货物运输法》第2部分第2款，但是为了与《鹿特丹规则》的总体协调，本部分的措辞已经进行实质性的调整。

(e)项内容

交货后即丧失行使被并入在提单里的各项权利的内容也同样适用于善意的提单持有人吗？对于没有警觉货物何时到达目的地并且，未要求交货或未提供承运人适当交货指示的提单持有人来说，答案是肯定的。该提单持有人忽略了其应在正确的时间出示提单的系统性义务，而且这样做的结果也可能损坏他们自己的利益。对于在已经知道或者能够合理知道交货已经发生的情况下获得提单的人来说，这一问题的答案也是肯定的。然而，对于在交货后成为提单持有人并且在其得到提单时不知道或者无法合理知道货物已经交付的持有人来说，答案是否定的。

当提单包含货物预期到达时间，或者包含如何获取关于货物是否已经交付的信息时，推定持有人在其成为持有人时就已经知道或可以合理知道货物已经交付。这种推定是为了激励承运人在其提单中载明有关货物的信息数据。

这种推定及其产生的结果就是第47条第2款全部内容的目的所在。正如提单体系整体上所要求的，为了恢复提单体系所要提供、要求的确定性，还需要在有关当事人之间进行交流。在这个能够随时得到船舶(或者其他运输方式)的位置和货物信息的时代，承运人应当注意任何(预期的)提单持有人都有途径获得上述信息，而且后者应当在正确的时间通过现代商业的通信方式寻找途径以获取这些信息。

在这个方面,《鹿特丹规则》是为了满足21世纪的需要制定的规范性文件,在21世纪即时通信已成为一种标准的通信方式。

9.6.3 "合理努力"的标准

当在目的地无法获得提单时,第47条第2款究竟能在多大程度上达到恢复法律确定性的目标?

答案就是与当下的情形相比,第47条第2款可以实质性的改善现有情况,但是不能总是实现其预定目标。

首先,序言中规定的注意事项便是一个限制条件。如果提单中没有载明这个注意事项的,第47条第2款将不会适用。

其次,从商业的角度考虑,托运人可能不会向承运人提供适当的交货指示。在个别商品贸易中,在目的地无法及时得到提单是行业习惯,承租人或者托运人通常都可以追踪所运输货物的交易情况,而且完全能够知悉最终的买家身份。在这些贸易中,所有相关当事人(包括贸易融资中涉及的银行)都知道,或者至少是应该知道这样的习惯做法,而且托运人可以安全地给予承运人其所要求的指示,以便将货物交付给最终的买家。在这些贸易中,第47条第2款将发挥很好的作用。

在其他贸易中,承租人或者托运人可能了解最终的买家(或者其融资银行)的身份,或者能够相对容易地找到了解该身份的途径。此时可以期待这样的承租人或者托运人能够帮助承运人确定谁是提单持有人。然而有时,承租人或者托运人对于谁是提单持有人或者货物最终的买家可能没有任何线索。这样的承租人或者托运人就不能够为承运人提供适当的交货指示。正是考虑到这些实践情况,第45条至第47条没有将向承运人提供适当的交货指示这一义务强加给托运人。[18]

结果就会产生这样的问题:托运人帮助承运人确定控制方[第45条(c)款下],收货人[第46条(b)款下],或者单证持有人[第47条第2款(a)项下]的标准是什么?

托运人应当在多大程度上试图向承运人提供充分的交货提示?对这个问题的正确回答,参见第28条的规定,即规定托运人和承运人为适当操作和运输货

---

18 由于相似的实践原因,在这些条款下,承运人也没有遵从托运人发出指示的义务。如果承运人知道或者应该知道托运人的指示是错误的或者是轻率发出的,其善意履行合同义务的一般性义务将优于其执行指示的义务。这种一般性义务在第2条中明确表述为"在国际贸易中遵守诚信"。

物的需要，应当在互相提供信息和指示方面进行合作的一般义务。当事方遵循的标准就是信息应当为对方当事人所掌握，以及提供的指示是在对方的合理能力范围内。

就货物交付问题，当事人之间合作水平问题上是否也应该适用同样的标准？依照作者本人的观点，对于交付的问题，合作的水平应该设定得稍微高些。在这种情形下，承运人有义务交货并且在不能确定收货人时（在提单体系下收货人负有让自己被承运人所知悉的系统义务），承运人应当尽"合理努力"以确定这个人。同样标准的"合理努力"也应适用于托运人。一般来说，货方有责任确保货物的交付能力，[19]当收货人或者提单持有人没能履行他们向承运人披露自己以让承运人知悉的系统义务时，则货方的其他人、托运人，应尽到合理努力以帮助承运人确定收货人或者提单持有人。为了满足合理努力的相同标准，托运人还应当试图向承运人提供适当的交货指示。

总之，在货方完全缩小或者忽略提单法定功能的情形中，第 47 条第 2 款可以发挥很好的作用。在其他情形下，像第 47 条第 2 款要求的那样，承运人和托运人所作的合理努力将会导致能够确定收货人或提单持有人，或者得到适当的交货指示，并且最终实现适当的交货。然而，尽管承运人和托运人已做了合理努力，仍不能完成适当交货时，承运人除了适用第 48 条之外没有其他选择。

9.6.4　应对第 45 条至第 47 条复杂性的救济方法

在有关第 45 条至第 47 条的评论中已经提到这些条款不仅详尽、复杂，而且难以理解。之所以这么说，有这几个原因：首先，一般来说，海运单证的实际情况十分复杂，而且对于很多人来说难以理解。相关的一个复杂性问题就是一些关于单证的实践做法已经构成弊端。此外，工作组的初衷是为已存在的实践提供法律的确定性而不是要改变这些实践做法。尽管与当下的情形相比已经有了实质性的改善，但是从总体上澄清问题的角度，还没有达到理想状态。

其次，不应过于强调其复杂性。当然虽然有很多商业上的创新，但是承运人还能够做得更多，以使得适用第 45 条至第 47 条的人能够理解这些条款，比如通过以下事项：

（1）总是在单证（最好是在标题）上作出明确记载，不管其交易名称什么，也不管这个单证是可转让的还是不可转让的。

（2）总是在单证中明确记载主张提取货物时应当出具或提交单证。

19　参见第 45 条（b）款，要求控制方有义务向承运人提供收货人的名称和地址。在第 46 条下假定此种名称和地址被记载于单证之中。然而，这种提供收货人名称和地址的义务本身并不能保证收货人能够被确定或者保证交货能够实际发生。

(3)在签发可转让运输单证的情形下,清楚地载明在货物到达目的地时不能出示运输单证的情况下,有权选择适用第47条(b)项规定的程序。

(4)为了追查和了解货物信息的目的,总是在运输单证中载明承运人的名称及其适当的联系方式等详细信息,以及调整承运人的内部系统,以使任何可能的收货人可以进入该系统去获取货物的信息数据,包括交货的数据。

(5)从长远角度来看,与其客户约定进行贸易和运输或者控制权电子转让所依赖的电子交易系统,以此消除当下与单证程序有关的许多难题。

9.7 第48条 货物仍未交付

第48条 货物仍未交付

1. 在本条中,只有在下列情形下,货物到达目的地后应当被视为仍未交付:

(a)收货人未根据本章的规定,在第43条述及的时间和地点接受交货;

(b)控制方、持有人、托运人或者单证托运人无法被找到,或者未根据第45条、第46条和第47条向承运人发出适当的指示;

(c)根据第44条、第45条、第46条和第47条,承运热有权或者必须拒绝交付货物;

(d)根据请求交货地的法律条例,不允许承运人向收货人交付货物;或者

(e)承运人无法交付货物的其他情形。

2. 在不影响承运人可以向托运人、控制方或者收货人主张其他任何权利的情况下,货物仍未交付的,由有权提取货物的人承担风险和费用,承运人可以根据情况的合理要求就货物采取行动,其中包括:

(a)将货物存放在任何合适的地方;

(b)货物载于集装箱内或者车辆内的,打开包装,或者就货物采取其他行动,包括转移货物;并且

(c)按照惯例,或者根据货物当时所在地的法律条例,将货物出售或者销毁。

3. 只有在承运人已就本条第2款所设想的行动,向合同事项中载明的货物到达目的地时可能存在的任何被通知人,并向承运人知道的收货人、控制方或者托运人这三种人之一,按照所列顺序发出合理通知之后,承运人方可行使本条第2款规定的权利。

4. 货物根据本条第2款第(c)项出售的,承运人应当为有权提取货

物的人的利益代为保管出售货物的价款,但可从中扣除承运人承担的任何费用和应付给承运人的与运输这些货物有关的其他任何款项。

5. 对于在本条所规定的货物仍未交付期间内发生的货物灭失或者损坏,承运人不负赔偿责任,除非索赔人证明,此种灭失或者损坏是由于承运人未能在当时的情况下采取应有的合理步骤保存货物所致,且承运人已知道或者本应知道不采取此种步骤将给货物造成的灭失或者损坏。

9.7.1 简介

从法律上来讲,"交付"一词在《鹿特丹规则》下意味着货物的责任从承运人转移给收货人。承运人负有两种责任——一种是在运输合同期间,另一种可能是在其后的一段期间。假设收货人在运输合同期间结束时不接受责任的转移,那么货物仍处于承运人的责任(并且有时处于事实上的保管)之下。针对可能发生的第二种责任问题,第48条明确规定了适用规则,以调整运输合同结束后的那段期间。这种可能发生的第二种责任与承运人在运输合同期间所负的责任有着实质性的区别。同样,在此种可能发生的期间,考虑到收货人有从承运人接受货物的责任,因此也会产生承运人责任期间以及向收货人交付货物的问题。

公约为了避免就承运人在此第二种可能发生的责任期间下如何确定其法律地位贴上理论标签,因此在第48条中只是规定了具有实践意义的几项法律规则。

9.7.2 第1款

序言中使用"为了本条规定的目的"的语句和假设交货不能,明确了本条针对的是特定情况,即尽管货物还未被交付,但是运输合同已经结束。而一般来讲,运输合同的结束是以交付货物为标志的。

在第1款中,已经列出之前述及的承运人第二种责任期间开始的全部情形。所列情形中(a)项至(c)项是公约中提到的货物未能交付的情形。因为可能存在公约之外的妨碍交付的因素,情形(d)项和情形(e)项也被加入上述情形列表中。情形(d)项的例子是针对进口限制、货物扣押,以及收货人准备接受交货但不被允许这样做的其他类似事件。而情形(c)项通常恰恰相反——收货人可以接受货物但是其不(再)对它们感兴趣,例如,因为货物价值已经下跌——而且事实上收货人也拒绝接受货物,无论这种拒收是对的还是错的。如此设计情形(e)项的规定就是使上述规定的所有情形是开放式的规定,因此依照作者本人的观点,本款序言中使用"只有"一词显得有些多余。

9.7.3 第2款

使用"在不影响承运人可以向托运人、控制方或者收货人主张其他任何权利的情况下"这样开放的语句,所要强调的是本款授予承运人的权利并不是排他性的唯一救济方法。例如,交货不能可以使上述这些人中的任何一个人构成违反运输合同义务,进而承运人可就其损失对该违约人提起索赔。

本款的本质在于承运人不情愿地在不确定的期间内承担责任的情况下,和就货物如何处理能够享有广泛的裁量权。本款规定承运人能够自行裁量的范围就是应当在"当时情况可能合理要求"的范围内行事。尽管情况是千变万化的,但是本款还是给出一些例子。(a)-(c)项中的例子源于提单条款和国内法的规定,因此商业实践已经适用于这些情形,所列的这些情形仅仅是举例(而非全部);条款的核心内容就是承运人所采取的行为是当时情况所合理要求的。赋予承运人的裁量权非常宽泛,甚至可以包括基于担保函制度进行的货物交付。

承运人所采取行为产生的风险和费用由"有权提取货物的人"承担。同样的语句也出现在"收货人"的定义之中。然而,收货人是基于运输合同对货物享有权利的人,然而本条款针对的是运输合同终止后的一段期间。在第48条的规定范围内,对货物享有权利的人可以是收货人,但并不必然是收货人。还有可能是其他人,如非运输合同下收货人的货物所有人或者货物质押权人。

9.7.4 第3款

第3款的意图是尽可能地阻止"对货物享有权利的人"去面对承运人无法补救的行为。

尽管被通知方是"有意行为的合理通知"中提到的第一个接收人,这种通知应当同普通的到货通知截然分开。第3款中提及的通知应当针对交货不能所要采取有意行为下的通知问题,因此这种通知应当是货物到达通知之后发出的独立的通知。

这个通知必须是"合理的"。在一个具体案件中如何判定什么是合理的,应当取决于具体情况。一般来讲,按照作者本人的观点,这个通知应当明确承运人即将采取哪些行为,而且,如果可能的话,还应该规定一个合理期间使得收到该通知的接受人能够采取措施制止承运人将要采取的行为。

9.7.5 第4款

本公约规定了与销售货物有关的费用和其他花费可以扣减的问题。承运人产生的其他费用或支出是否可以从拍卖货物价款中通过冲抵的方式予以扣减,这个问题留待各国国内法解决。

9.7.6 第5款

一般来说,货物交付不能往往是因为货方的(操作体系上的或者法律上的)违约行为导致的;因此一个主要的规则是关于货物的风险(和费用)由对货物享有权利的人承担。因此,本条款一开始就规定承运人对在第48条适用期间内发生的货物灭失或损坏不负赔偿责任。因为"仍未交付"一词与第1款序言中用到的词语相同以及"根据本条所规定的"的词语针对的是第1款中(a)-(e)项中提到的情形,第48条适用的期间就是从发生第1款规定的(a)-(e)项中的任意一项开始起算的。

当索赔人证明"承运人知道或者应当知道货物不采取此种措施将导致货物灭失或者损坏"并且承运人未能采取合理措施保管货物的,承运人的免责规定不能适用。这里引用的语句不同于第61条中关于丧失责任限制权利的规定。依作者本人观点,其结果是相似的,因为承运人意识到或者应当意识到未能采取措施保管货物将会导致灭失或者损坏就是有意或者严重疏忽的状态下做出的。

当第48条所规定的期间开始起算时,承运人在运输合同下的义务已经完成;因此承运人和海运履约方的连带责任[20]在第48条下不适用。海运履约方被定义为"履行……承运人在运输合同下有关货物接收、装载、操作、积载、运输、照料、卸载或者交付的任何义务的人……"[21]该规定明确限制了履约方在运输合同(期间)下的活动范围。同样,基于相似的原因,承运人的一般替代责任[22]也不适用。这种责任已经被第5款规定的承运人更多特定的责任所取代。

9.8 第49条 货物留置

第49条　货物留置

本公约的规定不影响承运人或者履约方可以根据运输合同或者准据法留置货物,为应付款的偿付获得担保的权利。

最初,本公约草案包含关于承运人留置权的一个实质性条款。[23] 在之后的阶段,考虑到实践的原因最终还是决定删除了这一条款。本公约不应对次要问题规定得过于繁复,鉴于各国国内法关于留置权本身存在不同观点,此条款还需

---

20 第20条。

21 第1条第6款。

22 第18条。

23 UN Doc. A/CN.9/WG.III/WP.21,第9条第5款。

要更多时间的讨论。

最终,工作组决定保持现在的这个规定。其最初的目的是阐明承运人交货给收货人的强制性义务并不是绝对的,承运人也可能被赋予留置权。这也是这个条款被放置在货物交付这一章的原因。

这个条款也适用于一个履约方可能拥有留置权的情形。按照作者的观点,该规定还包括履约方与承运人之间彼此留置货物的权利。同样,在这种情形下对收货人的货物交付可能被中止。此外,本条款明确规定留置权根据适用的国内法可以是法定的,或者可以根据合同当事方协商一致予以创设。

相反本条款不可以被解释为留置权是限制承运人交货义务的唯一方式。其他权利,例如抵销的权利,也可能使交货义务受到限制。

(李莹莹、裴广金翻译)

第十章　控制方的权利

斯蒂佛诺·祖纳若礼(Stefano Zunarelli)*
蔡阿若·爱维斯(Chiara Alvisi)**

10.1　概述

《鹿特丹规则》第十章和第十一章中分别规定了“控制方的权利”和“权利转让”,(译者注:提请读者注意的是,英文原文为第九章和第十章,译者认为是笔误,故根据公约规定,直接翻译为第十章和第十一章。下文也一一做相应调整)。联合国国际贸易法委员会第三工作组认为这些规定都是值得在国际水平上进行统一立法的新领域之一。尽管对一些议题(如运费)制定统一的国际规则这样的观点逐渐被人们摒弃,但人们仍然认为有必要在新公约中增加一些关于参与到货物一方运输操作的人员的权利和义务方面的规定以及有关权利、义务转让的方式和效力的规定。[1]

一些非海运运输公约考虑了这个问题,[2]但是《海牙—维斯比规则》和《汉堡规则》均没有对源自海上运输合同的权利和义务转让(如那些独立于提单或者签发其他可转让海运单证的权利和义务)做出明确规定。满足一些贸易的重要需求以及预测一些未来的期待是制定这些规定应当考虑的根本原因。尤其是那些对货物感兴趣的人需要有一个地位能够就运输合同多种多样因素的变化向承运人发出指示或者与承运人达成协议,这种情形在实践中是相当常见的。对上述问题予以明确也是非常必要的,因为存在运送过程中出售货物(有时在海运期间会发生数次货物买卖)的事实或者最初被认定为收货人的人随后无法

---

*　意大利博洛尼亚大学海上运输法教授,法学博士。Zunarelli & Associati 法律事务所创始合伙人。联合国国际贸易法律委员会第三工作组意大利代表团成员。

**　意大利博洛尼亚大学私法副教授,联合国国际贸易法律委员会第三工作组意大利代表团成员。

1　参见 G. J. van der Ziel:“货物交付,控制权和权利转让”,载《国际海商法期刊》2008 年第 14 期,第 601 页说道,《鹿特丹规则》第九章的条文规定(如有需要时由国内法予以补充)“能保证适用于任何情形下与可转让运输单证的持有和转让有关的法律后果,类似的法律后果也会随控制权的拥有和转让而发生转移”,这样的说法也许太早。

2　例如,《国际公路货物运输合同公约》第 12-16 条以及《1999 年国际航空货物运输蒙特利尔公约》第 12 条。

履行其在以海上运输协议为基础的合同(在大多数情况下,是以买卖合同为基础)项下义务的事实。有必要铭记的是,源自运输合同下的相关法律关系完全独立于源自买卖合同下的相关法律关系。然而,承运人需要明确地知道谁有权向其发出指示,指示可能包含哪些内容以及在何种条件下承运人应当遵从这些指示。

10.2 第50条 控制权的行使和范围

第50条 控制权的行使和范围

1. 控制权只能由控制方行使,且仅限于:

(a)就货物发出指示或者修改指示的权利,此种指示不构成对运输合同的变更;

(b)在计划挂靠港,或者在内陆运输情况下在运输途中的任何地点提取货物的权利;和

(c)由包括控制方在内的其他任何人取代收货人的权利。

2. 控制权存在于第12条规定的整个承运人责任期间,该责任期间届满时即告终止。

10.2.1 控制权的内容

首先要考虑的是《鹿特丹规则》将哪些控制权内容赋予给享有控制方资格的人。根据第1条第12款的定义,"货物'控制权'是指根据第十章按运输合同向承运人发出有关货物指示的权利"。这一定义中出现的最为相关的元素是,在这个新的国际统一制度框架内,控制权的概念(和规定)与在海运期间对货物的占有(控制)意图(和规定)无关。《鹿特丹规则》第十章的目的仅是规范特定的人(控制方)向承运人发出某些指示的权利以及行使这些权利的方式。

从这个角度来看,第50条第1款的规定显得尤其重要。该内容规定了运输履行期间,控制方可以干预和影响承运人的权利内容以及限制范围。特别是该条款指出:

控制权限于:(a)就货物发出或者修改指示的权利,此种指示不构成对运输合同的变更;(b)在计划挂靠港,或者在内陆运输情况下在运输途中的任何地点提取货物的权利;(c)由包括控制方在内的其他任何人取代收货人的权利。

该规定阐明了控制方有单方面行使控制权的权利,尽管根据现已存在的合同实践情况,向承运人发出要求的行为应当被认为是对运输合同的变更;此外,

还强调了"第十章赋予控制方的权利仅仅是对现存权利的适度扩展"。[3]

第 50 条第 1 款(a)项提及这样一种指示,即该指示通常向承运人发出并且涉及承运人在运送期间履行与保管和保存货物有关的义务,比如,保持货物处于某个确定的、统一的温度或检查湿度以使它不超过某一水平。

(b)项和(c)项涉及托运人可能需要修改运输合同条款的最常见情形。大陆法系国家的律师非常熟悉这些权利(在意大利称之为"*diritto di contrordine*",在法国为"*droit de disposition du donnerdordre*")。这些权利一定不能和对货物感兴趣的人可能享有的权利,即所谓的中途停运权相混淆。应当明确指出的是中途停运权"是一个与货物买卖有关的法律术语"。中途停运权是指"已经转移了货物所有权但仍未收到货款的卖方,在货物运往约定的交货地期间重新恢复占有上述货物的权利"。这项权利"限于法律明确规定的特定情形,例如买方破产时"。[4]

除了中途停运权以外,第 50 条(b)项和(c)项中规定的权利,对未从买方获得付款的卖方来说是十分有用的。在这种情况下,能够作为运输合同下控制方的人,可以指示承运人不将货物交付给(原来)的收货人,而是交给包括他自己在内的其他人[(c)项]。此外,卖方或者控制方可以通过向承运人发出适当的指示要求承运人在其他港口交货[(b)项],以阻止货物到达买方的控制范围(从而避免货物被没收的风险)。[5]

应该注意的是,根据第 53 条的规定,"依据第 52 条第 1 款按照指示交付货物,视为在目的地交货"。事实上,最合适的参考可能是第 50 条第 1 款(b)项。

第 50 条第 1 款(b)项的规定与大陆法系国家和普通法系国家的大多数法院所采取的明确限制控制方权利的立场是一致的。然而,还应当考虑的是,控制方要求在另一个港口交货的权利不同于其要求在附属的陆路运输期间另一地点交货的权利。在第一种情形下,控制方只能要求船舶在原来的航程计划基础之上(计划挂靠港)为了商业的目的预期挂靠的港口交货。相反,在陆路运输区段期间,控制方有权要求在其方便的,沿着运输路线(在途中的任何地方)的他所决定的任何地方交货。这意味着控制方所指定的地点对于卸货作业来说必须是安

---

3 参见 A. Diamond:"下一个海运公约",载《劳埃德海商及商事法律季刊》2008 年,第 178 页。

4 参见 G. J. van der Ziel:"货物的交付,控制方的权利和权利的转让",第 599 页。

5 在运输合同条款中加入使卖方(或者卖方的代理人)为行使运输合同下的权利而有机会创造必要条件的条款,对于卖方来说是十分重要的。很有必要强调一下"运输法下的控制权与买卖法或者财产法下对货物的权利之间的关系就是前者可以为后者提供便利。例如,一个希望行使中途停运权并且已经不持有提单(控制运输合同下的货物)的未获货款的卖方,应当首先争取重新获得对货物的控制。没有运输合同下货物控制权而仅保有买卖合同下的处置权没有多大用处。"(参见 G. J. Van der Ziel:"货物的交付,控制方的权利和权利的转让",第 600 页)。

全的。

10.2.2　控制权的消灭

控制权的存在与承运人源自运输合同项下的义务密切相关。根据第50条第2款,“控制权存在于第12条规定的整个承运人责任期间,该责任期间届满时即告终止”。因此,原则上从承运人或者履约方接收待运的货物时起一直到货物交付时止,控制方都有权行使控制权。然而,上述提到的交付到底是运输合同(以及公约)下的交付还是承运人进行的任何交付并不清楚。这个问题十分重要。一方面,如果当货物灭失、被盗或者被交付给无权收货的人时,不认为交货已经发生,那么承运人就有义务遵循控制方发出的为了重新找回货物而采取行动的各项指示。另一方面,如果认为交货已经发生,那么承运人在任何情形下都没有遵循上述指示的义务(此时,将按照本公约第四章的规定来评估承运人对于货物灭失的责任)。

10.3　第51条　控制方的识别和控制权的转让

第51条　控制方的识别和控制权的转让

1. 除本条第2款、第3款和第4款述及的情形外:

(a)托运人为控制方,除非托运人在订立运输合同时指定收货人、单证托运人或者其他人为控制方;

(b)控制方有权将控制权转让给其他人。此种转让在转让人向承运人发出转让通知时对承运人产生效力,受让人于是成为控制方;并且

(c)控制方行使控制权时,应当适当表明其身份。

2. 签发不可转让运输单证,其中载明必须交单提货的:

(a)托运人为控制方,且可以将控制权转让给运输单证中指定的收货人,该运输单证可不经背书转让给该人。所签发单证有一份以上正本的,应当转让所有正本单证,方可实现控制权的转让;并且

(b)为了行使控制权,控制方应当提交单证且适当表明其身份。所签发单证有一份以上正本的,应当提交所有正本单证,否则不能行使控制权。

3. 签发可转让运输单证的:

(a)持有人为控制方,所签发可转让运输单证有一份以上正本的,持有人得到所有正本单证,方可成为控制方;

(b)持有人可以根据第57条,通过将可转让运输单证转让给其他人而转让控制权。所签发单证有一份以上正本的,应当向该人转让所

有正本单证，方可实现控制权的转让；并且

(c)为了行使控制权，持有人应当向承运人提交可转让运输单证，持有人是第1条第10款第(a)项第(i)目述及的其中一种人的，应当适当表明其身份。所签发单证有一份以上正本的，应当提交所有正本单证，否则不能行使控制权。

4. 签发可转让电子运输记录的：

(a)持有人为控制方；

(b)持有人可以按照第9条第1款述及的程序，通过转让可转让电子运输记录，将控制权转让给其他人；并且

(c)为了行使控制权，持有人应当按照第9条第1款述及的程序证明其为持有人。

10.3.1　识别"控制方"的标准

第51条规定了识别控制方的标准。[6] 识别的标准并不相同，这取决于是否为：(1)可转让运输单证；(2)可转让运输记录；(3)载明必须交单提货的不可转让运输单证；或者(4)不可转让运输单证，不可转让运输记录，或者未签发运输单证。

当根据第51条第3款(a)项签发可转让运输单证的，该单证的持有人被识别为控制方。换句话说，控制权被赋予"拥有可转让运输单证的人"；并且(i)单证为指示单证的，则托运人或者收货人，或者该单证的正式被背书被识别为控制方；或者(ii)单证为空白背书的指示单证或者不记名单证的，该单证的持单人为控制方[第1条第10款(a)项]。这两个规定都与关于这个问题的国际上统一的、没有争议的原则相一致。[7]

然而，当签发可转让电子运输记录时识别控制方所采纳的标准反映了关于电子贸易中一些方面的高度不确定性。第51条第4款(a)项和第1条第10款(b)项下的控制方被识别为"按照第9条第1款的程序可转让运输记录被签发或者被转让"的人。事实上，第9条第1款只是规定了一些比较原则并且不是非

6　为了这一目的，在第1条第13款中找不到包含相关因素或者说明的定义。这条规定仅规定"控制方"是指根据第51条的规定有权行使控制权的人。

7　根据G. J. van der Ziel："货物的交付，控制方权利和权利的转让"，第602页的内容。第51条第3款规定："不过是遵从了现行的提单实践而已"。

常明确的原则。[8]

第51条第2款则规定了签发“载明必须交单提货的不可转让运输单证”的情形。在这种情形下，托运人被识别为控制方。

更有意思的（对贸易来说也毋庸置疑的更具有重要性）是第51条第1款(a)项中的规定，该内容规定了签发不可转让运输单证（或者不可转让电子运输记录）或者未签发任何运输单证（或者电子运输记录）的情形下识别控制方的标准。在这种情形下，“托运人为控制方，除非托运人在订立运输合同时指定收货人、单证托运人或者其他人为控制方”。这里会产生几个问题。允许托运人自主确定（“指定”）谁有资格成为控制方，不仅收货人或者单证托运人可以成为控制方，而且与运输操作根本无关的人（“其他人”）也可以成为控制方。该条文之所以做如此规定是考虑到托运人是为他人的利益订立运输合同，但是托运人自己可以决定何时披露对整个操作享有利益之人的名称，例如，仅在签发运输单证时做出声明（“单证托运人”）或者在订立运输合同时予以声明，以便排除将托运人确定为控制方。[9]显而易见，这条规定将会招致非常多的批判，因为一个被识别为控制方的人在没有明确接受该地位的情形下不仅要承继与此相关的权利，还要承担相关的义务。

10.3.2　“控制方”地位的转让

控制方的地位以及相关的权利和义务，根据《鹿特丹规则》明确规定的程序规则可以转让给其他人。

根据第51条第3款(b)项，当签发了可转让运输单证，“持有人可以根据第57条，通过将可转让运输单证转让给其他人而转让控制权”，也就是说，控制权的转让是根据特定情形中涉及的可转让运输单证流转相关的规则予以确定。为了行使控制权，这条规定接着说明“持有人应当向承运人提交可转让运输单证”[第51条第3款(c)项]。[10]

当签发一份载明应当交单提货的不可转让运输单证时，控制方的地位只能转让给在运输单证上署名为收货人的人，而且在实际交付给那个人时转让生效，而不需要进到单证背书[第51条第2款(a)项：“该运输单证可不经背书转让给

8　M. Goldby：“联合国国际贸易法律委员会有关货物运输公约草案下提单功能的执行：电子形式单证之明确法律承认”，载《国际海商法期刊》2007年第3期，第169页，对于新公约采用的方式给予较高评价，因为作者表明“背书的方式再次留给当事人在它们的合同中予以决定（通常在承运人标准条款中订立）并允许将来进行改进”。

9　因此该声明不应被认为是代理人披露委托人的名称。

10　此外，“如果持有人是第1条第10款(a)项第(i)目中规定的人员（例如‘被识别为托运人或收货人，或经适当背书的被背书人’），该持有人应适当地表明其身份”。

该人”]。很明显这个条款确定的一般原则仅适用于该类型运输单证。同样的规则也应适用于,当签发记名提单或者类似单证时,从承运人处主张提取货物的权利如何转让。[11]

《鹿特丹规则》明确规定了当签发数份正本可转让运输单证时控制权的转让问题。在这种情况下“应当向该人转让所有正本单证,方可实现控制权的转让[第51条第3款(b)项]”以及“应当提交所有正本单证,否则不能行使控制权[第51条第3款(c)项]”。[12] 正如实践中经常发生的那样,在托运人只转让多份正本提单中的一份(或者数份,但不是全部)给第三方的情形下,将产生一系列问题。在这种情形中,将没有人被确定为控制方,即使是已经丧失拥有至少一份正本单证的托运人也是如此。对于承运人来说,无法确认控制方将会导致非常复杂的情况。我们稍后可以看到,第55条明确规定控制方有向承运人提供不同类型信息的义务,如果发生上述无法确认控制方的情形,到底谁负有这样的义务将变得不明确。

关于控制权转让最引人关注的条款是那个适用于签发不可转让运输单证(或者电子运输记录)或者根本未签发运输单证(或者电子运输记录)的条款。在这种情况下,根据第51条第1款(b)项的规定:控制方有权将控制权转让给其他人。此种转让在转让人向承运人发出转让通知时对承运人产生效力,受让人因此成为控制方。

这个规定是明确的,而且考虑了《鹿特丹规则》第2条关于解释本公约的一般规则,在权利转让方面未给适用国内法留下空间。[13] 与控制方地位的转让相关联的仅是“前任”控制方正式宣告转让意图并将该意图通知承运人。[14] 托运人向收货人或者第三人转让控制方地位的声明可以载于不可转让运输单证本身,以便“托运人可以通过指定收货人或者一个第三方作为控制方或者向其转让控

11　A. Diamond:“下一个海运公约”第181页提及“不太令人满意的是本公约草案没有规定‘记名提单’下的权利转让问题。条款确认了此种单证的转让会产生法律效果:即单证的转让是控制权由托运人转让给收货人的方式。公约最好能够规定请求货物交付权利的转让可以通过将单证从托运人装让至收货人实现,而不是将这个问题留待国内法解决”。

12　第53条第2款第(a)项的最后一部分和第53条第2款第(b)项的最后一部分的规定,类似的原则适用于签发了数份正本的载明应当交单提货的不可转让运输单证的情形。

13　那么,不可能同意G. J. van der Ziel,在“货物的交付,控制方权利和权利的转让”,一文第602页中表述的观点,后者提出“发生转让效力的方式并不在公约的规定范围之内,并最终要受到国内准据法中有关权利转让规定的约束”。

14　参见A. Diamond:“下一个海运公约”,第179页,他强调了在这种情形中“控制权能够通过仅仅向承运人发出通知的方式而转让给其他人”。

制权,从而实现用单证来获得对货物的担保。"[15]这个结论确实满足了国际贸易实践的一些要求。人们可能会同意接受受让人向承运人提交不可转让运输单证是唯一达到控制方地位转让并发生效力的必要因素,并且该不可转让运输单证中应当载明前述提及的声明可以被解释为满足第51条第1款(b)项规定的"出让人发出的转让通知"的要求。然而,当提交载有转让控制方地位声明的不可转让运输单证时,很显然受让人系代表托运人行事。

应该强调的是,除了第51条第1款(a)项外,第51条第1款(b)项的规定也允许将控制方地位转让给一个没有明确意愿接受该转让的人。考虑到在《鹿特丹规则》框架下,不但因为控制方地位而产生的权利随控制权转让而转让,而且(对承运人和履约方的)具体义务也随之转让,因此上述观点显得难以接受。

此外,由于"控制权存在于第十二条规定的整个承运人责任期间,该责任期届满时即告终止",即"当货物被交付时"控制权终止,因此应当将第51条第1款(b)项的规定与第51条第2款的规定综合起来理解。因此,在新的统一制度的框架内,如果托运人(或作为控制方的其他人)没有做出明确声明,在承运人交付货物之前,收货人没有可能获得控制方的地位。[16] 为了相同的目的,要求转让人或者代表转让人行事的人就此种转让向承运人转让的情况发出通知也是十分重要的。

10.4 第52条 承运人执行指示

第52条 承运人执行指示

1. 除本条第2款和第3款另有规定外,在下列条件下,承运人应当执行第50条述及的指示:

(a)发出此种指示的人有权行使控制权;

(b)该指示送达承运人时即能按照其中的条件合理地执行;并且

(c)该指示不会干扰承运人的正常营运,包括其交付作业。

2. 在任何情况下,控制方均应当偿还承运人根据本条勤勉执行任何指示而可能承担的合理的额外费用,且应当补偿承运人可能由于此种执行而遭受的灭失或者损坏,包括为承运人可能赔付其他所载运货

---

15 A. Diamond:"下一个海运公约",第179页,得出结论"把控制权引入不可转让运输单证中应该拓宽它们作为担保的可接受性"。

16 例如,在许多大陆法系的调整范围内(如意大利、法国和西班牙的法律),这种转让被认为是正常的,因为按照这些法律当货物到达目的地并且收货人正式要求承运人交付货物时,就会发生此种转让。

物的灭失或者损坏而作出赔偿。

3. 按照承运人的合理预计，根据本条执行指示将产生额外费用、灭失或者损坏的，承运人有权从控制方处获得与之数额相当的担保。未提供此种担保的，承运人可以拒绝执行指示。

4. 承运人违反本条第1款对其规定的义务，未遵守控制方指示而造成货物灭失、损坏或者迟延交付的，承运人所负的赔偿责任应当根据第17条至第23条确定，承运人应付的赔偿额应当根据第59条至第61条确定。

10.4.1　对控制权的限制

如果控制方行使控制权，承运人遵从控制方发出指示的义务并不意味着承运人必须执行控制方要求的所有活动事项。在制定第50条规定时，就已经考虑对控制权的范围予以 一定的限制。第52条第1款也对控制方有权向承运人发出指示的其他限制方面做出规定。

首先，第1款规定了承运人有义务检查发出指示的人是否为控制方。

此外，该条款还规定"……承运人应当执行第52条述及的指示，如果……(b)该指示送达承运人时即能按照其中的条件合理地执行；并且(c)该指示不会干扰承运人的正常营运，包括其交付作业"。这个规定的目的是承运人有权保留是否履行控制方所可能发出的将干扰承运人正常营运活动的指示。然而，"指示"这一术语的使用，有可能被解释为该条款的效力仅限于"第50条中提到的指示"。换句话说，第52条的效力可能仅指第50条第1款(a)项赋予给控制方的权利。第50条文本中的其他部分都没有涉及给予承运人指示的问题。

事实上，第52条规定的限制内容看起来应当适用于第50条下控制方对承运人发出的任何要求。除了合理推论之外，根据第52条第1款(c)项所规定的关于承运人"交货作业"的表述，也可以非常明确地得出上述结论。这一用语使人们明确意识到控制方向承运人提出的要求之下所涉及的任何一项活动都应当符合第50条第1款(b)项(在计划挂靠港交付货物)的规定。

第50条第1款(b)项的作用就是阐明，在考虑到运输营运安排特性或者完成运输活动特性的情况下，承运人没有义务"适应"控制方发出的任何指示。在这种指示送达承运人时，"根据其条款"，也就是说，根据控制方所明确表达的方式，这种指示应当能够合理地执行。当然，在考虑和解释控制方发出的指示时，这并不意味着免除承运人善意行事的基本义务。这个一般原则规定在《鹿特丹规则》第2条，即有关对该新的统一规则的解释，然而，该原则应当做非常宽泛、非常概括性的理解，以便于对《鹿特丹规则》下所有合同义务的履行做出保留和评估。

考虑到运输营运安排的特殊需求和当事人所订立合同中规定的特殊运输活动的需要("承运人的正常营运,包括其交货作业")[第52条第1款(c)项],第52条条文用语表明应当给予这里包含的规定(以及对于法院来说,在启动司法程序之下)以适当程度的灵活解释。与此目的高度相关的是关于行使的合理性问题,因为这些指示是否具有合理性是承运人决定是否有效执行这些指示的判定标准[第51条第1款(b)项]。

10.4.2 控制方因行使控制权而承担的义务

向承运人发出指示的控制方,或者根据第54条第2款的规定行使控制权的控制方,有义务偿还承运人为执行控制方所要求的活动而支付的额外费用。但是在同样的情形中,控制方偿还义务的额度应受合理性原则的限制,控制方偿还的只能是承运人所支付的"任何合理的额外费用"。

此外,控制方必须赔偿承运人的灭失或者损坏,包括承运人对船上其他货物的灭失或损坏的责任,即那些因承运人勤勉执行他所收到的第51条下的指示而遭受的损失。毫无疑问,如果承运人在执行控制方指示的过程中存在疏忽,则不得要求控制方偿还其花费以及赔偿承运人所遭受的损失。在这种情况下,以及在承运人不遵从控制方指示的情况下,承运人对于控制方就其所载运货物的灭失和损坏负有责任(第52条第4款)。

对第50条第1部分用语的评论同样也适用于第52条第4款中的措辞。"指示"这一术语的使用可能会不正当、不合理地限制了本条适用范围。

当一个人作为控制方,向承运人发出指示并致使承运人支出了额外费用,但是随后,控制方的地位转让给了另一个人或者货物被交付给了收货人,在上述情形中,第52条第2款的条文并未阐明谁是有义务偿还承运人上述额外费用的人。如果根据第52条第2款的规定承担支付义务的人是向承运人发出指示的人(即使随后这个人将控制方地位转让给其他人),或者在运输的后期阶段,上述支付义务被转让给扮演控制方角色的人,或者在货物交付时,上述支付义务被转让给向承运人主张交付货物的人,就会产生谁有偿付义务的问题。

为了正确理解该问题,有必要将签发可转让运输单证(或者可转让电子运输记录)的情形和未签发此种运输单证的情形区别开来。在前一种情形中,毫无疑问,将会适用第58条第2款所规定的原则:

> 非托运人的持有人,行使运输合同下任何权利的,负有运输合同对其规定的任何赔偿责任,但此种赔偿责任须载入可转让运输单证或者可转让电子运输记录,或者可以从其中查明。

“须载入可转让运输单证,或者可以从其中查明”这一用语可能会产生一些困惑。“查明”(作为“载入”这一众所周知的概念的替代表述)对于大多数大陆法系的律师都是一个相当模糊的概念。然而,这个规定与意大利法所采用的方法是一致的,意大利法律禁止可转让单证的签发人享有单证持有人未在单证中明确记载的免责条款的保护(意大利民法典第 1993 条第 1 款——letteralità 原则)。在大陆法系国家内,这是能赋予“查明”这个概念的最合理的解释。

与上述结论一致,承运人必须在可转让运输单证(或者可转让电子运输记录)的正面写明对有权主张交付货物的人的信用金额,如果这个金额未被支付,承运人可以拒绝执行交货的要求。当承运人未能在可转让运输单证的正面写明该信用金额时,承运人可以请求支付第 52 条第 2 款下提到的数额,但只能向以其信用金额行事的作为控制方并向承运人发出指示的人主张该支付请求。

当签发不可转让运输单证(或者不可转让电子运输记录)时,将得出不同的结论。在这种情形下,控制方地位的转让应当被视为运输合同当事人地位(明示的或者默示的)转让的结果。在《鹿特丹规则》体系内,只有在控制方地位的转让意味着作为承运人的合同相对人地位转让的假设下,才能解释这样的事实:根据新的国际制度,从前任控制方转让给新的控制方(如果货物已经实际交付的,则是收货人)的不仅是源于运输合同下的权利,还有源于运输合同(包括源于控制权的行使)下的义务,尽管他们之间承担的是连带责任。此外,当运输作业完成时,接受货物的人对有权行使控制权的人在运输期间因行使控制权发出的指示所产生的一切义务负责,在任何情形下,由于第 52 条第 2 款的规定,有权发出控制权指示的所有人员仍然有责任向承运人支付相关费用。

有资格成为控制权的人在行使控制权时,根据第 52 条第 2 款仍负有责任,这一事实在第 52 条第 3 款的条文中得到确认。根据这条规定“根据本条执行指示将产生额外费用、灭失或者损坏的,承运人有权从控制方处获得与之数额相当的担保”。[17] 显然,前款规定中的“控制方”指的是通过提供充分的担保,进而向承运人发出指示并要求承运人遵从指示的人。再次强调的是,合理性标准适用于承运人有权获得的担保数额。

10.4.3　承运人的责任

到目前为止,我们已经讨论了那些有资格作为控制方并向承运人发出指示的人和那些后来承担相同地位的人因行使控制权而承担的义务。但现在我们必须考虑行使控制权时承运人应承担的义务。

17　第 52 条第 3 款第二部分增加了“如果没有提供这样的担保,承运人可以拒绝执行指示”的规定。

如前文所述，在第52条第2款下承运人只有在其已经勤勉执行了从控制方收到的指示时，才有权获取本条中提到的赔付金额。然而，前面提到的规定必须与第52条第4款中的规定综合起来理解，第52条第4款这样表述：

承运人违反本条第1款对其规定的义务，未遵守控制方指示而造成货物灭失、损坏或者迟延交付的，承运人所负的赔偿责任应当根据第18条至第24条确定（原文如此，译者认为应当是第17条至第23条），承运人应付的赔偿额应当根据第61条至第63条确定（原文如此，译者认为应当是第59条至第61条）。

这两条规定很清楚地表明，如果承运人对其从控制方收到的指示未予执行或者执行中存在疏忽，其后果是对货物的灭失或者损坏，或者迟延交付，货物承运人（以及海运履约方）的责任应当根据《鹿特丹规则》下有关承运人的一般责任予以确定，也将适用第61条至第63条规定的责任限制制度。我们已经适当地注意到，适用的国内法可以规定承运人未恰当履行控制方的指示造成的损失所承担的责任，不同于承运人对货物的灭失或者损坏，或者迟延交付所承担的责任。然而，如果国内法确实如此规定，那么承运人的责任也应当限于公约第61条至第63条所规定的责任限额，因为上述责任限额的适用条件是"违反公约规定的承运人各项义务所产生的责任"。[18]

10.5 第53条 视为交付

第53条 视为交付

根据第52条第1款按照指示交付货物，视为在目的地交货，第9章中有关此种交货的规定适用于此种货物。

第53条的规定可能被视为对一个默示原则的一个明确声明，这个默示原则源自控制方向承运人发出有关货物交付指示的权利。基于一些目的考虑，本条规定就变得十分重要。例如，我们可以得出这样的结论：即使当承运人按照控制方的指示将货物在一个中间港口进行交付，其仍有权获得运输合同条款规定的全部运费。

应该注意的是，前述所提到的有关货物的原则是根据"第52条第1款"规定的指示进行货物交付。这样的规定可能会产生一些问题。例如，如果控制方的指示会"干扰承运人的正常营运"但是承运人实际上执行了该指示情况下的货

18 G. J. van der Ziel："货物的交付，控制方的权利和权利的转让"，载《国际海商法期刊》2008年第14卷，第597-607页。

物交付是否不可以适用上述规则就会引起争论。这就存在提起诉讼的空间。事实上,最合适的引用可能应该是第 50 条第 1 款(b)项,但是在大多数情形下,通过适用诚信的一般原则(《鹿特丹规则》第 2 条)应该可以解决该条款所产生的问题。

10.6　第 54 条　运输合同的变更

第 54 条　运输合同的变更

1. 控制方是唯一可以与承运人约定对运输合同的变更的人,但第 50 条第 1 款第(b)项和第(c)项述及的内容除外。

2. 对运输合同的变更,包括第 50 条第 1 款第(b)项和第(c)项述及的内容,应当在可转让运输单证或者必须提交的不可转让运输单证上记载或者并入可转让电子运输记录,或者在控制方提出要求时,应当在不可转让运输单证上记载或者并入不可转让电子运输记录。凡作此种记载或者并入的变更,均应当根据第 38 条签名。

第 54 条第 1 款规定了承运人只能接受与当时是控制方的人协商运输合同的任何变更的一般原则。已经明确指出的是,"除非缔约人也是托运人,否则他不可能成为运输合同的一方当事人。本公约不处理控制方是否是或者可能成为运输合同一方当事人的问题。这一问题将留给国内法予以解决。"[19]

根据第 54 条第 2 款,只有签发必须提交的可转让运输单证、可转让电子运输记录,或者交付货物时要求提交的不可转让运输单证时,承运人才有义务声明(或者载入)与控制方协商一致的运输合同的所有变更。这条规定为后一类型单证性质的讨论提供了重要的可以考虑的因素。当签发不可转让运输单证或者不可转让电子运输记录时,承运人只有在控制方提出请求时才必须声明或者载入合同的这些变更。这会对包含在不可转让运输单证(不包括那些需要交付货物时提交的单证)中或者载入不可转让电子运输记录中各个事项的证据效力产生影响。

19　参见 G. J. van der Ziel:"货物的交付,控制方的权利和权利的转让",载《国际海商法期刊》2008 年第 14 卷,第 603 页。

10.7　第55条　向承运人提供补充信息、指示或者文件

第55条　向承运人提供补充信息、指示或者文件

1. 控制方应当按照承运人或者履约方的要求，及时提供承运人履行其在运输合同下的义务而可能合理需要的有关货物的信息、指示或者文件，此种信息、指示或者文件尚未有托运人提供，且承运人无法以其他方式合理获得。

2. 承运人经合理努力无法确定控制方，或者控制方无法项承运人提供适当信息、指示或者文件的，应当有托运人提供此种信息、指示或者文件。承运人经合理努力无法确定托运人的，应当由单证托运人提供此种信息、指示或者文件。

10.7.1　控制方向承运人提供必要的信息、指示或者文件的义务

为了适当地履行其义务，承运人可能需要有关货物的信息和文件，或者甚至关于如何处理货物的指示。不同于现行生效的国际海运统一机制，第55条第1款的规定就是为了处理这些问题。这样的一项革新能够引发一些问题，不仅包括所涉当事方地位的法律重建问题，还包括实践问题。

根据第55条第1款，控制方有义务及时向承运人提供履行运输操作义务所必需的而托运人还未提供给承运人的有关载运货物的信息、指示和文件。上文已讨论过的该条款下的义务没有涉及承运人要求提供的任何全部信息、指示或者文件。控制方有关事实方面的第一个相关限制就是提供的合理必要因素是为了承运人适当履行运输营运（即"承运人可能合理需要"的）。其次，它还应当涉及关于如何处理货物的信息或者指示，或者承运人无法合理预期在其他地方找到（"承运人无法以其他方式合理获得"）的文件。

应当注意的是，对于合理性的要求明确适用于为履行运输合同下的义务而实际需要这些信息、指示和文件的必要性，还适用于承运人在其他地方获取它们的可能性。同样的合理性的要求并没有明确适用于控制方自己获取这些信息、指示和文件的可能性。然而，如果理性地考虑第55条第2款的规定，显然控制方的义务仅仅限于他可以合理获取和提供的信息、指示或者文件范围。

事实上，从这个角度来看，我们还应该注意到第55条第2款的规定考虑到了控制方不能提供上述所提到的文件和信息的可能性。该规定表明了如果"控制方不能向承运人提供适当的信息、指示或者文件的，应由托运人提供"。该条款遭到猛烈的批评，因为"如果托运人不是控制方的话，也不可能做到这一点。

因此有争论认为该措辞是否应该被修改为仅仅要求托运人合理的合作。"[20]同样的规则也适用于承运人做出合理努力后仍不能识别或者确定控制方的情形。此外,如果承运人无法确定托运人,应由单证托运人提供此种信息、指示或文件。

第55条第2款阐明优先考虑顺序的规定对实践活动具有影响,即承运人为了履行运输合同下的义务而要求提供合理必需的信息、指示和单证时,承运人必须遵从有关该顺序的规定。尤其是,这条规定还阐明了承运人在已经尝试去确定控制方或者提供了控制方不能提供承运人合理要求的各项因素的证据之前,承运人不能向托运人要求提供上述信息、指示和文件。

10.7.2　控制方的责任:限于可转让运输单证持有人的情形

作为一个控制方向承运人提供第55条所提到各项因素的义务的直接后果,就是如果控制方未能这样做,则控制方需要承担责任,并且承运人不能从托运人或者单证托运人处收到其所需的信息、指示或者文件。

《鹿特丹规则》的用语并未阐明控制方责任的实质,在公约草案讨论期间有人建议公约应制定一个绝对责任(或者至少是严格责任)。然而,由于相关规定包含于过错责任制中,这样的严格责任并不合适。此外,正如我们所看到的,承运人对相应义务的正确履行明确受到合理性要求的约束。

我们还应当注意到的是,在公约草案讨论期间,一些代表团批评了这样的一个事实:控制方、托运人和单证托运人,不可能对他们违反第55条下的义务予以责任限制。与承运人和海运履约方的责任限制制度相比,一项严格而且没限制的责任制度会显得不公平。

关于承运人的地位,"新公约没有要求承运人有义务执行根据第55条发出的任何指示",对这样的观点,人们不可能达成共识。[21] 当控制方发出的指示与第52条第1款的规定相一致时,承运人就必须遵从这些指示。

10.8　第56条　协议变更

第56条　协议变更

运输合同当事人可以协议变更第50条第1款第(b)项和第(c)

20　A. Diamond:"下一个海运公约",载《劳埃德海商及商事法律季刊》2008年,第180页。

21　G. J. van der Ziel:"货物的交付,控制方的权利和权利的转让",载《国际海商法期刊》2008年第14卷,第603页,提及"有可能发生承运人不能合理执行指示或者发出的指示明显不是为了合理地照管货物的情形。在这样的情形下,承运人照管货物的一般性义务必须优先考虑,并且尽管存在这样的指示,但是承运人应当遵循一般性义务来行事。"

项、第 50 条第 2 款和第 52 条的效力。当事人还可以限制或者排除第 51 条第 1 款第(b)项所述及的控制权的可转让性。

在一定程度上第九章的规定是非强制的(应为第十章,原文如此,译者注)。运输合同的当事人可以限制或者排除控制权本身,或者其可转让性。

应当注意的是,可转让运输单证的签发被认为与此目的无关。此外,令人十分惊讶的是在包含的相关条文规定中,有一些本身就是关于不能与合同当事人相分离的规定。根据第 52 条第 4 款的规定,承运人因未能遵循控制方的指示而对货物灭失,损坏或者迟延交付所承担的责任,应当根据《鹿特丹规则》中的强制性的相关规定予以确定。

(裴广金、李莹莹翻译)

第十一章　权利转让

斯蒂佛诺·祖纳若礼(Stefano Zunarelli)*

11.1　概述

《鹿特丹规则》第十一章的目的是解决一些源自运输合同有关权利转让的一些实践问题。[1] 在工作组讨论的一开始,权利转让这一章节包含了一些附加条款。后来有人提议"由于这些条款被认为太难理解、争议较大或者作为公约草案的条款还不够成熟,因此应该把这一整章从公约草案中删除",该提议被提交。然而,"有人却认为,这一章的一些条款应该被保留……因为是有用的并且是必要的……为了使电子商务在功能上等同于纸质单证,这些条款具有很重要的技术性作用"。[2]

11.2　第57条　签发可转让运输单证或者可转让电子运输记录

第57条　签发可转让运输单证或者可转让电子运输记录

1. 签发可转让运输单证的,其持有人可以通过向其他人转让该运输单证而转让其中包含的各项权利:

(a)是指示单证的,须正式背书给该其他人,或者须空白背书;或者

(b)是(i)不记名单证或者空白背书单证的,或者是(ii)凭记名人指示开出的单证,且转让发生在第一持有人与该记名人之间的,无须背书。

2. 签发可转让电子运输记录的,不论该电子运输记录是凭指示开出还是凭记名人指示开出,其持有人均可以按照第9条第1款述及的

---

* 意大利博洛尼亚大学海上运输法教授,法学博士。Zunarelli & Associati 法律事务所创始合伙人。联合国国际贸易法律委员会第三工作组意大利代表团成员。

1 G. J. van der Ziel:"货物交付,控制方的权利和权利转让",载《国际海商法期刊》2008 年第 14 卷,第 604 页,表明第十一章包含的这两个条款"是建立在以物权凭证一般法的非争议部分,以及这两个条款的每一个条款都针对提单实务中产生的困难。为什么不抓住机会来规定这些内容呢?"

2 参见联合国文件 A/CN. 9/642,第 116 段。

程序,通过转让该电子运输记录,转让其中包含的各项权利。

第57条第1款规定了可转让运输单证中的权利转让问题。《鹿特丹规则》采取的方法同时符合大陆法和普通法的传统,条款的语言沿用了把权利并入单证中这个传统的概念。

需要特别提及的是,可转让运输单证(及其包含的权利)是通过背书(通常以签名的形式)还是以交付单证的形式转让,取决于该单证是指示单证还是空白单证这样一个事实。第57条声明“……持有人可以通过把单证转让给其他人而转让其中包含的各项权利:(a)是指示单证的,须正式背书给该其他人,或者须空白背书;或者(b)是(i)不记名单证或者空白背书单证的,无须背书”。这里应该注意的是经空白背书转让的指示单证,其与空白单证受相同的规则约束。

相反,第57条第1款(b)项(ii)中提及的“凭记名人指示开出的单证……”准确地说该运输单证不能被认为是可转让的运输单证。在这种情况下,合同权利只能转让给运输单证上的记名人,而单证的这个功能仅仅是为了阐明基于此目的转让单证,而不需要再进行背书。当条款中述及“凭××指示”,意味着权利可以转让给××那个人;与“交给持有人”相反,后者意味着是仅仅通过单证转让而不经过背书,权利就可以转移给单证的持有人。

第57条第2款的不足之处是有关电子商务的规定仍然存在尚不明确的后果。第57条第2款的规定与第51条第4款(a)项的规定保持一致,即签发可转让电子运输记录的,不论该电子运输记录是凭指示开出还是凭记名人的指示开出,其持有人均可按照第9条第1款述及的程序通过转让该电子运输记录,转让其中包含的各项权利。

然而,这一规定,仅明确了一些非常普遍的原则,而这些原则构建了电子运输单证流通的法律基础。将来这一领域的技术很可能会快速发展,因此工作组不想在公约中制定太详细的规定从而制约这一发展。在工作组的讨论过程中,专家们对“凭指示开出还是凭记名人指示开出”这一术语的适当性进行过讨论,但是这个问题还是被搁置了。[3]

11.3　第58条　持有人的赔偿责任

第58条　持有人的赔偿责任

1. 在不影响第55条的情况下,非托运人的持有人,未行使运输合

3　参见联合国文件A/CN.9/642,第119段。

同下任何权利的，不能只因为是持有人而负有运输合同下的任何赔偿责任。

2. 非托运人的持有人，行使运输合同下任何权利的，负有运输合同对其规定的任何赔偿责任，但此种赔偿责任须载入可转让运输单证或者可转让电子运输记录，或者可以从其中查明。

3. 就本条第1款和第2款而言，非托运人的持有人不能只因为下列作为而被视为行使运输合同下的任何权利：

(a) 该持有人根据第10条与承运人约定，以可转让电子运输记录替换可转让运输单证，或者以可转让运输单证替换可转让电子运输记录；或者

(b) 该持有人根据第57条转让其权利。

第58条第2款规定了一般原则，有两个概念值得一提，一个是在单证中已为大家熟知的"并入"，另一个是相对研究较少的运输记录中的"查明"，这两个概念在前一章节已有详细的论述（参见第十章，第52条第2款）。本条款的目的非常简单，就是要阐明签发可转让运输单证的，其持有人成为可转让运输单证所记载义务的承担者，而且在签发可转让电子运输记录时适用相同的规则。这里所指的持有人是指公约中第51条第3款（a）项下的持有人，无论承运人何时签发可转让运输单证或可转让电子运输记录，该持有人始终处于控制方的地位。

必须指出的是，该条款也表明，转让可转让运输单证或者电子运输记录的，除了其包含的权利一并转移外，赔偿责任也一并转移。但是这种观念却并不是在所有法律体系中都存在。因此在工作组讨论过程中，也提出了这个问题并且也指出了可能出现的困难，但是尽管如此，工作组还是决定保留这一条款。[4]

然而，引起更多质疑的条款是《鹿特丹规则》第58条第1款包含的款项。第58条第1款规定了持有人未行使运输合同下属于控制方的任何权利时所处的地位（和负有的赔偿责任），该条款表明"非托运人的持有人，未行使运输合同下任何权利的，不能只因为是持有人而负有运输合同下的任何赔偿责任。"

有必要强调的是，第一，第58条第1款阐明了持有人的法律地位与托运人的法律地位是不完全一致的，托运人履行义务仅因为他是托运人。

第二，该条款明确指出了"未行使运输合同下任何权利的"持有人所处的地位与行使了运输合同下权利的持有人所处的地位有很大的不同。对于上述第二

4　参见联合国文件 A/CN. 9/642，第126段，即引用了有关将来删除这一条款的建议，并且有强烈的支持意见。

种持有人而言，与承运人签订运输合同的人的所有法律地位全部转让给该持有人。有人可能对这一(推定为)一般原则提出质疑，即"持有人依运输合同行使运输合同下的各项权利的，该持有人就必须承担运输合同项下的相应的赔偿责任，但是这些责任仅限于那些被并入可转让电子运输记录中的责任"。[5] 从这一角度可以看出，运输合同中责任的转让不仅取决于义务须从可转让运输单证中的用语中清楚地查明，而且还取决于持有人必须行使运输合同项下的任何权利这样一个事实。

然而，为了使第58条更具有可接受性，在第一段的句首提到的短语("在不影响第55条的情况下")也具有一定的作用和意义。这一措词的使用似乎是为了避免第58条第1款的规定影响持有人(在第55条中载明)的义务，即持有人作为控制方，应当向承运人提供履行其在运输合同下义务而需要的有关货物的所有信息、指示或者文件，而此种信息、指示或者文件尚未由托运人提供且承运人无法以其他方式合理获得。显然，处于控制方地位的持有人，即使其未行使运输合同下的任何权利，也有必要履行其在第55条下的各项义务(以及与之相关的责任)。

在工作组的讨论过程中，第55条备受批评，因为该条款对于控制方不提供有关货物的信息、指示或者文件的后果没有做出清晰的规定，因此曾一度建议删除。然而，"得到的回答是，草案第58条规定的持有人的责任受到草案第55条的限制，因为持有人是事实上唯一知道草案第55条所提到的信息的人。而且，为了明确这一点，第58条第1款中提及第55条的表述必须保留"。[6]

工作组采取的这种方法有可能得到认同，他们认为第55条提到的持有人只在实际具有确实合理可能提供需要的信息和文件或者能够给出必要的指示时才负有义务，实际上这仍然不够明确[7]。然而，有一点是非常明显的，就是第58条第1款会潜在地影响参与国际贸易的金融机构的地位，当这些机构仅仅因为在某个时段成为持有人时，当需要提供一些信息或文件时会推定承担一些重大的责任，甚至在他们没有履行控制方的那些运输合同项下的权利时也是如此。

(裘丹枫翻译)

5 M. Goldby："UNCITRAL 货物运输公约草案下的提单功能的实现：电子等价物的明确法律认识"，载《国际海商法杂志》2007年第13卷第3期，第169页。

6 参见联合国文件 A/CN. 9/645，第180段。

7 这一点很难理解，比如说，为什么"次要的行为不被看做是权利的行使是很明确的"。参见联合国文件 A/CN. 9/645，第181段。

第十二章　赔偿责任限额

司玉琢*　郭　萍**

12.1　概述

赔偿责任限制是海商法中非常重要的一个制度，尤其是在海上货物运输合同领域。所有该领域现存的国际公约如《海牙规则》、《海牙—维斯比规则》和《汉堡规则》都规定了这一制度。新的国际公约也不例外。这一章共包含三个条款。相较于其他生效的有关海上货物运输的国际公约，新公约规定的责任限额是最高的。

公约起草期间，这一章节的条款有非常大的变化。2002 年 9 月 16 日至 20 日，第三工作组（运输法）在维也纳举行了第十次会议，会议上对承运人的责任限额进行了初步讨论。[1] 2004 年 5 月 3 日至 14 日，第三工作组（运输法）在纽约举行了第十三次会议，会议对该制度进行了第二轮的讨论。[2] 在这次讨论的基础上，形成了 A/CN. 9/WGIII/WP. 39 关于责任限制的条款草案[3]。

2004 年 10 月，公约草案中包含了一个快速修订程序条款，涉及责任限制问题。[4] 2005 年 11 月，一个新的公约草案文本即 A/CN. 9/WGIII/WP. 56 得以公布。在 WP. 56 文件中，责任限制规定的整体结构在一定程度上有所改变。该文件把责任限制独立地规定在第十三章，共包含四个条款。这些条款与 WP. 39 文件中的相关规定一致。

2005 年，第三工作组的第十六次会议之后，该章的标题就没有再更改，相较

---

*　法学教授，中国大连海事大学前校长。联合国国际贸易法律委员会第三工作组中国代表团团长。

**　法学教授，法学博士，中国大连海事大学法学院，中国海事仲裁委员会仲裁员，中国海商法协会理事，作为中国代表团成员之一参加了 2008 年 6 月在纽约召开的 UNCITRAL 第 41 届会议。

1　参见联合国文件 A/CN. 9/525，第 65-70 段和第 81-92 段。

2　参见联合国文件 A/CN. 9/552，第 38-51 段（责任限制的基础），第 25-31 段（迟延造成货损的责任）和第 51-62 段（责任限制权利的丧失）。

3　参见联合国文件 A/CN. 9/WG III/WP. 72，2006 年 8 月 10 日，第 1-2 段。

4　参见联合国文件 A/CN. 9/WG III/WP. 56，尽管类似条款规定在“最后条款”这一章，参见《雅典公约 2002 年议定书》（“雅典公约”）和《联合国国际贸易运输港站经营人赔偿责任公约》第 24 条（“OTT 公约”）。

于之前的文本,现在该章共包含3个条款。[5] 在公约条文后来的修改过程中,仅对这一章的位置和有关赔偿责任限额条款的顺序稍作修改。

2007年10月,第三工作组在维也纳举行第二十次会议,会议上做出了一个经多方妥协的结论,即删除有关赔偿责任限额的修正程序条款,也删除了关于承运人对多式联运中的隐蔽损失的赔偿责任限额这一特别条款。此外,否决了托运人享有赔偿责任限额的提议。

12.2 第59条 赔偿责任限额

第59条 赔偿责任限额

1. 除第60条以及第61条第1款另有规定外,承运人对于违反本公约对其规定的义务所负赔偿责任的限额,按照索赔或者争议所涉及货物的件数或者其他货运单位计算,每件或者每个其他货运单位875个计算单位,或者按照索赔或者争议所涉货物的毛重计算,每公斤3个计算单位,以两者中较高限额为准,但货物价值已由托运人申报且在合同事项中载明的,或者承运人与托运人已另行约定高于本条所规定的赔偿责任限额的,不在此列。

2. 货物载于集装箱、货盘或者拼装货物的类似装运器具内,或者载于车辆内运输的,合同事项中载列的载于此种装运器具内或者车辆内的货物件数或者货运单位数,视为货物件数或者货运单位数。未载列的,载于此种装运器具内或者车辆内的货物视为一个货运单位。

3. 本条述及的计算单位,是国际货币基金组织定义的特别提款权。本条述及的限额,须按照一国国家货币在判决日或者裁决日,或者在当事人约定日的币值折算成该国货币,一缔约国是国际货币基金组织成员国的,该国货币对特别提款权的比价,须按照国际货币基金组织当日对其业务和交易实行的计价换算方法计算。一缔约国不是国际货币基金组织成员国的,该国货币对特别提款权的比价,须按照该国确定的方式计算。

12.2.1 简介

本条包含三个条款。其一般原则是赔偿责任可以限制在某个数额范围之内,或按照每件计算,或按照每公斤计算。作为上述 一般规定的例外情形,责任

---

5 参见联合国文件 A/CN. 9/WG III/WP. 56, WP. 81, WP. 101 和 A/CN. 9/526。

限额也可以限制在一个声明的数额范围或者限制在一个双方约定的数额,如果该数额高于本条款规定的数额。[6]

第1款规定对货物灭失或损坏,承运人的责任限额是每件或者每个其他货运单位875个计算单位,或者按照毛重计算,每公斤3个计算单位,以两者中较高限额为准。[7]

第2款是有关集装箱货物运输的规定。货物载于集装箱、货盘或者类似的装运器具内,或者用于集装货物的公路车辆或铁路车辆的,这些记载在提单或者其他运输单证中的件数或者其他货运单位数都被认为是本条款下的件数或者货运单位数。否则,载于此种装运器具或者车辆之内、之上的货物视为一个货运单位。[8]

第3款解释了本条述及的计算单位,它是国际货币基金组织定义的特别提款权。该限额应当根据判决日或者裁决日或者在当事人约定日的货币兑换率价值折算成该国货币。如果本公约的某一缔约国也是国际货币基金组织的成员国,则该国货币与特别提款权的比价,须按照对其业务和交易有争议的国际货币基金组织当日实行的计价换算方法计算。如果该公约的某一缔约国不是国际货币基金组织的成员国,该国货币与特别提款权的比价,须按照该国确定的方式计算。[9]

12.2.2 货物灭失或损坏的赔偿责任限额

背景

2002年1月最初的文书草案中,[10]这一条款分为三款,分别是:有关货物灭失或损坏的赔偿责任限额、货运单位的计算以及计算单位的含义。该条款中并没有指出赔偿责任限制的具体数额,而只留有空白的方括号。在随后的阶段,才有人提议具体数额供各国代表团协商考虑。

第十三次会议之后,在工作组的要求之下,根据一些国家提供的信息,秘书处汇编了一个关于承运人责任限额比较的表格。[11] 中国代表团受工作组秘书处的委托,起草一份关于赔偿责任限额的非官方问题单。2005年下半年,问题单发放给所有对此感兴趣的代表团。中国代表团收集并分析了来自日本、韩国、意

---

6 参见联合国文件 A/CN.9/WG III/WP.72,2006年8月10日,第4段。

7 参见新公约第59条第1款。

8 参见新公约第59条第2款。

9 参见新公约第59条第3款。

10 参见联合国文件 A/CN.9/WG III/WP.21。

11 参见联合国文件 A/CN.9/WG III/WP.53。

大利、挪威和中国代表团对问卷的回复意见。从中可以看出一些代表团建议应该采纳《海牙—维斯比规则》责任限额的规定[12]。其他一些代表团认为应采纳《汉堡规则》责任限额的规定。然而也有代表团建议应大幅度提高赔偿责任限额,因为《1976海事赔偿责任限制公约》的1996年议定书中对海事赔偿责任限制数额的规定与1976年相比,已经大幅提高了。[13]

然而,也有人提议应制定一个快速修正程序来调整责任限额,使其与《海事赔偿责任限制公约》1996年议定书规定的赔偿责任限额相吻合。由于在讨论过程中该提议受到广泛支持,因此在2004年的公约草案中加入了这一项内容。[14]另外,承运人和托运人可以约定高于本公约草案所规定的责任限额。

在2005年11月第三工作组的第十六次会议之后,快速修正责任限额的程序条款规定在了本章的最后一条中。该提议是建立在《雅典公约》2002年议定书第23条和《联合国国际贸易港站经营人责任公约》第24条所规定的修订程序的基础之上。一些国际海事组织的文书中也常常采用这种方法,例如修正《1969年国际油污损害民事责任公约》1992年议定书;修正《1971年国际油污损害赔偿基金国际公约》1992年议定书;《1992年国际油污损害赔偿基金国际公约》2003年议定书(未生效)(1992年IOPC基金2003年议定书);修正《1976年海事赔偿责任限制公约》1996年议定书;《国际海上运输有毒有害物质损害责任及赔偿公约(1996年)》。[15]

直到2007年11月,赔偿责任限额仍然被放在方括号中。后来有人提出了一个较合适的数额,即每个货运单位835特别提款权或者每公斤2.5特别提款权,这与《汉堡规则》的规定一致。[16]

直到2008年年初,责任限额修订的条款仍被保留在公约草案条文中。但是作为32个国家支持的妥协方案的一个部分,[17]工作组最后删除了该条款。新公约中,这一限额是每个货运单位875特别提款权或者每公斤3特别提款权。这意味着在这个新公约中,货运单位限额和重量限额,与《海牙—维斯比规则》相比分别提高了30%和50%,与《汉堡规则》相比则分别提高了5%和20%。[18]

---

12 参见《海牙—维斯比规则》特别提款权议定书第四章第5条第(a)项,货物灭失或者损坏的赔偿责任限额是每件或者其他运输单位666.67特别提款权或者按灭失或者损坏货物每公斤2特别提款权计算,以两者中较高者为限。

13 参见联合国文件A/CN.9/WG III/WP.72,2006年8月10日,第16段。

14 参见联合国文件A/CN.9/WG III/WP.39,“赔偿责任限额修正案”第18条。

15 参见联合国文件A/CN.9/WG III/WP.56,2005年11月,第302段。

16 该数据同《汉堡规则》第6条第1款第(a)项。

17 这32个国家包括24个非洲国家、美国、法国等。

18 一些国家,像中国、日本、韩国、丹麦、意大利、希腊等,明确反对这一较高责任限制数额。

有关承运人赔偿责任限额的讨论

承运人有权享有赔偿责任限制数额的高低一直都是公约讨论过程中的核心问题之一。在公约草案讨论期间,有人提出由于承运人的责任期间延长为"门到门"运输,也就是说,承运人对海上货物运输之前及之后的运输区段也要负责,因此有关承运人责任限制的数额也应比《海牙规则》、《海牙—维斯比规则》中的限额要有所提高。

其他一些国家则强调该限额应维持《海牙—维斯比规则》中的规定。这些国家提出赔偿责任限制的目的并不是保证任何可能因装船而发生的货物灭失或损坏都能在其价值范围内得到赔偿,而是要保证可预见性和确定性。如果赔偿责任限额采用《海牙—维斯比规则》中的规定,即每个货运单位666.67 特别提款权或者每公斤 2 个特别提款权,这与大多数国家现行所采取的赔偿责任限额的规定相一致。这样的解决方法与现存体制冲突较小而且使公约更容易生效。但是,这些国家考虑到未来通货膨胀等因素,也同意接受将数额提高至《汉堡规则》规定的限额,即把赔偿责任限额提高到每个货运单位 835 特别提款权或者每公斤 2.5 个特别提款权。

本公约将成为一个主要着眼于海上货物运输的国际性运输公约,因此,我们认为应该进行一个以海上运输货物的平均价值和对货物灭失、损坏的索赔为内容的调查,并且在调查结果的基础之上制定一个合理的赔偿限额。一些国家对这一非官方问题单做出了回应,其结果是货物的平均价值以及绝大多数的货损赔偿请求都不会超过毛重每公斤 2 个特别提款权或毛重每公斤 2.5 个特别提款权。这一由中国负责进行的对有关现存案例法涉及责任限制的调查在事实上表明,绝大多数的货损赔偿请求甚至不会超过每公斤 2 个特别提款权。[19] 值得注意的现象就是,在当今的集装箱贸易中,货运单位呈变小的趋势,并且普遍认为在集装箱运输中,"货运单位"的概念是指集装箱内载运货物的单个件数,而不是集装箱本身的数量。有一个类似的观点提出,即自从采取《海牙—维斯比规则》的特别提款权议定书以来,海运贸易的运费率已经下降,因此,在制定赔偿责任限制限额时应考虑这一下降因素。[20] 也有人指出,在多式联运中,如果适用第 26 条网状责任制的规定,承运人在运输期间在任何情形下都会获得一个相对较高的赔偿责任限额的保险。

在公约讨论中也探讨了用政治手段解决这一问题。从海上货运合同国际公约的历史发展来看,存在这样一个事实,即每一个新公约或者议定书的出现,赔

19　参见联合国文件 A/CN.9/WG III/WP.72,2006 年 8 月 10 日,第 17 段。

20　参见联合国文件 A/CN.9/526,2003 年 5 月 9 日,第 257-263 段。

偿责任限额都有所提高。另外，有些国家指出本条的赔偿责任限额应当高于《海牙—维斯比规则》中的规定，因为在1978年《汉堡规则》通过时，《海牙—维斯比规则》所规定的那个数额就已经过时了。与《海牙—维斯比规则》相比，《汉堡规则》的赔偿责任限额提高了25%，该数额在当时是作为各方利益妥协的一个产物，并且仍然被认为是一个比较适当的数额。同时也必须考虑到当今其他运输公约中相对较高的赔偿责任限额的情形。持反对意见的人则认为在考虑提高赔偿责任限额的规定时，有必要考虑到承运人及其责任保险人能否承担较高的责任限额。他们建议增加一条快速修正程序条款来调整赔偿责任限额，[21]而不是大幅度提高赔偿责任限额。另外需要注意的一点是，使承运人同意提高责任限额也是可以实现的。[22]

2006年11月6日至17日，在维也纳召开了第十八次会议，在会议上达成这样一个共识：公约草案中有关赔偿责任限额的任何决定都是为了全面平衡责任制度。[23] 承运人享有赔偿责任限制的权利不能与公约草案中的某些其他条款相分离，包括确定责任限额的特殊修正程序条款、公约生效所需缔约国数量、当货物在一段附属的陆上区间内发生灭失或损坏时，允许适用调整承运人责任的其他国际公约和国内法以及当货物发生隐蔽损失时适用的特殊规则条款。[24]

与《海牙—维斯比规则》规定的责任限额相比较，公约草案应当提高赔偿责任限额的观点得到广泛而强烈的支持，而且限额不能低于《汉堡规则》。产生这一现象的主要原因如下：

第一，在《汉堡规则》通过后的30年中，该规则所规定的赔偿责任限额已经不能反映当前商务和国际运输的实际情况，因此公约草案应该考虑大幅度提高责任限额并超出《汉堡规则》的规定，比较理想的就是把责任限额提高到每货运单位1200特别提款权或者至少提高到1980年《联合国国际货物多式联运公约》（即货物灭失或者损坏的赔偿责任限额为每件货物或者每一运输单位920特别提款权或者按货物毛重计算，每公斤2.75特别提款权）[25]。

第二，调整其他运输方式的国际文书所规定的赔偿责任限额都高于《海牙规则》和《海牙—维斯比规则》规定的赔偿责任限额。多式联运中的承运人常常适用不同的责任限制数额。因为该公约草案中意图覆盖门到门运输，所以本条

---

21 参见联合国文件A/CN.9/WG III/WP.21，2002年1月8日，第104－106段。

22 参见联合国文件A/CN.9/WG III/WP.21/Add.1，2002年2月6日，第84段。

23 参见联合国文件A/CN.9/616，第171段。

24 参见联合国文件A/CN.9/642，2007年10月15日至25日于维也纳，第135段。

25 同上，第136段。

规定的赔偿责任限额不能远远低于适用于其他运输方式的赔偿责任限额。[26]

第三,相较于其他运输方式,如果未能制定出可接受的承运人责任限额,将会阻碍一些国家批准该公约,除非他们可以就国内发生的货物灭失或损坏或隐蔽损失适用较高的责任限额,但是这样的结果又会与公约寻求的高度统一目标相佐。

第四,广泛的集装箱化运输意味着货价较为低廉的货物通过集装箱运输比过去更为经济并且《海牙—维斯比规则》规定的赔偿责任限额足以覆盖大部分货物的赔偿请求,这些货物的平均价值低于《海牙—维斯比规则》的赔偿责任限额,这些情形会对制定一个公平的赔偿责任限额的尝试方面起到误导的作用。相反,在过去的几十年中,自现行海上货物运输公约施行以来,高价货物大幅度增加而且通货膨胀也明显地影响了货物的价值,从而使赔偿数额呈现贬值的现象。通过声明货物的实际价值来提高承运人责任不是一个可行的选择,因为有些情形下从价运费率过高是要被禁止的并且在任何情形下过高的从价运费率对发展中国家的托运人来说都是高不可攀的。[27]

第五,值得注意的现象就是,当今世界大量的高价值货物是通过海上运输实现的,对很多国家的对外贸易来说这是唯一可行的运输方式。那些货物(如卷筒纸、汽车、重型机械以及工业设备元件)基于运输的目的并不需要包装,因此根据《海牙—维斯比规则》下按货物毛重计算出来的承运人赔偿责任限额远无法满足货方的赔偿请求。

第六,货物保险人建议,在大多数情况下,他们自己承担货物灭失或损坏的成本而不用向承运人的保险人行使追索权,因为与货物所有人所得到的赔偿相比,其可追索的数额显得微不足道。除了增加每个货运单位的赔偿责任限额,工作组也考虑到根据货物毛重计算的赔偿责任限额也应大幅提高,从而与现行的《公路货物运输国际公约》中较高的限额保持一致。[28]

第七,由于承运人责任保险可能会对运费成本产生细小影响,因此也有人提出质疑,认为增加承运人赔偿责任限额不应当对承运人的责任保险产生巨大影响。《汉堡规则》生效之初所实施的研究表明该规则引入的承运人赔偿责任限额的提高导致班轮运输费率提高不超过 0.5%。而与此同时,有些国家的国内海上货物运输的赔偿责任限额已经达到毛重每公斤 17 个特别提款权,却对运输行业没有产生任何不利影响。[29]

26　参见联合国文件 A/CN. 9/642,2007 年 10 月 15 日至 25 日于维也纳,第 137 段。

27　同上,第 138 段。

28　同上,第 139 段。

29　同上,第 140 段。

最后,有人提出承运人赔偿责任限额的提高会将部分风险转移给货物保险人。对此有不同意见认为承运人赔偿责任限额的提高不会增加运输成本从而最终转嫁给货主,因为船东互保协会(P&I clubs)提供保赔保险,其以高效率著称,并且与商业保险公司提供给货物所有人的保险费率相比,船东互保协会会以更为低廉的保险费并通过扩大保险范围的方式向其会员提供服务。除了运输行业,很少有其他的经济活动可以享受法定的责任限制的利益。另外,海上货物运输承运人享有的是双重责任限制。事实上,货物的价值已经为承运人的全部责任设定了限额,包括由于货物的灭失或损坏造成的相继损失。对于高价值货物而言,承运人的责任进一步受到相关国内准据法或国际公约中赔偿金额封顶的限制。这些公约或法律的规定使承运人相对于其他商业主体来说处于优势地位,在考虑如何确定一个适当的承运人赔偿责任限额时必须要考虑这一因素,而且不能将责任限额停滞于一个不利于货物所有人的水平。[30]

还有些人强烈支持公约草案应致力于建立与《海牙—维斯比规则》赔偿责任限额接近的限额,但也不排斥可以稍微提高限额的可能。[31]

第一,规定赔偿责任限额的主要目的是调整船货双方两个商主体的关系,有效地在他们之间分配风险。如果不能享受责任限制的利益,承运人对货物灭失或损坏必须负全部责任,当货物以集装箱方式运输时,承运人对集装箱内的货物一无所知,由此潜在地使承运人承担了非常高且不可预期的风险。进而,承运人必将会通过提高运费把这个非常高的风险分配给每一个托运人,而不是通过支付高额的保险费来分散这个潜在的高风险。通过规定赔偿责任限额,托运人和承运人的支出成本都得以降低,从而对这高风险损失不可能予以全额赔偿。理想的赔偿责任限额应当高到足以刺激承运人谨慎地照料货物,但是也应当避免过低以至于货物索赔方得不到充分赔偿。[32]

第二,有人认为《海牙规则》或者《海牙—维斯比规则》中赔偿责任限额的规定经证明是令人满意的。[33]《海牙规则》仅规定一个货运单位的赔偿责任限额,《海牙—维斯比规则》和《汉堡规则》都规定了货运单位和每公斤货物的双重赔偿责任限额,以货运单位计算赔偿责任限额在集装箱运输中占有非常重要的地位。1924年,件杂货装入板条箱内或者作为一个货运单位的大木箱内运输,而如今随着集装箱的广泛使用,每一货运单位的赔偿责任限额是基于集装箱内包装的数量予以确定,与按每公斤计算的赔偿责任限额相比,这种计算方式增加了

30　参见联合国文件 A/CN.9/642,2007年10月15日至25日于维也纳,第142段。

31　同上,第144段。

32　同上,第145段。

33　同上,第146段。

货方从承运人处得到赔偿数额的概率。

第三,我们可以看到,即使在《海牙—维斯比规则》规定的承运人的赔偿责任限额体制下,不论是按照每个货运单位,或者按照每公斤计算的赔偿责任限额,几乎90%的货损都可以取得全额赔偿,因为大部分海上运输货物的价值低于《海牙—维斯比规则》规定的责任限额。[34]

第四,需要注意的是本条中存在一款规定,即托运人可以在货物装船前申报货物的"性质和价值"并且在合同事项中载明,或者在合同中约定高于本条款的赔偿责任限额,托运这种高价值货物的托运人在支付较高的运费或者购买额外的保险来补充那些不能从承运人处得到赔偿的情况下,有权选择按照货物的实际价值予以申报。

第五,在实践中,根据《海牙—维斯比规则》计算的赔偿责任限额往往高于该规则表面看到的数额,集装箱运输方式下承运人对每个货运单位的赔偿责任限额常常比单一运输制度下仅仅根据重量确定的赔偿责任限额要高得多。例如,一般认为航空运输中承运的是典型的高价值货物,其在1999年《蒙特利尔公约》[35]中的赔偿责任限额仅涵盖了大约60%的货物灭失或者损坏赔偿,而《公路货物运输国际公约》[36]中的赔偿责任限额可能涵盖的货损赔偿还不到60%。[37]尽管《蒙特利尔公约》设置了比任何其他运输公约都要高的赔偿责任限额,但是它也规定了一些致使赔偿责任限额无法被超越的条款,甚至在有意行为的情形下,如盗窃也是如此。此外,被这些其他运输公约涵盖的运输方式下所支付的运费通常比海上运输公约下支付的运费高。

第六,就大宗散货贸易方面而言,自早期的海上运输公约通过以来,货物的平均价值没有出现激增,在班轮运输中,装载在集装箱内货物的平均价值也没有出现激增。值得注意的是,有人提出谨慎的警告认为,如果把承运人的责任限制数额设定为《汉堡规则》规定的数额,需要注意《汉堡规则》仅调整世界上相对较小比例的一部分海上航运,这意味着世界贸易中占最大份额的货物运输责任限额有了显著提高,而这个最大份额的货物运输责任限额目前适用的是《海牙—维斯比规则》规定的较低数额,甚至于适用的是更为低下的赔偿责任限额,对世界上一些大的经济实体而言也是如此。为了吸收和分散由于承运人责任限额的提高而带来的高额成本的需要,会导致尽管没有人从承运人责任限额提高的机制下获益,但低价值货物还是需要支付较高的运费,这即意味着低价值货物的托

34 参见联合国文件A/CN.9/642,2007年10月15日至25日于维也纳,第147段。

35 也就是说,按损失重量每公斤17特别提款权。

36 也就是说,按损失重量每公斤8.33特别提款权。

37 参见联合国文件A/CN.9/642,2007年10月15日至25日于维也纳,第147段。

运人最终在一定程度上补偿了高价值货物运输的托运人。[38]

在本公约的最终文本中，本条款的用语是“违反本公约对其义务”所负赔偿责任的限额是每件或者每个其他货运单位875个特别提款权或者按照货物的毛重每公斤3个特别提款权，以两者中较高限额为准。事实上，该赔偿责任限额的通过是基于2008年6月各方达成的妥协方案。然而，一些代表团仍然对这一数额在将来公约通过时是否会被广泛接受表示出担忧。

“货物或者与货物有关的灭失或者损坏……”的表述

在本公约最初起草的文本中，本条有关赔偿计算规定的表述被严格限定为“货物的灭失或者损坏”，该表述与《海牙规则》、《海牙—维斯比规则》的相关规定不同。[39]

在讨论赔偿责任限额的过程中，很多代表团对于“货物或者与货物有关的灭失或者损坏……”这一表述表示关心。“与货物有关”这一词语，来自于《海牙规则》第5条第5款以及《海牙—维斯比规则》第5条第5款(a)项，其意图是涵盖因货物迟延导致市场价格下跌所引起的损失，但不包括经济损失。《汉堡规则》第6条的规定则是“承运人承担因货物灭失或者损坏造成的损失”。有人建议指出如果公约草案想要涵盖纯经济损失，那么应当使用不同的措辞，例如“承运人承担货物灭失或者损坏或者迟延交付的责任”。还有一些人支持删除“与货物有关”这一用语。

对于“与货物有关”这个词语如何解释以及删除该词语是否谨慎的问题上产生了很多争论。有人提出建议认为这一词语的目的是不仅要包含货物的灭失或者损坏，而且还包括由于其他原因造成的灭失或损坏，例如错误交付货物或者提单中对货物进行错误记载。但是，也有人强烈反对删除这一措词。他们指出如果这一措词是想要涵盖错误记载、错误交付货物等情形，而且该短语的解释是准确的，那么最好把该词语保留在本条之中。[40]

由于对“货物或者与货物有关的灭失或者损坏”的表述存在不同的理解，因此有人建议本公约应该使用一个含义更为广泛的措词从而能够涵盖其他类型的损失而不仅仅拘泥于前文提及的损失。

---

38 参见联合国文件A/CN.9/642，2007年10月15日至25日于维也纳，第151段。

39 参见《海牙规则》第四章第5条和《海牙—维斯比规则》第四章第5条第(a)项。具体条文是“货物灭失或者损坏或者所涉货物……”

40 参见联合国文件A/CN.9/552，2004年5月24日，第41-42段。

“违反本公约对其规定的义务”的表述

2005年年底以前，公约草案一直保留“货物或者与货物有关的灭失或者损坏”这一措词。然而，A/CN.9/WG.III/WP.56文件首次将“货物［或与货物有关的］灭失、损坏”的表述替换成“违反本公约对其规定的义务”。

在对中国代表团起草的非官方问题单的回复中，一些代表团提出反对使用“违反本公约对其规定的义务”的表述，他们指出这是对承运人享有的责任限制范围的扩张。其他代表团提出建议，认为工作组应该首先探讨本公约规定范围以外的哪些承运人的责任应该享受责任限制。例如，错误交付货物、没有凭可转让运输单证交付货物或者单证记载错误等这些情况下，承运人似乎也可享有责任限制；但是，仅仅使用“货物灭失或者损坏”这样的表述显然不可能覆盖这些情形。因此，正确的方式是使用适当的词语来涵盖所有上述提到的情形。[41]

不可否认的是因为本公约删除了承运人航海过失免责并且提高了承运人的责任限额，本公约下承运人已经承担了较重的负担和责任。显而易见，“违反本公约对其规定的义务”这一措词对承运人来说是有帮助的，并且有利于承运人对其在各个方面下承担的责任予以限制。尽管各方对“违反本公约对其规定的义务”这一措词的含义仍然存在争议，该表述仍然在公约中保留下来。

调整不同运输方式的国际公约对承运人的责任限额的规定不同。在海上货物运输领域，有《1924年关于统一提单若干法律规定的国际公约》（《海牙规则》）；《1968年修改关于统一提单若干法律规定的国际公约的议定书》（《海牙—维斯比规则》）；《1979年修订1968年关于统一提单若干法律规定的国际公约的议定书》（《海牙—维斯比规则/SDR议定书》）；《联合国海上货物运输国际公约》（《汉堡规则》）以及这一新的国际公约。

《海牙规则》第4条第5款规定：承运人或者船舶，在任何情况下对货物或与货物有关的灭失或损坏，每件或每计算单位超过一百英镑或与其等值的其他货币的部分，概不负责；但托运人于装货前已就该项货物的性质和价值提出声明，并已在提单中载明的，不在此限。

《海牙—维斯比规则》第2条第(a)项规定：除非货物的性质和价值已由托运人在货物装运前声明，并在提单上载明，不论是承运人或船舶，在任何情况下对货物或与货物有关的灭失或损坏，每件或每单位超过10000法郎，或按灭失或受损货物毛重计算，每公斤超出30法郎，两者之中以较高者为准，概不负责。[42]

《海牙—维斯比规则》关于特别提款权议定书第2条第1款规定：除非货物

41　参见联合国文件A/CN.9/WG.III/WP.72，2006年8月10日，第14段。

42　一个法郎是指一个含有纯度为千分之九百的黄金65.5毫克的单位。

的性质和价值已由托运人在货物装运前声明,并在提单上载明,不论是承运人或船舶,在任何情况下对货物或与货物有关的灭失或损坏,对每件或者每计算单位超过666.67计算单位,[43]或按灭失或受损货物毛重计算,每公斤相当于2个计算单位,两者之中以较高者为准,概不负责。

《汉堡规则》第6款第1款第(a)项规定:根据第5条的规定,承运人对于货物的灭失或损坏所造成的损失的赔偿责任,以受灭失或损坏的货物每件或每一其他装运单位相当于835计算单位或毛重每公斤相当于2.5计算单位的金额为限,二者中以较高者为准。

1956年5月19日,《国际公路货物运输公约》(CMR)在日内瓦通过。在该公约下,承运人承担货物全部或部分灭失的赔偿责任,并且该赔偿额的计算要参考货物价值。但是,该赔偿额不应超过货物毛重每公斤8.33特别提款权[44]。货物损坏时,承运人所承担的赔偿限额应不超过:(1)若所托运的货物全部损坏,赔偿额按全部损失计算;(2)若所托运的货物部分受损,赔偿额按损失的部分确定。[45]

作为1999年6月3日议定书修订的1980年5月9日《国际铁路运输公约》(COTIF)的一个附录,《国际铁路运输公约统一规则》(CIM)第36条规定当货物全部或部分损坏时,铁路承运人应当承担货物毛重每公斤不超过17个特别提款权。赔偿额应该根据货物交易价格计算,或如果没有该交易价格则根据当时的市场价格计算,或如果既没有交易价格也没有当时的市场价格,则根据货物被交付运输时当时当地同种类和同质量商品的标准价格计算。[46]

1999年5月28日,在蒙特利尔通过了《统一国际航空运输某些规则的公约》(《蒙特利尔公约》)。第23条规定货物运输承运人对货物的毁损、灭失、损坏或者迟延所造成的损失,其责任限额为每公斤17个特别提款权。

1980年5月24日,在日内瓦通过了《联合国国际货物多式联运公约》(《多式联运公约》)。该公约第18条规定多式联运经营人应对货物灭失或损坏造成的损失承担责任。根据第16条,多式联运经营人对货物灭失或者损坏的赔偿责任限额为不超过每件货物或者每一运输单位920个特别提款权或者按货物毛重计算,每公斤2.75特别提款权,两者之中以较高者为准。[47] 但是,如果国际多式

43　国际货币基金组织定义的计算单位是指特别提款权。参见《海牙—维斯比规则》特别提款权议定书第2条第2款。

44　《国际公路货物运输公约》第23条第(1)、(3)、(7)款。

45　《国际公路货物运输公约》第25条。

46　参见《国际铁路运输公约》第40条。

47　参见《多式联运公约》第18条第1款。

联运不包括海运或内河运输，那么多式联运经营人对货物灭失或损坏的赔偿责任限额为不超过按货物毛重计算每公斤8.33个计算单位。[48]

12.2.3　对发生区段不确定货损的处理

对发生区段不确定货损的处理是否应该在本公约中作出特别规定这一问题，在公约讨论的会议中引起了激烈的争论。在很长一段时间内，对发生区段不确定货损的处理的有关规定都保持空白状态以留作进一步讨论。最终在2008年作为折中方案的一部分将该内容删除。

在2002年对承运人的责任限额进行了第一次讨论后，有意见认为《海牙—维斯比规则》规定的限额太低，在货损发生区段不能确定的情况下，不能将该规则有关损失责任限额的规定作为默示规则。有人提议应在本条第1款之后增加以下规定：

尽管有第1款的规定，如果承运人无法确定货物灭失或损坏是发生在海上运输区段还是发生在海上运输之前或者之后的运输区段，应适用调整不同运输区段的国际公约或强制性国内法中最高的责任限制。

关于增加上述规定的解释理由是，不能确定发生损坏区段的情形下，通常是在收货地才发现货损，意味着只有小部分货物受损。[49] 除了对不能确定损坏发生区段的情形应适用高额的责任限制的这个提议外，他们还建议修改公约草案以便于能够体现这样一个原则，即如果承运人希望避免高额的赔偿责任限额，则应该承担货物损坏发生在具体哪一区段的举证责任。因为就航程中的事故调查而言，承运人比托运人处于更加有利的地位，因此确定这样一个举证责任的原则也是合理的。

为了回应为什么该公约对不能确定发生区段的损坏应适用一个默示规则这一问题，工作组重申对该问题的考虑主要是为了确保不能确定损坏发生区段所适用责任制度的可预见性和确定性。

有代表建议公约草案需更加明确地反映承运人责任期间条款之下有关可确定损坏区段的法律制度，[50]以及本条之下有关不能确定发生损坏区段的法律制度，后者应该在以后的讨论中予以考虑。[51]

在第十二次会议上工作组对这一条款的第2款进行了详细讨论，结果是同

48　参见《多式联运公约》第18条第3款。

49　参见联合国文件A/CN.9/WG III/WP.26，由瑞典代表团在2003年提出建议。

50　这一问题主要集中于海上运输之前或者海上运输之后的运输区段。

51　参见联合国文件A/CN.9/526，2003年5月9日，第264段至第267段。

意保留这一条款和支持删除这一条款的两派意见难分伯仲。[52] 在第十三次会议上工作组重申了这一观点但是未作深入的讨论(参见 A/CN.9/552,第45段)。

在对非官方问题单的回复中,有一个国家的代表团表示支持保留这一款内容,但是回复问题单的大多数国家代表团建议删除这一款,他们指出本公约草案作为一个国际条约,应当以调整海上货物运输为目标,同时兼顾其他运输方式。

由于本公约草案致力于海上运输问题,因此不适于加入这一规定。而且赔偿责任限额不是一个孤立的问题,与责任基础和责任限制丧失的条件等存在紧密联系。不建议对每一个运输区段引入赔偿责任限额的规定。值得注意的是,《多式联运公约》第19条规定如果能够确定货物灭失或损坏所发生的多式联运区段,应适用调整该区段的国际公约或国内法中较高的赔偿责任限额。然而,该公约对不能确定损坏发生区段的情形没有作出任何规定。似乎本公约草案应该采纳类似的方法,对不能确定损坏发生区段情形所适用的责任限额制度应当予以明确。[53]

12.2.4 “集装箱”的定义

随着集装箱化运输的发展,成组化的货物运输日益增长。2002年WP.21文本中首次提到这一概念,因此有必要对“集装箱”下一个定义。尽管在起草该定义时存在不同观点,但是公约草案最初文本使用的措词与公约最终文本的措辞大体相同。

在WP.21文本中,草拟的“集装箱”含义的开头表述是包括各种类型的集装箱。[54] 一种观点认为这一定义的表述过于宽泛以至于无法操作。尤其是“包括”一词的使用使之成为一个开放式的定义,该定义可能包含了不能满足海运集装箱一般标准的包装技术,特别是当涉及甲板货运输的情况下。有人建议这一定义应该限制为“为海上货物运输所设计的集装箱”。但是,有观点反对这一建议,认为该措词将导致循环概念,这在正式的定义中是不能接受的。[55] 而另一种观点则认为对“集装箱”作具体界定是无用的,因为和其他类型的包装一样,集装箱应当包含在“货物”的定义之中。并进一步指出该草拟条款的引入并非是要界定一个一般性质的的理论概念,而仅仅是因为公约草案的条文中使用了“集装箱”这一表述,例如有关甲板货的条款;[56]有关赔偿责任的条款,该条款还

---

52 参见联合国文件 A/CN.9/544,第43段至第50段。

53 参见联合国文件 A/CN.9/WG III/WP.72,2006年8月10日,第19段至第21段。

54 参见工作组 WP21 文本第1.4款。

55 参见联合国文件 A/CN.9//510,2002年6月17日至28日于纽约,第81段至第82段。

56 参见工作组 WP21 文本第6.6款。

涉及“每件”和“每个货运单位”这些表述；[57]以及在一些特殊情形下，货物是装在一个密闭的集装箱内交给承运人时涉及有关证据的条款。[58] 为了支持一些代表团提出的公约文本中采用较为宽泛的界定也许更能让人接受，因此2003年10月，公约草案将“包括”一词替换为“是指”的表述。[59]

公约关于“集装箱”最终的定义为：“集装箱是指任何型号的集装箱、运输罐柜或者板架、交换式车厢或者拼装货物的任何类似货载单元及其附加设备”。[60]

12.3 第60条 迟延造成损失的赔偿责任限额

第60条 迟延造成损失的赔偿责任限额

除第61条第2款另有规定外，对迟延造成货物灭失或者损坏的赔偿额，应当按照第22条计算，对迟延造成经济损失的赔偿责任限额，是相当于迟交货物应付运费两倍半的数额。根据本条以及第59条第1款确定的赔付总额，不得超过所涉货物全损时根据第59条第1款确定的限额。

12.3.1 简介

第60条规定了因迟延造成损失的赔偿责任限额。[61] 如果货物灭失或损坏是因迟延交付引起的，赔偿额应按照本公约第23条的规定计算，货物灭失或损坏的赔偿责任限额则按照第59条予以计算。但是如果迟延交付货物仅造成经济损失的，赔偿责任限额是迟延交付货物应付运费的2.5倍。该条款还规定如果迟延交付既造成货物灭失或损坏又造成经济损失的，则赔偿责任限额不得超过根据第59条确定的数额。

起草第60条过程中，在WP.56文件中使用的标题为“迟延造成损失的责任”[62]。2007年4月，标题更改为现在的“迟延造成损失的赔偿责任限额”，[63]并且删除了第二种选择方案。2008年1月，又删除了“除当事人另有约定外”等措词，并且删除了方括号。在公约讨论的会议期间，就迟延造成经济损失的赔偿责

57 参见工作组WP21文本第6.7款。

58 参见工作组WP21文本第8.3款。

59 参见工作组WP32文本第1(s)款。

60 参见联合国文件A/CN.9/645，第1条第26款。

61 根据该新公约第22条的规定，“未在约定时间内在运输合同约定的目的地交付货物，为迟延交付”。该条款与《汉堡规则》中的规定不同。

62 工作组WP56文本第65条“迟延造成货损的责任”。

63 参见2007年4月联合国文件A/CN.9/WG III/WP.81，第63条。

任限额存在不同的观点,有的认为是1倍运费,[64]有的认为是2.5倍运费抑或3倍运费。公约最终文本保持了与《汉堡规则》相似的条文规定。

12.3.2 术语"经济损失"

原则上迟延交付赔偿责任包括分合同的损失或可替代货物的损失、可得利益的损失、市场跌价造成的损失以及由收货人承受的其他纯经济损失,例如,由于一个主要机器的零部件迟延交付导致整个工厂设备无法操作所产生的损失等。[65] 上述损失可以界定为"经济损失"(economic loss)或"无形损失",有时也被称为"相继损失"(consequential loss)。然而,对这些术语的含义并没有达成共识,并且对在不同情形下应当使用哪个合适的术语名称也存在争议。[66] 尽管《汉堡规则》没有清晰地界定迟延造成的有形货物灭失或损坏之外的损失名称,但是一般称之为"经济损失"。《海牙规则》和《海牙—维斯比规则》对该问题没有规定。[67] 因为"相继损失"这个用语在不同的法律体系中意思是不相同的,因此保留了"经济损失"这个术语。[68] 这个术语显然是指纯经济损失,而市场跌价造成的损失被认为是本公约第22条所涵盖的一种损失类型。[69]

12.3.3 迟延造成损失的赔偿责任限额

迟延造成经济损失的赔偿责任限额

关于经济损失的赔偿限额,有代表团提议认为可以索赔的最高数额应当是货物本身的价值。不同观点则认为应当限于迟交货物运费的数额。事实上这是否令人满意存在不同的观点。[70]《汉堡规则》规定承运人对于迟延交付的赔偿责任限额相当于该迟延交付货物应付运费的2.5倍,但不超过根据合同规定应付运费的总额。澳大利亚法律也有类似规定,即承运人的赔偿责任限额是实际损失数额,或者是迟延交付货物应付海运费的2.5倍,或者是运输合同下托运人所托运的全部货物应付的海运费总额,以最低者为准。[71]

---

64 该建议最先在工作组WP39文本中出现,并且中国《海商法》也是规定为迟延交付货物运费一倍的数额。

65 参见联合国文件A/CN.9/616,维也纳,2007年6月25日至7月12日,第183段。

66 参见联合国文件A/CN.9/WG III/WP.72,2006年8月10日,第23段至第24段。

67 参见《海牙规则》第4条第5款"承运人或船舶,在任何情况下对货物或与货物有关的灭失都不负责……"

68 参见联合国文件A/CN.9/WG III/WP.21,2002年1月8日,第100段。

69 参见联合国文件A/CN.9/616,维也纳,2007年6月25日至7月12日,第184段。

70 参见联合国文件A/CN.9/WG III/WP.21/Add.1,2002年2月6日,第79段。

71 参见联合国文件A/CN.9/WG III/WP.21,2002年1月8日,第100段至第103段。

回复非官方问题单的多数代表团提议应按照《汉堡规则》的规定，赔偿责任限额应限制在所迟延交付货物应付运费的2.5倍，并且都支持赔偿总额不得超过所涉货物发生全损时根据该草案条款所确定的责任限额。但是，也有一个国家的代表团认为以运费价值为限就已经足够了。他们认为，随意地与《汉堡规则》中的赔偿限额相对照容易使人误解，因为在实践中，很少会出现导致应付运费2.5倍索赔的情形。[72] 他们指出迟延造成损失的赔偿责任限额这一具体问题应建立在进一步调查的基础之上，该调查需要考虑诸多因素，包括将来对这一被采用数额的认可度和接受度。[73] 他们建议用运费作为赔偿责任限额已经足以敦促承运人及时履行交付义务。[74] 根据2008年1月提出的"一揽子"妥协协议，公约条文作出有关经济损失责任限额的现有规定。

"除当事人另有约定外"

截至2008年1月，公约草案一直保留"除当事人另有约定外"这一短语。一些国家的代表团在对非官方问题单的回复中提出，本条款规定的的赔偿责任限额应是强制性的并且不可协商改变。有一个国家的代表团认为根据公约中合同自由原则，本条款规定的赔偿责任限额，尽管是强制性的，但是可以进行协商，只是责任限额只能提高不能降低。该代表团还坚持认为没有必要包含"除当事人另有约定外"这一短语，因为根据合同自由原则就会得出这样一个合理的结论。他们指出在本条款中加入"除当事人另有约定外"将会显得多余。[75] 因此，在公约最后的文本中删除了这个短语。

12.3.4 承运人在不同运输国际公约中赔偿责任限额的规定

《汉堡规则》第6条第1款第(b)项：按照第5条规定，承运人对迟延交付的赔偿责任，以相当于所迟延交付货物应付运费的2.5倍金额为限，但不超过海上货物运输合同规定的应付运费总额。

《国际公路货物运输公约》1978年议定书第23条第5款规定：如索赔人证明损坏是由迟延导致的，承运人对此种损坏的赔偿限额不超过运输费用。[76]

《多式联运公约》第18条第3款规定：多式联运经营人根据第十六条的规定对迟延交付货物造成损失所负的赔偿责任限额，相当于对迟延交付货物应付运

72 参见联合国文件A/CN.9/616，维也纳，2007年6月25日至7月12日，第189段。

73 参见联合国文件A/CN.9/WG III/WP.72，2006年8月10日，第23段至第26段。

74 参见联合国文件A/CN.9/616，维也纳，2007年6月25日至7月12日，第189段。

75 参见联合国文件A/CN.9/WG III/WP.72，2006年8月10日，第23段至第28段。

76 参见《国际公路货物运输公约》第23条第5款。

费的2.5倍，但不得超过多式联运合同规定的应付运费的总额。

1999年《蒙特利尔公约》第23条对因货物迟延交付造成经济损失的赔偿责任限额没有明确规定，仅仅表明：承运人对货物毁损、灭失、损坏或者迟延的赔偿责任以每公斤17特别提款权为限。

1980年《国际铁路货物运输公约》(COTIF-CIM)第43条第1款“超过运输期间的赔偿”规定：超过运输期间造成货物灭失或损坏的，铁路部门应支付不超过货物运输费用4倍的金额。

《多式联运公约》第6条第2款规定：多式联运经营人根据第5条的规定对延迟交货造成损失所负的赔偿责任限额，相当于该迟延交付货物应付给该多式联运经营人费用的2.5倍，但不得超过多式联运经营人受托承运该区段货物应付费用的总额。

12.3.5 托运人迟延交付货物的赔偿责任限额

托运人迟延交付货物的赔偿责任这一话题主要是在工作组第十六次会议[77]和第十七次会议[78]上进行了讨论，并且瑞典政府提出了一份包含托运人迟延提供信息方面的提案。[79] 托运人有义务提供货物以备运输并且向承运人提供某些信息、指示和文件。违反上述义务的托运人应承担因迟延导致的责任。第十七次会议上，有代表提议，既然对因托运人迟延造成的货物经济损失或相继损失没有一个可接受的赔偿责任限额，那么就托运人和承运人迟延所造成的经济损失或相继损失的赔偿责任规定，都应该从公约草案中删除。[80]

值得注意的是，《海牙—维斯比规则》没有规定承运人迟延的责任，但是《汉堡规则》确实规定了这样一个基于过错责任原则的条款。而且，按照《海牙—维斯比规则》[81]和《汉堡规则》[82]，如果托运人提供不准确的信息[83]，或者没有对货物进行标记、标签或者未提供有关危险货物的信息，[84]则托运人对迟延造成的损失承担过错责任，而对灭失，包括迟延引起的灭失，承担严格责任。另外需要注意的是，根据这些条款托运人承担的责任没有任何责任限制。[85] 基于上述有关托

---

77 参见联合国文件 A/CN.9/591，第133段、第143段至第147段。

78 参见联合国文件 A/CN.9/594，第199段至第207段。

79 联合国文件 A/CN.9/WG.III/WP.74。

80 参见联合国文件 A/CN.9/WG.III/WP.69，第8段至第14段。

81 参见《海牙—维斯比规则》第4条第3款。

82 参见《汉堡规则》第12条。

83 参见《海牙—维斯比规则》第3条第5款和《汉堡规则》第17条第1款。

84 参见《汉堡规则》第13条第2款。

85 参见联合国文件 A/CN.9/616，维也纳，2007年6月25日至7月12日，第85段。

运人因迟延所应承担责任方面的考虑,有三种提议可供选择。(1)公约不再保留托运人或承运人因迟延所造成损失的责任的规定,留由各国国内法解决。[86] (2)保留承运人因迟延产生的责任规定,但是删除托运人因迟延产生的责任规定。[87] (3)保留就托运人和承运人因迟延造成损失而产生的责任规定,并且对托运人因迟延产生的责任规定一个适当的限额。[88] 就托运人享有的赔偿责任限额而言,有提议认为托运人对有形损失承担全部赔偿责任,但是托运人对纯经济损失的责任限制应当与所托运货物价值的数额相当。另一个可行的方法是建立托运人赔偿责任限制制度,并且使其与所托运货物应付的运费相挂钩,类似于本公约中承运人因迟延产生的责任限额的规定。[89]

最初,工作组认为第三种选择是最理想的方案。[90] 托运人因迟延产生的赔偿责任限额定为总额500,000特别提款权。[91] 托运人因租船合同或者不在本公约调整范围内的其他运输合同应付的滞期费或者延滞损失不适用该赔偿责任限额。之所以提出一个固定的责任限额的原因是,经证明将该责任限额与货物的重量或价值或运费联系起来是很困难的,因为所有这些因素与争议中的风险没有必然的联系,提议的赔偿责任限额会足以确保托运人在发生一般迟延案件下承担全部责任并且保护托运人不至于在特殊案件中承担过重的责任。[92]

有建议指出应该征求保险人对于以下问题的看法:公约草案所建议的赔偿责任限额是否合适,或者就托运人对纯经济损失的所有责任规定一个总的限额是否更加合适。就托运人赔偿责任限额问题和各国不同管辖权、可预见性以及因果关系之间的联系问题也备受各国代表关注。同样也有人提出托运人的赔偿责任限额是否应受合同自由原则支配的问题。[93]

然而,托运人的赔偿责任限额这一提议并没有赢得各国代表团足够的支持,甚至有些国家的代表团持强烈反对的态度。有些代表团则担心存在不确定性以及可能会发生额外的费用。最终,这一提议没有被公约所采纳。

86　参见联合国文件A/CN.9/616,维也纳,2007年6月25日至7月12日,第88段至第89段。

87　参见联合国文件A/CN.9/616,维也纳,2007年6月25日至7月12日,第90段至第91段。

88　同上,第92段至第93段。

89　同上,第95段至第96段。

90　同上,第100段。

91　500,000特别提款权的限额是由瑞典代表团提出的。

92　参见联合国文件A/CN.9/616,维也纳,2007年6月25日至7月12日,第105段。

93　同上,第106段至第112段。

12.4 第61条 赔偿责任限制权的丧失

第61条 赔偿责任限制权的丧失

1.如果索赔人证明,违反本公约规定的承运人义务所造成的损失,是由于声称有权限制赔偿责任的人本人故意造成此种损失的作为或者不作为所产生的,或者是明知可能产生此种损失而轻率地作为或者不作为所产生的,则承运人或者第18条述及的任何人,无权根据第59条的规定或者按照运输合同的约定享有限制赔偿责任的利益。

2.如果索赔人证明,迟延交付是由于声称有权限制赔偿责任的人本人故意造成迟延损失的作为或者不作为所产生的,或者是明知可能产生此种损失而轻率地作为或者不作为所产生的,则承运人或者第18条述及的任何人,无权根据第60条的规定享有限制赔偿责任的利益。

12.4.1 简介

承运人可能会丧失享有货物灭失或损坏或迟延交付的赔偿责任限额的权利。[94] 这一"打破"整个责任限制制度的规定在国际公约中是一种常见的形式并且与《海牙—维斯比规则》第5条第5款(e)项保持一致。是否应该打破因迟延造成损失的责任限额尚存在争议。草案的这项内容用方括号标记以待进一步讨论,因为一旦打破迟延造成损失的责任限额将有可能引起保险方面的困难。[95] 2005年,货物灭失或损坏赔偿责任限制丧失和迟延交付责任限制的丧失问题被设置成两个独立的款项。[96]

第61条被分为两个款项,规定了第59条规定的货物灭失或损坏的赔偿责任限额丧失责任限制的条件和第60条规定的迟延交付的赔偿责任限额丧失责任限制的条件。第1款规定如经索赔人举证证明,损失是由于声称有权限制赔偿责任的人本人故意造成此种损失的作为或者不作为,或者是明知可能产生此种损失而轻率地作为或者不作为,导致承运人违反公约规定义务的,无权根据第59条的规定援引责任限制。第2款规定如经索赔人举证,迟延交付造成的损失是由于声称有权限制赔偿责任的人本人故意造成损失的作为或者不作为所产生的,或者是明知可能产生此种损失而轻率地作为或者不作为所产生的,则无权根

94 参见联合国文件A/CN.9/WG.III/WP.72,2006年8月10日,第10段至第11段。

95 参见联合国文件A/CN.9/WG.III/WP.21,2002年1月8日,第107段。

96 参见联合国文件A/CN.9/WG.III/WP.56,第66条。

据第60条的规定援引赔偿责任限制。

12.4.2 术语"本人的作为或不作为"

本人的过错要求必须是作为专业承运公司的承运人在管理中的过错,但是没有必要对该词的含义继续深究。事实上,"打破责任限额"实际上是不太可能的,因为每一个主体(承运人、履约方、"其他任何人")将会:(1)仅对本人轻率行为或故意行为,即公司管理层面上的行为负责;(2)仅对有意造成的或者可预见的特定灭失或损坏负责。[97] 为了与《海上旅客及其行李运输的雅典公约》保持一致,工作组的前几次会议中提出了类似的建议。该建议指出与《海上旅客及其行李运输的雅典公约》一致性的问题主要是针对货物和旅客同在一船的情况,而这一现象较为少见。[98]

人们普遍认为,在考虑声称有权限制责任的人"本人的作为或不作为"时,应当考虑在条文中可能增加承运人的受雇人或代理人有意的过失这样一个条款。同时指出"本人的作为或不作为"这一含义不仅包括合同承运人也适用于任何一个履约方。作为回应,有建议指出有关赔偿责任限额的规则应当是不可打破的或者几乎不可打破的,以确保规则解释的一致性和确定性。[99] 该建议还指出一个几乎不可打破的赔偿责任限额将会使承运人更易于获得保险保障并且构成一个相对较高数额的赔偿责任限制的基础。[100]

一些代表团对"作为或不作为"之前加了"本人"一词表达了强烈不满,他们认为这样会使货物索赔人难以证明满足该条款的条件,因而无法就超出承运人赔偿责任限额的部分进行索赔。是否在该条中加入这个术语这个问题在第十三次会议上进行了漫长的讨论,[101]最后该术语还是保留了下来。[102]

12.4.3 术语"或者按照运输合同的约定"

该条第1款是否要保留"或者按照运输合同的约定"的术语一直存在争议。有观点认为这一内容可以删除,因为他们认为无论该条是否包含这一术语,通过适用该条规定都会得到合理的结论。尤其是,如果满足了该款的条件,将会得出

---

97 参见联合国文件 A/CN.9/WG.III/WP.56A/CN.9/WG.III/WP.21/Add.1,2002年2月6日,第85段。

98 参见联合国文件 A/CN.9/WG.III/WP.56A/CN.9/WG.III/526,第260段。

99 参见联合国文件 A/CN.9/WG.III/WP.56A/CN.9/525,第88段。

100 参见联合国文件 A/CN.9/WG.III/WP.56A/CN.9/WG.III/526,第73段。

101 参见联合国文件 A/CN.9/WG.III/WP.56A/CN.9/525,第59段至第60段、第62段。

102 参见联合国文件 A/CN.9/WG.III/WP.56A/CN.9/616,维也纳,2007年6月25日至7月12日,第197段。

这样一个结论,即任何赔偿责任限额都可以被超越,而不管赔偿限额如何规定或者该表述是否出现在该条文中。但是,更多人对此表示担心,因为公约草案只允许当事人约定高于公约规定的赔偿责任限额而不能低于该限额,如果不规定这个表述,将会在某些法域内对于是否允许约定一个更高的责任限制这个问题引起困惑,甚至是在满足第1款的情况下也不例外。经过讨论之后,工作组同意应该在第1款中去掉方括号,从而保留该表述。[103]

12.4.4 术语"如果索赔人证明"

第2款中有关"如果索赔人证明"的术语也引起很多关注,因为人们认为这将会给货损索赔方增加额外的负担。值得注意的是,在《汉堡规则》[104]和《海牙—维斯比规则》的相应规定中可以发现"如经证明"这个表述。[105] 为了保持各方利益的均衡,公约文本最终保留了这一表述。[106] 很明显,在新公约下,是由索赔人承担举证责任证明责任人丧失了责任限制权利。该条件变得更加严格了,结果就是使得打破责任限制变得更加困难。索赔人不仅应当证明该损失是由于责任人本人的作为或不作为引起的,而且应当证明该损失是由于责任人故意或者是明知可能产生此种损失而轻率地作为或者不作为所产生的。[107]

12.4.5 不同运输公约下承运人责任限制权丧失的规定

《海牙规则》第4条第5款第(e)项规定:如经证明,货物的损坏是由于承运人的故意或明知可能造成损失而轻率地作为或不作为所造成,承运人或船舶都不得援用本条有关赔偿责任限制的规定。

《汉堡规则》第8条第1款和第2款规定:如经证明,货物的灭失、损坏或迟延交付是由于承运人故意造成的或者明知可能造成损失而轻率地作为或不作为所引起,承运人便无权享受第6条规定的责任限额的利益。

虽有第7条第2款规定,如经证明,货物的灭失、损坏或迟延交付是由于承运人的受雇人或代理人故意造成的或者明知可能造成损失而轻率地作为或不作为所引起,该承运人的受雇人或代理人便无权享受第6条规定的责任限额的利益。

---

103 参见联合国文件 A/CN.9/WG.III/WP.56A/CN.9/616,维也纳,2007年6月25日至7月12日,第198段。

104 参见《汉堡规则》第8条第1款。

105 参见《海牙—维斯比规则》第4条第5款第(a)项。

106 参见联合国文件 A/CN.9/WG.III/WP.56A/CN.9/616,维也纳,2007年6月25日至7月12日,第203段至第204段。

107 J. F. Wilson:《海上货物运输》(第六版),皮特曼出版社2008年版,第282页。

1999 年《蒙特利尔公约》第 22 条第 5 款规定：经证明，损坏是由于承运人、其受雇人或者代理人的故意或者明知可能造成损失而轻率地作为或者不作为造成的，不适用本条第 1 款和第 2 款的规定；对于受雇人、代理人的此种作为或者不作为，还应当证明该受雇人、代理人是在受雇或代理范围内行事。

《国际铁路货物运输公约》(COTIF-CIM)第 36 条规定：如经证明，货物的灭失或损坏是由于承运人故意或是明知可能造成这损失而轻率地作为或不作为所引起，承运人便无权享受第 15 条第 3 款，第 19 条第 6 款、第 7 款，第 30 条，第 32 条至第 35 条规定的责任限额。

《1956 年国际公路货物运输公约》第 17 条第 3 款规定：对由于为履行运输而使用之车辆的不良状况所产生的责任或由于承运人已租用其车辆的人或该人的代理人或受雇人的错误行为或过失所产生的责任，承运人不应免除。

《1956 年国际公路货物运输公约》1978 年议定书第 29 条第 1 款和第 2 款规定：如损坏是由于承运人的故意不当行为或根据受理该案的法院或法庭的法律认为承运人存在相当于故意不当行为的过失所引起的，则承运人无权援引本章规定的免除责任或责任限制或转移举证责任的内容。

如果故意不当行为或过失是由承运人的代理人或受雇人或为履行运输他所利用其服务的其他人所为，当这些代理人、受雇人或其他人是在其受雇范围内行事时，则应适用与前款同样的规定。而且，在此种情况下，该代理人、受雇人或其他人无权就其本人的责任援引本章第 1 款的规定。

《联合国国际贸易运输港站经营人赔偿责任公约》(1994 年)规定：如经证明，货物的灭失或损坏或迟延交付系因经营人本人或受雇人或代理人有意造成这种灭失、损坏或迟延的行为或不为所造成，或明知可能造成这一灭失、损坏或迟延而轻率地采取的行为或不为所造成，则经营人无权享受第 6 条规定的责任限制的权利。

虽有第 7 条第 2 款的规定，如经证明，货物的灭失、损坏或迟延系因经营人的受雇人或代理人或经营人为进行与运输有关的服务而用其服务的其他人有意造成这一灭失、损坏或迟延的行为或不为所造成，或在明知可能造成这种灭失、损坏或迟延而轻率地采取行为或不为所造成，则该受雇人、代理人或其他人无权享受第 6 条规定的赔偿责任限制的权利。

(裘丹枫、李莹莹翻译)

第十三章 时 效

金仁显(In Hyeon Kim)*

13.1 概述

在合同法律关系中,一方当事人可能会向对方当事人提出索赔。如果债权人提出索赔没有时间的限制,那么债务人将长期处于不稳定的地位。随着时间的流逝,保留能够证明某些事实的证据不是一件容易的事情。

由于上述这些原因,国际公约或者国内立法都规定了时效条款,规定如果提起诉讼的法定期间届满,债权人不得再对债务人提起诉讼。

国际公约如《海牙—维斯比规则》、《汉堡规则》和国内法如美国《海上货物运输法》、韩国《商法典》、中国《海商法》等法律中都规定了诉讼时效条款。

《海牙规则》第3条第6款规定:除非从货物交付之日或应交付之日起一年内提出诉讼,承运人和船舶在任何情况下都免除对有关货物灭失或损坏所承担的一切责任。

《海牙—维斯比规则》第3条第6款规定:除第6款(之一)另有规定外,除自货物交付或本应交付之日起一年内提起诉讼外,在任何情况下,承运人和船舶将被免除对于货物的任何责任。但是,在诉因发生以后,经当事方同意,这一期限可以加以延长。

第3条第6款(之一)规定:即使在前款规定的一年期限届满之后,只要在受案法院所在地法律允许的期间内,仍可以向第三方提起追偿诉讼。但是,允许的时间自提起此种诉讼之人已经解决向其索赔的案件,或在对其本人的诉讼中收到送达的传票之日起算,不得少于三个月。

《海牙—维斯比规则》的规定非常简单。其规定仅涉及两种不同的情形——一种情形是货物索赔人向承运人提起诉讼的期间规定,另一种情形是负有赔偿责任的承运人可以向最终应对该索赔负责的第三方提起追偿诉讼。

相比之下,《汉堡规则》第20条要比《海牙—维斯比规则》规定得详细得多:

(1)如果在两年之内未提起法律诉讼或仲裁,根据本公约的有关货物运输

---

* 韩国高丽大学法学院教授,毕业于韩国釜山国立大学法学院。是联合国国际贸易法律委员会第三工作组韩国代表团成员。

的任何诉讼,即失去时效。

(2)时效期间自承运人交付货物或交付部分货物之日,或者,在未交付货物时,则自应交付货物的最后一日起算。

(3)时效期限起算的当日,不包括在期限之内。

(4)被要求赔偿的人,可在时效期限之内的任何时间向索赔人提出书面声明,延长时效期限。该期限可以通过再次声明而进一步延长。

(5)负有赔偿责任的人提起的追偿诉讼,如果在诉讼所在国法律许可的时间之内提起,即使是在上述各款规定的时效期限届满之后,亦可提起。但是,所许可的时间,自提起此种诉讼的人已经解决索赔,或已接到向其本人送交的起诉传票之日起算,不得少于90天。

与《海牙—维斯比规则》相比,《汉堡规则》有一些不同的规定。

第1款扩大了时效所约束的主体范围,托运人和承运人都可以作为被告。已届满的诉讼时效索赔的法律性质是诉讼时效期间而不是除斥期间。在《海牙—维斯比规则》中没有规定时效期限的起算,在《汉堡规则》中则在第2款和第3款中作出规定。并且《汉堡规则》还规定提出一个书面声明是延长时效期限的一个可行方法。

在工作组的第十一次会议和第十八次会议对《鹿特丹规则》第十三章(原文规定为第十二章,译者认为应当是第十三章,故下文依此进行调整)的内容进行了广泛的讨论。除了官方的工作组会议,2006年1月还在伦敦安排了一个圆桌会议来促进相关工作的进程,第十三章就是其中的议题之一。在2006年6月至8月期间,一个非官方的通讯组对该章的内容表达了相关意见,并由此加快了工作组在第十八次会议的讨论进程。在第二十一次会议和第四十一次会议上,各国代表对该章内容还有一些争论,但是并没有影响草案的实质内容。

13.2 第62条 时效期间

第62条 时效期间

1. 两年时效期间期满后,不得就违反本公约下的一项义务所产生的索赔或者争议提起司法程序或者仲裁程序。

2. 本条第一款述及的时效期间,自承运人交付货物之日起算,未交付货物或者只交付了部分货物的,自本应交付货物最后之日起算。时效期间的起算日不包括在该期间内。

3. 即使本条第1款规定的时效期间期满,一方当事人仍然可以提出索赔作为抗辩,或者以此抵销对方当事人提出的索赔。

13.2.1 简介

时效有两种不同的类型。一种是除斥期间，另一种是诉讼时效期间。除斥期间届满后，债务人的责任完全免除（即权利消灭）；而诉讼时效期间届满后，索赔人的请求仅仅是不具备强制执行力，但是债务人仍对该索赔负有责任，因此索赔人有权以此债权抵消债务人对他提出的另一个到期债权。

另外，时效可以分为两种类型——一种是可以中止、中断的时效，另一种是不可以中止、中断的时效。国际公约没有统一这两个问题，因此在不同法域内类型不同。

《国际公路货物运输公约》、[1]《海牙—维斯比公约》、《1999年蒙特利尔公约》[2]采用的是除斥期间，而《汉堡规则》采用的是诉讼时效期间。[3]

13.2.2 第1款

除斥期间或诉讼时效期间

在A/CN.9/WG.III/WP.56文本中，第69条条文有两个方案文本。方案A认为如果没有在一年内提出诉讼或仲裁，则承运人或者托运人将“免除其赔偿责任”，方案B规定没有在一年内提起诉讼程序或仲裁程序，则“权利”（或者“诉讼”）就会“消灭”（或者“时效终结”）。

《海牙—维斯比规则》规定应免除承运人和船舶的所有责任。与此相反，《汉堡规则》规定，在该公约下任何有关货物运输的诉讼时效被终结。[4] 最新的

---

1 第32条规定“第1款：本公约运输所引起的诉讼时效期间是一年。（已删除）第4款：时效已届满的诉讼权利不可以通过反索赔或抵销的方式行使。”

2 第35条诉讼时效“第1款：自航空器到达目的地点之日或者应当到达目的地点之日或者运输终止之日起两年内未提起诉讼的，丧失对损坏赔偿的权利。”

3 诉讼时效条款在不同国家存在不同规定。英国《1980年限制法案》将时效条款规定为诉讼时效期间。韩国《民法典》第162条和《商法典》第64条、第121条和第147条将时效条款认定为除斥期间。韩国《商法典》第814条与《海牙—维斯比规则》第3条第6款相同，被认为是除斥期间，权利因此会消灭。在韩国法律中，有两种除斥期间。一种是可以中止和中断的，另一种是不可以中止、中断的。第814条被认为是后一种除斥期间。第814条第1款规定：如果诉讼请求没有在承运人向收货人交付货物或者应当向收货人交付货物之日起一年内提出，那么不论何种行为引起赔偿请求，承运人对托运人或者收货人的责任都将消灭。如果合同双方约定，这一期间可以延长。

4 这一时效期间被认为是诉讼时效期间。W. Tetley：《海运货物索赔》（多伦多：Thomson Carswell，2008年），第1625页。按照Tetley教授所言，没有在《海牙规则》或者《海牙—维斯比规则》规定的一年内提起诉讼的，不仅是失去了起诉的权利（即救济权的丧失），而且诉因本身也将丧失（即索赔权的丧失）。另外，《汉堡规则》第20条规定的两年诉讼时效期间仅仅是对提起相关程序的时间限制。W. Tetley：《海运货物索赔》（多伦多：Thomson Carswell，2008年），第1625页。

国际运输公约——《布达佩斯内河货物运输合同公约》(CMNI),规定因本公约所调整的合同下产生的一切诉讼时效期间为一年……(第 24 条)。[5] 1974 年《国际货物销售诉讼时效公约》规定任何索赔请求都不应在诉讼时效届满后才开始的任何法律程序中得到认可或强制执行(第 25 条第 1 款)。其第 25 条第 2 款允许有限的抵销。[6]

工作组在第九次和第十一次会议上对时效制度进行了初步的意见交换。非官方通讯组成员对藤田教授以 2006 年之前的会议内容为基础所准备的问题单作出回复。

在第十八次会议的讨论过程中,关于诉讼时效期间的界定有了更加清楚的认识,即在一些国家的法律制度中,诉讼时效期间的届满意味着其相对应的权利也随之消灭,而在其他国家的法律制度中诉讼时效期间的届满只是剥夺了权利人通过法院诉讼实现其权利的可能性。[7] 尽管有些国家代表支持采纳方案 A,但是更多国家的代表则倾向于选择方案 B。认为本条应仅仅反映赔偿请求人权利的可强制执行性,因此倾向于保留"诉讼"一词而非"权利"的表述,这种做法保留了索赔人可以进行抵销的权利。当然也有持强烈质疑的声音认为不应当存在可以抵销的可能性,因为当事人可能为了保护自己的利益而被迫提起一个甚至是非经济损失的索赔以便于有可能与合同另一方提出的索赔进行对抗。[8]

这次讨论的结果是将第 1 款的措词更改为"不得提起任何司法程序"。此处的"时效届满"是属于诉讼时效期间还是除斥期间并不是很清楚。但是"提起"二字的运用已经体现了工作组的决定。

工作组选择采用诉讼时效期间而不是除斥期间,这使得本公约与《海牙—维斯比规则》在时效的法律性质方面有所不同,这也影响到本章其他几个方面的规定。

当事人的适用范围

毫无疑问,第 62 条规定的当事人包括托运人向承运人提出赔偿请求的情形。与《海牙—维斯比规则》不同,《鹿特丹规则》没有指明运输合同下当事人的具体名称。因此,对于第 62 条规定的当事方是否包括托运人和海运履约方存在疑惑。对海运履约方或托运人是否需要另行规定一个单独条款的问题上曾经进行了大量的讨论。在第十一次会议上,工作组认为本公约应包含针对托运人或

---

5 然而,已经过了时效的诉讼权利不可以通过反诉或者抵销的方式行使。

6 根据第 8 条的规定,诉讼时效期间应为 4 年。

7 参见联合国文件 A/CN. 9/616,第 129 段。

8 参见联合国文件 A/CN. 9/616,第 131 段。

海运履约方提出的赔偿请求。[9]《鹿特丹规则》故意未提及具体当事方的名称，目的是涵盖所有的当事方。因此，对承运人或履约方提起的索赔以及对托运人提起的索赔都受时效条款的约束。[10]

索赔人可以向一个受雇人或者代理人提起诉讼程序。他们是否有权援引承运人诉讼时效期间的规定，这是另外一个问题。通过本公约所规定的喜马拉雅条款（第19条第1款），受雇人、代理人和海运履约方可以享受承运人的这些权利。

诉讼时效期间的持续

与《汉堡规则》相一致，《鹿特丹规则》规定了两年的诉讼时效期间，而《海牙—维斯比规则》仅规定了一年的时效期限。该期间自货物交付时开始计算。

A/CN. 9/WG. III/WP. 21文件第14条第1款规定的时效期间是一年。在第十一次会议和第十八次会议上，工作组对时效期间的期限问题进行了广泛的讨论。在第十八次会议上，有些代表支持应当针对不同性质的赔偿请求规定不同时效期间的建议；并提出鉴于托运人身份较为复杂，因此针对托运人提起的赔偿请求应适用于较长的时效期间，然而针对承运人提出的赔偿请求应维持一年这个较短的时效期间。采用两年的时效期限对承运人比较有利。[11]

所包含的赔偿请求的类型或者程序问题

赔偿请求的类型是指违反《鹿特丹规则》规定下的某一项义务所产生的索赔请求。因此，本条款不包括托运人之间进行的赔偿请求以及承运人与海运履约方之间的赔偿请求。[12] 时效条款适用于在法院提起诉讼的程序或者向仲裁机构提起仲裁的程序。尽管在仲裁程序中普遍适用合同自由原则，但对时效作出规定的基本理念是为了支持公共政策。为了维护公共政策，仲裁程序与司法程序都受同样时效期间规定的约束。

不管诉因如何，都可以适用这一条款。尽管诉因是基于侵权，承运人也能够以时效期间予以抗辩。《鹿特丹规则》使用了“违反本公约下的一项义务”的用语。而没有使用《海牙—维斯比规则》中“有关货物的责任”这样的表述。相比于《海牙—维斯比规则》，本公约中现在的措词更为宽泛，因此似乎意味着承运

---

9 联合国文件A/CN. 9/526，第165段、第166段。

10 联合国文件A/CN. 9/616，第125段。

11 联合国文件A/CN. 9/616，第126段。在第11次会议期间，有建议指出在承运人自己的故意不当行为引起的情况下，诉讼时效应延长为3年（联合国文件A/CN. 9/526，第168段）。

12 联合国文件A/CN. 9/616，第120段。

人违反第 52 条控制方的指示所产生的责任也属于该定义的范围,因此也可以适用于本章的规定。

13.2.3 第 2 款

起算日期对于计算诉讼时效期限起到非常重要的作用。这里《鹿特丹规则》的规定几乎与《汉堡规则》的规定相同。

对交货这个术语下定义可能会引起法律方面的困难。工作组证实该款中的交货是指实际交付,并且同意该条仅仅提及"交付",而不涉及公约第 12 条的规定,因为《海牙—维斯比规则》第 3 条第 6 款和《汉堡规则》第 20 条第 3 款都使用了交付的概念,这一概念已经在判例法中得到充分的理解和阐述。[13] 但是各国法院可能会受到公约中交付条款的影响,因为《鹿特丹规则》在第 12 条和第 43 条均规定了有关货物交付的条款。这将会比《海牙—维斯比规则》更加具有确定性和可预见性。

在货物发生全损的情形下,"应交付货物的最后之日"为起算日。在第十八次会议上,有解释指出,货物发生全损时货物"应当交付"的日期是一个可以被接受的不履行条款,因为它涉及合同约定的交货日期,而该日期可以从合同事项中得到证实。[14]

在第十八次会议上,针对海运履约方和托运人所提起的索赔的时效起算日也进行了讨论。为了促进法律的确定性,采用了一个统一的起算日,不论是适用于针对海运履约方、托运人的索赔还是针对承运人所提起的索赔。[15]

13.2.4 第 3 款

第 3 款强调了时效期间届满的法律后果。根据第 3 款,尽管自货物交付时起两年时效期间内没有提起诉讼,但是索赔方仍然可以以其索赔请求作为抗辩,或者以此抵销对方当事人提出的索赔请求。

该条款是一个创新条款。《海牙—维斯比规则》和《汉堡规则》都没有任何相应的规定,是否可以抵销或者抗辩则留给国内法予以解决。

国际海事委员会起草的最初公约草案(WP. 21)中并不包含该条款。首次讨论是否要加入一个抵销条款是在 2006 年由藤田教授起草的问题单中。

在第十八次会议上,工作组决定时效的法律性质应该是诉讼时效期间而不

---

13 联合国文件 A/CN. 9/616,第 135 段。

14 联合国文件 A/CN. 9/616,第 139 段。

15 联合国文件 A/CN. 9/616,第 140 段和第 142 段。

是除斥期间,因此也就允许了抵销条款的存在。[16]

与《海牙—维斯比规则》和《汉堡规则》相比,本公约意图达到更具有统一性和可预测性的目标,而本条款就是一个很好的例证。

13.3 第63条 时效的延长

第63条 时效的延长

第62条规定的时效期间不得中止或者中断,但被索赔人可以在时效期间内的任何时间,通过向索赔人声明而延长该时效期间。该时效期间可以经再次声明或者多次声明进一步延长。

13.3.1 简介

在除斥期间制度下,第63条应当被视为一个强制性条款,因为它符合了争议尽快解决的公共政策。而且,赔偿请求权也随着诉讼时效期间的届满而消灭。结果就是,双方不能通过约定延长时效期间。但是,在诉讼时效期间制度下,索赔权仍然存在,因此被提起索赔诉讼的人能够得到有限的益处。作为被告的承运人可能想要延长与托运人之间索赔的诉讼时效期间,因为该托运人与承运人保持良好的长期客户关系。

因此,在国际公约中规定延长时效期间的条款是常见的现象。《海牙—维斯比规则》和《汉堡规则》均有关于延长时效期间的类似规定。

13.3.2 中止或中断

对于时效的法律性质一直存在争议。时效是否可以中止或者中断取决于时效条款的法律性质。《海牙—维斯比规则》和《汉堡规则》对此没有作出任何规定,因此留由各国国内法予以解释。在第十一次会议的讨论期间,工作组注意到在一些大陆法系国家,其国内法普遍规定权利消灭的期间(除斥期间),是不允许时效期间中止的。[17] 不管时效期间的性质如何认定,为了加强本公约的统一性和可预见性,工作组决定本公约不允许作出时效期间中止或中断的规定。[18]

13.3.3 通过宣告延长时效

经一方当事人同意或者向索赔人发出声明,时效期间可以得到延长。在

16 联合国文件A/CN.9/616,第131段。

17 联合国文件A/CN.9/526,第167段。

18 联合国文件A/CN.9/616,第132段。

《海牙—维斯比规则》中,经一方当事人的同意可以延长时效期间,甚至在诉讼时效期间届满后也允许延长时效期间。但是,《汉堡规则》和《鹿特丹规则》则采用被告在诉讼时效期间内向索赔人发出声明的方式延长该时效期间。

被索赔人向索赔人发出的声明是一种单方行为。即使未经同意,其法律效果与已经经过协商同意的情形并无区别。从严格意义上来说,当被索赔人想要延长时效期间时,并不需要与索赔人取得相互合意,因为被索赔人单方延长时效期间是为了索赔人的利益。因此,用“声明”一词要比“同意”一词更加精确。

13.4 第64条 追偿诉讼

第64条 追偿诉讼

被认定负有责任的人,可以在第62条规定的时效期间期满后提起追偿诉讼,提起该追偿诉讼的时效期间以下较晚者为准:

(a)提起程序的管辖地准据法所允许的时效期间内;或者

(b)自追偿诉讼提起人解决原索赔之日起或者自收到向其本人送达的起诉文书之日起九十日内,以较早者为准。

时效制度并不是一个仅限于规范承运人和托运人之间关系的法律制度。在“门到门”运输中,货运代理人通常扮演合同承运人的角色。货运代理人通常与托运人订立货物运输合同。但是,他并不拥有运输受托货物的船舶,因此他与作为实际承运人的海运承运人签订了第二个运输合同。在此运输安排之下,货运代理人在与海运承运人的关系中,他是托运人。一旦货物遭到损坏,真正的托运人可以基于违约向作为合同承运人的货运代理人提起诉讼。第62条规定的两年的诉讼时效期间适用于托运人和作为合同承运人的货运代理人之间的法律关系。货运代理人向托运人赔偿损失后,可以向海运承运人追偿。如果第62条相同的规则适用这一情形,合同承运人将不能提起追偿之诉,因为当他最终被判决为债务人时时效期间已经届满,或者早已经超过了两年的时效期间。因而合同承运人按照第62条向实际承运人追偿并不合理。该条款主要是为了解决这一问题。

《海牙—维斯比规则》[第3条第6款(之一)(6bis)]和《汉堡规则》(第20条第5款)也有类似的规定。

即使两年的诉讼时效期间已经届满,追偿的当事人仍有权提起追偿诉讼,但是仅限于以下两种情形:(1)当事人在提起程序的管辖地准据法所允许的时效期间内提起诉讼,以及(2)自追偿诉讼提起人解决原索赔之日起或者自收到向其本人送达的起诉文书之日起90日内,以较早者为准。当这两种情形涉及的日期发生冲突时,如(b)款所述,至少可以确保有90天的时间。如果提起程序的管辖地准据法所允许的时效期间,长于自解决原索赔之日或收到送达的起诉文书之日起90日的期间,则适用前者规定。

公约条文体现(a)条款的情况是为了满足某些大陆法系国家的要求,根据这些国家的法律,直到最后判决作出时才可以开始追偿之诉。[19]

在第十一次会议上,对由于提起索赔的时间较晚可能会限制反诉的问题引起人们的关注,因此,工作组采用了与本条款相同的规定方式,允许在时效届满后提起反诉。[20] 在为第十六次会议做准备的WP.56草案文件中加入了反映这一建议的新条款。但是,该条款最终被删除,因为它不是第62条第3款新采纳的抵销条款所必需的内容。[21]

13.5　第65条　对被识别为承运人的人的诉讼

第65条　对被识别为承运人的人的诉讼

对光船承租人或者对根据第37条第2款被识别为承运人的人的诉讼,可以在第62条规定的时效期间期满后提起,提起该诉讼的时效期间以下列较晚者为准:

(a)提起程序的管辖地准据法所允许的时效期间内;或者

(b)自识别承运人之日起或者自船舶登记所有人或者光船承租人根据第37条第2款推翻其为承运人的推定之日起九十日内。

13.5.1　简介

时效制度适用于承运人和托运人之间的法律关系。但是,规定第37条的目的就是在不易辨别承运人时能够保障索赔人的利益。在不能识别承运人时,船舶登记所有人或光船承租人即被推定为承运人。自船舶登记所有人被推定为承运人承担责任后,其有权向光船承租人或经识别的承运人进行追偿。在这种情形下,船舶登记所有人和承租人之间的法律关系不在第62条规定的违反本公约义务而引起的索赔请求或者争议的范围之内。因此,为了保护船舶登记所有人免予遭受意想不到的丧失诉讼的权利,有必要另行制定一个新的时效条款。

国际海事委员会起草者认为索赔人应该"就提起的追偿诉讼而言,享有比

19　联合国文件A/CN.9/616,第150段。

20　联合国文件A/CN.9/526,第177段。

21　联合国文件A/CN.9/616,第154段。

在第 64 条规定的延长期限之外更长的期限”。[22]

第 65 条规定的情形与第 64 条并不相同，不同之处在于拟提起追偿之诉的船舶登记所有人，在他和索赔人之间的争议得到解决时，尚不能够确定他将要提起诉讼的人。在第 64 条规定的情形下，合同承运人总是可以识别实际承运人，因为是合同承运人签订了货物运输合同。因此，需要为追偿诉讼另行制定一个合理的时效期间。

第 65 条建立第 64 条的方法体系之上。尽管第 62 条规定的两年诉讼时效期间已经届满，向光船承租人或者按照第 37 条第 2 款被识别为承运人的人提起追偿诉讼的船舶登记所有人，仍然有权在下列两种情况下提起追偿之诉：(1) 船舶登记所有人在提起程序的管辖地准据法所允许的时效期间内提起诉讼的情形；(2) 船舶登记所有人在自识别为承运人之日起或者自船舶登记所有人或者光船承租人根据第 37 条第 2 款推翻其为承运人的推定之日起 90 日内提起诉讼的情形。在这些情况下，如(b)款所述，至少可以保障 90 日的期限。

与第 64 条(b)项起算日期相反，船舶登记所有人或光船承租人可以受益于更长的一个期限。以争议解决日作为第 64 条(b)项中 90 日期限的起始日在此种情况下是不合理的，因为船舶登记所有人或光船承租人可能在争议解决时还没有识别其可以提起追偿诉讼索赔之人。尽管该条款看上去是一个合理的方法。

（裘丹枫、李莹莹翻译）

---

22 联合国文件 A/CN. 9/WG. III/WP. 21，第 212 段。

第十四章　管辖权

曼努·艾尔巴·富南德兹(Manuel Alba Fernandez)*

14.1　概述

《鹿特丹规则》第十四章关于管辖权的规定(译者注,原文为第十三章,根据公约规定,应为第十四章)可能是本公约最重要的部分内容之一,而且在公约通过后的几年中,[1]该部分内容必将引起人们较多的关注。在海事和运输诉讼纠纷中,管辖权一直是一个敏感且关键的问题。无论是作为单独的运输方式或者是作为涉及其他运输方式在内的更为广泛的货物运输营运方式的一个部分,海上运输的国际性经常引起有关国际管辖权分配的争议问题。正因如此,以及不考虑有关管辖权问题的程序性因素,与这类问题相关的规则和合同安排具有明确的实质性内涵和结果。通过在合同中引入管辖权条款(很多情况下是通过一般条款引入的),有关运输争议的可能后果,在很大程度上都能事先安排好。[2]

适用于运输合同制度方面的实体规定与管辖权分配规则之间存在显而易见的关联,这种关联就可以解释为什么在一些关于货物运输合同的国际公约中存在有关管辖权的规定以及这一系列公约规定间存在几乎相同规定的"共生"关系。对运输合同的实体法律予以规制是国际法统一化特点的体现,另一个主要的特点就是强制性,这种强制性的目的之一就是为作为合同关系弱势一方的托运人、收货人和提单持有人提供最低限度的保护。从功能角度来看,并且从所涉及合同的国际性出发,这样一项政策的效力显然完全依赖于这些国际公约的实际适用情况。其结果就是,一方面依赖于上述之人选择在哪个国家的法院提起

---

* 现为西班牙马德里大学卡洛斯第三学院商法副教授。联合国国际贸易法律委员会第三工作组西班牙代表团成员,也是联合国国际贸易法律委员会第三工作组专家组成员。

1 也许与其在公约讨论过程中一样得到很多关注(参见第三工作组会议报告,该报告中包含和列明了有关讨论管辖权一章的内容和规定:UN Docs A/CN. 9/572,第 31-38 段;A/CN. 9/576,第 30-45 段;A/CN. 9/591,第 5-25 段;A/CN. 9/616,第 57-61 段;A/CN. 9/642,第 43-47 段;以及 A/CN. 9/645,第 44-45 段)。

2 M. Davies:"海事案件中的法院选择条款",载《杜兰海商法杂志》2002-2003 年第 27 期,第 367 页;M. Lopez de Gonzalo:"海事及多式联运中的管辖权行使"("L" esercizio della giurisdzione in materia di trasporto maritime ed intermodale),载《海商法》2001 年第Ⅱ期(Il Diritto Marittimo),第 515、524 页。

诉讼,另一方面依赖于该法院适用哪一个有关的国际公约的规定。

运输合同中实体性规定的强制性与同样带有强制性特征的有关争议解决的国际管辖权分配原则之间存在相互联系,因为它们有着相似的保护性目标。[3]这些规则通常列明了索赔人可以对承运人提起诉讼的适格的管辖法院,而且基于排他性或者非排他性原则,在不同程度上限制当事人选择可以解决争议法院的自由。[4]

另一个重要且值得一提的就是运输公约(及其他公约)强化了有关管辖权的规定。这些公约的目标也是保留实体性规定的实践效果并给予托运人(或者通常所说的货方)以适当的保护,同时旨在为了货物索赔方和承运人(以及归类承运人一方的其他当事人)的共同利益,就有关解决争议的适格管辖法院的确定可以有效提起诉讼地点的确定方面,作出明确规定。公约的这种确定性,通常是通过当事方协议选择法院的方式予以实现。但是,这些择地诉讼条款或者法院选择条款,根据现行法律规定的不同,其有效性以及可执行性的问题,多年来在不同时期,存在各种各样不同的观点和看法。其中一个原因是这些条款与实体性规则(保护性的和强制性的)实践效果的兼容性问题经常引起人们的不信任。因为这种条款通常是由承运人制定的,常常被视为承运人滥用权利并达到其他更多的阻碍诉讼的目的而不是能够提供一种确定性。[5]

---

3 R. Herber:"管辖权和仲裁——新公约是否应当包含这些事项的规定?",载《劳埃德海商及商事法律季刊》2002 年第 3 期,第 408 页;C. Legros:"国际货物运输标准的冲突"("Les conflits de norms en matière de contrats de transport internationaux de marchandises"),载《国际法杂志》(Journal du Droit International)2007 年第 3 期,第 801、807 页。

4 例如,参见《汉堡规则》第 21 条,《联合国国际货物多式联运公约》第 26 条(未生效),1999 年蒙特利尔公约第 33 条和第 46 条,以及 CMR 第 31 条和 CIM 第 46 条。

5 这种冲突可以清晰地被感知到,例如,对于择地诉讼条款的效力予以变革的就是美国法。如果我们特别关注于国际运输和海事领域,我们可以发现法院选择协议已经经历了一个从最初的不信任和抵制(首先是根据一般规则,且不管根据案例 M/S Bremen v. Zapata Offshore Co. ,92 S. Ct. 1907 所确定的原则,法院选择条款在 1913 年、1916 年被认定为"初步有效证据"——随后被认为减少了承运人在海上货物运输法下的强制性义务和责任,参见案例 Indussa Corp. v. S. S. Ramborg,377 F. 2d 200,204),再到该条款被和平接受为一般规则的演变历程(Vimar Seguros y Reaseguros S. A. v. M/V Sky Reefer,1995 A. M. C. 1817)。参见 M. Sturley."在国际舞台上推翻 Sky Reefer 一案:对新 UNCITRAL 运输法公约中的法院选择和仲裁条款的初步评估",载《海商及商法杂志》2006 年第 37 期,第 1-3 页。再看欧洲立法,法规 44/2001 第 23 条适用于法院选择条款,现有条文框架的内容一方面是基于对合同关系中弱势一方的保护,另一方面是为了使合同自由和商业惯例相协调。(W. Tetley QC:"海上货物运输中的管辖及不便择地诉讼",可在 www. mcgill. ca/files/maritimelaw/jurisdiction. pdf 网站中查到,该文章也可在一些出版物中查到。M. Davies 主编:《Robert Force 论文集》,Kluwer 国际法律出版社 2005 年版,第 13 页;I. Queirolo:"适格法院管辖选择条款:对近期法院判决的思考"("Accordi sulla comeptenza giurisdizionale:Riflessioni a margine di alcuni recent decisioni"),载《海商法》(Diritto Marittimo)2001 年第 I 期,第 51-52 页)。

《鹿特丹规则》意在调整国际海上货物运输，以及包括含有一段国际海上运输区段的“门到门”运输。[6] 因此，该公约对海上或与海相关的运输服务产生深远的影响。就国际管辖权而言，公约做出现有规定，很大程度是由于《海牙规则》和《海牙—维斯比规则》没有对此做出相关规定。这为当事人在此特定问题上预留了自由空间，但同时也不可避免地带来了不确定性，使管辖权的确定需要考虑各国法律中关于国际管辖权确定的相关规定。[7]

基于这样的背景，《鹿特丹规则》第十四章（译者注：原文表述为第十三章，应当为第十四章，因此本章下文不再一一指出，均以第十四章表示）旨在管辖权这一问题上能够达到理想的统一化程度。像许多其他国际规则一样，本规则及其草案是在谨慎平衡所有前述各项因素（保护货方当事人，提高确定性，实现合同自由，或满足当事方意愿）的前提下所作出的一项妥协。[8] 作为涉及国际管辖权分配的规则，第十四章赋予了当事人享有一定程度上的自治。但是，为了便于更好地了解本章规定如何运行，就整个公约规定而言，本章规定只能被解释为公约的一个附属章节，特别是，例如考虑到公约适用范围或批量合同规定的情形下。

6　参见第 5 条。

7　这种观点正逐渐被接受，但《汉堡规则》仍然适用于一小部分的国际海上贸易。如前文所述，很多国内法允许当事方在合同中对管辖权问题作出安排。结果就导致索赔方在一些国家很难且不太可能克服法院选择条款的效力并且背离了合同条款内容（参见 Davies：“法院选择”一书对美国法下现存状况的分析，第 372–376 页，以及如下作者有关英国法的内容，E. Peel：“排他性管辖权协议——冲突法中的纯粹性和实用主义”，载《劳埃德海商及商法季刊》（1998），第 189 页及以后；T. K. Singh：“提单中的管辖权条款——以货物索赔方为视角”（关于 The Pioneer Container 案件的评论），载《劳埃德海及商法季刊》（1995），第 183 页及以后，尤其是在 The Eleftheria，1969 WL 27803 和 The El Amria，1981 WL 187849 案件中确定的原则）。尽管如此，实践中一些情况已经略微削弱了法院选择协议的效力而且在某些案件中管辖的确定性程度已经被减弱（尤其针对承运人而言）。这在一些重要的贸易国家中尤为如此，例如澳大利亚（参见 1991 年澳大利亚《海上货物运输法》第 11 节的规定）、新西兰（参见 1994 年新西兰《海上运输法》第 210 节的规定；同时参见 D. A. Laurent：“新西兰海事背景中的外国管辖权和仲裁条款”，载《澳大利亚与新西兰海商法杂志》2007 年第 21 期，第 130 页及以后，第 139–146、154 页）以及加拿大（参见 2001 年加拿大《海上责任法》；Tetley：“管辖权和不便择地诉讼”，第 11–12 页），这些国家有关运输合同的国际管辖权的法律规定都是采取了极具保护性的模式：这些规则具有强制性，目的是保护货物索赔方有权选择在一定地点（寻求择地行诉）提起诉讼的权利，因而在一定情况下限制或丧失了制定并实施一个排他性择地诉讼协议或排他性法院选择协议的机会。

8　关于是否有必要制定管辖权一章以及是否便利当事方的问题上引起了很多争论。参见 A. von Ziegler：“现代海上货物运输示范法中的管辖权和法院选择条款”，刊于《国际海商法中的管辖权和法院选择》部分，载 M. Davies 主编：《Robert Force 论文集》中（海牙，Kluwer 国际法出版社 2005 年版），第 86 页及以后，以及 Herber：“管辖权和仲裁”，第 406 页及以后。也参见工作组第 12 次会议报告中涉及的讨论内容，UN Doc. A/CN. 9/572，第 31 段落。

14.2　第66条　对承运人的诉讼

第66条　对承运人的诉讼

除非运输合同载有一项符合第67条或者第72条的排他性法院选择协议，否则原告有权根据本公约在下列管辖法院之一对承运人提起司法程序：

(a)对下列地点之一拥有管辖权的一管辖法院：

(i)承运人的住所；

(ii)运输合同约定的收货地；

(iii)运输合同约定的交货地；或者

(iv)货物的最初装船港或者货物的最终卸船港；或者

(b)为裁定本公约下可能产生的向承运人索赔事项，托运人与承运人在协议中指定的一个或者数个管辖法院。

14.2.1　本章一般范围以及对承运人提起的诉讼

第66条规定了几项重要原则并明确了基本框架，而这些重要原则和框架构成了有关管辖权其他几个条款的出发点。条款一开始就对本章明确的"适用范围"进行了最初的、清晰地描述。首先，该特定适用范围显而易见是由本公约的一般适用范围决定的[9]。其次，(就事论事)本章只适用于与本公约调整事项相关的诉讼。最后，有关管辖权的规定只适用于"货方"对"承运人方"[10](即第66条标题谨慎强调的以及明确表述的用语)提起的诉讼。"货方"是指本公约赋予其对承运人或海运履约方提起诉讼权利的任何当事人，如托运人、收货人、持有人或控制方。后者不仅包括本公约定义的承运人，[11]还包括在某些条件下承担与承运人一样义务和责任的海运履约方。[12]本章范围不包括货物索赔方就本公约未包含的事项但又是合同中涉及的事项向承运人(或海运履约方)提起的诉讼，也不包括承运人向任何作为被告的货方提起的诉讼，无论该诉讼是否涉及本公约调整的事项。

在一定程度上第66条的具体内容和结构与其他公约管辖权规定的内容相

9　参见第1章。

10　因此产生了所有前文述及的政策原则和目的(参见工作组第12次会议报告，UN Doc. A/CN.9/572，第2段落以及工作组第15次会议报告UN Doc. A/CN.9/576，第31-32段落)。

11　参见第1(5)条。

12　参见第1(6)，1(7)条和第19条。也可参见下文第68条，第Ⅳ节内容。

类似。本条规定了在限定范围内确定可以提起司法程序地点的“连结因素”明细。但是有两点需要引起特别注意。在确定管辖法院时，本条根据国际立法机构有关管辖权问题方面长期遵循的一项原则，排他性地确定了有关本公约调整事项下国际管辖权分配的规则。[13] 即一旦确定了可提起诉讼的国家，则应当根据法院地法确定该国的管辖法院。[14] 为此目的，与本章中其他条款一样，第66条非常清晰地规定诉讼程序应当在一个“管辖法院”提起。公约第1条第30项给“管辖法院”下了定义：“管辖法院”是指一缔约国内，根据本国法院之间管辖权内部划分规则可以对某一争议行使管辖权的法院。

与前述定义一致的第二个要点是，《鹿特丹规则》将管辖法院特别限制在缔约国范围之内。此种限制是为了使第十四章下的所有争议都提交给受本公约约束的国家法院，以增强公约实体制度所发挥的突出效果。[15] 对《汉堡规则》管辖权条款规定批评意见比较集中的一点就是，其条文规定没有做此种限制，因此导致原则上由公约调整的争议可以在非缔约国法院审理因而不能适用公约的实体部分。[16] 但是，经过仔细观察，我们发现上述措施本身并不能保证涉及公约调整事项并受管辖权一章约束的争议事实上都能够在缔约国进行审理。这一点并不难理解，因为索赔方，即本文中提及的货物索赔方，总是有权选择在缔约国（在此种情况下索赔方应当在享有管辖权的法院中选择合适的法院）或非缔约国的法院提起诉讼。在很多情况下，非缔约国的法院可根据有关国际管辖权分配原

---

13 参见第三工作组第12次会议报告，UN Doc. A/CN.9/572，第31-32段落，第三工作组第16次会议报告，UN Doc. A/CN.9/591，第13-14段落。

14 尽管不总是清楚表述，但上述方法也被其他国际运输公约所遵循。例如，MTC第26(1)条草案和汉堡规则第21(1)条中明确规定根据法院地法确定国家层面的管辖权分配，与此相比，CMR第31(1)条或CIM第46条对此只作了隐晦的规定。同样见1999年蒙特利尔公约第31(1)条，尽管也采纳了相同的原则，但其具体草案在这方面的规定不是那么明确（参见F. Russo：“航空运输领域管辖权适格问题研究”（“Su alcune questioni di giurisdizione e competenza in material di trasporto aereo”），运输法（Diritto dei Trasporti）2006年第3期，第758-759页。

15 参见第三工作组第12次会议报告，UN Doc. A/CN.9/572，第31段落. Von Ziegler主编：《现代法律》，第111页。

16 Legros，冲突法（“Les clonflits”），第808页；Jose Luis Gabaldon & Jose Maria Ruiz Soroa，海上航行的法律规定（Manual de Derecho de la navegacion maritime）（马德里：Marcial Pons，2006年），第924-925页。CMR公约采用了相同的方式，因此在实践中产生了与《汉堡规则》相同的效果。CMR第31条未要求法院应当位于一个缔约国内。但是，为了鼓励对其实体性条文规定的适用，CMR要求在托运单中加入一个提及该问题的首要条款[参见CMR第6(1)(k)条和《汉堡规则》第15(1)(Ⅰ)条和第23(3)条]。这样一种制度在某些情况下也是受限制的，因为违反后者要求的条件所导致的假定制裁后果，依然要依赖于CMR是否适用，如果托运单中没有加入首要条款并且享有管辖权的受案法院不受CMR的约束时，就不会涉及该公约的适用（参见Herber：《管辖权和仲裁》，第408-409页）。

则所确定的法院地法决定是否取得管辖权，而不受《鹿特丹规则》的约束。

根据上述假定，正如本条条款在公约讨论过程中所概括的内容，将管辖法院限制在缔约国中所带来的总体影响不是直接的，因为非公约缔约国法院做出的判决和裁定可能由于与第十四章的规定相抵触而在公约缔约国得不到承认和执行。

在考虑到有关法院选择条款或者法院选择协议时还需虑及其他一些特别相关的影响因素。根据第 66 条，当事人可以选择提起司法程序的国家或某个国家内的一个法院。只有在第 67 条规定的条件下，[17]法庭或法院选择条款才被认为具有排他性，但是在第 66 条(b)款中暗含了一个这样的协议，即在任何协议中都要求提及一个“管辖法院”。因此，无论是排他性的或非排他性的法院选择协议，只有根据本公约约定了一个或一个以上的管辖法院(也就是说，约定一个缔约国中的数个法院或一个法院)，该协议才被认为是有效且有拘束力的，并且是可执行的。[18]

14.2.2 连结因素

第 66 条第(a)款列明了货物索赔方可选择向承运人提起损害赔偿诉讼的不同地点。确定这些地点的连结因素是为了保证所选法院与合同之间存在最低限度的客观联系。第 66 条第(a)款列明地点的规定与其他运输公约中的规定非常相似。但另一方面，它也有自己的独特之处，这主要是因为公约对其一般适用范围以及调整的运输合同类型做出明确规定。

承运人的住所

承运人的住所是列明的第一个地点。尽管表述不同，承运人的住所是所有运输公约中一个普遍存在的连结因素。这体现了被告的住所或居住地原则，该原则也是国际公约、法律文书，以及许多国内法在确定属人管辖时最普遍采用的连结因素。为了准确地识别属人管辖的连结点，公约使用了统一的规则但是采用了不同的用语表述，例如惯常居住地或通常居住地、主营业地或简单的合法住所。综合使用一个以上不同用语表述的目的是考虑到不同国家法律体系中可能采用不同的用语或不同习惯表述，能够同时满足自然人或法人的确定问题，并且

---

17 参见下文第Ⅲ部分。

18 在 CMR 第 31(1)条中制定了一个等效的解决办法。

为货物索赔方能够提供多个选择。[19] 在联合国国际贸易法律委员会讨论公约草案的过程中,就达成共识认为有必要使用多个用语,并提高公约条文的明确性和确定性。《鹿特丹规则》通过在第1条第29款中界定"住所"这一术语以满足所有这些要求:"住所"是指:(a)公司、其他法人、自然人社团或者法人社团的下列所在地:(i)法定处所或者组建地,或者主要注册办事处,以适用者为准;(ii)主要行政管理机构;或者(iii)主营业地;和(b)自然人的惯常居住地。

该住所的定义是以44/2001条例的规定为蓝本做出的。[20] 因为第1条第29款,对于确定被告在一给定的缔约国内是否有住所规定了不同的实质条件,尤其是针对法人而言,可能会有一个被告在不同的缔约国存在多个住所这样的情况。基于这些理由,因为根据公约规定,所有这些国家都有管辖权,当承运人或海运履约方有多个"住所"时,则货物索赔方就可能存在多个选择问题。[21] 在海运领域,这一点对于索赔方而言是非常便利的,因为要考虑到公司结构、船舶管理人和其他代理人等相关因素的复杂性,这些因素不仅对承运人的识别是必要的,而且对于承运人住所地的确定也是必要的。[22]

收货地和交货地

作为第二个连结因素,第66条列明了运输合同中约定的收货地和交货地。因此在确定相关地点时是需要考虑运输合同的内容。这里没有要求必须存在一个明示的协议,因此如果合同对此约定模棱两可,就会产生如何解释的问题,但是任何对这些地点的不明确规定都应当根据第66条第(a)款第(ii)条或第(iii)

---

19 例如,公约同时采用承运人住所地的概念和承运人主要营业地的概念,前者的确定有利于法院判决可在该确定的管辖地范围内直接执行承运人的财产,后者意味着承运人在该地很有可能拥有资产(von Ziegler 主编:《现代法律》,第109页)。

20 参见44/2001条例第2(1)条,第59条和第60条。也可参见第三工作组第15次会议报告,UN Doc. A/CN.9/576,第32段落。

21 参见在这种住所方面存在"积极冲突"的情况下,44/2001条例对此问题的一个解释,转自A. J. Calvo Caravaca & J. Carrascosa编:《国际私法I》(Derecho Internacional Privado-I)(卡马雷斯:格拉纳达出版社,2008-2009年度),第146-147页。转向一个不同问题,住所定义中的概念是为了对住所的确定提供实质条件。因此,尽管根据第36(2)(b)条规定,在运输单证的合同细节中载有住所地,该记载可能对于确定承运人住所有一定的效果(例如,根据有关运输单证证明效力的规则),有关住所的定义和定义中提及的条件各自独立存在并发挥作用,例如,在未签发运输单证的情况或尽管签发了运输单证但单证中没有记载承运人住所的情况下。

22 参见Lopez de Gonzalo:"管辖权行使"一文("'L'esercizio della giurisdizione"),第516页。

项的规定予以确定。[23] 尽管如此，合同约定的地点，不仅要符合公约适用范围规定的一般标准，而且应当是当事人恰当行使选择权的结果，以便于能够确保适当的确定性。[24] 采用该约定地还应满足列明的其他连结因素的基本原则，因为这些地点对不同诉因而言都应当是方便的而且是合适的管辖地。[25] 正因为如此其他货物运输规则也都规定了这些“地点型”的连结因素，此外，收货地和交货地在很大程度上至少与索赔人存在密切联系，不论该索赔人是托运人、收货人或持有人。[26]

装货港和卸货港

就第 66 条规定的合同约定的收货地和交货地而言，考虑到公约的适用范围以及相应调整的合同类型，还包括了装货港和卸货港。与《汉堡规则》相类似，在连结因素中包括装货港和卸货港，也体现了“海运+”的特点。在严格的海上货物运输合同中，通常合同约定的收货地和交货地与装货港和卸货港是一致的。因此如果当事人考虑到通过第一个地点确定的法律就可以充分实现其目的，则以地点间的差别去分配管辖权就失去了意义。[27] 包括港口的这一规定在多式联运或“门到门”运输中是非常有用而且密切相关，在此种运输下索赔方多了一个额外的选择。在该背景下，第 66 条(a)款将港口包括其中，就与《鹿特丹规则》中海运履约方的存在、定义、角色以及责任密切联系起来。在向承运人提起诉讼的连结因素中包括港口的主要好处，就在于能够更好地理解向承运人和海运履约方提起共同诉讼的原则，只要能够确认提起此种诉讼的地点。[28]

23　关于这一点比较有意思的情形是，如果运输合同或运输单证规定的不是单一交货地而是两个或两个以上交货地，或者简单规定交货地是在一定区域范围内的某个地点交付货物。在这种合同规定之下，且不影响前文讨论内容的基础上，承运人有可能在合同规定的地域限制范围内选择一个交货地。那么承运人的选择相当于约定了交货地。

24　参见第三工作组第 15 次会议报告，UN Doc. A/CN. 9/576，第 33 段落。

25　上述地点通常与实际收货地和实际交货地相吻合，这些地点也应当是最容易实施收货和交付两种作业(以及合同全部作业)的地点(参见 von Ziegler 编：《现代法律》，第 109 页)。

26　A. Diamond QC：“下一个海上运输公约”，载《劳埃德海商和商法季刊》2008 年第 2 期，第 183 页。参见 CMR 第 31(1)(b)条，CMT 第 36(1)(c)条，CIM 第 46(1)(b)条。根据欧洲立法，在 44 条例第 5(1)条规定下的运输合同中约定交付地，可以构成法院选择中予以考虑的连结因素(Lopez de Gonzalo：“行使管辖权”(“‘L’ esercizio della giurisdizione”)，第 520 页)。

27　但是，当货物在一个非合同约定的港口交付时，就变得毫无意义了，同任何其他情况下一样，索赔方有权利选择任何合适的法院。就收货港口的问题引发了很多争议，因为托运人可能根据变更合同条款的某个协议，选择在合同约定的港口之外的其他港口，将货物交付给承运人。

28　参见第 71 条和下文第Ⅶ部分。参见第三工作组第 12 次会议报告，UN Doc. A/CN. 9/572，第 34 段落；第三工作组第 15 次会议报告，UN Doc. A/CN. 9/576，第 33-34 段落；第三工作组第 16 次会议报告，UN Doc. A/CN. 9/591，第 5-6 段落；UN Doc. A/CN. 9/WG. Ⅲ/WP. 58 文件，第2-3 段落。

由于前述部分原因，公约规定的相关港口是实际装货港和实际卸货港。由于大多数"门到门"国际运输合同（包括一段国际海上航程）中没有约定货物经过的港口（而且合同签订时承运人也许甚至都不会考虑这样的一个决定），采用具有上述目的的合同既不明智也缺乏实际效果。但是在存在这样约定条款的合同之下，如果基于某种原因，承运人决定或被迫背离合同中关于必须遵循的航线规定，将不存在可以提起共同诉讼的地点，则根据合同规定将无法实现前述目的。此外，公约明确限定了相关港口应当是货物"最初"装船和"最终"卸船的港口。做出此种限制的原因就是为了能够在一定限制范围内保持择地行诉的可行性和合理预见性，特别是在海上运输默示允许在一个或多个中转港转运的情况下。[29]

托运人和承运人订立法院选择协议

根据第66条(b)款的规定，当事人根据前述规则，可通过在合同中订立法庭或法院选择协议来扩大可选择法院的范围。根据本公约，根据法庭或法院选择条款进行的一般推定并不具有排他性的（或否定性的）效力，因此它仅意味着货物索赔方可在托运人和承运人在合同中指定的法院中做出选择。[30] 本公约并不要求协议是明示的，但必须采用书面形式。[31] 第66条(b)款不仅涵盖了约定一个或数个特定法院的协议（法院选择协议）而且还涵盖了将争议提交给某一国法院的一般协议（法庭选择协议）。[32] 但无论如何约定的法院必须位于一个缔

29　尽管规定港口的目的是便利对承运人和海运履约方的诉讼，但是应当牢记一点的就是，与其他连结因素一样，应当维持一定程度的可预测性。从承运人的角度来看，特别是作为海运履约方的海运承运人而言，将海上航程的全部或者部分转包给他人的情况下，承运人很可能会无法控制或监管海上运输作业的组织情况，对港口不加任何限制的话，就可能会危及择地行诉的可预测性。

30　这也是《汉堡规则》第21(1)(d)条，MTC第26(1)条，CMR第21(1)条和CIM第46(1)条实际上预见到的情形（参见A. Messent，CMR：《国际公路货物运输合同》伦敦，英国劳埃德出版社2000年版，第242页；Legros："冲突法"（"Les conflits"），第807页）。

31　参见第3条。对于法庭或法院仲裁协议没有更多的要求。因此该协议可以被并入证明该合同的任何单证，包括运输单证以及任何其他书面文件，而其他的书面文件应该能够反映出存在适用于该运输合同的这样一份协议。这就有可能通过参照一项租船合同或其他单证来确定是否包含一项法院选择条款（如根据第7条而适用本公约的情况下），但是由于货物索赔方有权选择法院，因此在这些情况下产生的问题应该是最少的。

32　与ECCA第3条(a)项和(b)项采用的方法一致。

约国内。[33]

14.3　第67条　法院选择协议

第67条　法院选择协议

1. 根据第66条第(b)项选择的法院，只有经合同当事人协议约定，且只有授予管辖权协议满足下列各项条件，方能对合同当事人之间的争议具有排他性管辖权：

(a) 该协议载于清楚载明各方当事人名称和地址的批量合同，此种批量合同或(i)是单独协商订立，或者(ii)载有一则存在一项排他性法院选择协议的明确声明，且指出批量合同中载有该协议的部分；并且

(b) 该协议清楚指定某一缔约国的数个法院或者某一缔约国的一个或者数个特定法院。

2. 根据本条第1款订立的排他性法院选择协议，只有满足下列各项条件，方能对不是批量合同当事人的人具有约束力：

(a) 该法院位于第66条第(a)项所指定的地点之一；

(b) 该协议载于运输单证或者电子运输记录；

(c) 关于诉讼提起地法院以及该法院拥有排他性管辖权的通知已及时、正确地发给该人；并且

(d) 受案法院的法律承认该排他性法院选择协议对该人具有约束力。

33　根据前述解释，考虑到与此相关的后果，这也是第1条第30款中"管辖法院"的定义应有的结论。同样由于上述定义，在缔约国中指定一个或数个特定法院的条款应当根据有效的关于管辖权分配原则的各国国内法确定，而不是根据本公约。尽管很少出现，但是还是有可能会出现这样的情形，即在公约缔约国指定了一个不具有管辖权的法院条款，那么根据管辖权分配规则确定的这样一个缔约国法院是否还有效力的问题存在异议(参见Queirlel："关于管辖权的协议"("Accordi sulla competenza")，第54-55页，涉及1968年布鲁塞尔公约第17条)，或者，根据本公约草案的建议，该条款应该被认为无效，因此意味着只有满足相关连结因素的条款才是有效的。这种情况类似于当一个法院不能根据法院地法确定，无论是根据一项法院选择协议还是相关因素之一得出此结论的情况。这种情况应当根据国内法予以解决，但是如果不能找到解决的办法，原告可能会被迫采用其他可选择的法院(参见Legros："冲突法"("Les conflits")，第818-819页，涉及CMR公约，以及P. Jenard：《有关民商事案件的管辖和判决执行公约的报告》，1968年9月27日在布鲁塞尔签署，1979年3月5日官方公报C59，第37页，涉及1968年布鲁塞尔公约第17条)。

14.3.1　排他性法院选择协议

第 67 条的标题很简单即“法院选择协议”，但是其唯一的目的是确定法院选择协议拥有排他性效力的条件以及对托运人和承运人之外的当事人是否具有约束力的前提条件。法院选择协议的条款可能是第十四章中最具争议的事项，其反映出尤其是包括海上贸易在内的国际贸易中，这个问题是多么的敏感。[34] 本条规定的排他性法院选择协议的法律机制也反映出，该条款是国际贸易法律委员会在公约草案讨论过程中达成的妥协之一以及该妥协最终被纳入《鹿特丹规则》并成为公约的一个部分。

托运人和承运人之间达成的排他性法院选择协议

在第 1 段中，本条草案为前文述及的托运人和承运人之间达成协议的可能性设定了某些具体条件。第一，协议必须符合第 66 条(b)款的规定，即协议必须采用书面形式并且指定(一个缔约国内)一个或数个特定的管辖法院或缔约国内的法院。第二，当事人应当同意该选择协议具有排他性。第三，当事人签订的货物运输合同应当是批量合同。[35] 对排他性法院选择协议担忧的理由通常是认为这些协议实际上并非双方当事人谈判或讨价还价达成的，而是由承运人强加给托运人的。作为第一道预防措施，将此种协议的效力限制在批量合同的范围之内就是为了解除这些担忧。这也反映了《鹿特丹规则》所作出的假定，即缔结这样的一个合同很大程度上是当事人谈判力量之间达到某种平衡的结果，因此就法庭或法院选择条款而言也是双方真正协商的一个协议。[36]

尽管如此，第 67 条第 1 款(a)项进一步要求这样的一个合同须清楚载明各方当事人名称和地址，且该合同是单独协商订立的或者明确提示存在一项排他性法院选择协议，并指出批量合同中载有该协议。[37] 在国际贸易法律委员会讨论本公约草案过程中，对后两个条件要求到底应当采用可选择性方式存在还是应当采用共同具备的方式一直存在争议。考虑到证明所有这些要求的责任会当

34　第三工作组第 12 次会议报告，UN Doc.　A/CN. 9/572，第 35 段落；工作组第 15 次会议报告，UN Doc.　A/CN. 9/576，第 41－44 段落。

35　参见第 1 条第 2 项有关“批量合同”的定义。

36　参见第三工作组第 12 次会议报告，UN Doc.　A/CN. 9/572，第 27 段落，涉及批量合同。

37　虽然没有明确要求批量合同应当采用书面形式(参见第 3 条、第 80 条第 2 款共同规定的条件)，但是第 66 条第(b)款和第 67 条第 1 款共同发生作用的条件就是只能使用书面单证(包括电子记录)才符合其条件。在综合考虑这些条款规定的前提下，批量合同不仅要采用书面形式，而且排他性法院选择协议还应当包括在合同中，这与第 66 条第(b)款的规定不同。

然落到承运人身上,[38]且假定所有要求都是合同当事方真正讨价还价讨论的结果,公约最终采纳了可选择性方式,使得在满足各项条件要求的同时又能满足一定的灵活性。[39]

有关托运人和承运人间关系的另一个条件是,该条款应明确指明某一缔约国的数个法院或者某一缔约国的一个特定法院或数个特定法院。该条件与排他性法院选择协议本身的文字结构和内容相关。因此,符合该条件要求的协议中应当特别指明某个法院具有排他性管辖,或者指明在某一缔约国中的一个特定的或者数个特定法院提起诉讼。[40] 根据该条款规定,模棱两可的条款或使读者难以确定到底选择的是一个或数个法院的条款将是无效的。[41]

很明显,尽管第67条第1款并未在字面上明确要求声明所选择的法庭或法院管辖权是排他性的,但是本条规定的实践效果与其所依赖的"安全港口"测试的结果可能是一致的。这是由于有关调整排他性管辖条款或者法院选择条款的其他规则或法律与本公约,尤其是运输合同的框架规定之间存在主要差别。这种差别表现为,在其他情况下,根据适用的一般性规则和原则,当事人可以自由选择排他地解决争议的法院,而根据前文提及的原因,本公约对于当事人选择排

---

38 与批量合同的规定和本公约一般强制性特点相反(参见第79条和第80条第6款),第67条没有规定举证责任分配的问题。尽管如此,应当是由任何试图声明法院选择协议具有排他性的一方当事人负有举证责任。根据第十四章规定,在任何情况下,举证责任会当然由被提起诉讼的承运人承担。如前文所清晰讨论的那样,承运人对托运人、持有人或收货人或任何这些人的继承者提起的所有诉讼都不在第十四章的调整范围内,因此(假使根据其条款,该协议适用于合同当事方彼此互相诉讼的情形),该排他性法院选择协议的有效性和后果的确定要由准据法来确定。

39 排他性法院选择协议的有关规定,即对第十四章调整的诉讼具有完全效力的条件要求,就是在对托运人保护和满足最低限度的商业实用性之间寻求一个合理的平衡。前述所有的条件要求并非必然地将排他性管辖条款的效力与满足最低限度利益平衡的实际协商之间联系起来。但是这些规定的目的是能够增强透明度并且能够对抗管辖权利滥用和单边强制管辖的情形。在存在标准合同或标准条件或明显未经双方协商的文件或附意合同的情况下,根据上述规定的条件,最起码排他性管辖条款被推定为有效的问题是不会被确认的。例如,当事人名称的标注会使得合同本身具有一定程度的特定化(同时避免使用能够改变合同性质的预先起草的合同文本,如同他们是批量合同那样——参见第80条第3款)。类似的,一个"显著"的要求就是明确了承运人应适当强调 下在合同中存在一项法院选择协议及其所在地的这样一个事实,以便引起托运人的充分注意(参见有关批量合同项下这些要求的,工作组第15次会议报告,UN Doc. A/CN. 9/576,第7、25-26、28段落以及第三工作组第19次会议报告,UN Doc. A/CN. 9/621,第40段落)。

40 并不要求必须提及法院名称,可以采用区域界限或地点的方式(如"伦敦当地的法院")。

41 典型的例子就是择地行诉条款或者法院选择条款没有明确指明是某个国家的法院,但是给了一方当事人(如承运人)选择的权利或者仅仅提供了选择法院的一些标准,例如"承运人住所"(尽管根据本公约承运人的住所有明确的含义,但是承运人的住所还是有可能,在达成管辖协议至提起诉讼阶段期间发生变化——参见 Corek Maritime Gmbh v. Handelsveem BV and Others,案例 C-387/98,第5段)。

他性解决争议的自由加以限制。[42]

排他性法院选择协议对第三方的约束力

考虑到运输合同关系下的结构和机制问题,管辖权条款将对运输合同关系产生深远的影响,因此管辖权条款面临的一个的难题就是这些条款如何对第三方产生约束力问题。《鹿特丹规则》在第67条第2款中规定了向承运人(以及海运履约方)主张权利的托运人以外的任何人受一项排他性管辖权协议约束的各个条件。[43] 本段落的目的就是原则上对符合这样条件的任何人强制适用,无须考虑这些人是如何取得合同项下的权利。[44]

基于逻辑上一致性的考虑,满足第67条第1款规定的[以及第66条(b)款]所有条件是适用本段落的出发点。第66条和第67条规定的目的在于构建管辖协议效力(包括其排他性)的最低要求,以满足承运人一方和货物一方之间在不同阶段的关系。这意味着根据《鹿特丹规则》,不可能存在一项排他性法院选择协议对托运人不具有执行力却可约束第三方的情形。[45]

---

42 比较本公约规定和前面提及的国内判例法,后者认为,根据欧盟条例44/2001第23条的规定,这些条款应被推定为有效或与当事人意图的解释相关,因为该欧盟的规定明确了一项法院选择的协议具有排他性的效力,除非当事人做相反规定,并且无须考虑有关法院选择协议效力的格式要求[1968年布鲁塞尔公约第17条的规定更加激进,该规定的字面解释明确阐述这些条款的排他性无须考虑当事人意愿的解释;也可参见ECCA第3条(b)款]。在这些不同背景下,该协议条款的表述在任何情况下都是至关重要的,会使得根据不同规则,即使使用同样的词语表述会得出不同的结论(例如,“×国的数个法院应享有管辖权”或“×国的数个法院将享有管辖权”,根据本公约的规定,此种协议并没有充分表明该协议具有排他性,而根据条例44/2001,则当然地表明这种协议的排他性;参见J. Fawcett:“国际私法中的非排他性管辖权协议”一文中有关这些表述和其他一些表述的分析和判例。刊载于《劳埃德海商和商法季刊》2001年第2期,第237-238页)。

43 尽管就本条含义而言,经常使用的法律术语是“第三方”,但是本公约并没有采用这个表述,而是采用了其他不同的表述,即运输合同当事方(或原始当事方)以外的其他人(参见公约第67条、第7条和第80条的规定)。这类人包括收货人、单证持有人、控制方以及上述这些人的默示继受人。

44 本条规定和第十章的规定之间没有实质的联系。

45 根据欧盟立法,这样的结果是可以实现的,即当一个第三方以对托运人要求的同样方式接受了该协议,则第三方应当受排他性法院选择协议的约束(见欧盟条例44/2001,第23条,以及Corek第26-27段中有关1968年布鲁塞尔公约第17条适用的阐述)。上述解决方式在《鹿特丹规则》之下是不可行的。主要原因包括:首先是因为排他性法院选择协议的排他性效力特点和约束力所决定的。其次是因为如上解释的原因,在批量合同下设置的这些条件是受限制的并且第三方被严格定义为非合同一方当事人的情形。最后是基于强制性的特点,第67条设定的实质性要求和格式要求,货物索赔方不能放弃。例如,一个收货人在批量合同的一次装运中同意了一项排他性法院选择协议并在争议前达成了协议(参见第72条),此种同意即符合了第67条第2款(c)项的要求,但是只有其余条件都能够满足时该协议才会具有排他性的效力。

为了保护第三方的利益，在限定的条件中又增加了有关适当场所的规定，即要求指定的一个或数个法院应当满足第66条(a)项所列的地点范围，以确保选择的地点与运输合同之间在存在一定的关联。[46] 因此法院选择协议对第三方的影响是使第三方失去了选择法院的权利，但是诉讼程序会在规定地点范围内的某一缔约国进行。此外，只有当排他性法院选择协议在运输单证或者电子运输记录中载明，并且第三方及时收到了关于指定一个或数个法院及该法院拥有排他性管辖权的适当通知时，该排他性法院选择协议才能约束第三方。这两个格式方面的要求分别发生作用(尽管像所有的条件要求一样，这两个条件常常是共同发挥作用)，并且这两个格式方面的要求通过预防性措施，确保第三方只有在得到充分的信息并能因此做出明智决定的前提下，受此种协议的约束。

当托运人通过行使控制权指定一个收货人而没有要求签发任何运输单证或记录，并且承运人事实上没有签发任何运输单证或记录的，则第67条第2款(b)项意味着第三方不受一项法院选择协议的约束。抛开这种罕见的情况，该规定并未提及运输单证的特定类型。当签发可转让运输单证或者记录或者记名运输单证或"指定名称的"运输单证[47]时，持有人或收货人在收到单证或记录的控制权时，会有机会确认该协议是否存在及获悉协议的内容。在合同关系中或至少在权利转让过程中，如果签发的是不可转让的单证或记录，如海运单，则此种单证或记录的显著特征是内容比较偏少。尽管如此，在实践中很多情况下单证都是在托运人和控制方(或收货人)之间流转，托运人迟早要提交单证或授予权限或发送记录给后者。[48] 尽管如此，如果贸易中采用信用证的情形下，更为常见的情形是第三方直到最后一刻才有机会检查这些单证(如果使用电子记录的话，情况可能有所不同)。

必须发给第三方通知的条件要求减少了运输单证或记录单方面要求的后果可能存在的问题以及信息不足的影响。根据第3条的规定，该通知应当采用书面形式。本文中一个重要的问题是如何理解"正确、及时"这些用语的含义。对于前一个要求，第67条第2款(c)项的规定非常明确，因为它将通知的正确性与事实联系在一起，无须考虑通知是以何种形式作出，即明确指出提起司法程序的地点以及指定的一个或数个法院具有排他性的管辖权。但是"正确性"可能意味着更多内容，即选择的合同文本或方式及其特性能够向第三方提供合理的信息，使得第三方能够合理地注意到合同中存在法院选择的协议、协议内

46 第三工作组第12次会议报告，UN Doc. A/CN. 9/572，第27段落。

47 参见第46条的规定。

48 尤其是在他们之间存在买卖合同，并且由联合国1980年国际货物销售公约调整(参见该公约第34条和第58条的规定)或根据INCOTERMS存在CIF或CFR条件时。

容以及暗含的寓意,如同第67条第1款(a)(ii)项对托运人要求的各项类似条件。"及时性"的要求没有明确界定,因此很大程度上要留待将来对个案的具体解释。[49]

第67条第2款没有明确谁有义务发出这样的通知。事实上,只要满足上述条件要求,第三方是从承运人还是任何其他人处收到该通知并不重要。尽管作为调整货物运输合同框架的本公约而言,其基本原则之一就是严格构建承运人和托运人相互之间的权利、义务和责任,以及作为一方的海运履约方和货物一方的其他当事人之间的权利、义务和责任,但是本条要求发出通知的规定并不是涉及义务方面的规定,而是排他性法院选择协议约束第三方的一个前提条件。因为在一些实例中,承运人可能不知道存在第三方,因此根据每个案件的具体情况不同以及运输合同中所涉及的相互关系,可以推定是托运人、控制方或持有人向随后的第三方发送本条款所要求的通知。在不损害所选择程序效力的前提下,在实践中,该通知如何发送可能存在不同的假设。在承运人(或应其要求的服务提供商)实施的多边流通体制之下,该通知可能简单地随其他与运输相关的单证在银行体系或电子系统中传递,在每一次发生运输记录转让,或指定一个新的收货人或控制方,或者根据买卖合同或其他协议安排进行信息交换时,就会自动地发送这样的通知。但是就第67条和本公约而言,该通知的效力只能在承运人和第三方之间的关系中予以确认而且要特别注意本条规定的所有条件要求。

第67条最后一段提出一项最终要求,即托运人和承运人在一个批量合同框架下有效达成的一项排他性法院选择协议,除了要符合所有前述条件,还要满足受案法院的法律可能规定的所有要求才能约束第三方。第67条第2款中的(a)、(b)、(c)三项规定的要求和(d)项中最终要求的规定之间相互作用的目的就是提供一个最低限度的门槛,而受案法院的法律可能会规定更为严格的条件

---

49 "及时"似乎意味着要在第三方决定参与到该合同关系之前,无论是否以接受合同条款的方式参与进来(如参见法国判例法中——即1968年布鲁塞尔公约适用的案例,但是该案件涉及是否知道存在一个管辖权条款或仲裁条款以及收货人是否同意公约所要求的内容,Compagnie UNAT v. Compagnie de Navigation Nedlloyd Lines,和CDF North America et Compagnie Allianz et al. v. Toot Nielsen,Stolt Cormorant et Stolt Tankers,分别在《法国海商法》(Le Droit Maitime Francais)1995年第547期,第209页(附有P. Bonaissies对此的评论),以及第218页(附有Y. Tassel对此的评论)。

或者暗含不同的额外条件。[50] 值得注意的是,本条最后一段提到的法律是指受案法院的国内法,包括国际私法规则。[51]

有关第 67 条的一些评论

本条款规定的各项要求,不论是从托运人和承运人之间存在的排他性法院选择的效力方面,还是从对第三方的执行力方面,与第 80 条的规定略有不同。第 80 条涉及在公约强制性规定的一般原则下可以有效背离公约的相关规定。公约草案条文谈判期间,最初选择的方法是将这两个条文的内容及要求并行分别规定,但是在公约草案讨论的后期出现了一些变化,尤其是在第 80 条作出最终修订之后。没有完全并行分别规定的另一方面的特点就是不会产生任何解释或适用方面的问题。此外,这也反映出管辖权分配常常被认为是一个程序性问题的现实,与实体性问题是可以分开并且单独处理。[52] 由于第 80 条规定的要求似乎比第 67 条规定得更为严格,因而当执行一项排他性管辖协议时,可能会产生因背离本公约实体性规定而被认定无效的情形。

14.4 第 68 条 对海运履约方的诉讼

第 68 条 对海运履约方的诉讼

原告有权在对下列地点之一拥有管辖权的管辖法院,根据本公约对海运履约方提起司法程序:

---

50 参见第三工作组第 16 次会议报告,UN Doc. A/CN. 9/591,第 11 段落。执行一项排他性法院选择协议的其他额外要求可能是要求第三方明示或默示同意该协议内容。这一点在本条规定的协商过程中,实际上已经进行过认真考虑和讨论。在提单下涉及收货人或持有人时——根据国内法原则,要求必须有收货人的同意,这种情况可在法国判例法中找到这样的案例,参见前一脚注内容,以及参加 Tetley,"管辖权和不便行诉"一文,第 59 页。类似的情形会发生在适用欧盟条例 44/2001 的情况下,因为承运人的住所地在欧盟,且条款规定的一个或数个法院也位于欧盟,并且满足第 66 条(a)款所列的地点范围,如果欧盟条例 44/2001 第 23 条所述要求比本公约的要求更为严格或者强加了更多的条件,则应当满足该条件要求(根据 1968 年布鲁塞尔公约也是如此。Tilly Russ and Ernst Russ v. NV Haven & Vervoerbedrijf Nova and NV Goeminne Hout,(1984)ECR 2417,案例 C-71/83,第 20-26 段;Castelletti Spedizioni Internazionali SpA v. Hugo Trumpy SpA,(1999)ECR I-1597,案例 C-159/97,第 19、20、34、41、45 段;以及 Corek 一文,第 25-27 段)。

51 参见第三工作组第 16 次会议报告,UN Doc. A/CN. 9/591,第 10 段落。因此,如果一国的国内法将法院选择协议对第三方是否具有约束力的问题视为一个程序法问题,则是否约束第三方的问题将根据法院地法予以确认。另外,如果根据一国的国内法,这样一个问题应当根据适用于合同法予以确定(或者,如根据涉及第三方合同下权利转让的适用法律),则应当根据法院地有关冲突规范的法律确定准据法。

52 第三工作组第 16 次会议报告,UN Doc. A/CN. 9/591,第 11 段落。

(a) 海运履约方的住所;或者

(b) 海运履约方接收货物的港口、海运履约方交付货物的港口,或者海运履约方执行与货物有关的各种活动的港口。

像有关国际运输的其他公约一样,《鹿特丹规则》也规定了承运人通过转包全部或部分合同来履行运输的条款。参与转包运输链的一方被届定为"履约方",尽管本公约只涉及参与全程运输中海上运输区段的履约方(即"海运履约方")有关责任方面的规定。公约引入这些区别于其他界定的概念,例如其他公约中使用的是实际承运人概念,[53]会在向这些主体提起诉讼的国际管辖权分配方面产生特殊问题。本条规定的目的意在适当地解决这些问题,同时寻求在对待海运履约方问题方面达成平衡,而不至于因为将适用于承运人的相关因素同样约束海运履约方使之承担过重的责任。[54] 因此海运履约方这一概念的内容以及海运履约方承担责任的条件,相应地合理限制了可以向海运履约方提起诉讼的地点范围,即选择的法院客观上要与海运履约方存在最低限度的联系或者与海运履约方介入的合同履行之间存在最低限度的联系。

除了海运履约方的住所之外,[55]第68条还规定了其接收或交付货物的港口和其履行服务的港口。后面这些联结因素反映了《鹿特丹规则》调整的两种类型的海运履约方。一种情形是"固定的"或"静态的"海运履约方,其活动地域限制于一个地点,即一个港口,如仓储公司、港口经营人、装卸工人等;另一种情形是"移动的"海运履约方,即海上承运人。[56] 设计这些因素的目的是使公约预先规定的原则既可以适应于实际接收和交付货物的海运履约方,无论其活动范围是否限制在一个港口,也可以适应于有关货物运输的履行但又不实际从事这些服务的海运履约方。

当我们解释本公约的管辖权规定以及专门适用于海运履约方的其他规定时,就对管辖条款与"喜马拉雅条款"间的关系产生一些疑问。[57] 如果运输合同中存在根据本公约可以约束货物索赔方的一项排他性法院选择协议,则当货物索赔方在公约第68条所列的任何法院对海运履约方提起诉讼时,海运履约方是

---

53 参见《汉堡规则》第10条,1999年《蒙特利尔公约》第39条,或《国际铁路货物运输公约》(CIM)第3条(b)款,后者采用了"替代承运人"的概念(substitute carrier)。有关《鹿特丹规则》中早先提出的概念及其特性和制度,参见第1条第6款和第7款,以及第19条的规定。

54 参见工作组第12次会议报告,UN Doc. A/CN. 9/572,第32段落。也可参见 von Ziegler:"现代法",第92页。

55 在这一点上,"住所"的定义是可以适用的。

56 第三工作组第16次会议报告,UN Doc. A/CN. 9/591,第13段落。

57 参见公约第4条和第10条的规定。

否可以援引该排他性法院选择协议予以抗辩。[58] 但是确认海运履约方有这样权利的解释好像并不适合本公约，有如下几个方面的原因。首先，《鹿特丹规则》中的“喜马拉雅条款”是按照现行国际公约中具有相同主旨和目的的其他条款做出规定的，因此应当与其他公约一致，即仅限于有关运输合同下有关免责及抗辩（特别是针对承运人的义务和责任方面）的实质性内容。其次，就管辖权而言，本公约对承运人和海运履约方是分别作出不同规定的。因此，在考虑有关管辖权协议的有效性和后果方面，不论该协议是排他性的还是非排他性的，都只能限定在有关货方和承运人之间的关系范围内。基于上述理由，就管辖权问题而言，能够对一个海运履约方提起诉讼的合适法院就只有第 68 条规定的那些法院，并且海运履约方（针对非合同诉讼）不能基于喜马拉雅条款的保护来援引一项排他性管辖权协议，正如根据第 19 条第 1 款标题所“调整”的结果，也不能在可对承运人提起诉讼的适当法院起诉海运履约方。最后，由于同样的原因，若海运履约方接受管辖权协议，实际上相当于解除了其责任，因为如果海运履约方是在第 68 条规定的法院范围内被起诉的话，他们可以援引排他性法院管辖条款从而抗辩不受受诉法院的管辖，或者即使在第 68 条规定的法院范围之外的地点被诉，也会援引喜马拉雅条款保护其利益。

14.5 第 69 条 不另增管辖权地

第 69 条 不另增管辖权地

除第 71 条和第 72 条另有规定外，不得在不是根据第 66 条或者第 68 条指定的法院，根据本公约对承运人或者海运履约方提起司法程序。

58 很显然根据合同相对性一般原则以及本公约中第 19 条第 2 款的规定（该条款只提及“义务”和“责任”），这样一项协议不能约束海运履约方。参见 Maritime Insurance Co. Ltd. v. M/V Sea Harmony，1998 AMC 1961，1963-1964。上述结论也可能带来另外一个问题，即如果海运履约方受排他性法院管辖协议的约束，其是否可以援引该协议。一般而言，这将取决于该条款的用语表述（参见 Tetley：“管辖权和不便行诉”一文，第 28 页）但是一个措词规范并且周密的条款是可以支持海运履约方援引该条款。有关于此，参见 M. Davies & R. Force：“国际海事合同中的管辖和法院选择条款——纪念 Robert Force”一文，M. Davies 编辑（海牙，Kluwer 国家法律出版，2005 年），第 47 页；CBJ Inc. v. M/N Hanjin Hong Kong，2000 WL 33258660，※2 and ※3；和 Indemnity Insurance Co of North America v. Schneider Freight USA Inc.，2001 AMC 2153，at S. Ⅱ（这两个案例都是关于提单中的喜马拉雅条款是否可以适用于企图享受承运人“利益”的合同分包方的问题）。也可参见 The Tokio Marine and Insurance Co. Ltd v. Cosco，2004 AMC 1048，这个案例也是涉及不是提单一方当事人的被告，是否可以因为喜马拉雅条款被确认有效，从而援引法院选择条款予以抗辩，尽管原告没有对此抗辩提出异议。

在确定管辖权规定的主要基本宗旨时，应当与本公约总体框架的特点一致，即原则上具有强制性。本条款的规定即清楚地呈现了该特性。[59] 因此合同当事方不得为承运人的利益或为货物索赔方的便利而违反本章所述内容，[60]但不得影响仅针对承运人一方提起诉讼规定的适用。延续我们针对前一条款的最终评论意见，本条规定谨慎地表明了这样的观点，即作为一般性规则，选择对承运人和海运履约方提起诉讼的法院是分别规定的，除非本公约另有明确规定。

鉴于前文讨论过的条款规定之间的综合影响和相互作用，我们有必要阐明第十四章的运行规则。和有关国际管辖权分配的规则一样，这些规则的目的也是要明确适用根据本公约（法院地法）提起诉讼的程序性规则。因此无论是否在公约规定的一个管辖法院对承运人或者海运履约方提起的任何诉讼，受案法院的程序性法律规定一定程度上决定了第十四章的适用情况。但是，很多情况下受案法院不得不依职权或有可能依职权适用这些规则以确立自己的管辖权。[61] 这就意味着不符合第66条或第68条规定条件的缔约国[62]内的某个受案法院，可以根据被提起诉讼之人的不同情形驳回起诉，尽管被告并未对此提出抗辩或没有出庭。因此无论是国内立法或者允许法院基于自由裁量受理案件的学说，或者以本公约规定内容以外并且与公约规定不相容的各项理由均不予以适用。如果一个法院违反本公约的管辖权规定受理案件，公约其他缔约国很有可能会拒绝承认和执行该判决。

转向另一个角度，当受案法院根据第十四章的规定享有管辖权，假定根据国内法它也是一个享有管辖权的法院，则《鹿特丹规则》的适用，尤其是第69条（本条）的适用似乎排除了赋予法院自由裁量权决定是否受理或驳回诉讼的国

59　该表达方式和其他运输公约一样：参见《联合国国际货物多式联运公约》（MTC）第26条第2款，《汉堡规则》第21条第3款，《国际铁路货物运输公约》（CIM）第46条第1款。

60　与1999年《蒙特利尔公约》第32条、第33条和第46条相比较（参见von Ziegler："现代法"一文，第102页）。

61　欧盟44/2001条例第25条和第26条在下列情形下采用了同样的规定方式：在享有排他性管辖权法院之外的其他法院提起诉讼或者受案法院根据条例的规定不享有管辖权的情况下（参见C. Caravaca & C. González：《国际私法》（Derecho internacional privado），第159-160页）。关于国内立法例，参见西班牙立法，《司法组织法》6/1985第4条和第9条以及《民事诉讼法》1/2000第36-39条；以及意大利法律及其判例法，Russo："管辖权若干问题研究"（Su alcune questioni di giurisdizione），第755页。也可参见Tetley："管辖权和不便行诉"一文，第6-7页。

62　该缔约国是指根据本公约规定的方式已经接受了本章内容的缔约国（参见公约第74条和下文第十一节的内容）。

内法或学说的适用,进而剥夺了货物索赔方的选择权(即不便行诉的权利)。[63]当对一项排他性法院选择协议及其效力和约束力存在争议时,上述原则的适用会有些变化,但也仅仅是在声称争议的范围之内以及被告承运人承担证明相关条件的范围之内。根据前文所述,如果受案法院根据第66条没有管辖权,则大部分情况下该法院会依职权以不具有国际管辖权为由驳回诉讼。在达成了一项有效的排他性法院选择协议的情况下,如果原告在根据第66条享有管辖权的一个法院(而不是约定的一个或数个法院)提起诉讼,则被告承运人应当举证证明存在这样一项排他性法院选择协议并且举证证明根据本公约该协议具有效力和执行力。一旦完成该举证要求,根据前文明确指出的理由,法院将没有受理案件的余地,应当履行本条款,并以不存在国际管辖权为由驳回该诉讼。同样根据第十四章的各项规定,一项排他性法院选择协议被认为是有效的或者甚至对第三方具有约束力,则受案法院是该协议指定的一个法院时,应当执行该排他性协议的内容。因此将不会提及或者适用赋予了法院基于自由裁量权决定是否驳回或受理诉讼的那些国内法或学说。

14.6 第70条 扣留以及临时措施或者保全措施

第70条 扣留以及临时措施或者保全措施

本公约的规定概不影响对临时措施或者保全措施,包括对扣留的管辖权。除非符合下列条件,否则临时措施或者保全措施执行地所在国的法院不享有裁定案件实体的管辖权:

(a) 符合本章的要求;或者

(b) 一项国际公约在该国适用的,该国际公约作此规定。

本条规定的目的非常明确。首先,本条款准确而且清晰地表明本公约规定

---

63 在某种程度上,列明管辖法院的便利性就是因为这种方式一成不变地暗含了那些决定法院管辖的诸项标准。因此任何缔约国及其法院都应受到该规定的约束并且排除了其他规则的适用。这也是因为第十四章中的规定意在制定一项独立的规则,以确保索赔方能够在有管辖权的法院提起诉讼(参见CMR,M. A. Clarke:《国际公路货物运输:CMR》一书(伦敦,Sweet & Maxwell出版,1997年),第179页,援引的Arctic Electronics(U. K.) Ltd v. McGregor Air & Maritime Services Ltd一案,(1985)劳氏报告第2卷,第510页、第513-514页)。该原则在欧盟法院有关1968年布鲁塞尔公约的论述中也明确作出了阐述,但是基于不同争论的理由,包括对国际规则适用的确定性和统一性的保留等(参见Andrew Owusu v. N. B. Jackson et al.,OJ C106/2,案例C-281-02,第40-46段,针对条例44/2001适用的解释问题)。但是,该解释原则适用于其他国际运输公约时依然引起了一些争议(参见上注:Clarke的评论,第179-180页,其中提及CMR"并没有排除法院基于不便行诉原则从而行使自由裁量权拒绝管辖的可能性")。

的有关国际管辖权分配的原则不适用或不影响有关临时措施或保全措施的管辖权;其次,本条款设定了采取临时措施或保全措施的法院根据本公约享有裁定案件实体管辖权的各项条件。

就本条第一个目的而言,本公约并不影响一些国内或国际规则,就公约第十四章范围内向承运人或海运履约方提起的诉讼采取包括扣押在内的保全措施方面以及有关该措施管辖分配方面做出规定。该规定原则上确保采取保全措施的管辖权在最大程度上独立于案件实体的管辖权。根据准据法,采取保全措施的法院并不会影响到其他法院对案件实体的管辖。[64] 本公约没有对临时措施或保全措施予以界定,其含义可以根据可能被申请采取这种措施的法院地的法律予以确定。[65]

第70条规定的第二个目的源于本公约采用了"海运+"的模式,因为考虑到《汉堡规则》第21条第2款[66]所引起的问题,本条的规定主要是为了避免本公约有关管辖权的规定与国际扣船规定之间发生任何冲突并能够保持适当的协调一致,这些国际扣船规定包括1952年《有关扣押海运船舶的国际公约》和新近制定的1999年《扣押船舶国际公约》。[67] 不论是1952年扣船公约还是1999年扣船公约都意在调整有关扣押一艘船舶的事项,包括采取扣船措施的管辖权问题,但也包括在某些特定条件下,授予船舶扣押地的法院享有案件实体管

64 参见欧盟条例44/2001第31条的规定。

65 参见第三工作组第16次会议报告,UN Doc. A/CN. 9/591,第15段落。考虑到第十四章适用范围的限制,有关管辖权的规定不影响针对托运人、持有人或收货人提起的索赔或诉讼采取保全措施或临时措施。

66 《汉堡规则》第21条第2款规定如下:"虽有本条前述规定,如果载货船舶或属于同一船舶所有人的任何其他船舶,在某一缔约国的任何港口或地点依照该国的法律或国际法中适用的规则被扣押,诉讼便可向该港口或这一地点所在法院提起。但是,在这种情况下,经被告请求,索赔人应将诉讼转移至其在本条第1款规定的有管辖权的某一法院以解决索赔问题。但在诉讼转移之前,被告应当提供充分的担保,以偿付日后可能判定给索赔人的赔偿金额。(b)一切有关担保是否充分等问题,应由扣押船舶港口或地点的法院确定。"

67 参见工作组第12次会议报告,UN Doc. A/CN. 9/572,第36段落;工作组第15次会议报告,UN Doc. A/CN. 9/576,第36段落。也可参见Sturley,"推翻Sky Reefer一案"文章,第6-7页。

辖权的规定。[68]

在联合国国际贸易法律委员会磋商本公约草案过程中，最初曾经考虑为了保持与《汉堡规则》的规定一致，规定一个选择项包括一个额外的连结因素，但是后来考虑到为了避免发生摩擦，只是规定了扣押地法院的管辖权问题。尽管最初预期这种解决办法可以与扣船公约的规定相一致，但是在某种程度上人们达成了这样的共识，即我们关注的最佳目标并不是使所有相关法律条文规定具有一致性，而仅仅是使它们在现有体制下不相冲突，能够和平共处。[69] 因此，第70条的目标和预期效果仅仅是通过间接采纳的方式从而保留那些扣船公约所规定的解决办法。[70]

第70条提到的第一种情况，即本公约规定和扣船公约规定同时指向了同一国家的数个法院，不会产生任何问题，但是对本条款第二句话的否定性规定则明确提出要求。本条的实质效力存在于第(b)项中，该项规定基本上通过有关扣押的特别规则增加了可供选择的管辖法院，只要这些特别规则包含在对扣押法院所在国生效的一项国际公约中。因此，本条款的目的是使既是《鹿特丹规则》的缔约国又是任何一个扣船公约的成员国能够同时遵守两个公约的规定。对货物索赔方而言，该规定的实践效果就是一旦根据扣船公约的条件，扣押地所在国家的法院享有案件实体管辖权，则索赔方多了一项在该国法院提起诉讼的选择，

---

68 分别参见1952年扣船公约第7条第1款和1999年扣船公约第8条第1款及第2款。前一公约侧重于扣押地法院根据不同的标准享有案件实体管辖的规定，在这些标准的规定中，明显涉及本公约调整的货物运输合同范围内向承运人或海运履约方提起索赔的适用问题——尤其是该公约第7条的标题和第7条第1款第(b)项和第(c)项的规定。1999年公约则更关注于扣押地法院的管辖权问题(如前述情形下，假定已经实际采取扣押措施)，除非当事人有效地订立了一项排他性法院选择协议并约定了另一个法院或数个法院为管辖法院。《汉堡规则》第21条第2款之所以被接受，就是调和了普通法系有关管辖权一般性规定和与之相去甚远的大陆法法系一些原则后的结果(参见J. Sweeney:"UNCITRAL海上货物运输公约草案(第一部分)"，载《海商法和商事期刊》1975-1976年第7期，第99-100页)。《汉堡规则》的规定与上述公约的规定不一致，专门规定了被告根据汉堡规则第21条第1款的一般性规定要求将诉讼移送至其中一个管辖法院的可能理由(参见F. Berlingieri:《Berlingieri有关扣船的评论》(伦敦，Informa出版社2006年版)，第274-275页、第280页和第283页)。

69 尤其是考虑到同时适用两个公约的情形下("扣船公约"或《鹿特丹规则》)，不是这两个公约的成员国也可能被牵扯进来。同样经过简单讨论的第三种选择方案是，对涉及保全措施或临时措施情况下案件实体管辖问题不作任何特别规定，因此就不会因为这样一个因素而增加管辖法院的范围，并且将任何可能存在摩擦的问题视为公约间的冲突问题对待(参见第三工作组第16次会议报告，UN Doc. A/CN. 9/591，第14-15段落)。但是，该观点在实践中的意义不大而最终被否决了(参见第三工作组第18次会议报告，UN Doc. A/CN. 9/616，第61段落)。

70 参见von Ziegler:《现代法》一书，第110-111页。也可参见支持该解决方法的Herber:"管辖权和仲裁"一文，第412页。

只要该国家不属于第66条或第68条规定的情形既可。[71]

14.7 第71条 诉讼合并和转移

第71条 诉讼合并和转移

1. 除非根据第67条或者第72条存在一项具有约束力的排他性法院选择协议,就同一事件同时对承运人和海运履约方提起一项共同诉讼的,只能在同时根据第66条和第68条指定的一法院提起该诉讼。无上述这类法院的,可以在根据第68条第(b)项指定的一法院,在其存在的情况下提起该诉讼。

2. 除非根据第67条或者第72条存在一项具有约束力的排他性法院选择协议,承运人或者海运履约方提起的诉讼寻求一项不承担赔偿责任声明的,或者提起的其他任何诉讼将剥夺一人根据第66条或者第68条选择诉讼地的权利的,该承运人或者海运履约方应当在被告已选择根据第66条或者第68条(两者以适用者为准)所指定的法院的情况下,根据被告的要求撤回该诉讼,然后可以在该法院重新提起诉讼。

14.7.1 对承运人和海运履约方的共同诉讼

作为《鹿特丹规则》适用的基本责任机制的补充性措施,本条第1款对共同诉讼作出规定,但该规定具有非常特别的目的和效果。在履行公约的所有措施中,公约还规定了承运人和海运履约方承担共同责任的情形。[72] 第71条第1款则相应地限制了为索赔损失向承运人和海运履约方共同提起诉讼的管辖法院的

---

71 上述补充性方法也反映了保全措施的一般从属性的特点,事实上也被扣船公约所采用,这是因为扣船公约的规定无意于将任何可能适用的有关国际管辖权分配的额外规定排除在外,而是简单地将其规定体现在公约中(F. Pocar:“1968年布鲁塞尔公约对海事诉讼管辖权的发展”(La giurisdizione sulle controversie maritime nello sviluppo della Convenzione di Bruxelles del),载《海商法I》(*Il Dirritto Marittimo*)1990年,第193-194页;Berlingieri关于船舶扣押一书,第277页)。不论是《鹿特丹规则》还是扣船公约的规定,都遗留了一些问题需要由受案法院予以澄清。其中一个问题就是排他性法院选择协议在这些公约下的适用条件及其效力问题。针对这个问题,似乎扣船公约并没有预见到适用多个公约所产生的问题,而仅仅提及确认上述条款的效力,但是都默示地(如1952年扣船公约第7条第5款)或明示地(如1999年扣船公约第7条第1款)要求排他性协议已经根据准据法有效达成。另一个棘手的问题来自于1999年扣船公约第7条第2款的规定以及根据扣押地国家的相关规定允许扣押法院拒绝受理案件。根据1999年扣船公约第7条第1款的规定,假定扣押法院所在国家的法律包括《鹿特丹规则》,如前文所述,《鹿特丹规则》并不适用不便行诉原则(明显与前述规定相符,同上注,第292页)。

72 参见公约第19条和第20条的规定。

范围。

不同于诉讼竞合条款,如同前文讨论的其他条款一样,本条的目的就是严格限定有关共同诉讼索赔判决的国际管辖权分配,因此有关该共同诉讼性质方面的任何其他程序性问题都不在本条的调整范围之内。尽管如此,考虑到承运人和海运履约方面对责任的共同特性,根据本公约可能提起共同诉讼的理由限定为“单一事件”,因此推定被告仅需要面对一个单一行为或事件所产生的责任问题。此外,基于适当利益平衡以及提高可预见性的原因,第 71 条第 1 款作为一般原则,还将适当的管辖法院限定在第 66 条和第 68 条指定的地点范围之内。但是,作为一般性规定,该条款无意于实质上违背后者的规定,而仅仅是明确只有满足两个条款规定的要求时,索赔人才可以向所有的责任方提起共同诉讼。[73]鉴于这种可能性,港口也是非常突出的因素,因为很多损坏是在港口引起的(或产生的或被发现的);事实上正如前文所述,这就可以很大程度上解释了在对承运人提起诉讼的相关连结因素中规定港口的原因。[74]

本条还规定了一种例外情形,同时也规定了根据第 66 条和第 68 条的规定无法识别缔约国时的补充规则。假定涉及运输活动的港口所在地为共同诉讼较为合适的管辖法院,[75]本条明确规定了第 68 条第 2 款包含的地点——即海运履约方接收或交付货物的港口或者履行服务的港口。在少数的案件中会涉及适用该例外情形(如因单一事件提起向承运人和一个或多个海运履约方提起共同诉讼的情形),承运人会发现其被诉的地点可以列一个很长的清单,并且不得不做好在这些地点被诉的准备,尽管这些地点可能不是最初装货港或者最终卸货港。

根据本条规定,也可能会存在不允许提起共同诉讼的情形。首先,本条条款明确指向第 66 条和第 68 条,根据这两条的规定可以看出,满足这两个条款适用的连结因素是适格的“管辖法院”的界定问题。因此,如果在第 68 条(b)项适用并在有限的条件下,因为任何一个地点均不在缔约国内(根据第 71 条第 1 款),致使无法识别管辖法院时,货物索赔方不得不在其他不同的法院针对可识别的所有被告或部分被告提起不同诉讼。其次,如果在索赔方托运人和承运人间有效达成一项排他性法院选择协议,或者根据本公约,该协议对作为第三方的索赔

---

73 在某一情况下可以设想两个条文同时指定同一缔约国的一些情景——承运人住所和海运履约方的住所在同一国家时,因此在对此种情况进行评估时应当考虑到住所的概念及其广泛的含义;相似的情况还包括,最初装货港或者最终卸货港同时也是理应承担责任的海运履约方接受货物或交付货物的港口,或者履行其服务的港口。

74 参见上面第Ⅱ.C 部分(译者注:英文原文如此,无法确认针对上文的哪个部分。译者推测,可能是指前文 14.2.2 的内容)。

75 鉴于承运人应承担组织全程运输中暗含风险的事实,同时也要保护海运履约方。参见第三工作组第 16 次会议报告,UN Doc. A/CN. 9/591,第 16 段落。

方具有约束力和执行力，或者在争议产生后达成延期协议，[76]则索赔方会面临丧失提起一项共同诉讼的可能性（因为任何法院都没有管辖权）。这是第71条第1款开头一句话应有的含义。结合本条款的其他内容，对本条的一个逻辑解释就是，对于不符合本条规定的延期协议而言，诉讼只能在该协议指定的法院范围内进行，即本条款的真实含义是不能赋予索赔方通过援引第71条第1款的规定规避一个有效的延期协议的内容。[77]

14.7.2 承运人或海运履约方提起声明诉讼下货物索赔方的保护

国际运输关系和统一规则中有关管辖权的诸多问题之一是如何使用和对待多数情况下由承运人（或承运人一方）提起的声明诉讼，实践中已经存在大量类似的诉讼，并且有很多文献著作讨论这个问题。提起这些声明诉讼的目的不仅是声明对可能产生的责任予以救济或声明责任限制，而且希望在矛盾或争议产生的情况下尽快做出反应以便于在最为方便的法院提起诉讼，以便使随后的所有诉讼都与该法院联系起来从而获得一个有效、有利的判决，例如通过准据法之下有关诉讼竞合、未决诉讼或判决的承认和执行等规定中受益。这就不难理解这些诉讼被称为“鱼雷行动”的缘由，这种诉讼也被描述为奔向法院或者跑向法院的行为，其目的常常是争夺管辖权。[78]

在联合国国际贸易法律委员会的谈判过程中，毫不奇怪这个问题及其与本章管辖权的相关性被反复强调，[79]尤其是考虑到管辖权条款在本运输公约和其他运输公约中所具有的保护性，以及声明诉讼对货物索赔方选择诉讼法院可能存在的潜在不良影响。[80] 根据《鹿特丹规则》的规定，存在一个很大的风险，即承运人或海运履约方可能成功地提起这些诉讼并得到法院承认，而在其他规则的

---

76 参见下文讨论的第72条。

77 第三工作组第16次会议报告，UN Doc. A/CN. 9/591，第16段落。

78 参见 Andrea Merzario Ltd v. Internationale Spedition Leitner Gesellschaft GMBH，(2001)劳氏法律报告，第490页；T. Rüfner：“国际公路运输公约下的未决诉讼”（Lis alibi pendens under the CMR），载《劳埃德海商和商法杂志》2001年第4期，第461-462页的评论。也可参见 von Ziegler：“现代法”，第112页。

79 工作组第15次会议报告，UN Doc. A/CN. 9/576，第31-32段落、第40-41段落；第三工作组第16次会议报告，UN Doc. A/CN. 9/591，第16-17段落。

80 事实上这是起草《汉堡规则》有关管辖权规定经常引起的另一个缺陷（Berlingieri：“联合国贸易法律委员会有关运输法草案中的管辖和仲裁问题”（Giurisdizione e arbitrato nel Progetto UNCITRAL di Convenzione sul trasporto di cose），载《海商法》Ⅲ（Il Diritto Marittemo）（2007年），第195页；Herber：“管辖权和仲裁”，第413页；Laurent：“外国管辖权和仲裁”，第163页）。

框架体系下,这些诉讼具有与其他任何其他诉讼相同的位阶。[81]

解决第 71 条第 2 款涉及问题的方法是赋予货物索赔方权利,要求撤销承运人或海运履约方提起的“寻求一项不承担赔偿责任声明的,或者提起的其他任何诉讼将剥夺一方根据第 66 条或者第 68 条选择诉讼地点权利的”诉讼。为了与第十四章的规定保持一致,本条规定仅适用于针对承运人或海运履约方可能提起的有关损害赔偿的诉讼时,赋予货物索赔方选择管辖权的权利(该权利仅在本条中做出明确规定,但在之前的条文规定中也暗含了该权利)。[82] 要求撤销案件的程序规定根据受案法院所在地的法律决定,但正确并成功地行使这项权利的结果就是使得该法院驳回提起的诉讼。然而货物索赔方也不得不满足一个条件,即其必须指明可重新提起诉讼的法院。这里所说的诉讼是承运人或海运履约方首次提起的诉讼。但是,不管承运人或海运履约方事实上是否提起了这样的诉讼,货物索赔方行使撤销权本身就要求其应当考虑该如何选择并且最终做出提起诉讼法院的决定;因此第 66 条和第 68 条中所列的其他法院对有关争议将不再享有管辖权。[83]

研读第 71 条第 2 款可以得出这样一个结论,即承运人或海运履约方提起一项声明诉讼而货物索赔方没有出庭要求撤销该诉讼,那么,经反向推理,这样的缺席可能被认为相当于默示接受受案法院的管辖权。一旦做出最终决定,该推理就变得举足轻重,因为不但可以立即确认案件是在受案法院的管辖范围内进行的,而且可以在公约其他缔约国申请确认和执行该条款的效力。[84] 由于稍后后文会提及的原因,以及考虑到第 71 条第 2 款起草的效果及其范围,[85]只有当承

81　如果我们回顾一下第 66 条和第 68 条的规定,可以看出条文规定“原告”可在任何管辖法院对承运人或海运履约方提起司法程序。考虑到原告这一术语的程序性,该术语的使用和应用通常是指提起诉讼或程序的人,而不论其目的如何;在一些国家,作为争议关系的债务人,承运人或海运履约方可在涉及原告对其提起诉讼的争议中提起一项声明诉讼。正如前文所指出的,在《国际公路货物运输公约》(CMR)之下(参见 Legros:“冲突法”(Les conflits),第 827 页,在诉讼竞合的背景下),这种情况经常发生;即管辖条款涉及发货人或收货人向承运人提起的诉讼或者承运人向货方提起的诉讼。相似的情况是,根据欧盟条例 44/2001 的规定,原告有权在享有管辖权的不同国家的法院提起诉讼,根据诉讼竞合原则,就会涉及声明诉讼的问题,因此如果债务人在原告起诉的第一个地点也提起一项声明诉讼,则会降低相关争议中索赔方选择法院的可能性(参见 The owners of the cargo lately laden onboard the ship “Tatry” v. the owners of the ship Maciej Rataj,(1994)ECR I-5439,案例 C-406/92,第 15、19、39、42、44 段落,涉及 1968 年布鲁塞尔公约适用的问题)。

82　无论是否根据本公约或者其他规定,承运人提起的向托运人、持有人或收货人索赔的诉讼都不受第十四章和第 71 条第 2 款的调整。

83　不影响第 72 条第 1 款的规定。

84　无论如何,这样的可能性也受其他条件的约束,尤其是有关判决承认和执行机制方面的条件限制(参见下文第 73 条)。

85　在任何情况下这都是指“根据第 66 条或第 68 条”可能剥夺货物索赔方选择法院权利的情形。

运人或海运履约方提起诉讼的法院是第66条或第68条(两者以适用者为准)所列法院之一时,这种情况才会出现。即使作为被告的货物索赔方未出席根据这两条规定中的任何一项规定均不享有管辖权的法院的诉讼活动,该法院也不能根据本公约的规定享有管辖权。

最后,与第71条第1款所述内容一致,当有效达成了一项排他性法院选择协议且协议对作为托运人或第三方的货物索赔方具有约束力和执行力,或争议双方在争议产生后达成了一项法庭或法院选择协议时,本条上述规定不能适用。该例外规定依然暗含了这样一个要求,即承运人或海运履约方提起诉讼的法院必须是协议中载明的法院或数个法院之一。[86]

鉴于第72条第1款保护有关货物索赔方之目的,以及在开头语有关引发该规定适用的诉讼类型的表述(唯一的要求就是剥夺了一方选择行诉法院的权利),人们可能疑惑根据本条规定或根据《鹿特丹规则》的一般规定,是否允许颁发禁诉令。禁诉令制度存在于普通法系的法院管辖中。其可被简单地定义为由一国法院对受其管辖的人发出的要求该人不得在一外国法院提起或继续诉讼的一项命令。禁诉令应另一方当事人(在外国诉讼中很可能是被告)请求发出,意在确保不在发出该禁令法院之外的其他法院进行诉讼。[87] 因此该命令被用于限制潜在的原告或索赔方在一外国法院提起诉讼或启动司法程序的情形。禁诉令所附的制裁可能具有惩罚性,但违反该禁诉令也可能使获得的判决不被作出禁诉令法院所在国承认和执行。尽管颁布一项禁诉令在很多情况下需要满足相当特别和严格的条件,包括收到禁诉令的被告(在外国提起诉讼的原告)存在不合理行为或针对请求当事人设置无理的或苛刻的条件,但人们由于或为了执行管辖权或仲裁协议的需要依然选择申请禁诉令。[88]

就第71条第2款框架下的明确目标及内容而言,一项禁诉令不会从技术上剥夺一个货物索赔方的选择权,尽管在实践中,该命令可能对货物索赔方的选择

---

86 在该条中是否有必要明确包括这样一个例外规定并不十分清楚,因为如果如预见所料存在一项协议时货物索赔方可能没有权利作出选择。

87 参见如下文献中有关禁诉令的界定:Tetlety:"管辖权和便行诉"一文,第57页;N. Meeson QC:"禁诉令中的比较问题研究"一文,在"国际海商法下的管辖权和法院选择"专题之下,M. Davies编辑的《纪念Robert Force论文集》(海牙,Kluwer国际法出版社2005年版),第59页。

88 包括运输合同和提单中的法院选择和仲裁协议(参见Tetley:"管辖权和不便行诉"一文,第58页;同上,"加拿大海上货物运输中的管辖权和仲裁条款——新的法律. O. T. Africa Line Ltd. v. Magic Sportswear Corp.",可登录www.mcgill.ca/files/maritimelaw/magic.pdf,在第9页及其下文中找到;P. Delebecque:"禁诉令和仲裁:何以救济?",载《海商法Ⅳ》(Il Diritto Marittimo)(2007),第979-980页)。

权产生一定影响。[89] 当伴随一项声明诉讼时,货物索赔方根据可预见的条件行使第 71 条第 2 款规定的权利时,就可能阻止一项禁诉令的签发。[90] 但是前面提出的问题主要针对在公约适用范围内有可能请求或颁发禁诉令的其他情形。正如前文所讨论的,第十四章规定的目的就是限制国内法其他规则或原则的可能适用,特别是这些规则或原则限制了既定国际管辖权的分配及相应结果的情形。[91]

14.8　第 72 条　争议产生后的协议和被告应诉时的管辖权

第 72 条　争议产生后的协议和被告应诉时的管辖权

1. 争议产生后,争议各方当事人可以协议约定在任何管辖法院解决争议。

2. 被告在一管辖法院应诉,未根据该法院的规则提出管辖权异议的,该法院拥有管辖权。

《鹿特丹规则》有关国际管辖权的分配有两条专门规定予以调整,即该规定以争议双方当事人假定的,默示的或明示的意愿或明确同意的内容为基础。第 71 条第 1 款涉及诉讼开始后管辖协议的服从问题。根据协议内容,一旦产生争议,当事人可以将有关本公约规定范围内的货物运输方面的争议约定在任何有管辖权的法院解决。本条款规定的目的是提高服从管辖协议或法院选择协议的灵活性,但仅限于要解决的争议已经产生并且当事人之间已经特别达成任何类似协议时。[92] 尽管本条规定的用意非常清楚,但是仍然有几点值得注意。该协议中提及的法院应当是公约缔约国下的管辖法院。[93] 该协议的效力和后果既不

89　禁诉令排他性地作用于受到禁令的被告,但是它们通常被认为是间接阻碍了在外国法院提起的诉讼程序(参见 Peel:"纯粹性和实用主义"一文,第 204 页)。

90　这实际上是本条规定的目的之一,参见第三工作组第 18 次会议报告,UN Doc. A/CN. 9/616,第 59 段落。

91　正如经常提到的,根据在一定程度上涉及国际管辖权分配以及判决的承认和执行的国际协议,人们对禁诉令能否同时体现国际礼让和相互信任的问题上存在争议(如根据 1968 年布鲁塞尔公约,Gregory Paul Turner v. Felix Farid Ismail Grovit, Harada Ltd and Changepoint SA 一案,(2004)ECR I-3565,案例 C-159/02,第 27 段)。

92　与上述目标密切相关的一个事实是,在管辖权分配的规定中已经逐渐形成一种所谓的"标准"条款,其最低限度是为了能够给弱势一方当事人提供一定程度的保护,因此不仅是限制管辖法院的数量,同时也限制(或消除)当事人在合同中以排他性协议选择一个或数个法院的自由(并且是在任何争议产生之前;参见条例 44/2001 关于保险管辖权的第 13 条第 1 款,有关消费者合同争议的第 17 条第 1 款,有关雇佣合同争议的第 21 条第 1 款,或有关运输合同的《汉堡规则》第 21 条第 5 款和《联合国国际货物多式联运公约》(MTC)第 26 条第 3 款的规定)。

93　且不影响有关管辖权权限分配的国内法规则(参见前文第 1 条第 30 款)。

受格式要求的约束,[94]也不要求当事人的合意必须是明示的。[95] 最后,本条款所涉及的协议应当在一个特定时间段中达成的,即争议产生之后提起诉讼之前,并且是在有争议的双方当事人之间达成的。[96]

本条第1款强调提起诉讼之前进行一些安排的情形,而第2款则侧重于一方当事人已提起诉讼的情形。本条规定的目的是增加一些享有管辖权的其他理由,即被告应诉并且未根据法院地法的程序性规则对管辖权提出异议,则受案法院享有管辖权。同前一条款的规定一样,第72条第2款规定的诉讼涉及根据本公约向承运人和海运履约方索赔的情形,但在此范围内本条款可能主要包括如下两种情形。首先,该条适用于货物索赔方已在根据第66条或第68条的规定(否则,基于这两个条款中的任何一条本应当可以取得管辖权,但是并没有授予管辖权或声明享有管辖权)没有管辖权的一个管辖法院(因此是在一个缔约国内)提起诉讼的情形。在此种情况下产生的困难就是针对不同情形,会存在不同的后果,例如受案法院的程序性法律规定不同、作为被告的承运人或海运履约方应诉的唯一目的是提出管辖权异议等。因此本条款的目的就是能够对上述情形进行协调,即本条只在被告不是为抗辩法院的管辖权而应诉时才授予受案法院管辖权。[97]

实践中,根据法院地法,如果承运人没有应诉,受案法院可能基于缺乏第十四章下的国际管辖权(这可能是最常见的情况)而依职权驳回起诉。法院还可能对案件进行审理并最终做出判决,这种情况下该判决不是由根据有关承认和执行的规定而取得管辖权的法院做出的。

第二种符合该条款的可能情形是,承运人或海运履约方在不同于第71条第2款所考虑的情况下,即在第66条或第68条指定法院之外的法院,提起一项声明诉讼或"消极"诉讼。如果受案法院是根据第66条或第68条享有管辖权的法

---

94 第3条故意忽略了第72条。鉴于这些协议在谈判过程中存在不同的特殊背景,人们在公约草案讨论过程中认为,这些协议应当享有更高程度的灵活性。参见工作组第16次会议报告,UN Doc. A/CN. 9/591,第17段落。

95 参见工作组第15次会议报告,UN Doc. A/CN. 9/576,第45段落。

96 参见工作组第12次会议报告,UN Doc. A/CN. 9/572,第38段落以及工作组第16次会议报告,UN Doc. A/CN. 9/572,第18段落。在存在公开争议的利益双方之间达成的这些协议,逻辑上只能约束双方当事人,该项争议以及解决该争议的协议只能在某一法院提起,无须考虑这些当事方在相关的运输合同中起到什么作用。但是应当牢记的是该规则是在第十三章(译者:应当为第十四章)的一般规定范围内发挥作用,即在货方对承运人或海运履约方提起的诉讼中。当与该规定存在冲突时,这样一项协议将使得货物索赔方必须放弃其根据第66条和第68条可以选择的权利,以及放弃如前所述的第71条设想的可能性。

97 至于被告是否基于从属性的理由对索赔的实体内容予以抗辩无关紧要。参见工作组第16次会议报告,UN Doc. A/CN. 9/591,第18段落。

院,那么第71条第2款可以适用,因此作为被告的货方应诉并且不以后者规定的条件为由对管辖权提出异议,则受案法院根据第14章继续享有管辖权。如果我们转向另一种情况,即当受案(管辖)法院根据第66条或第68条没有管辖权,则第72条第2款也可能适用,而且其可能的结果依然与前面述及的作为被告的货方没有应诉的模式相同。法院可能基于缺乏国家管辖权为由依职权驳回起诉,或者可能受理案件并作出判决,假定该判决在其他缔约国可能不被承认或执行。或者如果货物索赔方没有根据法院地程序性法律对管辖权提出异议并且应诉,则受案法院享有管辖权。但是在这种情况下,尽管被告(货物索赔方)无意于指出可以提起诉讼程序的另一个不同的法院,但是也应当作出决定是否提出管辖权异议。

14.9　第73条　承认和执行

第73条　承认和执行

1. 根据本公约拥有管辖权的一法院在一缔约国作出的裁决,应当在另一缔约国根据该另一缔约国的法律得到承认和执行,但两国须已根据第74条作出声明。

2. 一法院可以以其法律所提供的拒绝承认和执行的理由为根据,拒绝给予承认和执行。

3. 本章不得影响加入本公约的区域经济一体化组织对其成员国彼此承认或者执行判决适用本组织的规则,不论这些规则的通过时间是在本公约之前还是之后。

《鹿特丹规则》对现存海事制度(不影响其"海运+其他"模式)带来的一个最重要的变化之一就是在第73条作出有关承认和执行的规定。作为国际管辖权分配框架的自然补充,该规定的一般目的就是确定了缔约国在何种条件下有义务承认和执行其他缔约国做出的判决。但是,与其他类似条款不一致的是,[98]第73条企图协调不同利益方的目的受到了极大地限制,因为本条创设的义务的初衷在很大程度上依赖于国内法的规定。首先第1款阐明要依据被申请承认和执行的国家的法律,即从该国国内法层面上考虑所有相关问题的适用,以确定判

98　参见《国际铁路货物运输合同公约》(CMR)第31条第3、4、5款的规定,或者《海上旅客及其行李运输雅典公约2002年议定书》(PAL2002)第17条增加条款的规定。

决的承认问题。[99] 本公约在这个问题上的实质影响包括两个方面：一个是只有司法判决可以请求承认和执行，另一个是所涉及的判决必须是根据本公约享有管辖权的法院作出的。尤其是后一条件强制要求被申请承认和执行的国家根据前述所有的条款确定作出判决的原始法院享有国际管辖权的前提下，再决定是否适用第 73 条。即使满足了这些条件，本条第 2 款还赋予了缔约国根据其国内法有权决定拒绝承认和执行某一判决。最后，第 73 条规定，不论是作出判决的缔约国还是被申请承认和执行判决的缔约国，都应当根据第 74 条有关第十四章适用的规定履行义务。[100]

第 73 条第 3 款主要是考虑到参与本公约谈判的欧盟的利益，尤其是欧盟有关确定管辖权以及司法判决的承认和执行的相关法律规定。同《鹿特丹规则》的其他规定一样，[101]第 3 款考虑到了所谓的“区域经济一体化组织”的存在，该组织的成员可能会将其法院处理特殊事务的部分权限和相应的特权移交给该组织。[102] 在欧盟（EU）及其成员国有关管辖权以及承认和执行（尤其在商事事务方面）问题上尤为如此，因此前者已经针对该类事项进行了立法。[103] 如果我们关注一下《鹿特丹规则》，会发现公约采用了将欧盟权利下采纳的事项及其部分内容（第十四章）与保留在其成员国权利下采纳的事项及其部分内容（本公约的其他部分，如所有实体性规定加上仲裁的规定）共存的方式。尽管制定第 74 条时一般会更多地考虑到有关第十四章的适用，但有必要澄清的是只有欧盟（或其他享有管辖权以及承认和执行权限的区域经济一体化组织）批准本公约并采纳第十四章时，第 73 条第 3 款才能适用。在这种情况下，欧盟（或有关组织）的成员

99　包括最初作出判决的国家所应当考虑满足的各方面条件（如可执行性），根据国内法要求及获得承认和执行应遵循的程序，以及被请求国中受理案件的主管当局以及承认和执行判决的最终效力及其后果。

100　第 73 条的内容和结构部分源自这样一个事实，即该条的特定目标之一是为一些那些国家提供一个互惠条约的基础，使得根据其国内法只在互负承认义务的条件下承认和执行外国判决（工作组第 20 次会议报告，UN Doc. A/CN. 9/642，第 46 段落）。因此只有当所涉缔约国都做出了适用第十三章（译者注，应当为第十四章）的声明时这种责任才会存在（参见下一部分以及后面第 74 条的规定）。

101　参见第 93 条。

102　由于欧盟的作用和权限日益突出，所带来的直接后果，就是涉及这样一些区域组织的规定近来在本公约和其他公约及文本（如 PAL2002 第 19 条）中迅速地发展起来。在这些相关的公约或文本中，很显然对上述组织的条文规定采用了一种中立的方式，以便于满足这些现存的或者未来诞生的同类型组织在相同事项上不断增加的权限。

103　一旦欧盟批准条例 44/2001，在欧盟条约第 65 条所建立的法律基础之上，由于欧盟的内部立法以及国际承诺的谈判和加入，该条例调整的事项将受其排他性权限的约束，并且即使相对方是非成员国，该条约的成员国也因此受到条约的约束（参见 H. Rigbom：“欧盟条例 44/2001 及其对国际海事责任公约的影响”，载《海商法和商法期刊》2004 年第 35 期，第 1 页；Berlingieri：“仲裁管辖问题”，第 699 页）。

国会受本章及第73条第1款的约束。第3款的规定中包含一条所谓的"分离条款",其目的是,当判决作出的国家和被申请承认和执行的国家都是欧盟成员国时,保留欧盟有关司法判决承认和执行立法的适用,[104]不受第73条第1款和第2款规定的影响。[105]

14.10 第74条 第十四章的适用

第74条 第十四章的适用

本章的规定只能对根据第91条声明其将受本章规定约束的缔约国具有约束力。

从第74条的规定可以看出在公约的谈判和起草过程中,管辖权问题一直是敏感话题,并且一直存在很多争议,因此该条阐明了整个第十四章适用应当遵从的一项特别规定。根据本章结尾的这一规定,第十四章只对批准(或签署、接受、核准或加入)本公约时或此后[106]做出此方面明确声明的缔约国具有约束力。作为本章中达成的若干妥协中最后一个关键要素,同时考虑到其他的可能性,经全体相关利益国的同意,本章最终采纳了可选择的模式。在相关利益国中,有的国家希望公约不要对管辖和判决的承认和执行问题作出任何规定,有的国家则支持在公约中增加本章规定。[107]

可以预见不久的将来,部分缔约国会采纳包含第十四章内容在的公约并适用其规定,而另一部分缔约国将采纳不包含本章内容的公约。当论及第十四章内容的解释和适用问题上,不论从承运人的角度还是货方的视角,重要的是要考虑到"缔约国"这一术语是包括公约所有的缔约国而无需考虑这些缔约国对管

104 即条例44/2001,以及欧洲议会和理事会在2004年4月21日颁布的(欧共体)第805/2004号条例,该条例确定了针对无异议索赔诉讼的一项欧洲承认法令,或者针对第73条第3款涉及内容的欧盟其他未来立法,而无须考虑该立法通过的时间是在本公约之前还是之后。

105 在所谓的"混合"协议或公约存在的分离条款需要严格考虑作为区域组织"内部法令"的区域立法的情况,该区域立法(作为独立的自治法律的一部分)在该区域范围的作用类似于国际公约对国内法的作用(参见O. Tell:"分离条款",在UIA研讨会(2001年爱丁堡召开)所做的报告)。

106 参见第91条。

107 在第74条条文讨论的过程中,曾经提出其他的解决办法,例如包括对本章的全部或者部分内容予以保留,采用部分可选择的模式等,欧盟都扮演或则一个相对重要的角色,因此本条款的最终目的就是使欧盟成员国可以不用依赖于欧盟的行动自行决定是否批准本公约(工作组第20次会议报告,UN Doc. A/CN. 9/642,第46段落)。

辖权规定的态度如何（如无论他们选择适用本章与否）。[108] 有关这种情形可以得出如下结论，但是最首要最基本的一个结论是没有选择适用第十四章的缔约国法院不受该章的约束，但对于选择适用本章的缔约国法院而言，根据第66条至第72条享有管辖权的，则在各个方面都应当受本公约的约束。当面对这些不同的选择时，除非有特殊情况证明相反的选择是公正的，否则建议货物索赔方最好在“第十四章规定的区域”范围内提起诉讼。例如，存在排他性法院选择协议的情况下，尽管相关条件完全不同于第67条规定（无论其是否指向某一管辖法院），也可以在第十四章规定之外的管辖法院提起诉讼。类似的也会存在其他不同假定情形，即承运人或海运履约方在“第十四章规定的区域”范围之外的一个管辖法院提起声明诉讼以规避第71条第2款的规定，尽管这可能剥夺货物索赔方的选择权（这要取决于该法院是否符合第66条或第68条的规定）。前述讨论的几种可能性的全部效果和相关性很难通过一般性条款规定予以推定，因为它有赖于一些规则的适用，而这些规则并不在本公约的调整范围之内（如平行诉讼、竞合方面的规则）。但是第73条第1款规定了部分救济措施，该救济的适用范围明确限制在“第十四章规定的区域”内。

尽管本条规定的目的是期望能够在最低限度范围内达成协调一致，但有关欧盟国家情况的分析方面仍然存在一些困难。尽管理论上允许欧盟及其成员国可以根据其各自的权限单独行动，但结合第74条和第93条得出的解决办法并没有摆脱此种不确定性。欧盟批准本公约只有附上一份欧盟地区受第十四章约束的声明时才具有意义，但是除非能够预期在欧盟及其成员国之间达成协调一致，否则在第十四章适用问题上仍然存在不明确之处，例如在欧盟内部，非本公约缔约国的欧盟成员国与系本公约缔约国的欧盟成员国之间是否适用，以及在欧盟外部，没有采纳本公约的欧盟成员国与采纳本公约的非欧盟成员国之间是否适用。

如果我们关注判决的承认和执行问题，就会发现第73条第3款的规定有效地保留了欧盟立法在这一事项上的适用问题，包括已经采纳了《鹿特丹规则》的非欧盟成员国国家的立法。另外，形式上本公约在欧盟成员国和欧盟非成员国之间也是适用的。[109]

如果我们把视线转向国际管辖权问题，事情会变得更加复杂。如果欧盟所

---

108 本公约不仅没有包含允许有关缔约国存在这样差异的陈述，而且在第十四章中特别建议本公约的适用与是否为公约的缔约国无关，而且涉及管辖权规定时也是如此（如参见第73条第1款）。对缔约国管辖法院的限制意在确保只有受约束的法院有义务适用《鹿特丹规则》，这些法院包括那些被授予管辖权的缔约国法院，尽管该缔约国没有选择采纳本章规定。

109 这可能是个相对棘手的问题，但是鉴于第73条第3款规定的特别目的，参照被申请承认和执行判决国家的法律可能会避免很多问题。

有的成员国和欧盟一起采纳本公约，则公约的履行将会以和平方式实现，有关管辖权条款的规定不仅在欧盟成员国和第三国缔约国之间适用，而且会成为欧盟内部法律秩序的一部分。[110] 对其他可能性的评估不应忽视这样一个事实，即公约有关管辖权的规定（事实上是第十四章的所有规定）是从属于并且在很大程度上取决于《鹿特丹规则》的实体性制度。[111] 如果欧盟批准本公约并选择适用第十四章的规定，则管辖权条款是否在本公约所有缔约国之外，还可以适用于非公约缔约国的欧盟成员国不无疑问。若能够对此开展一项正式的研究分析，会在某种程度上消除上述疑问。[112]

最后，如果欧盟成员国在欧盟批准《鹿特丹规则》之前采纳本公约，那么他们的情况与那些没有选择适用第十四章的公约缔约国的情况是一致的。

（郭萍、李莹莹翻译）

110　参见 Rigbom："欧盟条例 44/2001 及其内涵"，有关《旅客及其行李运输雅典公约 2002 年议定书》（PAL2002）的观点，第 26 页及其后文。

111　例如，考虑到本公约一般适用范围与第十四章适用范围之间的关系，因此有关管辖权的规定只能适用于"根据本公约"（第 66 条和第 68 条）所产生的争议。

112　与前文提及的情形相比较，我们还会面临一个相反的情况，即欧盟成员国即使不是本公约缔约国也会受第十四章的约束（参见第 93 条第 3 款）。如果这种说法能够成立，则根据本公约，这些国家的法院都不是管辖法院（不考虑这里管辖法院的定义与第十四章中的定义相去甚远），因此上述法院根据第十四章本身的规定不享有管辖权。尽管最初的想法是使问题简单化，但是根据这样一种方式，在前文提及的情况下欧盟成员国的法院必定会拒绝管辖（并且不影响法院地程序性法律的适用）。另一个更务实的解决办法是趋向于考虑欧盟成员国不是简单地受第十四章的约束，除非这些成员国与欧盟一起批准本公约（参见 Rigbom："欧盟条例 44/2001 及其内涵"，第 27-28 页中一些支持《旅客及其行李运输雅典公约 2002 年议定书》（PAL2002）解释的相关内容）。

第十五章　仲　裁

彻斯特·胡珀(Chester D. Hooper) *

15.1　概述

仲裁这一章的规定和管辖那一章的规定一致,都是旨在让货物索赔方、承运人和海运履约方能够在方便、快捷和有效的地点以诉讼或仲裁的方式解决争议。在运输合同下确定仲裁地的问题上,具有平等谈判地位的当事方较非平等谈判地位的当事方享有更多的自由。如果运输合同中订有仲裁条款,对具有非平等谈判地位的当事方而言,适用的一般性规则就是允许索赔方有权在六个地点之中择一提起仲裁。

货方和承运人的谈判地位越是趋于平等,当事方在运输合同中就拥有更多的自由指定仲裁的地点。批量合同当事方、租船合同[1]当事方、租船合同下签发的运输单证或电子记录的当事方拥有较多的自由来指定仲裁地。如果批量合同的当事方希望批量合同中的仲裁协议能够适用于根据批量合同签发的运输单证或电子记录的第三方持有人,则批量合同的当事方享有较小的自由来指定仲裁地。

根据公约一般规则,索赔方可以在六个地点中选择其一,但是该一般规则的例外规定则决定了选择仲裁地的自由程度。作为法律工作者应当熟悉《鹿特丹规则》有关管辖和仲裁条文的一般性规定、例外规定以及其适用范围,从而可以在争议发生时决定提起诉讼或仲裁的地点。

不论是《海牙规则》还是《海牙—维斯比规则》都没有限制运输合同当事方选择诉讼地或仲裁地的自由,但《汉堡规则》对此作出限制(参见《汉堡规则》第22条)。《汉堡规则》第22条的规定与《鹿特丹规则》第十五章的规定相类似。

《海牙规则》在起草时,就曾经讨论过限制当事人选择诉讼地或仲裁地自由

---

*　法学博士,Holand & Knight律师事务所合伙人,美国纽约海事诉讼实践组成员,联合国国际贸易法律委员会第三工作组美国代表团成员。本章所载观点系作者本人之见,不代表美国政府。

1　租船合同不在《鹿特丹规则》调整范围内,参见公约第6条。因而租船合同当事人享有完全的自由去选择任何地点进行仲裁。

的可能性问题，但最终公约没有做此种限制。相应的，公约起草者将这个问题留给各国国内法解决。[2]

大多数国家没有针对这一问题进行立法。因此，一些承运人就可以通过在运输合同中加入不便诉讼或仲裁的地点来减少其对货方的责任。[3]

《鹿特丹规则》第十五章仲裁与第十四章管辖一样，都是供缔约国"选择适用"的章节。批准公约的国家只有明确选择适用的情况下，第十四章或第十五章才对该国家发生效力。选择适用的模式是那些想要规制法院选择条款或仲裁条款的国家和那些不希望对此予以规制的国家之间进行妥协的产物。

许多国家不希望公约对法院选择条款或仲裁条款予以限制。而选择适用的模式就可以使得这些国家仅仅批准公约本身，但不选择适用第十四或第十五章或者两章都不适用。对管辖权条款采用选择适用的模式还可以让欧盟的成员国在欧盟委员会做出是否选择适用第十四章的决定之前，仅仅批准公约而不选择适用第十四章的规定。

第十四章和第十五章在本质上非常类似。公约有关仲裁的规定意在避免当事方通过仲裁条款来规避管辖这一章的规定。

2　美国得克萨斯州立大学法学院的 Michael G. Sturley 教授、Stanley D. 教授以及 Sandra J. Rosenberg 教授在这方面撰写了大量文章。Sturley 教授在 Sky Reefer 一案中为国际保赔协会撰写的法庭之友意见概要中对该问题做了一个很好的概括。该份概要中提到了对该争议问题的权威意见，相当一些权威意见来自于 Sturley 教授本人。Sturley 教授的这篇文章中引用的文献包括："美国海上货物运输法第 3(8) 节规定之下的法院选择和仲裁条款：立法意图及司法解释"，转引自《船舶经营和合同自由：第二届海商法国际会议(Ekmetalleyse toy Ploioy kai Symbatike Eleytheria：2o Diethnes Synedrio Naytikoy Dikaioy)论文》，第 141 页(比雷埃夫斯：比雷埃夫斯律师协会，2000)(1995 年 5 月发表的论文)；"美国提单中法院选择条款：最高法院制定的新方针"，载《劳埃德海商法和商法季刊》1996 年，第 164 页(纪念 25 周年的重印版，《劳埃德海商法和商法季刊》1999 年 5 月，第 1 页)；"邮轮船票中的法院选择条款：国会决议'推翻'最高法院判决的最新发展动态"，载《海商法与商事法律》1993 年第 24 期，第 399 页；"提单中的法院选择条款：以美国法和英国法比较为视角"，载《劳埃德海商法和商法季刊》1992 年，第 248 页；" 法院选择协议条款效力推定的强化"：Carnival Cruise Lines 诉 Shute 一案，载《海商法与商事法律》1991 年第 23 期，第 131 页。

3　1995 年美国最高法院在判决 Vimar Seguros y Reaseguros, S. A. 诉 Sky Reefer 一案，515 US 528, 1995 AMC 1817(1995)推翻了先前的美国判例法并且确认了提单背面的仲裁条款的效力。Sky Reefer 一案允许承运人在提单背面加入提起诉讼和仲裁的地点，要研究美国 Sky Reefer 一案判决的效力，参见 R. Force & M. Davies 撰写的"国际法下的管辖权和法院选择"著作中第一章和第九章的内容，该著作由 M. Davies 主编(海牙，2005 年 Kluwer 法律出版社出版)。

15.2　第75条　仲裁协议

第75条　仲裁协议

1. 根据本章规定，当事人可以协议约定，任何根据本公约运输货物可能产生的争议均应当提交仲裁。

2. 仲裁程序应当按照对承运人提起索赔的人的选择，在以下地点进行：

（a）仲裁协议中为此目的指定的任何地点；或者

（b）一国的其他任何地点，下列任何地点位于：

（i）承运人的住所；

（ii）运输合同约定的收货地；

（iii）运输合同约定的交货地；或者

（iv）货物的最初装船港或者货物的最终卸船港。

3. 仲裁协议指定的仲裁地对仲裁协议当事人之间的争议具有约束力，条件是，载有该仲裁协议的批量合同清楚载明各方当事人的名称和地址，且该批量合同属于下列情况之一：

（a）是单独协商订立的；或者

（b）载有一则存在一项仲裁协议的明确声明，且指出批量合同中载有该仲裁协议的部分。

4. 仲裁协议已根据本条第3款订立的，该协议指定的仲裁地，只有满足下列条件，方能对不是批量合同当事人的人具有约束力：

（a）该协议指定的仲裁地位于本条第2款第（b）项述及的地点之一；

（b）该协议载于运输单证或者电子运输记录；

（c）仲裁地通知已及时、正确地发给受仲裁协议约束的人；并且

（d）准据法准许该人受该仲裁协议的约束。

5. 本条第1款、第2款、第3款和第4款的规定，视为每一仲裁条款或者仲裁协议的一部分，此种条款或者协议的规定，凡与其不一致的，一概无效。

15.2.1　简介

尽管第75条的适用范围没有限定于班轮运输，但该条规定可能会排他性地仅适用于班轮运输。如果比较一下第75条的标题——“仲裁协议”和第76条的标题——“非班轮运输中的仲裁协议”，可以看出第76条适用于将租船合同条款和

规定并入进来的运输单证或电子记录。与提单相比较,仲裁协议在租船合同中更为常见。[4]《鹿特丹规则》规定的运输单证和电子记录是从《海牙规则》和《海牙—维斯比规则》下的提单演变过来的,并且在此基础上得以进一步发展。

如果运输合同中订有仲裁协议,则索赔方向承运人主张的请求在第75条第2款列明的任何地点提起仲裁,除非该运输合同符合第75条第3款或第4款或第76条第2款规定的例外情形。

第75条第2款最初讨论的条文版本和第66条没有包括货物最初装货港或最终卸货港。运输合同仅仅规定了货物接受地和货物交付地。

工作组原本考虑到,被损坏货物的收货人可能会希望在收货地将争议提交诉讼或仲裁,尽管该收货地可能身处内陆并且远离港口,也没有太多的海事法专家。后来,工作组意识到,当事人通常更情愿在港口所在地提起诉讼或仲裁,因为那里的法院或仲裁员具有正确解决争议的专门知识和丰富经验。因此公约最终增加了货物的最初装货港和最终卸货港供货物索赔方选择以提起诉讼或仲裁。

虽然第76条提及"地点"一词,但没有对地点进行界定。工作组也没有讨论该地点是否处于一个国家,或者该国中的一个领土单位,或者一个港口,或一个城市。每个国家可能都想根据自己国家的法律规定来界定地点的含义。如果当事人在货物目的地所在国的一个地点提起仲裁,但该地点与运输无关,法院可能会被请求指令一个拥有海事仲裁专家并且更为方便、更具有密切关系的地点进行仲裁。货物索赔方也可能希望能够在容易找到海事专家的地点提起仲裁。

如果一个国家为《鹿特丹规则》的缔约国,则在第75条第2款规定的一个地点提起仲裁时,应当根据公约确定实体法。缔约国可以适用其本国的程序法。

依据第75条第2款,在没有选择适用第十五章的一个缔约国提起仲裁的,该缔约国可能不会支持仲裁申请。不受第十五章约束的该缔约国,可能会尊重运输合同中指明地点所在地的仲裁程序。在此种情形下,该缔约国也可能会拒绝接受仲裁申请。律师们应当确保索赔方在第75条第2款中列明的地点提起仲裁,是位于选择适用第十五章的缔约国范围内。

《鹿特丹规则》第十五章的规定与《汉堡规则》第22条的规定类似。《汉堡规则》(第22条第3款)规定:

3. 原告可以选择在下列地点之一,提起仲裁程序:

(a) 一国的某一地点,该国领土内应有:

---

4 G. Gilmore & C. L. Black:《海事法》(第2版),米里奥拉:基金出版社1975年版,第196页,其中阐述了在租船合同争议中,仲裁已经取代了诉讼方式。也可参见Coughlin, Baker, Kenny & Kimball:《定期租船》(第6版),Informa出版社2008年版,第§I.21,5节的内容。

(ⅰ)被告的主要营业所,或无主要营业所时,其通常住所;或

(ⅱ)合同签订地,但该合同须是通过被告在该地的营业所、分支机构或代理机构订立的;或

(ⅲ)装货港或卸货港;或

(b)仲裁条款或协议中为此目的而指定的任何地点。

《鹿特丹规则》第75条第1款和第2款指定的地点适合于《鹿特丹规则》规定的门到门运输的范围,而《汉堡规则》第22条第3款指定的地点适合于《汉堡规则》规定的港到港的范围。

《鹿特丹规则》的规定不仅允许货物索赔方可以在运输合同中约定的收货地或交货地提起仲裁,还可以在货物的最初装货港和最终卸货港提起仲裁。《汉堡规则》没有规定原告可以在收货地或交货地提起仲裁。

《汉堡规则》还允许原告在被告（承运人）的主要营业所或通常住所地申请仲裁。《鹿特丹规则》只允许在承运人的住所提起仲裁[第75条第2款第(b)(i)项]。

《鹿特丹规则》没有像《汉堡规则》那样规定合同签订地可以作为仲裁地。《鹿特丹规则》的起草者们意识到在这个多式联运的时代,合同签订地与实际运输通常没有什么联系。

《汉堡规则》和《鹿特丹规则》都允许原告在运输合同中指定的地点提起仲裁。选定仲裁地的实体法应当适用《鹿特丹规则》,仲裁程序法适用当地的法律。

《鹿特丹规则》规定"对承运人提起索赔的人……"(第75条第2款)有权选择仲裁地,而《汉堡规则》则规定"原告"有权选择仲裁地（第22条第3款）。《汉堡规则》在第22条第3款(a)(i)项的规定采用了"被告"一词,而不是承运人的表述。根据《汉堡规则》,承运人可以毫无争议地对"被告",实际上即货方提起仲裁以表明承运人不承担任何赔偿责任。根据《鹿特丹规则》,进行这样的程序是不可能的。

《鹿特丹规则》第75条第2款提供的选择可能会使承运人不在其格式化的运输单证或电子记录中包含仲裁条款。这样的协议可能会使货方能够在一个可能还没有既定仲裁程序的地点对承运人提起仲裁。货物索赔方也可能会选择一个对承运人来说不方便的仲裁地或者使承运人处于不利地位的仲裁地点提起仲裁。通过选择对承运人不方便的一个地点进行仲裁,货物索赔方可能会对承运人施加压力。具有讽刺意味的是,这种压力与目前一些承运人通过选择法庭进行诉讼或选择仲裁地提起仲裁时所施加的压力相类似。[5] 当然,《鹿特丹规则》作为实体法,在公约所有的缔约国适用的话,结果都是一样的,但是各国的程序法可能

5　参见注解4。

千差万别。与其让货方在一个不熟悉的仲裁地点依据未知的仲裁程序提起仲裁，可能承运人更倾向于让货方在某个法院提起诉讼,从而能更多地预见诉讼的后果。

15.2.2 批量合同的例外

因为批量合同之下货主与承运人具有平等的谈判地位,所以批量合同经常被认为与租船合同相类似。事实上,批量合同下的货主往往比承运人具有更大的谈判权利。根据这个理由,当满足某些条件时,根据第75条第3款的规定,允许批量合同的当事方指定他们希望的任何地点提起仲裁,以解决他们之间的争议。为了体现批量合同当事人订约自由,批量合同应当是单独协商订立的,或者批量合同中载有一则存在一项仲裁协议的明确声明,且指出批量合同中载有该仲裁协议的部分。

联合国国际贸易法律委员会工作组的成员在该款(a)项和(b)项的关系问题上,到底是采用"或者"还是"并且"的表述上进行过充分的讨论。工作组许多成员都认为,只要批量合同是单独协商订立的,批量合同就可以指定任何地点进行诉讼或仲裁。但是此观点只是少数人的观点。最终工作组达成共识,如果批量合同是单独协商订立的,或者批量合同中明确地载明法院选择条款或仲裁条款,则批量合同中可以指定任何地点进行诉讼或仲裁。我们推定该协议应当在批量合同的第一页予以明显标识。

在目前的航运市场上,批量合同通常是在一些具有丰富商业经验的大型货方企业和承运人企业之间订立。批量合同的当事方具有平等的谈判地位,或者货方的谈判地位略胜承运人一筹。"在约定期间内分批装运约定总量货物"(第1条第2款)的小型托运人,其谈判地位可能略逊承运人一筹。在后一情形下,该托运人应当寻求在批量合同中载有仲裁协议通知的明确声明。

15.2.3 批量合同仲裁地对根据批量合同签发的运输单证或电子记录的第三方持有人的扩大适用

简介

第75条第4款允许批量合同将其仲裁地扩大适用于根据批量合同签发的运输单证或电子记录的第三方持有人。适用的条件是,该批量合同必须选择第75条第2款中的地点之一提起仲裁。该仲裁协议应当包含在运输单证或电子记录中,并且应当向受仲裁协议约束的人"及时发出有关仲裁地的正确通知"。[第75条第4款(c)项]。公约本身没有对"及时、准确的通知"予以界定,但是很多起草者都假定,在运输单证或电子记录正面所作的明确通知可以构成及时、准确的通知。

需要注意的一点就是,在支付货款之前,尤其是在信用证支付手段下,货物的买方可能并没有看到运输单证或电子记录。

如果货物的买方担心法院选择条款或仲裁条款可能对其不利,买方可在信用证、买卖合同或买卖需要提交的其他单证中明确主张,运输单证或电子记录中的法院选择条款或仲裁地选择条款是不可接受的。

在处理信用证业务时,应当通知银行注意运输单证或电子记录正面记载的及时、准确的通知,并且应当要求银行不能向信用证受益人付款。

第75条第4款第(d)项

第75条第4款第(d)项还要求"准据法准许该人受仲裁协议的约束"。该条规定阐明了一个显而易见的事实。如果提起诉讼或仲裁的法院地法律不允许批量合同的仲裁协议扩大适用于批量合同的第三方,所提起的诉讼或仲裁将仍然在该法院或仲裁庭继续进行。

这种情况也可能会发生在那些没有选择适用第十五章仲裁规定的缔约国。假设一个批量合同中订有仲裁条款并且根据第75条第4款(a)-(c)项扩大适用于批量合同的第三方,但是该第三方选择在仲裁地之外的地点提起诉讼,并且是在没有选择适用仲裁一章的一个缔约国法院提起诉讼。该法院不受《鹿特丹规则》的约束,会继续审理诉讼案件而无须考虑在选择地点进行仲裁的问题。

第75条第5款

第75条第5款规定该条第1款、第2款、第3款和第4款,视为每一仲裁条款或者仲裁协议的一部分。

如果仲裁协议本身允许原告选择第75条第2款中的地点之一进行仲裁,仲裁协议的当事方可能会因此产生争论。从本质上来讲,第75条第5款修改了所有的仲裁协议以使其包含第75条的规定。

15.3　第76条　非班轮运输中的仲裁协议

第76条　非班轮运输中的仲裁协议

1. 非班轮运输的运输合同由于下列原因而适用本公约或者本公约规定的,本公约的规定概不影响该运输合同中仲裁协议的可执行性:

(a) 适用第7条;或者

(b) 各方当事人自愿在本来不受本公约管辖的运输合同中纳入本公约。

2. 虽有本条第1款规定,运输单证或者电子运输记录由于适用第

7 条而适用本公约的,其中的仲裁协议仍受本章的管辖,除非此种运输单证或者电子运输记录:

(a) 载明了因适用第 6 条而被排除在本公约适用范围之外的租船合同或者其他合同的各方当事人和日期;并且

(b) 以具体提及方式纳入了租船合同或者其他合同中载有仲裁协议规定的条款。

事实上,第 76 条第 2 款的效力优于第 76 条第 1 款。如果非班轮运输的运输合同自愿将公约并入合同并作为合同的条款而适用公约或基于第 7 条的规定而适用本公约,则根据第 76 条第 1 款的规定,允许执行非班轮运输下运输合同中的仲裁协议。根据第 7 条的规定,租船合同第三方与租船合同一方当事人之间的运输合同适用本公约。如果一个船舶所有人将自己的船舶出租并且应承租人的要求签发了提单或者其他运输单证或电子记录,就会出现上述情形。租船合同在《鹿特丹规则》的调整范围之外,就是出租人和承租人之间运输合同的证明,运输单证或电子记录作为货物收据,不构成出租人和承租人之间运输合同的证明。但是,如果承租人将提单转让给第三方,则租船合同不再是船方和第三方之间运输合同的证明。只有提单或者其他运输单证或电子记录构成运输合同的证明。根据第 7 条的规定,《鹿特丹规则》适用于第三方和船方之间的运输合同,该运输合同通过运输单证或电子记录予以证明,但公约不适用于租船合同。根据第 76 条第 1 款,《鹿特丹规则》并不影响第三方持有人和船方之间非班轮运输下运输单证或电子记录中仲裁协议的可执行性。

但是第 76 条第 2 款的效力优于第 76 条第 1 款。第 76 条第 2 款规定,在第三方持有人与船舶、租船合同的一方当事人之间的运输单证或电子记录适用于本公约的规定,包括第 75 条的仲裁规定,除非该运输单证或电子记录并入了租船合同及其仲裁条款。

本条规定与《汉堡规则》第 22 条第 2 款的规定一致。本条规定与美国大多数巡回法院在上诉案件中适用的现行法律也是一致的。[6] 柯林、贝克、肯尼和坎

---

6 参见案例 Midland Tar Distillers, Inc. v. M/T LOTOS 等, 362 F. Supp. 1311, 1973AMC 1924 (S. D. N. Y. 1973); 案例 Coastal States Trading, Inc. v. Zenith Nav. S. A., 446 F. Supp. 330 (1977); 案例 Henkel, K. G. v. M/T STOLT HIPPO 等, 1980 AMC 2618 (S. D. N. Y. 1980); 案例 Lucky Metals Corp, et al. v. M/T AVE 等, 1996 AMC 265 (S. D. N. Y. 1995); 案例 Steel Warehouse Company, Incorporated v. Abalone Shipping Limited of Nicosai, 141 F. 3d 234, 1998 AMC 2054 (5th Cir. 1998); 案例 thyssen, Inc. v. M/T MARKOS N 等, 1999 AMC 2515 (S. D. N. Y. 1999); 参见 Cia. Platamon de Nabigacion, S. A. v. Empresa Colombiana de Petroleos, et al., 478 F. Supp. 66, 1980 AMC 538 (S. D. N. Y. 1979); Macsteel International USA Corp. v. M/V JaG RANI 等, 2004 AMC 220 (S. D. N. Y. 2003); Continental Florida Materials, Inc. v. M/V LAMAZON 等, 2004 AMC 612 (S. D. Fla. 2004)。

鲍编著的《定期租船合同》简单地阐释了美国在该领域的法律规定(Coughlin, Baker, Kenny and Kimball, Time Charters 第29.29节,第524页,2008年第6版)该著作总结美国法律规定如下:

第29.29节 租船合同中的条款和规定,包括仲裁条款经常被并入到提单中。如果存在这种情况,则在承运人和提单持有人之间存在一个仲裁协议。例如出租人将有权对提单项下提起的任何货物索赔主张通过仲裁方式解决。

在美国法律之下,经常产生的争议的问题是租船合同中的仲裁条款的用语表述是否足够宽泛到可以涵盖提单项下的有关货物的争议,或者提单是否明确地并入了租船合同。第76条第2款(a)项和(b)项的规定已经足够明确地解释能够正确并入租船合同的条件。

15.4 第77条 争议产生后的仲裁协议

第77条 争议产生后的仲裁协议

虽有本章和第十四章的规定,争议产生后,争议各方当事人仍可以协议约定在任何地点以仲裁方式解决争议。

很显然,《鹿特丹规则》明确规定了在争议产生之后,该争议的当事方可以约定在他们希望的任何地方采用仲裁方式解决该争议。

15.5 第78条 第十五章的适用

第78条 第十五章的适用

本章的规定只能对根据第91条声明其将受本章规定约束的缔约国具有约束力。

正如在本章概述中所提及的,第十五章是可以选择适用的章节。只有缔约国做出决定适用第十五章时,本公约第十五章才对该缔约国具有约束力。

(阳凤梅、郭萍翻译)

第十六章　合同条款的有效性

汉奴·洪卡(Honnu Honka)*

16.1　概述

自1893年美国《哈特法》诞生以来,在海上货物运输领域就开始适用一些强制性规则,主要目的就是保护班轮运输下的货方利益和不定期租船运输中第三方提单持有人的利益。《哈特法》作为一部国内立法,后来扩展成为一个国际性的强制机制。《海牙规则》在1924年被通过。当时的主要观点就是,与承运人相比,货方是较为弱势的一方。人们认为有必要通过强制性规则为承运人规定一个最低责任以达到利益的适当平衡,尤其是鉴于班轮运输的提单中包含大量的保护承运人利益的免责条款这样一个事实。尽管普通法系国家和大陆法系国家的法律就货物纠纷案件中的公共承运人、承运人或者船舶所有人规定了没有责任限制权利的严格责任,但是由于免责条款的大量存在,使得这些国家有关责任基础的法律规定在实践中并没有太多显著的影响。《海牙规则》仅适用于提单(和物权凭证)贸易,不适用于租船合同,除非第三方是租船运输下签发提单的持有人。

人们似乎常常遗忘的一个方面就是,强制性制度已经建立,并且根据一些文献资料,这些强制性制度建立的初衷就是加强作为可转让运输单证和买卖交易融资基础的提单的可信赖程度。随着提单作为运输单证和融资基础作用的不断减弱,考虑对于合同相对弱势一方利益的保护实属必要。[1]

为了寻求一个合理的利益平衡,国际社会达成了妥协意见,即也应当同样保护承运人利益。著名的《海牙规则》罗列了承运人免责的具体事项,其中包括两

---

* 芬兰奥博—奥凯德米大学(Åbo Akademi)国际贸易法教授,联合国国际贸易法律委员会第三工作组芬兰代表团成员,联合国国际贸易法律委员会第三工作组专家组成员。

1　参见汉奴·洪卡:《新的海上货物运输》(海事和商事法律研究所,奥博,1997),第1页及其后文内容,以及K. Grönfors与Las Gorton共同撰写的《海商法》(斯德哥尔摩:葛莱福及高敦,1982年)第322页。

条真正的免责条款，即航海过失免责和火灾免责。[2]这些免责条款在一定条件下适用，甚至当承运人一方有过失时也仍然适用。同样承运人还可以援引法定的责任限制规定以及《海牙规则》中有利于其利益的其他规定。1968年《维斯比规则》并未进行基本结构方面的变革，尽管一些具体规定可以说是加重了承运人的强制性责任，如包括但不限于责任限制数额的提高，有关集装箱、拖车及类似贸易的特别规定等。

通过如废除航海过失免责和提高责任限制等方式，《汉堡规则》进一步加重了承运人的责任。另外，当港口作业期间也由《汉堡规则》调整时，在某种程度上说对承运人利益的保护也在增强。对此，也有其他的观点，现在暂不讨论。

鉴于对高效率运输物流的重视，1980年《联合国国际货物多式联运公约》单独引入了多式联运的条款规定。这些规定与上述提到的公约一样是强制性的，但是与《海牙规则》、《海牙—维斯比规则》和《汉堡规则》相比，承运人的责任基础和责任限制的规定又有所不同。

上述这些制度，以及1994年《联合国国际贸易港站经营人责任公约》和2000年《内河货物运输合同布达佩斯公约》(CMNI)，在承运人最低责任问题上，都没有在立法上偏离强制性制度。从《海牙规则》到现如今新的《鹿特丹规则》，目前所有的国际立法成果都表明了这样一个事实，即在涉及海运区段的货物运输或者与海运紧密相连的货物运输中，承运人以及港站经营人有可能在运输合同条款中处于支配地位。

从某种意义上来讲，在先前提到的国际立法制度中，实施强制性规则不过是一个幻想。当我们回顾立法背景时，不要受合同条款影响，从法律上讲，免责条款所带来的利益在合同关系中是不存在的。如果不适用合同条款，在很多情形下，法律条款的非强制性将会导致承运人承担完全责任。随着强制性制度的出现，承运人有机会依赖于保护性规则，即所谓的强制性规则，而不需要把这些内容订立在运输合同之中或者担心这些合同条款的效力或者担心要对这些条款进行后续的调整。法律规定的利益总是在其适用范围内有效。

在当今运输领域，就先前提及的事实情况在多大程度上有必要保护弱势一方(即货方)的问题上提出质疑也是正当的。一些托运人要比承运人具有更强的谈判能力，由此产生了需要在多大程度上为保护货方利益而继续保持强制性

2　《海牙规则》第4条第2款(a)项和(b)项的规定如下：不论承运人或者船舶，对于由于下列原因引起或者造成的灭失或损坏都不负责：(a)船长、船员、引航员或者承运人的雇佣人员，在驾驶船舶或者管理船舶中的行为、疏忽或者不履行义务；(b)火灾，但由于承运人的实际过失或者私谋引起的除外。

规则的问题。另外,在某些贸易和某些航线上,传统制度的实施并无错误。而在形态各异的全球化视野下将不同的因素联合在一个立法中并非易事。当联合国国际贸易法律委员会第三工作组讨论新公约的强制性规则的适用范围时,承受了来自于方方面面的压力并且明确达成共识,即通过全球共同努力使法律现代化,尽管从广泛合同自由观点得出的结论相当中庸。值得一提的是,与联合国国际贸易法律委员会工作成果得出的评价相反,在 2005 年[3] 提交给欧盟委员会的一份报告中,建议多式联运或多或少应该体现合同自由并且建议在多式联运中可以通过合同约定排除该原则的适用。

联合国国际贸易法律委员会在谈判中面临的这种状况致使这些条款在最广泛范围内得到各方利益的妥协。为了在最大程度上达成可能的一致意见,这种情形也导致公约条款为了平衡各方利益而制定的相当复杂。

这段背景没有太多地体现在第 79 条的规定中,但是在涉及批量合同的第 80 条中体现的比较充分。

16.2　第 79 条　一般规定

第 79 条　一般规定

1. 除非本公约另有规定,运输合同中的条款,凡有下列情形之一的,一概无效:

(a) 直接或间接,排除或限制承运人或海运履约方在本公约下所承担的义务;

(b) 直接或间接,排除或限制承运人或海运履约方对违反本公约下的义务所负的赔偿责任;或

(c) 将货物的保险利益转让给承运人或第 18 条述及的人。

2. 除非本公约另有规定,运输合同中的条款,凡有下列情形之一的,一概无效:

(a) 直接或间接,排除、限制或增加托运人、收货人、控制方、持有人或单证托运人在本公约下所承担的义务;或

(b) 直接或间接,排除、限制或增加托运人、收货人、控制方、持有人或单证托运人对违反本公约下任何义务所负的赔偿责任。

公约采用分别规定强行性规则的立法方式,一方面规定了承运人一方,另一

3　DG Tren, 合同号为 TREN/04/MDSO7,38573, 2005 年 10 月 28 日在南安普顿签署。

方面则规定了托运人和其他列明的货物利益一方。

根据第1条第5款界定的承运人的情况，被规定在第79条第1款中。同样的原则也适用于海运履约方。海运履约方的定义体现在第1条第7款中。此定义不需要海运履约方必须履行海运区段的运输。但是该定义覆盖了货物从船舶到达装货港到船舶离开卸货港这段期间内与承运人义务相关的陆地上操作服务。因此导致的结果就是任何从事典型的港口操作服务的人，不仅在装货港和卸货港，而且在公约界定的任何中间港口，都要受《鹿特丹规则》强制性义务和责任的约束。港口经营人，包括装卸工人，一般涵盖在公约的适用范围之内，可以适用那些有关海运履约方的公约规定。1994年《联合国国际贸易港站经营人责任公约》尽管在国际上的影响力并不大，但是此公约旨在以强制性的方式调整港口经营人的责任，从而填补运输链中的一个立法缺口。《鹿特丹规则》在其立法中采取了同样的做法。海运履约方的主要责任规定在第19条。承运人和海运履约方在适用《鹿特丹规则》时，规定一些地理上的条件限制的做法是值得赞赏的。

按照第79条第1款(a)项和(b)项的规定，公约不论对承运人和海运履约方的义务还是责任均作出强制性规定。这些强制性义务和责任本质上是“单向”的。不论是义务或责任还是全部义务和责任都可通过合同来增加。例如，承运人可以通过合同接受一个比第59条第1款规定更高的责任限制数额。从商业角度来看，承运人的义务或者责任可以加重到什么程度则是另外一个问题并且也不在本公约关心范围之内。

在第三工作组谈判中，有提议建议采用“双向”的强制性制度，即意味着承运人这一方的义务和责任既不能减少也不能增加。这个提议并没有得到足够的支持，而仍然采纳了传统的单向制度。

为了防止规避强制性法律规定，公约文本强调了在合同中通过间接方式背离强制性规定的条款是无效的。例如，当一个国家没有批准任何实施强制性责任制度的国际公约时，通过法律适用条款所适用该国的法律可能会导致完全的合同自由。这样一个条款就可能被认为是间接背离了公约有关承运人地位的强制性规定。

与之前的国际公约相比较，《鹿特丹规则》关于运输合同的规定更加宽泛。这个事实也意味着公约这些强制性规定不同于以往。例如，按照第26条的规定，在海运区段之前或者之后的运输也可能包含在公约的调整范围之内。根据第79条的规定，这一条也是强制性的规定。如果与第26条的规定相抵触，合同当事人不能够在涉及海运区段的多式联运合同中降低承运人的义务或责任。

同时，需要引起注意的是本公约下某些特定条款不具有强制性，正如第79条表述的那样“除非本公约另有规定……”因此这样的特定条款就给合同当事方提供了降低承运人的义务或者责任的机会。例如,根据第 50 条的规定,当事方可以对有关控制方权利和承运人相应义务的某些条款规定的效力予以变更。

本公约中的一些规定,并不总是能够自证在订立合同自由和强制性规定之间存在某种关联。第 25 条对船舶上的舱面货做出规定。根据第 25 条第 1 款(c)项的规定,当事方有权对舱面货运输作出约定。一旦根据合同约定进行了舱面货运输,就要根据第 25 条第 2 款的规定适用特殊的责任规则。就善意第三方而言,必要的条件就是使用一个可转让的运输单证或者可转让的电子运输记录,并注明特殊的责任规则将有可能适用于舱面货运输。然而,对于舱面货而言并不适用通常意义上的合同自由,就像按照《海牙—维斯比规则》第 1 条(c)款规定的某些情形一样[4]。《汉堡规则》第 9 条引入了禁止货装舱面的条款。《汉堡规则》第 9 条的规定意味着即使存在货物装载在舱面的情形下也仍然适用于有关承运人的一般责任规则,但是任何不被允许的舱面货运输将会使承运人适用比正常货物索赔案件的责任规则更加严厉的规则。这种立法方式不同于《鹿特丹规则》。后者对承运人的责任相对不那么严厉。上述规则在实践中究竟会产生多大程度的不同则是另外一个问题。

尽管将装货和卸货的风险,甚至其他可能更多的风险,通过不负责装卸费(FIO)这种类型的条款归于货方在班轮运输之下并非普遍,但是这种条款仍然会存在,并且在不定期租船运输中比较普遍。《鹿特丹规则》承认了"不负责装卸费(及积载费,平舱费等)"这类条款的效力,但是从规则的条文规定[5]中得出这样的结论并非易事。

除了在上述已详细论述的第 79 条第 1 款(a)项和(b)项的规定中彰显了本公约的强制性特征之外,根据第 79 条第 1 款(c)项的规定,[6]禁止把货物的保险利益转让给承运人。同样的限制也适用于按照第 18 条承运人为其行为负责的任何其他人。

当运输合同中的某个条款与公约的强制性规定发生冲突,根据第 79 条的规定,该相关合同条款是无效的,且不仅仅是可被撤销的问题。

4　合同法中的一般规则将可能妨碍承运人援引舱面货免责条款,而《海牙规则》和《海牙—维斯比规则》允许这些舱面货免责条款。芬兰最高法院在审理"Ni-Nu" KKO 1993：166 案件中，法院认为船舶所有人无权援引舱面货免责条款,因为是船舶所有人本人的重大过失导致了货物损失。按照合同法的一般原则,合同债务人在由于其故意或者重大过失造成损坏的案件中不能够援引免责条款。

5　第 12 条第 3 款,第 13 条第 2 款,第 17 条第 3 款第(i)项。进一步的分析在文中其他地方也会述及。

6　保险利益可能有不同的含义,例如,古老的条款提到这样的事实,即船舶所有人、承运人"对任何能够被保险所覆盖的损失不承担责任",参见 Grönfors 一文,第 324 页。

《海牙—维斯比规则》第3条第8款同《海牙规则》一样都规定了该制度强制性的本质。这也是一种“单向”的规定。因此从一开始，就认为把货物的保险利益转让给承运人是无效的。

《汉堡规则》第23条规定了承运人责任制度的强制性本质。它与《鹿特丹规则》稍有不同，但是这些不同更多的是在立法技术方面而非实质性的不同。首先，《汉堡规则》不论对承运人一方还是托运人一方都规定了一个共同的规则。第一段的规定建立了“双向”制度，但是根据第二段的内容，很明显承运人可以根据《汉堡规则》的规定加重其责任和义务。此种阐明是针对承运人一方的“单向”规定。

《鹿特丹规则》没有《汉堡规则》第23条第1款第二句话所明确澄清的那层含义，而是规定运输合同中特定条款的无效不影响合同其他条款或者构成合同一部分的单证的有效性。该规定的用意是显而易见的，而且人们已经达成共识，即《鹿特丹规则》第79条没有必要采取与其他规则类似的规定。当合同的某个条款被认定无效而且承运人未履行《汉堡规则》第23条第3款规定的明确适用该规则义务的，《汉堡规则》第23条第4款为上述情形制定了一条针对损害赔偿责任的专门规定。而在《鹿特丹规则》中找不到类似相应的赔偿责任条款。

《鹿特丹规则》第79条第2款(a)项和(b)项规定了有关托运人和其他货物利益方的强制性规则。由于与该条第1款中的用语比较类似，在此不需要做更多评论。对货方来说，与承运人一方相比灵活性较少。关于货方的责任和义务应该如何规定的问题已经讨论了好几次。公约最终采取的解决方式是采用一个双向机制，这意味着本公约下托运人、收货人、控制方、提单持有人或者单证托运人[7]的义务和责任既不能加重也不能减轻。对于承运人和海运履约方而言，本公约下的特殊规定允许在运输合同中约定使用特殊的条款。《鹿特丹规则》增加了有关货方义务和责任的条文数量。

由于这些规定很大程度上具有强制性，而且按照公约的规定，货方无权限制其责任，因此可以这样认为，与之前的国际公约相比较，情况已经有所改变。《海牙规则》和《海牙—维斯比规则》对于货方的这些问题几乎没有规定，相比较而言，《汉堡规则》稍微更加注重托运人的地位。正如前文所言，《汉堡规则》第23条第1款有关托运人的条款是一种双向的强制性规定。

总的来说，一旦索赔已经被提起，在《鹿特丹规则》之下，对赔偿责任和可能给予的赔偿进行约定是没有障碍的。到了索赔阶段，损失发生的事实已经存在，也就没有给予任何一方强制性保护的必要了。

---

7 这一类人分别被定义在第1条第8款、第9款、第10款、第11款和第13款中。

16.3　第 80 条　批量合同的特殊规则

第 80 条　批量合同的特殊规则

1. 虽有第 79 条的规定，在承运人与托运人之间，本公约所适用的批量合同可以约定增加或减少本公约中规定的权利、义务和赔偿责任。

2. 根据本条第 1 款作出的背离，仅在下列情况下具有约束力：

(a) 批量合同中载有一个该批量合同背离公约的明确声明；

(b) 批量合同是(1) 单独协商订立的，或(2) 明确指出批量合同中载有背离内容的部分；

(c) 托运人有机会并且被告知有机会按照符合本公约的条款和条件订立运输合同，而对本条不作任何背离；并且

(d) 背离既不是(1) 以提及方式从另一文件并入，也不是(2) 包含在不经协商的附合合同中。

3. 承运人的公开运价表和服务表、运输单证、电子运输记录或类似文件不是本条第 1 款所指的批量合同，但批量合同可以通过提及方式并入此类文件，将其作为合同条款。

4. 本条第 1 款既不适用于第 14 条第 1 项和第 2 项、第 29 条和第 32 条中规定的权利和义务或因违反这些规定而产生的赔偿责任，也不适用于因第 61 条述及的作为或不作为而产生的任何赔偿责任。

5. 如果批量合同满足本条第 2 款要求的，其中背离本公约的条款，须满足下列条件，才能在承运人与非托运人的其他任何人之间适用：

(a) 该人已收到明确记载该批量合同背离本公约的信息，且已明确同意受此种背离的约束；并且

(b) 此种同意不单在承运人的公开运价表和服务表、运输单证或电子运输记录上载明。

6. 一方当事人对背离本公约主张利益的，负有证明背离本公约的各项条件已得到满足的举证责任。

16.3.1　产生背景

正如本章概述中所言，针对强制性规则而言，传统方法在多大范围内仍然有效是令人质疑的。从某些角度来说，已有观点表示如果合同双方能够对他们相互间的风险达成一致意见，那么在典型性的一些商业关系中就没有必要确立保

护性的立法规则。相比于承运人而言,货方是弱势一方的观点已经并非是主流观点。[8]

第80条的规定在某种程度上反映了这段背景,但是它并不是没有任何前提条件地扩大合同自由的适用范围。

在2003年第三工作组第十二届会议上,美国代表团的提案体现在第34号工作文件中,提出应当限制一些强制性条款对某些类型服务合同的适用。会议上对该提案的可能性存在不同意见,而争论来源于第34号美国工作文件。在该工作文件中,美国代表团解释了该提案的产生背景以及应当采用什么样的条文规定。

其中第十八段关于该提案的介绍如下:

在美国(我们相信在世界上其他地方也是如此),一个关键性的争议焦点就是该文本如何对待在托运人和承运人之间协商订立的用于远洋班轮运输服务的专门性的和习惯使用的一些协议。作为"一揽子"协议的一部分,美国相信这种类型的协议,我们通常称之为"远洋班轮服务协议"(OLSA)应该由本公约文本予以调整,除非OLSA当事方明确约定背离文本的全部或者部分内容。然而,背离该文本的决定只有针对OLSA的当事方时才是有效的。不论是在美国国内还是在国际上,对于是否有权选择背离该文本规定的责任限制存在不同的看法。即使如此,美国代表团的观点是OLSA的当事人应该能够背离文本的一切条款。

人们认为"远洋班轮服务协议"可能来源于美国对班轮服务合同的谈判具有较强的竞争力,而这种谈判能力适于20世纪90年代末期。远洋班轮服务协议并不涉及不定期租船贸易。当对该议案进行进一步的研究,就会得出结论,即作为"一揽子"协议,远洋班轮服务协议属于框架协议,旨在解决运输需求和义务之间的问题。任何单一运输都不会构成服务合同。

美国代表团认为如果远洋班轮服务协议符合《鹿特丹规则》调整的合同范围,则应当享有特殊的地位,当事方可以特别地约定背离公约全部或者部分规定。美国代表团还担心的一个问题,就是远洋班轮服务协议不应被排斥在本公约的适用范围之外。

在当时,所提议的公约适用范围原本计划排除某些类型的合同适用。按照第32号工作文件第2条第3款的规定,提议的公约将不适用于租船合同、包运合同、批量合同,或者类似的协议。另外,在第32号工作文件第2条第5款[9]中

8 H. Honka:"海上货物运输的未来立法:这难道不能是联合国国际贸易法律委员会的草案吗?",载《斯堪的纳维亚法律研究》2004年第46卷,第104-111页。

9 参见《汉堡规则》第2条第4款。

提到如果一个合同为未来的货物运输进行了一系列装运安排,则公约规定将适用于每一次的装运安排,适用范围仅限于其他条文对此作出明确规定的情形。上文提及美国所担心的就是提议的公约排除适用的范围过于宽泛。

美国引入的这个观念引起了很多代表团的忧虑,认为该提议可能导致一些小型的托运人处于比较严重的劣势,并且如果把"OLSA"列入运输合同的概念之中,则该用语使很多人难以正确地理解。然而,支持美国的观点也是很明显的,这些支持者不接受其他人所持的会危及托运人地位的看法。

在讨论阶段曾一度提出这样的建议,即用一个条款单独对"OLSA"作出规定。后来通过非正式的磋商,人们渐渐明了,并认为美国所理解和声称的"OLSA"事实上就是一个批量合同,并且在此合同中,合同双方可以就多次运送作出约定。它是一种包含了复杂安排的框架协议下的一种"一揽子"解决问题的方式。在这一观念之下,可能仅在班轮公司和托运人之间适当地安排了一对一的货物运输,但是更多情况下是在两个班轮运输公司之间约定运输安排。在两个班轮公司之间可以是通过班轮运输方式也可以是通过租船订舱方式。[10] 铭记此概念的结果,就是由于新公约主要将班轮运输都纳入其调整范围内,因此为了实现这个目标,将批量合同纳入公约适用范围是显而易见的。对此类合同自由程度的限制通过一个单独的条款予以规定。

这一具有丰富内涵的概念最终被人们所认可。至于能否就合同自由方面达成合理的一致共识则是另外一个问题。一些代表团根本不把该问题作为讨论的一个起点。换言之,为了扩大合同自由所做的努力完全不被接受。尽管在一些地区遭到完全地反对,但是仍然有人支持对批量合同采用合同自由原则。[11]

在非正式和正式的磋商中,一直存在各种各样的意见。争论的共同点就是托运人是否应该被适当地告知合同背离本公约规定的具体条件。当然对任何其他的第三方,如收货人,采取相同的保护性规定也是非常重要的。将会适用什么样明确的前提条件常常成为重大分歧者之间讨论的对象。一种主流观点认为应该允许承运人对这些信息有可供选择的途径。其他主流观点则认为如果合同未经适当的磋商,则根本不允许通过其附和合同中的免责条款享受合同自由。在公约讨论初期,第一种观点占据上风并且取得了大多数人的支持。然而,为了能

---

10 《斯堪的纳维亚海商法》就已经从基本概念上将一个框架合同与承运人、托运人之间订立的运输合同区分开来,另参见《芬兰海商法》第十四章,第47(1)条的规定。

11 关于这段背景的更多细节,参见 H. Honka:"联合国国际贸易法律委员会有关货物运输的公约草案",载《应用程序规则》,芬兰律师协会2005年版,第535-539页。以及 M. Sturley 教授:"联合国国际贸易法律委员会草案文本的调整范围",载《国际海商法杂志》2004年4-5月,第138-154页。

够在更为广泛的范围内获得支持而不是仅仅拘泥于一个原则性的问题,对此经过协商并约定了较为明确的规定,最终的解决方案更接近于第二种观点,甚至完全涵盖了第二种观点。

由于反对方的态度明确,在如此困难的情形下很难建立一个合理的妥协方案,虑及前文提及的在批量合同中设定合同自由原则的前提条件,最终导致的结果就是本条款的规定相当复杂。该条款所提供的保障可谓“环环相扣”(with belts and suspenders)。换言之,是一个保护性规则包含了另一个保护性规则。工作组很好地理解了这一点,但是尽管如此,还是选择了一个比较保险的做法,尽管从立法技巧性来看,使用的术语显得有些笨拙。

尽管再三强调要保护货方利益,但是不能忽略的是第80条也包含了会影响托运人和代表货方利益的其他任何相关人地位的可能性。在同样适用于承运人的条件下,有可能会背离“双向”的强制性规则,而这个规则也包含了货方利益。如果解读本条文规定,可以看出主要是针对承运人一方。然而需要铭记在心的一点就是,规则的适用会使得托运人的地位受到影响。

除了前文提及的保护性规则之外,只要公约自身规定的规则予以适用,则本公约中的一些条款在本质上不可能在任何情况下纳入合同自由的范围,此观点很早就被人们普遍接受。第80条的规定既涉及承运人也涉及托运人;因此在绝对的强制性规则,或“超级强制性”规则中应当同时考虑双方的利益。接下来的部分将对此做出详述。

原则性的问题已经明确,接下来就是进一步观察如何将该原则在第80条具体化。同时基于管辖权考虑的目的,有必要考虑一下第67条针对批量合同的一些特殊规定。

16.3.2 第1款

第1款为合同自由定下了基调。它包含了一些重要信息。因此很有必要提及批量合同以及本公约应当适用于批量合同。为了能够理解此种安排,读者有必要去看一下第1条第1款有关运输合同的定义和第1条第2款有关批量合同的定义。从这些定义中我们可以知晓批量合同是运输合同的一种类型。相应地,一个运输合同必须包含海上运输并且可以规定除海运以外的其他方式的运输。如果未涉及海运区段的,则本公约不适用,因此在此种情形下,有关批量合同的特殊规定也不会适用。

从批量合同的定义来看,它提供这样的信息:即合同缔约方之间存在进行更深入合作的想法而非限于仅仅一次的海上运输。根据第1条第2款的定义,意味着一个合同应该满足如下三个条件:(1)货物的特定数量。(2)一系列的装运。(3)在一段约定的期间内。

特定货物数量可以是最低数量、最高数量或一定范围的数量。

非特定货物数量的合同不会构成批量合同。系列装运可以是连续的，也可以是非连续的。对于一段期间公约没有做任何限制，可以是几天，也可以是几年。

对该定义持反对意见的人认为，根据该定义，公约强制性规则可以仅仅通过合同内容的构想被轻易地排除在外。照此，当事人可以约定仅运送两个集装箱——第一天运送第一个，第二天运送另一个。这也会构成批量合同。对此异议的理性回复就是法官可以在考虑如下内容的情况下认为免责条款不予以考虑，因为合同当事方的意图并不是在“一揽子”协议的基础上安排运输，而是为了规避适用公约的目的以享受一定的合同自由。在这种情形下，第79条提及的间接地排除、限制或者增加货方义务的规定就可以为法官裁量提供一个合理的依据。由于公约对该定义没有规定明确的界限，所以案件的审理结果还要取决于个案的具体情形。此外，在考虑到第80条规定的诸多条件的基础上，也很难相信会有承运人花费力气使合同自由扩大到仅有两个集装箱的运输合同中。在公约磋商过程中有人提议应该在批量合同的定义中详细规定集装箱的数量，但是由于实践中的具体情形千变万化，显然这种努力是徒劳的。

批量合同需要在该定义之外作进一步的解释。通常合同当事人对需要一个较为长期的交易而不是仅针对一次运输订立合同这样的一个事实是非常清楚的。货方可能有一系列定期的货运需求，在这种情形下，只有在“一揽子”协议的基础上约定合同内容才是明智的选择，而不是为每一次的运输分别予以约定。一个批量合同应当包括这些一般性框架合同所涉及的问题。除了该框架合同之外，很大程度上还需要根据此框架合同，对其中的每一次运输分别予以约定。每一次运输可以通过班轮运输实现，也可以通过不定期船运输实现。当然也有可能在框架合同中约定了上述所有事项。每一次运输的选择以及运输方式的性质都会涉及整个公约的适用问题。

从公约的角度来看，批量合同被界定为一种运输合同；因此在公约适用范围内有关运输合同的一般规定都是可以适用于批量合同的。这意味着，根据公约第6条第2款，非以班轮运输为基础的批量合同不在公约调整范围之内。如果一个批量合同采用班轮运输方式，与第6条第1款不同，根据第5条第1款的规定，本公约将予以适用。混合批量合同是指该合同之下的具体货物运输，部分采用非班轮运输方式，部分采用班轮运输实现，但是本公约未对此种混合批量合同作出任何规定，在此种情形下正确的解决方式就是根据具体运输采用的方式不同确定法律适用问题。

第80条仅适用本公约下的批量合同。一旦公约适用，根据第80条第1款，将对合同自由规定一些限制范围。

16.3.3 第2款

尽管属于强制性规定的范围之内,但是第80条第2款仍然规定了背离本公约规定的可能性。第2款通过提及第1款规定的方式包括了承运人和托运人。第三方的法律地位问题则规定在第5款中。

在公约起草阶段关于第2款中确切用词的表述一直存在争议。正如我们所看到的,该条款规定了四个前提条件,并且必须所有的条件均满足时才可以不受本公约强制性规定的约束。

第80条第2款第(a)项要求此种背离必须以一个明确的声明在批量合同中载明。因此,该声明应当是清晰的(不会引起歧义的,译者注)。经过比对,可以看出牛津简明词典规定"明确的"(prominent)这一表述的含义是指"特别显著的"之意。

在第(b)项中要求批量合同或者是单独协商订立的,或者在批量合同中明确地指出载有该背离内容的部分。在公约条文讨论期间,对这个规定进行过多次讨论。一个替代的做法是应该采用"并且"取代"或者"一词,前者要求两个条件同时满足。由于引入第(c)项规定的内容,所以采用"或者"一词的表述最终被接受并且未导致太大的分歧。第(b)项的第一部分要求任何背离的内容应当是适当协商的结果,而不是仅仅并入标准格式中。在可选择的第(b)项第二部分中要求应当明确地或者特别显著地指出批量合同中载有背离内容的部分。

在公约条文磋商的后期阶段才提出引入第(c)项规定的问题。当时有强烈的呼声旨在确保托运人,特别是小型托运人,不需要因为一种或另一种方式的标准条款,或几乎全部采用标准条款而面对背离公约的问题。很多人认为第(b)项已经提供了足够充分的保护,但是其他人认为在这个方面需要做得更多。尤其是,有人认为背离应当建立在对一些个人意愿做出表示的基础之上。很明显很多代表团都认为在任何情形下都应该给予托运人一个真正选择的机会,或者仍按照本公约的规定或者接受背离。这些特别的需求得到了满足,并且因为人们对这一问题已经达成了普遍共识并一致同意,所以最终的结果是令人满意的。根据第(c)项的规定,可能在实践中存在如下两种结果,即托运人将会面临两种运费率的选择,一种费率是适用本公约的规定,另一种费率是背离本公约规定。从第(c)项中不可能再得出其他的结论。

按照第(c)项的规定,如前文提及的,应当向托运人发出存在这样一个真正选择机会的通知,并且必须是在通知的基础之上,能够进行选择。是否向托运人提供了这样一个真正的机会进行选择应当根据每一个具体的案件具体分析。

第(d)项内容也是在公约讨论的后期才出现。然而在公约讨论初期有一点是非常明确的,即不允许从其他文件中并入背离条款。该内容被规定在第(d)

项的第一部分中。鉴于第(b)项仅仅把单独协商作为一种可替代的选择并且第(d)项的第一部分仅规定不允许以提及方式并入,因此第(d)项的第二部分要求对背离作适当的协商并且也仅仅是作为一个可以替代的选择。第(d)项的第二部分将会很大程度地降低与第(b)项的第一部分的关联性,但是这是妥协的结果,而不论该术语从立法技巧上看是否合适。在一些国家,"附和合同"的用语可能不为人所知或者是不够明确的,但是基于人们对这一概念具有相当普遍性的理解,因此该术语仍然体现在公约条文中。这意味着按照第 80 条第 2 款(d)项(ii)的规定,对未经自由协商的背离,不允许仅仅使用标准术语或标准条款,而是应该在批量合同中包含能够充分体现个人意愿因素的一个背离条款才能实现。

总的来说,整个第 2 款应当结合公约第 3 条的规定一并解读,据此所发生的相关交流信息应当根据公约第 3 条的规定,以书面方式记载或是以电子记录方式记载。

16.3.4 第 3 款

第 3 款似乎与第 2 款的很多部分重叠。当然这是对合同自由所具备的前提条件做出进一步的澄清。

16.3.5 第 4 款

在对第 80 条的背景介绍中已经提到,由于考虑到一些条款非常重要,因此有人认为尽管第 80 条规定的所有条件都满足,也不允许在批量合同中背离这些规定。这些超级强制性规则有两点涉及承运人,两点涉及托运人。

根据第 14 条的规定,承运人有一个不可替代的义务,即提供适航船舶并保持其适航状态。然而,第 80 条第 4 款仅提到了三个适航条件中的两项内容。该超级强制性规则提到了船舶技术性适航(第 14 条第 1 款)和就计划航程而言的适航条件(第 14 条第 2 款)。该超级强制性规定并没有提到船舶适货的问题(第 14 条第 3 款)。人们认为最后提起的这一项可以在合同中约定背离公约。当该项义务没有背离本公约时,公约的规定同样适用于承运人的责任。在责任制度里船舶不适航到底扮演着什么样的角色是另外一个问题。与此相关的一个条款是第 17 条。第 17 条第 5 款是一个特殊规则,规定了由于船舶不适航导致货物灭失、损坏或者迟延时承运人的责任问题。

第 61 条规定了承运人的第二个超级强制性规则。该条款规定了承运人因为违反本公约下的义务而丧失责任限制权利的情形。据此,不允许承运人做出背离公约的约定,例如,约定永远不会丧失责任限制的权利。

对于托运人而言,第一个超级强制性规定体现在第 29 条的规定中,该条款要求托运人向承运人提供适当的信息、指示和文件。托运人不能通过批量合同中的条款背离该义务。第32条规定了托运人的第二个超级强制性规则,是关于危险货物的。为了安全的目的,对此种特性的货物发出通知是至关重要的;因此托运人不能通过批量合同中的条款背离该基本义务。

16.3.6 第5款

第5款规定了除托运人外的其他任何人背离本公约的可能性。在公约条文讨论阶段,人们普遍认为在承运人和托运人之间约定背离的有效要件,是不能适用于那些无法对以批量合同形式存在的运输合同产生直接影响的第三方。通过托运人在买卖合同中订立条款会对第三方产生什么间接影响则无关紧要。

考虑到第三方特殊的地位和为了保护其利益的需要,第5款规定了一些特殊条件。该条款开头语的表述要求在承托双方之间关系的各项条件必须满足。除此之外,还在两个分款中分别规定了一些特殊规则。

第80条第5款第(a)项要求第三方已经接收到明确的(又称为特别显著的)该批量合同背离本公约的信息。当此信息被接收时,还要求第三方明示同意受此背离的约束。在该法律关系中,例如采用默示同意的形式不足以解释这里“同意”一词。明示同意应当采用第3条规定的方式。此种同意应当采用书面形式或者通过电子通信手段,并且因为要求明示同意,因此该同意的意愿必须是清晰的。

第5款对在什么时间作出明示的同意没有规定。这取决于第三方。从承运人的角度来看,如果有可能,在运输合同缔结之时得到该同意是明智之举。第三方完全可以在缔结合同后的任何时间选择是否同意。第三方可以拒绝接收该明示同意,从而导致在承运人和第三方之间的法律关系下适用本公约。

一旦已经存在损害赔偿的权利,强制性规则几乎不需要调整当事方之间的关系。例如,当事方有可能约定赔偿数额不超过公约规定的赔偿额,而第三方可援引公约规定的赔偿数额。这样的做法在实践中十分普遍。双方达成的和解协议也会约定不以本公约的规定为依据。就争议发生后管辖权协议的问题,可以与第72条第1款的规定做一个比较。

第5款第(b)项对明示同意做出了限制,即此种同意在承运人的公开运价表和服务表、运输单证或者电子运输记录上载明是不够的。

总之,整个第80条第5款的各方面规定都应当与第3款的规定一并解读。即相关的交流信息都应当如第3条明确载明的规定方式,或者采用书面方式或者采用电子记录方式。

16.3.7 第6款

如果对任何背离的有效性产生争议,澄清谁将承担提供适当证据的风险去证明某一个特定的诉请是非常重要的。第6款阐明了举证责任问题。本条款明确规定声称对该背离主张利益的一方当事人承担举证责任并证明背离所需的各项条件已经满足。似乎在大多数国家都适用此种举证责任原则。为了提高公约的统一化,本公约对此做出明确规定。

在某些情形下,由背离本公约而主张受益的当事方进行举证可能存在一些困难。例如,承运人在批量合同中规定一个比第59条更低的责任限制数额条款。同时,作为对价,货方仅支付运费100个计算单位,然而根据公约规定的责任限制数额,其应当支付的运费是120个计算单位。如果承运人未能举证证明已经满足第80条规定的合同自由的条件,其责任限制数额将会根据第59条规定的较高数额确定,然而他的运费收入仍然是100个计算单位,而不是120个计算单位。如果将合同约定的运费与另一个应然的运费相比较,能够得出承运人事实上从合同约定的责任限制数额受益的结论吗?对此举证责任问题的正确回答就是应当看该背离的内容,而不是看合同自身规定。

根据第80条第6款举证责任的规定,可能有必要在批量合同中订立一个附加条款,以避免从承运人的角度或从托运人的角度出现一个双败的情形。

16.3.8 与其他制度的比较

《海牙规则》和《海牙—维斯比规则》不像《鹿特丹规则》可以排除强制性规则的适用。

《汉堡规则》第4条第4款规定如果一个合同在一段约定的期间为将来的货物运输安排了一系列的货物装运,则《汉堡规则》的规定适用于每一次货物装运。然而,如果货物装运采用租船合同形式,则涉及第三方提单持有人时,《汉堡规则》的规定将予以适用,即意味着不定期运输中的第三方也受强制性规则的保护。《汉堡规则》规定适用于每一货物装运的内容,并不是合同自由原则的真正扩张。它只是阐明了《汉堡规则》适用于通过班轮运输或者类似方式运输下的每一个货物运输航次,而不适用于以租船合同为基础的运输航次,除非租船运输之下涉及第三方提单持有人利益时,为保护其利益之考虑会适用该规则。

16.4 第81条 对活动物和其他货物的特殊规则

第81条 对活动物和其他货物的特殊规则

虽有第79条的规定,在不影响第80条的情况下,运输合同可以排除或限制承运人和海运履约方的义务或赔偿责任，条件是：

(a)货物是活动物，但如果索赔人证明，货物灭失、损坏或迟延交付，是由于承运人或第18条述及的人故意造成此种货物灭失、损坏或此种迟延损失的作为或不作为所导致的，或是明知可能产生此种灭失、损坏或此种迟延损失而轻率地作为或不作为所导致的，则任何此种排除或限制均属无效；或

(b)货物的性质或状况，或进行运输的情况和条件，使得有合理的理由达成一项特别协议，但此种运输合同不能涉及正常贸易过程中所进行的正常商业货运，且此种货物运输未签发可转让运输单证或可转让电子运输记录。

针对那些不适于本公约一般强制性规则予以调整的货物运输，为了涵盖这些特殊情形，公约第81条做出一些额外规定。但是有关船上舱面货的特殊规则则规定在第25条。

《海牙规则》和《海牙—维斯比规则》对活动物做出特殊规定，在其第1条第3款中排除了公约对活动物的适用。活动物不被认为是公约规定的“货物”范围。另外，《汉堡规则》第1条第4款则把活动物包含在“货物”的定义中。针对承运人在活动物运输中面临的固有特殊风险的不同，《汉堡规则》第1条第5款对承运人的责任做出特别规定。该条规定包括了更为详尽的内容。

本公约第81条第(a)项的规定也涉及活动物运输。与《汉堡规则》相比，本公约的规定与《海牙规则》和《海牙—维斯比规则》更加接近。本公约的出发点是当事方可以自由约定活动物运输的条件。如果活动物的灭失、损坏或迟延交付是由于承运人一方严重的不当行为导致的，则合同中约定的这些条件不适用，而是适用本公约。该条款的规定实际上与本公约第61条有很多相同之处，但是多了很重要的一点，即不仅包括承运人自己，而且还包括第18条述及的承运人为其负责的任何人的不当行为。工作组讨论了仅考虑承运人自己的不当行为的可能性；然而，考虑到活动物存在的固有风险以及不应该允许船上的船员在运输期间忽视合理的对待动物这样的事实，工作组最终得出的结论就是合同约定的免责条款不应该与第18条船员或其他人员的不当行为相抵触。

第81条第(b)项也包含了与《海牙规则》和《海牙—维斯比规则》第6条规定相近的有关合同自由的一项规定。当根据特定条件运输特殊的货物时，只要在该类运输中没有使用可转让单证或可转让电子运输记录，则根据本公约第81条第(b)项的规定，允许背离公约规定。例如，对重件货物和难以搬运的货物进行试验运输时就符合第81条第(b)项规定的特殊情形。

(李淑娟、王丹华翻译)

第十七章　本公约不管辖的事项

汉奴·洪卡(Hannu Honka)*

17.1　概述

传统上总是或多或少的有那么几个方面的内容需要在本公约责任制度之下予以调整。第十七章即涉及这些内容。** 传统意义上主要涉及赔偿责任总限制、共同海损、旅客和行李以及核事故造成的损害。

还有一个比上述提到的标准解决方式更为复杂的问题,即公约之间的相互冲突问题。第 82 条即解决这些问题。

17.2　第 82 条　管辖其他运输方式的货物运输的国际公约

第 82 条　管辖其他运输方式的货物运输的国际公约

本公约的规定概不影响适用在本公约生效时已生效的,规范承运人对货物灭失或损坏的赔偿责任的下列国际公约,包括今后对此种公约的任何修正:

(a)任何管辖航空货物运输的公约,此种公约根据其规定适用于运输合同的任何部分;

(b)任何管辖公路货物运输的公约,此种公约根据其规定适用于船载车辆不卸货的货物运输;

(c)任何管辖铁路货物运输的公约,此种公约根据其规定适用于补充铁路运输的海上货物运输;或

(d)任何管辖内河航道货物运输的公约,此种公约根据其规定适用于不在内河航道和海上转船的货物运输。

从之前的海上运输制度而言,公约之间的冲突并不是一个突出的问题,因为

---

*　芬兰奥博—奥凯德米大学(Åbo Akademi)国际贸易法教授,联合国国际贸易法律委员会第三工作组芬兰代表团成员,联合国国际贸易法律委员会第三工作组专家组成员。

**　原文表述为第十八章,译者认为属于笔误,根据公约内容,应为第十七章。

那些制度仅调整海上运输领域的问题。《海牙规则》和《海牙—维斯比规则》第1条第5款与第7条相比而言,限制了适用期间,即从货物装上船舶至货物卸离船舶。适用的是"钩到钩"原则。《汉堡规则》第1条第6款界定了规则所适用的海上运输合同的含义。该定义表明海上运输合同调整一港到另一港的海上运输。而且进一步规定该运输合同包括海上运输以及通过其他运输方式完成的运输,因此《汉堡规则》调整的海上货物运输仅旨在涉及与海上运输有关的运输。此定义反映了"港到港"原则。

在新公约看来,采用这些如此清晰的路径方式是不可能的。由于本公约采用"海运+"的方式,因此带来的结果就是与其他公约存在明显的潜在冲突,本公约第26条就针对多式联运问题。在发生货物灭失、损坏或者迟延交货的情形下,第26条的规定调整包括海运区段在内的大部分多式联运。只有当货物灭失、损坏或迟延交付仅发生在一个存在强制性国际公约适用的一个非海运区段时,才有可能涉及不适用本公约责任规则的问题。正如本著作另一章节所作出的解释一样,第26条还作出其他进一步的规定。

这里有必要将第26条和第82条区分开来。后者仅涉及公约之间冲突的问题。能够理解第82条规定的范围要比第26条的规定宽泛这一点是非常重要的,因为第26条仅规定了货物的灭失、损坏或迟延交付的情形。而第82条则可能涉及《鹿特丹规则》其他条款可能适用的问题,只要在《鹿特丹规则》之外还存在另外一个可能具有竞争力的公约适用的情形。另外,如果适用第82条的结果是因为还有另一个公约可以适用,并对适用哪一个公约产生争议,则《鹿特丹规则》并不是唯一解决问题的依据(第26条也不是)。[1]

第82条制定的目的是充分协调具有"海运+"特性的《鹿特丹规则》与调整单一运输方式的其他公约之间的关系。第82条考虑了那些调整单一运输方式的国际公约并以字母顺序排列。

在第82条的开头部分强调了适用其他公约的前提条件,即在《鹿特丹规则》生效时,这些公约已经生效。否则,其他公约不能适用。如果《鹿特丹规则》生效时,其他公约已经生效,那么这些其他公约的后续修订情况也应当予以考虑。第82条规定开头部分的表述是为了能够在存在多个公约可能适用的情况下提供

---

1 多式联运争议,包括那些涉及公约之间冲突的争议,从海上运输的视角来看似乎不是特别普遍。法律术语中的难题来自于一个典型的案例 Quantum v. Plane Truckiing[2002]2 Lloyd's Rep,25 CA,在这个案例中的争议焦点是航空运输和铁路运输的联运问题(非海运运输)。法院认为,在一个具有运输选择权的单一航空运输合同中,是完全有可能适用公路运输规则的。货物的灭失发生在公路运输区段。一方面是对该案例的讨论与分析,另一方面是此案件的解决方式备受批判。参见 P. Vestergaard Pedersen:"运输法——对货物运输规则的介绍"(Transportret, Introduktion til reglerne om transport af gods),哥本哈根,Thomson 出版社 2007 年版,第950页及其后文。

可预见性。很显然任何一个现存的国际公约都规定了一个风险划分的制度。任何现存公约的修订都会带来更多的灰色区域,但是这种修订的可能性是可以接受的并且不会是构成妨碍其他现存公约发展和步入现代化进程的理由。然而就任何一个新的公约而言,由于考虑到未来不可知的因素,因此被认为不具有可预见性,也不大可能再接受这样一些新的公约去调整已经包含在《鹿特丹规则》之下的任何事项,除非第26条将该条款涉及的特定责任事项抛回给《鹿特丹规则》调整。

条文的此种安排多少有些复杂,但是第82条的开头部分不过是对一些合理协调方式提供了一种可能性。

第82条按照字母顺序分别规定了单一运输方式的国际公约。其中第1项是关于航空运输的。按照其规定,一个航空运输公约,适用于运输合同的任何阶段。例如,1999年《蒙特利尔公约》第38条就涉及联合运输问题。考虑到该公约第18条第4款的规定,公约调整范围相当适中。第18条第4款调整非空运方式的一些辅助性运输。

铁路运输规定在本条第2项中。航空运输具有全球性的特征,而国际性公路运输规则则更多地注重区域性运输。《国际公路货物运输合同公约》(CMR)已经覆盖了欧洲区域以及部分非欧洲区域。当货物随同公路货物运输载货车辆一同装载在船舶时,本条第2项就会涉及CMR适用问题。CMR第2条规定,在某些情况下该公约有关承运人货物责任的规定适用于非公路运输。《鹿特丹规则》不调整这种背负式运输(piggyback transport),甚至该运输涉及海运时,也仍然适用CMR的规定。另外,如果货物从车辆上卸下而交付给承运人进行海上运输,第82条第2款将不会为其他公约适用提供抗辩依据,而是会适用《鹿特丹规则》,因为根据公约适用范围,该争议当然应当由《鹿特丹规则》调整。再一次强调的是,在这样的案件中,根据第26条的规定,也可能会出现适用另一个公约的可能。

在欧洲进行铁路运输中不得不考虑一些多式联运因素。根据《鹿特丹规则》第82条第3款的规定,可以适用调整铁路货物运输的任何其他公约,条件是这些公约适用于那些作为铁路运输补充的海上货物运输。此规定来源于欧洲铁路运输中采纳的一种相当传统的多式联运安排的现实。作为《有关铁路国际运输公约》(COTIF)一部分的《有关国际铁路货物运输合同统一规则》(CIM),第1条第4款将包括内陆水域运输和海上运输在内的国际运输考虑其中。当作为单一运输合同标的的国际运输包括作为铁路运输补充的海上运输或跨境内河运输时,如果海上运输或内河运输的履行包括在COTIF第24条第1款所列的服务项目中,CIM仍然适用。提请注意的是,所列的项目包含在COTIF中,而不在CIM的规定中。

《联合国国际货物多式联运公约》(MTC)第30条第4款如前文论述的问

题,将公路和铁路运输问题考虑其中。为了达到该公约的目的,第 30 条第 4 款明确规定与上文提及的相似的情形不应该被认为是国际多式联运。

内河运输方面,应当考虑 2000 年的《布达佩斯公约》(CMNI)。为了能够保持协调一致,《鹿特丹规则》第 82 条第 4 款对此做出特殊规定。

尽管从欧洲方面已经提及公路、铁路和内河运输方面的公约,但是第 82 条的规定不限于这些内容。第 82 条没有像前文述及的那样,指出单一运输方式公约的具体名称。只要满足第 82 条规定的适用条件,有关单式运输的其他公约也有可能适用第 82 条的规定。

17.3 第 83 条 赔偿责任总限制

第 83 条 赔偿责任总限制

本公约的规定概不影响适用任何规范船舶所有人赔偿责任总限制的国际公约或国内法。

《鹿特丹规则》不影响船舶所有人和其他人依据赔偿责任限制的任何公约所享有的权利。1976 年《海事赔偿责任限制公约》(LLMC)是其中一个主要公约,并且进行过修订。在货物索赔案件中同时适用 LLMC 和《鹿特丹规则》的结果就是船舶所有人/承运人有权享受双重责任限制 。在共同适用 LLMC 和《鹿特丹规则》的情形下,首先是根据《鹿特丹规则》享受一次责任限制,其次是该责任限制数额与其他的索赔请求一起再根据 LLMC 享受一次总的责任限制。

17.4 第 84 条 共同海损

第 84 条 共同海损

本公约的规定概不适用共同海损理算的运输合同条款或国内法规定。

多数情况下共同海损常常是按照运输合同中载明的某年份版本的《约克·安特卫普规则》进行理算。在一些国家,根据法律的规定,《约克·安特卫普规则》的某个特定年份的版本,应当并入在运输合同中,但是当事方有权对其他风险分配的基础作出约定。共同海损的理算不考虑过错因素。它是一个客观风险分配系统。货物利益方可能基于共同海损理算师的理算结果参加分摊。不管《鹿特丹规则》关于责任问题是如何规定的,共同海损理算应当遵循自己的规则。但是如果货物利益方拒绝参加共同海损分摊或者在参加了共同海损分摊之后又向承运人主张索赔货物损坏时,共同海损与责任之间就存在了某种联系。

《汉堡规则》第 24 条第 2 款和《国际货物多式联运公约》(MTC)第 29 条第 2 款明确规定,如果依据这些公约的规定,承运人是有责任的,则货物利益方有权拒绝分摊或者提出索赔请求。如果没有如此明确的立法基础的话,在一些国家是否能够得出同样的结论,则有待于该国有关货物责任规则的解释如何。立法上的澄清将会有助于这个问题的清晰化,但是《鹿特丹规则》没有对此做出规定。

17.5 第 85 条 旅客和行李

第 85 条 旅客和行李

本公约不适用于旅客及其行李的运输合同。

第 85 条的规定显而易见。1974 年《雅典公约》及其修正案,是本条界定的旅客及其行李方面的主要国际法律渊源。

17.6 第 86 条 核事故造成的损害

第 86 条 核事故造成的损害

对于核事故造成的损害,根据下列文书应由核设施经营人负赔偿责任的,不产生本公约下的任何赔偿责任:

(a)经 1964 年 1 月 28 日附加议定书以及 1982 年 11 月 16 日和 2004 年 2 月 12 日议定书修正的 1960 年 7 月 29 日《关于核能领域第三方责任巴黎公约》、经 1988 年 9 月 21 日《关于适用维也纳公约和巴黎公约的联合议定书》修正并经 1997 年 9 月 12 日《修正 1963 年核损害民事责任维也纳公约的议定书》修正的 1963 年 5 月 21 日《核损害民事责任维也纳公约》、或 1997 年 9 月 12 日《关于核损害补充赔偿公约》,包括就核设施经营人对核事故造成损害的赔偿责任对这些公约的任何修正以及这方面的任何新公约;

(b)适用于此类损害赔偿责任的国内法,条件是此种国内法在各方面同《巴黎公约》、《维也纳公约》或《关于核损害补充赔偿公约》一样有利于可能遭受损害的人。

把核事故造成的损害引向这些特殊的责任公约,是很多公约在该领域内的标准安排。

(郭萍、李淑娟翻译)

第十八章 最后条款

凯特·兰南(Kate Lannan)*

18.1 概述

《鹿特丹规则》从概述第一章至第十六章的内容包含了公约的实质性规则,有关最后条款的第十七章则是有关该条约程序性方面的规定。** 一个精心设计的最后条款会使缔约国和条约保管人便于公约的操作和履行。尽管此类条款本质上属于程序性的规定,但是仍然需要精确地设计,因为这些条款会对实体性规定产生重大影响。一般一个多边条约的最后条款会包含如下事项:公约的修订和复审;签署,批准和加入的问题;生效;条约的退出和终止;条约的保留;保存人的指定以及有关文本真实性的声明。[1]

《海牙规则》、《海牙—维斯比规则》和《汉堡规则》都包含一些程序性的规定,无论这些规定是否都集中在有关最后条款的单独章节中。经过多年来的努力,联合国起草的最后条款也更加精确。因此,作为联合国公约,《汉堡规则》和《鹿特丹规则》使用了相似的方式,其中《鹿特丹规则》的规定略微更加精确。《海牙规则》和《海牙—维斯比规则》不是由联合国制定的,因此将比利时政府指定为公约的保存人;因此这些公约与《鹿特丹规则》相比较,在最后条款方面,存在的差别更加明显。

18.2 第87条 保存人

第87条 保存人

兹指定联合国秘书长为本公约保存人。

---

* 文学学士、法学学士、民法学士、法学硕士,加拿大安大略省以及美国纽约州和华盛顿特区律师协会成员,担任联合国国际贸易法律委员会秘书处法律顾问,运输法第三工作组秘书并负责准备该公约的文本以便能够在2008年12月联合国大会通过。

** 原文如此,但是根据公约条文规定,这里提及的第十六章、第十七章应当分别为公约的第十七章和第十八章。——译者注

1 参见《多边条约最后条款手册》,联合国法律事务办公室(条约部分)2003年版。

尽管最初只有某个国家被指定为国际公约的保存人,正如比利时政府作为《海牙规则》和《海牙—维斯比规则》保存人的情形一样,但是随着如联合国一样的国际组织的涌现,这些国际组织已经越来越多地被委以保存人的地位。《汉堡规则》即是如此,[2]《鹿特丹规则》则采用了更加普遍的方式,即明确将联合国秘书长指定为保存人,这与《海牙规则》和《海牙—维斯比规则》采取的含蓄做法大相径庭。

遵循普遍做法,《鹿特丹规则》没有关于保存人地位的详细规定,留给习惯做法来解决。[3]

18.3 第 88 条 签署、批准、接受、核准或加入

第 88 条 签署、批准、接受、核准或加入

1. 本公约 2009 年 9 月 23 日在荷兰鹿特丹开放供各国签署,随后在纽约联合国总部供各国签署。

2. 本公约必须经签署国批准、接受或核准。

3. 本公约自开放供签署之日起对所有未签署国开放供加入。

4. 批准书、接收书、核准书和加入书应交存联合国秘书长。

《鹿特丹规则》第 88 条规定了各国表示愿意受本公约下法定权利和义务约束的几种方式。同意受条约约束的最普遍的表达方式是签署公约,紧跟其后的方式是批准、接受或核准,或者对那些非签署公约的国家而言,采用加入的方式。该规定与《汉堡规则》一脉相通,但是有如下两点内容除外——第一,《鹿特丹规则》命名的缘由,即在荷兰政府的邀请之下,[4]《鹿特丹规则》最初是在荷兰鹿特丹开放供签署,此后才在联合国总部纽约开放供签署;第二,《鹿特丹规则》没有像《汉堡规则》那样规定签署的截止日期。[5]

---

2 参见《汉堡规则》第 27 条。

3 保存人的作用通常包括:保管公约最初的文本以及享有授予保存人的所有权利;准备最初文本和译本的具有证明力的复制本,并发放给有权成为公约缔约方的当事方或国家;接受该公约的签署并且保存与之相关的任何文件、通知和通信;确保这些签署、通知或通信采用正确的形式;与条约有关的任何行动、通知和通信通知给有权成为缔约方的当事人或国家,而且当条约生效所必需的签署数量或批准、接受或加入的文件数量达到要求时也要发出通知;在联合国秘书处对该条约进行登记;履行公约有关于此的其他职能,参见 1969 年《维也纳条约法公约》第 76 条和第 77 条。

4 第 88 条第 1 款。

5 参见《汉堡规则》第 28 条第 1 款。

一个国家可以选择在较晚的日期接受条约的约束，因为条约签署对签署国而言意味着一种义务，即不能采取一些有违于公约目标和目的的行动，除非该国已经很明确意图不想成为公约的缔约国。[6]签署一个公约也会产生某些权利，例如成为一个条约的缔约国，接收保存人关于本条约的通知和通信的权利等。[7]

正如在《汉堡规则》和《鹿特丹规则》中反映的那样，自《海牙规则》和《海牙—维斯比规则》时代以来，各个国家在采纳成为公约缔约方的程序问题上已经或多或少呈现出流程化的味道，尽管采纳不同程序的法律后果并无不同。[8]

18.4　第89条　退出其他公约

第89条　退出其他公约

1. 1924年8月25日在布鲁塞尔签署的《统一提单若干法律规则国际公约》、1968年2月23日签署的修正1924年8月25日在布鲁塞尔签署的《统一提单若干法律规则国际公约》的议定书，或1979年12月21日在布鲁塞尔签署的修正经由1968年2月23日修正议定书修正的《统一提单若干法律规则国际公约》的议定书的缔约国，应在批准、接受、核准或加入本公约的同时，通过向比利时政府提供相应的通知，退出已是其缔约国的该公约及其议定书，同时声明退约自本公约对该国生效之日起生效。

2. 1978年3月31日在汉堡缔结的《联合国海上货物运输公约》的缔约国，应在批准、接受、核准或加入本公约的同时，通过向联合国秘书长提供相应的通知，退出该公约，同时声明退约自本公约对该国生效之日起生效。

3. 就本条而言，本条第1款和第2款所列文书的缔约国对本公约的批准、接受、核准和加入，凡在本公约生效之后通知保存人的，只有在这些国家按照要求对这些文书的退出生效之后方可生效。本公约保存人应与作为本条第1款所列文书保存人的比利时政府协商，确保这方面的必要协调。

6　参见1969年《维也纳条约法公约》第18条。

7　同上，第77条。

8　就《海牙规则》而言，作为保存人的比利时政府，自成员国在签署该条约后的两年内保持与各个成员国的联络，以确认这些成员国是否愿意批准该条约并使其生效。然后在各成员国指定的一个日期，将批准文件提交给保存人保存，此后批准和加入公约的文件通知给比利时政府。参见《海牙规则》和《海牙—维斯比规则》第11条和第12条的规定。

由于《鹿特丹规则》追求的目标是要构建国际海上货物运输法律制度的统一，因此要求该公约每个缔约国都退出任何现存的公约（如果该国家还是现存公约的缔约国）也就不足为奇。退出先前公约的规定方式与《汉堡规则》[9]的规定方式十分相似，即批准、接受、核准或者加入《鹿特丹规则》的国家应当同时退出《海牙规则》、《海牙—维斯比规则》或者《汉堡规则》，并将退出这些公约的通知提交给这些公约的保存人以便产生退出公约的效力。[10] 为了与《汉堡规则》所采用的规定方式保持一致，[11]退出时应当包含一个声明，即在《鹿特丹规则》对该国生效之前，该退出不发生效力。

然而，《鹿特丹规则》和《汉堡规则》[12]之间存在一个很大的区别就是，前者没有像后者一样，规定一个可选择的过渡期，即在过渡期内允许缔约方选择推迟退出《海牙规则》和《海牙—维斯比规则》，最长可以推迟至五年。

在退出《海牙规则》时没有这样的规定，但是《海牙—维斯比规则》包含一个退出公约的规定，即《海牙—维斯比规则》的缔约国在退出《海牙规则》时不能被认为退出《海牙—维斯比规则》。[13]

18.5　第90条　保留

第90条　保　留

不准许对本公约作出保留。

同样为了与《汉堡规则》[14]和其他各种现代公约采用的规定方式保持一致，《鹿特丹规则》明确规定当某个国家成为本公约缔约国时，不准许对本公约作出保留。保留是一国在签署、批准、接受、核准或者加入一个条约时作出的单方声明，通过该声明意欲排除或者修改该条约某些条款对该国适用的法律效力。[15]明确禁止缔约国作出公约保留是为了确保《鹿特丹规则》在缔约国适用方面最大

9　参见《汉堡规则》第31条。

10　退出《海牙规则》或《海牙—维斯比规则》时，应当通知比利时政府；而在退出《汉堡规则》时，应当通知联合国秘书长。为了在这方面取得协调一致，第89条还要求《鹿特丹规则》的保存人和比利时政府进行合作。

11　参见《汉堡规则》第31条第1款。

12　在这五年内，要求选择推迟退出的缔约国在其和《汉堡规则》的其他缔约国之间必须适用《汉堡规则》。参见《汉堡规则》第31条第4款。

13　参见《海牙—维斯比规则》议定书第7条。

14　参见《汉堡规则》第29条。相比而言，《海牙规则》的签署议定书允许缔约方作出两项保留，《维斯比议定书》仅在第9条第1款中允许一项保留。

15　参见1969年和1986年《维也纳条约法公约》第2条第1款第（d）项。

程度的统一。[16]

18.6　第91条　声明的程序和效力

第91条　声明的程序和效力

1. 第74条和第78条所准许的声明，可以在任何时间作出。第92条第1款和第93条第2款所准许的初步声明，应在签署、批准、接受、核准或加入时作出。其他声明，本公约一概不予准许。

2. 在签署时作出的声明，必须在批准、接受或核准时加以确认。

3. 声明及其确认，应以书面形式作出，且应正式通知保存人。

4. 声明在本公约对有关国家生效时同时生效。但是，保存人于本公约生效后收到正式通知的声明，应于保存人收到该声明之日起6个月期满后的下1个月第1日生效。

5. 根据本公约作出声明的任何国家，可以在任何时间以书面形式正式通知保存人撤回该声明。声明的撤回，或在本公约准许情况下对声明的更改，于保存人收到该通知之日起6个月期满后的下1个月第1日生效。

为了能够与当前条约法普遍允许对条约作出声明的实践做法保持一致，《鹿特丹规则》规定对一些明确限定的情形，可以通过通知保存人的方式做出书面声明。在那些特别限定的情形之外禁止做出任何声明。《海牙规则》、《海牙—维斯比规则》和《汉堡规则》都没有明确规定允许或者禁止缔约国作出声明。

正如前文所提请读者注意的是，如果本公约缔约国希望受第十三章管辖权和第十四章仲裁的约束，* 他们应当做出一个愿意受此约束的声明。该声明可以在任何时间作出。

正如下文所阐述的，公约允许对第92条第1款关于《鹿特丹规则》在国内领土单位的效力、第93条第2款关于区域经济一体化组织参与本公约作出声明。这些声明应当在该缔约国签署、批准、接受、核准或者加入公约时首次作出，[17]尽

16　《海牙规则》未明确禁止或允许公约保留，然而《海牙—维斯比规则》议定书在第8条规定允许缔约方对仲裁条款作出保留。实际上，已经有几个国家对《海牙规则》作了保留，而且有一个国家就《海牙—维斯比规则》议定书作出不同于该公约第8条规定的公约保留。

* 原文如此，根据公约规定，应当为第十四章管辖权和第十五章仲裁。——译者注

17　参见第91条。

管此后可以对该声明作出更改。

第91条还规定了一旦《鹿特丹规则》对该缔约国生效，声明同时生效，并且在生效时间之后收到的声明，将在保存人收到该声明之日起6个月期满后的下个月的第1天生效。此外可以通过书面通知保存人的方式撤回声明或者在公约允许的情况下更改声明，该声明也是在保存人收到书面通知之日起6个月期满后的下个月的第1天生效。

18.7　第92条　对本国领土单位的效力

第92条　对本国领土单位的效力

1. 一缔约国拥有两个或多个领土单位，各领土单位对本公约所涉事项适用不同法律制度的，可以在签署、批准、接受、核准或加入时声明本公约适用于本国的全部领土单位或仅适用于其中的一个或数个领土单位，且可以在任何时间通过提出另一声明修改其所作的声明。

2. 此种声明应通知保存人，且明确指出适用本公约的领土单位。

3. 一缔约国根据本条声明本公约适用于该国的一个或数个领土单位而不是全部领土单位的，一地点位于不适用本公约的领土单位，为本公约之目的，视为不在缔约国内。

4. 一缔约国未根据本条第1款提出声明的，本公约适用于该国的全部领土单位。

《鹿特丹规则》第92条是一个所谓的“联邦条款”，即确认了一些缔约国可能存在两个或多个领土单位，各领土单位对本公约所涉事项适用不同的法律制度。在有关商法、私法或者国际私法的公约中，例如，那些由联合国国际贸易法律委员会精心制定的国际公约中，此类条款十分常见。

为了便利这些国家签署、批准、接受、核准或者加入公约，《鹿特丹规则》允许这些国家可以作出本公约适用于全部或者仅仅适用于部分领土单位的一个声明。若没有这样一个声明，此声明还可随后被修改，则《鹿特丹规则》将对该缔约国所有的领土单位具有约束力。

《海牙规则》和《海牙—维斯比规则》中有一个类似的但是又有些过时的规定，即成员国可以在签署、批准，或者加入时作出一个声明，声明不适用于任何或者其所有的自治领土，或者其殖民地、海外领地、保护地或者在其统治下的领土。

并且允许缔约国在此后加入公约或退出该公约时可以发出类似的声明。[18]

《汉堡规则》没有这样一个类似的规定。

18.8 第93条 区域经济一体化组织的参与

第93条 区域经济一体化组织的参与

1. 由主权国家组成,且对本公约管辖的某些事项拥有管辖权的区域经济一体化组织同样可以签署、批准、接受、核准或加入本公约。在这种情况下,区域经济一体化组织享有的权利和承担的义务应与缔约国相同,但仅限于该组织对本公约所管辖事项拥有管辖权的范围。当涉及本公约下缔约国数目时,区域经济一体化组织内的成员国为本公约缔约国的,该区域经济一体化组织不能算作一个缔约国。

2. 区域经济一体化组织应在签署、批准、接受、核准或加入时向保存人提出声明,指出对本公约所管辖的哪些事项的管辖权已由其成员国转移给该组织。根据本款提出声明后,如果管辖权分配发生任何变化,包括管辖权新的转移,区域经济一体化组织应迅速通知保存人。

3. 本公约中,对"一缔约国"或"缔约国"的任何提及,必要时同等适用于区域经济一体化组织。

根据本公约的调整对象,如果区域经济一体化组织对本公约下争议的事项拥有全部或者部分权利,则合同订约双方可以特别约定允许区域经济一体化组织像缔约国一样参与。为了满足条文中的定义,该组织必须是在一个区域内为实现一个共同的目的而由主权国家组成的团体,并且有关该目的的一些管辖权已经从成员国转移到该组织。常常提及的区域经济一体化组织是指欧盟。

第93条第2款要求区域经济一体化组织在签署、批准、接受或者加入《鹿特丹规则》时,向保存人作出一个本公约下哪些事项的管辖权已由其成员国转移给该组织的声明。管辖权分配方面的任何改变,包括新的管辖权的转移均应当立即通知保存人。另外,公约条文明确规定当涉及本公约下缔约国数量时,如果区域经济一体化组织内的成员国为本公约的缔约国,则该区域经济一体化组织不能算作一个缔约国。

《海牙规则》、《海牙—维斯比规则》和《汉堡规则》没有包含类似的条款,但

---

18 参见《海牙规则》第13条和《海牙—维斯比规则》议定书第15条。

是在联合国其他一些公约中可以看到这样的条款规定。[19]

18.9　第94条　生效

第94条　生　效

1. 本公约于第二十份批准书、接受书、核准书或加入书交存之日起一年期满后的下一个月第一日生效。

2. 一国在第二十份批准书、接受书、核准书或加入书交存日之后成为本公约缔约国的，本公约于交存该国的相应文书一年期满后的下一个月第一日对该国生效。

3. 运输合同于本公约对一缔约国生效之日或生效之后订立的，该缔约国应对其适用本公约。

不应该忽视满足本公约生效条件的重要性，因为这种机制会使得一个条约根据国际法而具有约束力。

《海牙规则》包含了一项非常含糊的规则，即需要成员国在签署公约的两年内决定公约是否应该生效，[20]与《海牙规则》完全不同，本公约第94条非常清楚地对公约生效问题作出规定。事实上，公约规定的文本与《汉堡规则》的规定几乎相同。[21]两个公约都规定在第二十个国家交存批准、接受、核准或者加入的文件一年后公约生效。与《海牙—维斯比规则》以及其他一些海事公约不同，除了公约生效要求的最低缔约国数量之外，并没有对缔约国船舶吨位的最低数量提出要求。从实践的角度来看，在满足公约生效最后要求的批准、接受、核准或者加入的文件交存之后的一段时间，对商业实践来说通常也需要合适的时间以便于适应新的制度。

关于《鹿特丹规则》生效所需要的批准国数量问题的讨论，反映出各个缔约国对该问题的不同关注点。[22]一些国家更加倾向于较少的批准数量，以便于准备承担《鹿特丹规则》义务的那些国家和其他有相似想法的国家能够尽快批准公约。其他国家则比较谨慎，明确表示他们对批准数量过少可能会导致存在多个现存海事运输法律制度的担心，将会因为此种不统一而无法达到公约寻求的和

19　例如，《联合国关于国际合同使用电子通信公约》第17条。

20　参见《海牙规则》第11条。

21　参见《汉堡规则》第30条。

22　参见《第三工作组第二十届会议报告》，UN Doc. A/CN,9/642，第264–271段(2006年)；《第三工作组第二十一届会议报告》，UN Doc. A/CN,9/645，第275–278段(2008年)。

谐目标。为了合理地回应来自各方对该问题的担忧,最终各国选择了二十个缔约国批准的最低要求。

18.10 第95条 修订和修正

第95条 修订和修正

1. 在不少于三分之一本公约缔约国的请求下,联合国秘书长应召开缔约国会议修订或修正本公约。

2. 本公约修正案生效后交存的任何批准书、接受书、核准书或加入书,视为适用于经修正的公约。

由于影响《鹿特丹规则》的条件将来可能需要进行进一步调整,本公约预先设置了在某些条件满足的情况下可能修订和修正条文的规定。与《汉堡规则》[23]的规定几乎一致,本公约规定如果三分之一的缔约国向保存人提出请求,则应当召开一个关于修订和修正公约文本的缔约国大会。《海牙规则》和《海牙—维斯比规则》也对公约可能进行调整作出规定,但是规定只要有一个缔约国提出请求就可以召开缔约国大会。[24]

与《汉堡规则》不同,[25]《鹿特丹规则》没有包含一个允许将来修改赔偿责任限制数额和计算单位的专门规定。在对《鹿特丹规则》条文谈判过程中,有国家认为应当包括一个专门针对本公约下承运人赔偿责任限制数额修订的快速程序,但是考虑到与《海牙规则》、《海牙—维斯比规则》和《汉堡规则》相比较,本公约关于承运人赔偿责任限制数额的规定已经大幅提高,各国最终同意对此可以依照第95条规定的一般修订程序进行即可。[26]

18.11 第96条 退出本公约

第96条 退出本公约

1. 缔约国可以通过向保存人发出书面通知,于任何时间退出本公约。

23 参见《汉堡规则》第32条。

24 参见《海牙规则》和《海牙—维斯比规则》第16条。

25 参见《汉堡规则》第33条。

26 参见《第三工作组第十八届会议报告》,UN Doc. A/CN,9/616,第205-215段(2006年);《第三工作组第二十一届会议报告》,UN Doc. A/CN,9/645,第196-203段(2008年)。

2. 退约于保存人收到通知一年期满后的下一个月第一日生效。通知中指明更长期限的，退约于保存人收到通知后该更长期限期满时生效。

一般情况下，一个缔约方或者按照公约条款的规定，或者经所有缔约国同意，[27]可以单方面撤销或者退出一个条约，从而结束该条约下的义务。同《汉堡规则》一样，[28]《鹿特丹规则》允许一个缔约国在任何时间通过向保存人发出一个正式的书面通知的方式退出该公约。此种退出在保存人收到通知 12 个月期满后下一个月的第一日生效，或者在保存人收到通知之后在该通知指定的更长的期限期满时生效。《海牙规则》和《海牙—维斯比规则》也包括类似的退出条款。[29]

（郭萍、李淑娟翻译）

27　参见 1969 年《维也纳条约法公约》第 54 条。

28　参见《汉堡规则》第 34 条。

29　参见《海牙规则》第 15 条和《海牙—维斯比规则》议定书第 14 条。

第十九章　结　语

拉弗·伊莱克斯·奥提兹(Rafael Illescas Ortiz)*

19.1　公约的制定

《对联合国国际贸易法律委员会有关全程或部分海上国际货物运输合同公约的评论》一书,由荷兰威科法律与商务出版社(Wolters Kluwer Law & Business)出版,这是一个雄心勃勃的计划。然而相比较而言,下列内容更具有雄心:即起草该公约的过程漫长而且烦琐,通过几个联合国机构,即联合国国际贸易法律委员会第四十一届全体会议、联合国安理会第六届委员会以及第六十一届联合国大会,先后通过的程序,使得该公约从当初的公约草案转化为最终的公约。今后一个更具野心的努力就是能够创造各种条件使《鹿特丹规则》能够生效,并且通过其履行成为一个调整全世界海上运输的一个唯一的法律规则。

历史证明国际运输合同法律统一的成就总是令人难以捉摸。众所周知,通过国际团体分别在两种不同情形下达成此种统一;因此就适用于海运的法律制度已经达成立法统一的说法是自欺欺人的结论。

本书的贡献在于揭示了海上运输法律发展沿革的成果,即将2008年公约与海上运输领域内现存的法律制度进行比较。"海上运输"的提法并不完全准确,因为2008年公约也调整那些最终与海运区段相连的陆地、航空或者内河运输区段。正如读者已经有机会赏读了前述章节的研究成果,可以看出国际贸易法律委员会制定的这一公约令人印象深刻,具有一定的创新性并且是专门涉及现代化"门到门"货物运输的一项复杂的法律规则。

该联合国国际贸易法律委员会公约(即《鹿特丹规则》,译者注)对于全球性运输公约开辟了新的思考方式。从20世纪初签署的传统单一海上和航空运输公约,到仅调整地域性的单一陆上运输公约,都未曾存在如本新公约所采纳方式这样的先例。

甚至未能生效的1980年《联合国贸易和发展会议多式联运公约》也不能认为是《鹿特丹规则》的一个体系化的先例。事实上,新公约的出发点并不是意欲

---

*　西班牙马德里卡洛斯第三大学商法学终身教授,联合国国际贸易法律委员会第四十一届会议主席和联合国国际贸易法律委员会第三工作组主席。

在所有可能的运输方式之下再并行确定一种方式。相反,海上运输构成了《鹿特丹规则》的核心内容,因为"门到门"运输中的某一段如果不是通过海运完成的,则该公约并不适用。这种方式史无前例地探索了国际运输法律制度的一种标志性的新途径。

《鹿特丹规则》还包括了以往国际运输公约从未包含的一些问题。正如在本书不同章节中所描述的那样,有关运输法律制度的一些内容首次成为一个国际公约调整的对象。其中涉及的一些问题就是电子运输"单证"的签发,运输单证的控制与转移和有关批量合同的特殊规定。

在这本卓有成效的著作中,那些水平远在本人之上的同事们,对《鹿特丹规则》相关内容分章节分别进行了深入的研究和探讨。

本章的内容就是对联合国制定的《鹿特丹规则》的整体内容以及我的同事们得出的评论进行总结。这是一个不同寻常的工作。作为一个规则,本书所要表达的观点以及《鹿特丹规则》中所包含的各项规则是如此的精确并且具有权威性,以至于没有必要再作出总结。

综上所述,通过笔者表达一下对联合国完成的此项工作的一些想法也许会有些益处。

在过去的六年中,笔者担任了第三工作组的主席,第三工作组负责本公约草案的准备工作并且将公约草案提交给联合国安理会第六届委员会,并最终促使了新公约的完成。这份经历使得笔者能够表述出对第三工作组所经历的各个相关阶段的印象。

除了有关公约各个阶段的描述之外,讨论一下工作组所使用的方法和手段也是一件有趣的事情,即工作组正式审议期间召开长达两周的会议,通常春季在纽约,秋季在维也纳,在这两次会议之间的月份中也会额外召开会议。

最后,那些涉及起草该联合国国际贸易法律委员会新公约的参与者情况,也是最相关和最有趣的一个方面。与以往的情况相比较,有更多的专家参与了该国际公约的起草工作。这不仅是因为近来联合国国际贸易法律委员会成员国数量增加了——现在已经达到了60个国家——而且得幸于相当数量的作为观察员的国家(即非联合国国际贸易法律委员会的成员)和代表运输行业中不同部门和其委托人利益的非政府组织能够定期出席会议。

19.2　划时代的事项

并非敷衍了事,事实上早在1996年,联合国国际贸易法律委员会就再次考虑把起草一个统一的国际货物运输法律制度列入其日程之中。1978年由联合国国际贸易法律委员会主办起草的《汉堡规则》,从其进展情况,无论是从批准国家的数量还是从作为《海牙规则》的一个替代品的角度，都不能令人满意。

《汉堡规则》规定的很多解决方式，因为技术特性而遭到许多海上活动者和经营者的反对并拒绝采纳该规则。联合国国际贸易法律委员会在1996年召开的第二十九届会议第一次强调了要解决海上运输在全球统一化过程中所积压的问题，在其后续召开的会议中[1]再次强调这一点。最后，在2001年召开的第三十四届会议上决定如下：

建立一个工作组以便考虑在将来可能开展工作的报告中对上述问题提出框架性意见(A/CN.9/497)。人们期望秘书处能够为工作组起草一份初步的工作文件，其中包含未来立法文件所可能采取的解决方式的条文，以及可供选择的方案和相关评论意见，这份初步的工作文件是由国际海事委员会完成的。关于工作组工作范围问题，认为应当包括有关赔偿责任方面的事项。联合国国际贸易法律委员会还决定工作组在最初工作时应当考虑覆盖“港到港”运输；但是工作组有权自行决定研究“门到门”运输的有利条件和可行性，或者涉及“门到门”运输的某些方面，而且根据对上述内容研究的成果，向联合国国际贸易法律委员会提出适当扩大工作组工作范围的建议。[2]

2002年，工作组开始考虑由国际海事委员会起草的经过联合国国际贸易法律委员会秘书处修改的那个文本。该文本是作为秘书处制作的注解文件的附件形式首次出现的。[3] 该文本只是对CMI起草的现有文件作了轻微的修订，因为它没有对单个要点进行讨论，但是有一个例外，即关于所提议规则的范围问题，在工作组内部存在不同的分歧意见。事实上，由于委任给工作组开展工作的范围并不明确，因此也导致工作组成员对未来公约的适用范围产生了两种不同的解释。一种观点认为将要制定出的是关于“港到港”运输的规则，另一种观点认为是“门到门”运输的规则。其中第二种规则的适用范围就可能暗含着多式联运的意思，这一点在在工作组内部引起了分歧：很多代表团认为，工作组仅被授权制定“港到港”的国际货物运输合同规则。工作组就授权的范围问题提交到联合国国际贸易法律委员会，请求委员会予以澄清，而对该问题的答复则在不同的场合中予以体现：

在2002年的全体会议中：

---

1 联合国国际贸易法律委员会有关这一问题讨论的进展情况可以参见联合国国际贸易法律委员会，第三工作组（运输法）第九届会议的工作报告，UN Doc. A/CN.9/510（2002年4月15-26日），第4-5段。

2 参见联合国国际贸易法律委员会，联合国国际贸易法律委员会第三十四届会议工作的报告，Supppl. No. 17（A/56/17）（2001年6月25日至7月13日），第345段。

3 参见联合国国际贸易法律委员会，运输法；秘书处注释的有关海上货物运输最初起草文本，UN Doc. A/CN. q/WG. Ⅲ/wp. 21(2002年1月8日)。

联合国国际贸易法律委员会认可了工作组提出的该文件草案应该覆盖“门到门”运输的假设，但是前提条件是工作组考虑该文件草案的实体规定，并在建立于“门到门”公约[4]中相关功能有一个更加彻底的理解之后，再进一步考虑该文件草案的适用范围。

在2003年的全体会议中：

有观点表示有可能在统一责任、法院选择和可协商的合同基础之上通过妥协的方式订立一个“门到门”运输的公约，该公约将不会涉及内陆运输履约方的活动。该观点还表示考虑涉及内陆公路和铁路运输方的利益对实现该文件草案[5]的目标十分重要。

在接下来的一年里“门到门”运输的地位更加明确；在2004年联合国国际贸易法律委员会全体会议的报告中再一次声明：

在2002年召开的第三十五届会议中，联合国国际贸易法律委员会认可了工作组提出的该文件草案应该覆盖“门到门”运输的假设，但是前提条件是工作组考虑该文件草案的实体规定，并在建立于“门到门”公约中相关功能有一个更加彻底的理解之后，再进一步考虑该文件草案的适用范围。

正如该报告所引用的内容，工作组内部关于该公约适用范围的分歧问题已经解决。在2004年召开的会议之后，没有再重提有关该公约适用范围的讨论；工作组已经明确地采纳了这样的观点，即该公约是一个调整“门到门”运输的公约，只要其中一部分运输经由海上即可。

这个问题解决之后，就有必要去解决与现存的区域性陆地公约和可能现存的国内法之间的关系问题。尽管该问题是工作组内部意见分歧最为持久的问题之一，但是在短时间内却获得令人满意的大多数代表的支持。最终决定在那些损坏发生在货物装上船之前或者在货物卸下船之后的案件中限制适用区域性陆地公约，也排除任何国内法的适用。几年来只有少数与会者坚持如下观点，即应当优先考虑适用一些区域性陆地公约［如《国际公路货物运输合同公约》（CMR）和《有关国际铁路货物运输公约》（COTIF），并且根据这种思维模式还应包括《布达佩斯公约》和其他一些航空运输公约］和可能情况下考虑适用国内法。为此本公约规定了在陆地、航空或者内河运输中发生货物灭失、损坏和迟延的承运人赔偿责任。

很明显，观点上的主要分歧在于这些区域性陆地运输公约以及很多国家的

---

4 参见联合国国际贸易法律委员会，联合国国际贸易法律委员会关于其第三十四届会议工作的报告，Supppl. No. 17（A/57/17）（2002年6月17-28日），第224段。

5 参见联合国国际贸易法律委员会，联合国国际贸易法律委员会关于第三十六届会议工作的报告，Supppl. No. 17（A/58/17）（2003年6月30日至7月11日），第207段。

国内法关于赔偿责任限制的数额规定都比较高。

前文提到的“绝大多数”一语首次体现在 2006 年,并且在公约草案的最终的审议中仍然使用该表述。关于该问题的最终一致意见被规定在本公约第 26 条,标题为“海上运输之前或之后的运输”。[6] 因此,国内法将永远不会调整纯粹的海上运输的承运人责任,并且在涉及“门到门”合同时,只有在满足本公约第 26 条规定的各项条件的情况下才会涉及一些调整单一运输方式的公约适用。

一个较为相似的情形就是被认为核心问题的承运人责任基础问题(也是涉及了大多数参与者的关注,不过在公约起草之初,关注的参与者还不太多)。在 2004 年秋季召开的工作组会议期间,代表团们就承运人责任基础问题,在由秘书处完成的最初文本之上提交了一份经改进的文本。

实质上,经改进的这份文本包含三个基本点——(1)保留《汉堡规则》所规定的举证问题的承担、制约和平衡,但是采用了更为复杂的方式;(2)保留有关承运人免责事由的列表方式;(3)对该列表中的列明事项做一些相关修改,虽然免责事项数量减少,但意义重大。具体变化如下:取消航海过失免责,火灾免责范围减少,增加了有关海上安全和保护海洋环境的新免责事由。

该提议被持续讨论了四年。最初,尽管有多数参与者的支持,但是对此仍无法达成一致意见。随后的四年中出现转机并对此达成一致意见,在众所周知的第 5 号会议室文件(RP5)[7] 中,几乎所有参与的代表团都明确表示同意达成一个概括性协议的框架文件,该会议室文件于 2008 年 1 月 23 日通过 [8]——一页薄纸对该草案以及后来成为联合国国际贸易法律委员会公约的命运影响深远。事实上,有关承运人责任基础所达成的协议,既没有体现在所谓的“‘一揽子’妥协协议”的列明事项中,也没有体现在本公约的第 17 条规定中。那份文件仅仅反映了各代表团对责任限制问题所达成的妥协意见。然而,作为第五号会议室文件适当运作的一个默示先决条件,所有的代表团都同意去考虑这个以承运人责任为基础的协议。事实上,责任限制数额条款的运作完全取决于对责任原因的适

---

6 联合国国际贸易法律委员会,关于第三工作组(运输法)第十八届会议的报告,UN Doc. A/CN,9/616(2006 年 11 月 6-17 日),第 216-228 段,以及联合国国际贸易法律委员会,关于第三工作组(运输法)第十九届会议工作报告,UN Doc. A/CN,9/621(2006 年 4 月 16-27 日),第 185-193 段。

7 CRP 是会议室文件(Conference Room Paper)每个单词的首字母缩写。

8 参见联合国国际贸易法律委员会,第三工作组(运输法)关于其第二十一届会议工作报告,UN Doc. A/CN,9/645(2008 年 1 月 14-25 日)[第五号会议室文件]。第五号会议室文件的重要标题被简称为“有关承运人责任限制的‘一揽子’妥协协议”。第五号会议室文件中有关该妥协协议的实质性内容,可以参见第三工作组(运输法)关于其第二十一届会议工作报,第 197 段。

当划分问题。[9]

在该联合国国际贸易法律委员会公约中，一个最具创新的条文规定是合同自由条款。这也是海上运输法公约第一次包含这样的一个规则，该规则允许合同当事方订立条款背离公约有关承运人责任的强制性规定。这也意味着各国代表团对这个新的制度很难达成一致意见，直到公约谈判的最后一刻，该规则才被确定下来。

尽管从公约起草工作一开始——即 2002 年和 2003 年的会议上——就有一些国家的代表团正式声明主张合同自由，并且这些代表团随后在对待责任问题上又转而坚持采用一种新的补充立法方式，但是最初在这个议题上并未能够达成一致意见。事实上，其他一些国家的代表团强烈反对该创新。支持对责任规则采用传统的强制性规定的团体，也影响着很多国家的代表在是否需要作出变革的问题上犹豫不决。这样的争辩不计其数。

在上述争论中，又有人提出应当对中小托运人以及面对强大谈判竞争对手的承运人予以保护。令人惊讶的是，在工作组讨论期间存在的这个分歧不是发生在发展中国家和发达国家。相反，是发达国家之间在支持和反对适用合同自由新规定的问题上产生了分歧，并且这种分歧在很多届会议上一直持续。

最终工作组在最后一刻对此达成了共识。对最终的条文内容并非没有任何异议，但是仍然获得相当数量国家代表的支持。

作为"'一揽子'妥协协议"的一部分，采纳一项交易规则，对"门到门"运输和其海运区段运输而言并不构成合同自由的一个纯粹的、概括性的声明。人们同意在该公约中增加一个所谓的"批量合同"的规定，就是为了能够针对一般运输合同提供一个可供选择的规则。针对批量合同而言，与先前现存的海运公约一样，本公约对尤其涉及承运人责任方面的规定是强制性的。然而，如果能够满足第 80 条规定的各项条件和特殊规则要求，本公约允许运输当事方对第 1 条第 2 款定义的批量合同的内容进行协商。如果存在这种情形，则批量合同当事方可以在本公约有关一般运输合同的强制性规定之外，约定增加或者减少权利、义务和责任。

9　在通过第五号会议室文件六个月后的联合国国际贸易法律委员会全体会议上，就有人提出关于责任限制实际达成的协议和有关责任基础的默示协议之间相互依赖的问题。一般的理解认为这两个协议之间是相互依存并且相互作用：尽管没有在第五号会议室文件中有所体现，第 17 条构成"'一揽子'妥协协议"中默示的条件，参见联合国国际贸易法律委员会，联合国国际贸易法律委员会第四十一届会议工作报告，Suppl. No. 17，(A/63/17)(2008 年 6 月 16 日至 7 月 3 日)，第 76 段落，在提及与第 18 条的关系中，表明："另外，该草案条款是各方利益平衡的体现，对该条款实质内容的任何改变都会必然涉及对本公约草案其他部分的调整，而这些条款实际上都是经过审慎、仔细的谈判并达成妥协的结果"。

在保持了一些共同点的同时,这就意味着该联合国国际贸易法律委员会公约在包含了海运区段的“门到门”运输下提供了两种不同的制度:一是按照公约第79条的规定,采用表面上具有强制性特征的一般制度;二是在一些不可协商的法定条件下,授予批量合同享有高度合同自由的制度。这是一个非常显著的变化,而且与之前很多国家代表团和观察员的意图和观点有所不同。未来将会验证此种妥协和创新是否是明智的。很显然,本公约包括了对港到港国际货物运输合同的强制性规制。

工作组为了简化该草案文本,以及为了加快公约条文审议的进程,决定删除有关运费的一整章条文规定,而仅保留了第42条“运费预付”。删除上述内容的决定是在2006年秋季召开的会议上有关公约草案谈判的早期阶段作出的。删除这些内容是必要的,因为关于该问题缺少国际先例并且很多国家的代表对公约针对这个主题设置一章的用处明确表示怀疑。然而,制定有关运费的一些规则将是未来应当由一些国际机构完成的一项任务。对于这些规则应该采用何种法律模式还未确定。

关于管辖权问题,工作组达成了全面共识,讨论该问题时还包括了来自欧盟的代表。在接下来的仲裁问题上采用了类似的决定。众所周知,根据其宪章,欧盟有权代表其成员国与第三方就管辖权问题的国际公约进行谈判。同样欧盟还被授权可以就涉及管辖权章节的其他诸多条约,例如本联合国国际贸易法律委员会公约,进行谈判。

事实上,本联合国国际贸易法律委员会公约有关管辖权一章的规定篇幅较长且内容详尽。该章节开头的一些内容采用了《汉堡规则》已有的一些规定。这一点和该章节的其他内容,致使欧盟同意对本章整体内容采用可选择的模式。此种选择权将允许缔约国在批准本公约时可以做出决定是否接受公约关于管辖权的规则,或者,相反地在批准该联合国国际贸易法律委员会公约时作出不选择适用的声明,因此不受管辖权这一章的约束。在后一情形下,有关管辖权(和管辖权条款)的问题仍将根据适用的准据法予以确定。

在如此重要的问题上缺乏应有的统一机制是一件令人遗憾的事情。然而,工作组在第二轮平行谈判时遇到一些阻碍。一方面是在欧盟成员国和欧盟委员会之间有一个内部谈判。另一方面,在工作组范围内正式审议期间,因为所有参与工作组的欧盟成员弃权,因此在欧盟委员会和工作组之间也存在一个谈判。最终,在公约草案讨论的后续会议期间,各方对此种可选择适用的模式达成妥协,并且所有与会者认为这是可以接受的模式。

仲裁这一章也采用了类似的方式。尽管存在欧盟在仲裁问题上并没有任何授权的这个事实,但是工作组发现仲裁和管辖权这两章存在大量的相似之处,因此采用了类似的处理方法。[10]

因此根据相同的妥协安排,本公约规定缔约国在批准公约时可以做出选择适用的声明,从而将仲裁这一章的内容包含在其可接受的法律主体内容之下。

关于承运人赔偿责任限制数额的问题在多年的谈判中一直是难以解决的问题。在会议讨论最初的六年中,没有一个国家代表愿意对实际的责任限制数额表达观点。但是很多国家代表都意识到这些限制数额的确定是本公约草案下托运人和承运人之间利益平衡重建的最后手段——简单地说,是对由于该公约草案其他一些条款导致的任何利益不平衡性进行最后救济的一种方式。因此,在会议结束的最后一刻,才对赔偿责任限制数额达成共识(但并非得到全体与会者一致同意),而且该数额的确定也是 2008 年年初形成的第五号会议室文件内容所体现的利益权衡的一个部分。

正如现在大家所了解的,作为"'一揽子'妥协协议"的一部分,在"公约草案第 62 条第 1 款中规定责任限制数额应为每件 875 特别提款权和每公斤 3 特别提款权,该条款其他内容相应调整"[11](译者注,英文原文如此,根据公约规定,应为第 59 条第 1 款)。这些责任限制数额没有作任何改变并且是现在联合国国际贸易法律委员会公约第 61 条所确定下来的承运人赔偿责任限制数额(原文如此,但是最终通过的《鹿特丹规则》文本有关承运人赔偿责任限制数额的规定是在第 59 条,内容没有变化,只是条文数目与本书作者提及的数目有所不同。——译者注)。

本公约最终采用的责任限制数额比《汉堡规则》相应规定的数额要高;就每公斤计算出的赔偿责任限制数额而言,是《海牙—维斯比规则》中所确定数额的二倍。一些区域性调整单式运输的国际公约规定的赔偿责任限制数额要比该联合国国际贸易法律委员会公约所规定的数额高出二倍,更不说航空运输公约规定的责任限制数额就更高了。这也从中表明一些国家的代表在针对"'一揽子'妥协协议"时面临很多困难并且也可以解释一些国家仍然对最终提出的数额不

---

10 关于同等对待管辖权和仲裁问题的理由,参见联合国国际贸易法律委员会,第三工作组(运输法)关于第十八届会议工作报告,UN Doc. A/CN,9/616(2006 年 11 月 6–17 日),第 268 段、第 272–275 段。

11 参见联合国国际贸易法律委员会,第三工作组(运输法)关于其第二十一届会议工作报告,UN Doc. A/CN,9/645(2008 年 1 月 4–25 日)[第五号会议室文件],表明 30 个参与国表示支持如下的文本。许多其他的成员国和观察国参与了该提议,少数国家表示担心。关于该共同提议的讨论,参见第二十一届会议工作报告,第 198–203 段;在同一届会议中关于该问题的讨论,参见第二十一届会议工作报告,第 183–188 段。关于责任限制的条款最后的编号是 61;它在 2008 年委员会会议期间的讨论中被明确;这些关于联合国国际贸易法律委员会的讨论,参见联合国国际贸易法律委员会(运输法)关于其第四十一届会议工作报告,附件 17(A/63/17)(2008 年 6 月 16 日至 7 月 3 日),第 195–200 段。

满意这个事实。值得强调的是,存在不同意见并进行争辩的结果是真正达成一个妥协,尽管该妥协内容和与会者的出发点之间还存在一些偏差。

对本公约如何处理承运人和托运人之间利益平衡的问题上,各国代表团均强烈反映出其所处的立场观点。作为争论的结果,各国代表团都意识到,所有支持或者反对最小责任限额、最大责任限额,或者中间数值的责任限额的争论(和争论背后的动机)都反映出利益之间的平衡。在一系列的原因中,主张更高责任限制数额的一方,提出很多理由,主要包括如下:调整货物运输的其他国际公约均规定了较高的责任限制数额;本公约草案不仅涵盖了海上运输,而且还包括多式联运;并且本公约草案第62条(原文如此,应当为第59条——译者注)规定的责任限额针对承运人违反本公约义务的所有情形而不仅限于货物的灭失或损坏。而持相反意见的人则主张本公约在风险分配已经发生了很大转变,尤其是增加了承运人责任,因为目前承运人存在持续适航义务并且不能够再利用航海过失予以抗辩;即使根据《海牙—维斯比规则》规定的责任限制数额的规定,大约90%的货物损失都要低于《海牙—维斯比规则》的责任限额;在集装箱运输船舶大型化的时代,较高的责任限制数额将会增加承运人的金融风险,使得承运人的责任几乎不可能以一个可以接受的费率投保;较高的责任限制是不切实际的并且仅是由于政治动机而不是基于商业上的考虑。对此作为回应的是,船舶所有人可以受益于国际海事组织制定的《海事赔偿责任限制公约》(LLMC)以及针对该领域的一些国内法律制度[12]所规定的综合责任限制制度。

工作组关于承运人责任限制的最终数额达成一致意见,并且不再考虑各方的意见讨论,尽管各国代表团对于该问题已经进行了深入而反复的讨论,也不论相关争论是持支持意见还是反对意见。因此作为2008年1月确立的"一揽子"妥协协议的整体内容,尤其有关承运人责任限制数额的特别规定,经过工作组会议以及联合国国际贸易法律委员会会议讨论通过,被保留在本公约最终文本中。

这些内容都是本公约草案制定中具有划时代意义的事项。经过工作组各国代表团或多或少的努力,对其他一些相关问题均达成了一致意见。例如,电子运输"单证"的签发;集装箱运输的法律制度;控制权的构建及其功能;交货制度等。然而在公约草案谈判的过程中,这些内容都不如前文详细述及的八点内容(或者划时代的事项)来得重要。

---

12 上述语句选自联合国国际贸易法律委员会,联合国国际贸易法委员会关于第四十一届会议工作报告,Suppl. 17(A/63/17)(2008年6月16日至7月3日),第183-187段,可以看出为了达到利益平衡,对公约草案进行谈判的人们克服了很多具体的困难。

19.3　公约制定的方法

制定本公约所采用的方法与联合国国际贸易法律委员会制定其他公约时所通常采用的方法没有明显差别——即集多元化于一体的方法，公约条文内容融合了各方利益平衡、实际商业习惯、相关法律领域卓有成效的规则以及颇具价值的一些法院判决先例。这个结果使得本公约并不具有在世界范围内对不同法律体系有关法律问题予以解决的绝对优势。

公约草案采用混合方法，才有可能达到传统优势因素结合的目标。这些支持2008年公约和为2008年公约做准备工作的不同优势元素包括：联合国国际贸易法律委员会秘书处和国际海事委员会（CMI）之间最初的合作；在起草公约草案的会议中各方利益相关者非常积极且持久的参与；把相关机构之间达成的共识作为订立协议的唯一方式；避免采用大多数国际规则制定时所采用的外交会议方式，而是由工作组召开的参与者众多的一系列会议的方式所代替；在会议闭会期间，使用电子通信或者相关技术对公约草案进行讨论并且便利新补充的建议的提出并对这些建议进行汇总。下文是对有关该2008年公约一些优势元素的评价。

联合国国际贸易法律委员会秘书处和国际海事委员会之间最初的合作为大家所了解并且在上文已经予以讨论。起草工作的最初动议始于20世纪末期的最后几年。国际海事委员会与联合国国际贸易法律委员会取得联系，并且在接下来每年召开的联合国国际贸易法律委员会会议上都对国际海事委员会所提议的制定新国际公约的可能性问题进行讨论。从方法论的角度来讲，这一点很重要，因为它揭示了联合国国际贸易法律委员会秘书处和作为海商法领域的一个最大的全球性机构（CMI）之间的协作。这种方式是联合国国际贸易法律委员会通常制定公约方式的一个新发展，即通常是由委员会秘书处将第三方提交的文件改编成该公约草案或示范法。因此，公约的起点以及核心问题几乎是所有各利益方谈判结果的反映，而且在或大或者或小的范围内，也反映了全球贸易经营者的需求和目标。这些类型和程序都是联合国国际贸易法律委员会内部采用的，但是事实上，一些公约最初的起草者是第三方。因而，本公约动议的发起并非源自“象牙塔”。

本人提及在本公约草案起草过程中，联合国国际贸易法律委员会和运输法利益相关方之间开展了十分积极和持久的对话。从每次会议参与者的名单中可以看出联合国国际贸易法律委员会作出很多努力。除了联合国国际贸易法律委员会成员国，一些观察员也都参与了公约草案讨论。观察员分为两类：一类是联合国成员国，但并非联合国国际贸易法律委员会的成员国；另一类是对正在谈判中的公约感兴趣的国际公共组织或国际私人组织——事实上这些组织都是非政府间组织。在该2008年公约下,观察员代表全球货物贸易中方方面面的利益者,如承运人、托运人、保险人、货运代理人、港口和运输终端者、法律协会、私人代理机构、仲裁机构、商业团体等。另外,联合国体系内的其他一些机构也接受作为观察员地位参会,如联合国贸易和发展会议,以及联合国体系外的一些区域性经济一体化组织。[13]所有这些观察员都有发言权并且有权向联合国国际贸易法律委员会提交书面提案。此种机制确保由联合国国际贸易法律委员会所作出的所有决定都能够考虑不同利益方甚至是针锋相对的利益方的意见。这不是仅仅开放了"象牙塔"的问题,也体现了该草案文本的高度合法性。

在联合国国际贸易法律委员会下,由其成员国达成的协议只能通过达成共识的方式,而达成共识是制定本公约96个条款中每一个条款所采用的方法。达成共识并不仅暗含着大多数人同意。对一个"占主导地位的观点"进行界定并非易事,因为在会议中该观点不仅应当被会议主席所赞同,并且对会议主席所接受的这个观点享有投票权的任何一个国家的代表团对此观点也不持否定意见。有时候想要通过一个草案文本并不是简单的事情,但是在达成共识基础上订立的公约文本则具有更加广泛的合法性和可接受性。

采用此种达成共识的方式订立公约,不但降低了召开最终外交会议的必然性,并且也避免了在会议上把多数投票制作为通过决定的唯一方式。将达成共识作为做出决定的一种方式,就需要工作组系统地召开会议,并且要有不同利益方积极广泛地参与会议为前提。事实上,从2002年到2008年,工作组每年召开两次会议,而2008年是个例外(仅召开一次会议)。还应该注意的问题是工作组召开的会议延长了会议时间,即每次会议的时间是两周而非联合国国际贸易法律委员会通常一周的开会时间。针对该2008年公约草案,给予了长达六个工作月(而非三个工作月)的时间就该公约内容举办讲座、进行争辩和达成共识,上文所述及的工作组有关举办会议时间及方式的做法与这里提及的六个工作月相对应。和外交会议通常的持续时间(一个月或者两个月)相比较,这暗示着增加了进行讨论和达成协议的可能性。

不仅是在工作的六个月期间,在工作组召开会议之间的闭会期间,很多代表团通过电子通信和相关技术对公约涉及的一些问题进行不间断的争论。从本公约草案工作的开始,就在感兴趣的代表之间建立了一个电子网络平台,并且为了

---

13 参会者临时名单参见那些包含了所有实际参会人员名单并进行有限分配的文件。工作组最后一次会议于2008年1月14-25日在维也纳举行,其参会人员名单可见2008年1月18日公布的名称为A/CN.9/WG.III/XXI/INF/1的文件。这份名单包括39个联合国成员国,21个观察员和包括联合国体系内的国际组织、政府间组织和非政府间组织在内的共14个国际组织。

交换意见,提出提案以及讨论将在下届工作组会议中争论的问题,还专门建立了一个网站。[14] 该电子网络平台的工作语言是英语;网络平台的功能是对所有代表团开放用以讨论公约的内容和提出相关建议。在过去的几年中,证明这个网络平台非常实用。这个网络平台也反映了公约谈判过程中各方的观点和立场,并且在很多场合下减少了与会代表们的分歧。该电子网络平台和网站在联合国国际贸易法律委员会闭会期间起到很大帮助,便利各国代表进行在线头脑风暴,而且对新的观点进行验证。

联合国国际贸易法律委员会不只一次对使用电子通信方式来促进工作[15]的做法表示满意。然而,事实上一些国家对于通讯组仅仅采用英语作为唯一的工作语言而不是使用联合国六种官方语言的做法提出批评。[16]尽管如此,笔者仍然认为联合国国际贸易法律委员会各个工作组,应当借鉴起草该2008年公约的经验,使用电子通信系统来加快他们的工作进度。通过现代技术解决语言问题应该是很容易的事情。而在工作组内部进行充分的辩论则会带来相当可观的便利条件。

联合国国际贸易法律委员会的主要工作方式就是使用工作组。使用秘书处也是惯常的做法。对某些问题存在共同兴趣的两个不同工作组之间召开非正式专家会议是不同寻常的做法。而工作组在涉及本公约草案相关章节的讨论时,专门针对仲裁和电子商务问题就安排了几次这样的专家会议。

基于如上讨论的各方面原因,笔者认为,该2008年公约在制定过程中混合使用多种方法的结果,能够反映当今的商业需求和实践做法,而这些内容都得到了深入而广泛的讨论。该公约的成功得益于参与者具有全球范围内丰富的司法经验,也得益于众多机构的参与,国际海事委员会以及联合国国际贸易法律委员会制定的有关运输法的文件也对本公约的起草起到不可忽视的作用。

---

14 该网站是根据瑞典代表团2004年5月11日在纽约提出的名为"未来议程和建立一个通讯组"的提议而建立的。关于该提议及其发展,参见联合国国际贸易法律委员会,第三工作组(运输法)关于第十三届会议工作报告,UN Doc. A/CN,9/552(2004年5月3日至14日),第167段,即该文件的最后一个部分。几个月后斯德哥尔摩大学法学院 Axel Axson Johnson 海商及贸易法律研究所建立该网站,网站的协调者就是本书编辑之一的约翰·斯蔡林副教授。

15 第一次提及是在联合国国际贸易法律委员会,联合国国际贸易法律委员会关于第三十九届会议工作报告(译者注:原文如此,应当是笔误,因为经过译者核对,应该是第三十六届会议工作报告,而非第三十九届会议), Suppl. No. 17(A/58/17)(2003年6月30日至7月11日),第208段,其中明确提出了"电子邮件";另外,参见联合国国际贸易法律委员会关于第三十九届会议工作的报告,Suppl. No. 17(A/61/17)(2006年6月19日至7月7日),第196段。

16 联合国国际贸易法律委员会,联合国国际贸易法律委员会关于第三十八届会议工作的报告,Suppl. No. 17(A/60/17)(2005年7月4日至15日),第184段。

19.4 公约的参与者

最后不得不提及的是该2008年公约的参与者——各国代表团和代表们。他们都是本公约文本的真正作者。从秘书处提出书面的最初文本开始并且在秘书处持久不变的大力支持下，这些与会代表们进行了长达将近七年的合作，最终达到顶峰并完成这一雄心勃勃的成果。虽然在公约起草之初主要表现为质疑、有时是不情愿，但是对现存公约给予更多关注，一些国家代表团也转变了态度，变得更加专注甚至狂热。

这样一个智力成果在联合国国际贸易法律委员会诸多贡献中屡见不鲜。然而，如果能够称其为新鲜的就是，从召开本公约草案第一次会议直到所有会议结束的最后时刻，工作组内部一直存在不同意见和分歧。在1978年《汉堡规则》的争论中，持有不同法律地位和各方利益的代表们所处的立场泾渭分明。在不考虑各自法律体系的前提下，各国在运输领域可以被划分为两个群体，一方是代表托运人利益的国家，另一方是代表承运人利益的国家。这种界限分明的划分局面在二十四年后对本公约草案进行充分讨论中并没有出现。

这是过去几十年中世界发生变化的一个见证。原本界限分明的两个群体在2002年被分成四个相关联的群体，而这四个群体之间并没有非常明显的行业界限。从地域分配而言，只有非洲国家的这个群体特征比较突出，即代表了托运人一方的利益。而这些非洲国家的代表们在公约草案审议期间的表现也令人惊讶，不仅参与代表人数众多，发言非常踊跃，具有非常丰富的经验，并且相互之间协同作战。

金砖四国（巴西、俄罗斯、印度和中国）则在很多争论中扮演着调解人的角色，通常情况下支持对旧有规则进行改革，同时又对运输领域内的一些技术性创新表示理解。泛太平洋地区的国家也是组织有序且多数情况下支持那些反映商业现实的公约条文。最后，西欧和其他国家（WEOC）[17]在公约草案审议期间一如既往地保持坚定，虽然对于公约文本的技术性问题和要并入本公约的法律渊源问题存在分歧；但是这些国家为了达到这个共同的目标，即寻求统一国际运输法律的新途径而一直坚持不懈。

（郭萍翻译）

---

17 根据联合国通常的称谓，WEOC是指"西欧和其他国家"（Western Europe and Other Countries），其他国家主要包括：澳大利亚、加拿大、新西兰和美国。

附录　联合国全程或者部分海上国际货物运输合同公约*

本公约缔约国，

重申相信在平等互利基础上发展国际贸易是促进各国之间友好关系的一个重要因素，

深信通过逐步协调统一国际贸易法，减少、消除国际贸易流通法律障碍，将大大促进所有国家在平等、公平和共同利益基础上的普遍经济合作，造福于各国人民，

承认1924年8月25日在布鲁塞尔签署的《统一提单若干法律规则国际公约》及其各项议定书以及1978年3月31日在汉堡签署的《联合国海上货物运输公约》对协调海上货物运输法律的显著贡献，

考虑到自这两项公约通过以来的技术和商业发展以及整合和更新这两项公约进行的必要性，

注意到托运人和承运人无法利用一个有约束力的普遍性制度支持涉及其他运输方式的海上运输合同的运作，

相信采用统一规则，对全程或者部分海上国际运输合同进行规范，将促进法律确定性，提高国际货物运输效率，便利过去相距遥远的当事人和市场获得新的准入机会，从而对促进国内、国际贸易和经济发展发挥极其重要的作用，

兹商定如下：

第一章　总　　则

第一条　定　　义

在本公约中：

一、"运输合同"是指承运人收取运费，承诺将货物从一地运至另一地的合同。此种合同应对海上运输作出约定，且可以对海上运输以外其他方式的运输作出约定。

二、"批量合同"是指在约定期间内分批装运约定数量货物的运输合同。货物总量可

---

* 本附录公约文本采用传统中文表达形式，款、项、目分别使用一、(一)、1的方式，而译者正文中援引的公约条文，为了尊重作者英文文字表述的习惯，款、项、目分别使用1、(a)、(i)的方式，提请读者注意上述差异。——译者注

以是最低数量、最高数量或者一定范围的数量。

三、“班轮运输”是指通过公告或者类似方式向公众提供的运输服务,包括按照公布的船期表在特定港口之间定期运营的船舶运输。

四、“非班轮运输”是指不属于班轮运输的任何运输。

五、“承运人”是指与托运人订立运输合同的人。

六、(一)“履约方”是指承运人以外的,直接或者间接在承运人的要求、监督或者控制下,履行或者承诺履行承运人在运输合同下有关货物接收、装载、操作、堆置、运输、保管、照料、卸载或者交付的任何义务的人。

(二)“履约方”不包括非由承运人而由托运人、单证托运人、控制方或者收货人直接或者间接委托的任何人。

七、“海运履约方”是指凡在货物到达船舶装货港至货物离开船舶卸货港期间履行或者承诺履行承运人任何义务的履约方。内陆承运人仅在其履行或者承诺履行的服务完全在港区范围内的服务时方为海运履约方。

八、“托运人”是指与承运人订立运输合同的人。

九、“单证托运人”是指托运人以外的,同意在运输单证或者电子运输记录中被记名为“托运人”的人。

十、“持有人”是指:

(一)可转让运输单证的占有人;并且1. 若单证为指示单证,该单证所载明的托运人或者收货人,或者经妥善背书的被背书人;或者2. 若单证为空白背书的指示单证或者不记名单证,该单证的持单人;或者

(二)指根据第九条第一款述及的程序,可转让电子运输记录的被签发人或者受让人。

十一、“收货人”是指根据运输合同或者根据运输单证或者电子运输记录有权提货的人。

十二、货物“控制权”是指根据第十章按运输合同向承运人发出有关货物的指示的权利。

十三、“控制方”是指根据第五十一条有权行使控制权的人。

十四、“运输单证”是指承运人根据运输合同签发的单证,该单证:

(一)证明承运人或者履约方已收到运输合同下的货物;并且

(二)证明或者包含一运输合同。

十五、“可转让运输单证”是指通过“凭指示”或者“可转让”之类的措辞,或者该单证所适用的法律承认具有同等效力的其他适当措辞,表明货物已交运并且应按照托运人的指示或者收货人的指示交付,或者应交付给持单人,且未明确注明其为“不可转让”或者“不得转让”的运输单证。

十六、“不可转让运输单证”是指不属于可转让运输单证的运输单证。

十七、“电子通信”是指以电子、光学、数码或者类似方式生成、发送、接收或者存储的信息,通信内容可供调阅,随后可供援引使用。

十八、“电子运输记录”是指承运人根据运输合同以电子通信方式发出的一条或者数条电文中的信息，包括作为附件与电子运输记录存在逻辑联系的信息，或者在承运人签发电子运输记录的同时或者之后以其他方式与之链接，从而构成电子运输记录一部分的信息，该信息：

（一）证明承运人或者履约方已收到运输合同下的货物；并且

（二）证明或者包含一项运输合同。

十九、“可转让电子运输记录”是指满足下列条件的一种电子运输记录：

（一）其中通过“凭指示”或者“可转让”之类的措辞，或者根据该记录所适用的法律承认具有同等效力的其他适当措辞，表明货物已按照托运人的指示或者收货人的指示交付，且未明确注明其为“不可转让”或者“不得转让”；并且

（二）其使用符合第九条第一款要求。

二十、“不可转让电子运输记录”是指不属于可转让电子运输记录的电子运输记录。

二十一、“签发”可转让电子运输记录，是指按照确保该记录自生成至失去效力期间处于排他性控制之下的程序所签发的记录。

二十二、“转让”可转让电子运输记录，是指转让对该记录的排他性控制。

二十三、“合同事项”是指运输单证或者电子运输记录中载明的与运输合同或者与货物有关的任何信息（包括条款、批注、签名和背书）。

二十四、“货物”是指承运人根据运输合同承运的任何种类的制品、商品和物件，包括非由承运人或者非以承运人名义提供的包装以及任何设备和集装箱。

二十五、“船舶”是指用于海上货物运输的任何船只。

二十六、“集装箱”是指任何类型的集装箱、运输罐柜或者板架、交换式车厢或者用于集装货物的任何类似货载单元及其附加设备。

二十七、“车辆”是指公路或者铁路货运车辆。

二十八、“运费”是指根据货物运输合同应向承运人支付的运输货物的报酬。

二十九、“住所”是指（一）公司、其他法人、自然人社团或者法人社团的下列所在地：1. 法定处所或者组建地，或者注册的中心办事处，以适用者为准；2. 中心行政管理机构；3. 主要营业地；及（二）自然人的惯常居住地。

三十、“管辖法院”是指一缔约国内，根据本国法院之间管辖权内部划分的规定可以对某一争议行使管辖权的法院。

第二条　本公约的解释

在解释本公约时，应当考虑到本公约的国际性以及促进在国际贸易中统一适用本公约和遵守诚信的需要。

第三条　形式要求

第十九条第二款，第二十三条第一款至第四款，第三十六条第一款第（二）项，第（三）项和第（四）项，第四十条第四款第（二）项，第四十四条，第四十八条第三款，第五十一条

第一款第(二)项,第五十九条第一款,第六十三条,第六十六条,第六十七条第二款,第七十五条第四款以及第八十条第二款和第五款述及的通知、确认、同意、约定、声明和其他通信应当采用书面形式。经信息接收人和发送人同意的,可以为此目的使用电子通信。

第四条 抗辩和赔偿责任限制的适用

一、承运人根据本公约享有的有关抗辩或者限制其赔偿责任的规定,适用于以违约、侵权或者其他理由为依据,就运输合同所涉货物的灭失、损坏或者迟延交付或者就违反本公约规定的其他任何义务,对下列人提起的任何司法程序或者仲裁程序:

(一)承运人或者海运履约方;

(二)船长、船员或者在船上履行服务的其他任何人;或者

(三)承运人或者海运履约方的受雇人。

二、托运人或者单证托运人根据本公约规定享有的抗辩,适用于以违约、侵权或者其他理由为依据,对托运人、单证托运人或者其分合同人、代理人或者受雇人提起的任何司法程序或者仲裁程序。

第二章 适用范围

第五条 一般适用范围

一、除须遵循第六条规定外,本公约适用于收货地和交货地位于不同国家且同一海上运输的装货港和同一海上运输卸货港位于不同国家的运输合同,条件是运输合同约定以下地点之一位于一缔约国:

(一)收货地;

(二)装货港;

(三)交货地;或者

(四)卸货港。

二、本公约的适用不考虑船舶、承运人、履约方、托运人、收货人或者其他任何有关方的国籍。

第六条 特定除外情形

一、本公约不适用于班轮运输中的下列合同:

(一)租船合同;和

(二)使用船舶或者其中任何舱位的其他合同。

二、本公约不适用于非班轮运输中的运输合同,但下列情形除外:

(一)当事人之间不存在使用船舶或者其中任何舱位的租船合同或者其他合同;并且

(二)运输单证或者电子运输记录已签发。

第七条 对某些当事人的适用

虽有第六条的规定,如果收货人、控制方或者持有人不是被排除在本公约适用范围之

外的租船合同或者其他运输合同的原始当事人，本公约仍然在承运人与上述当事人之间适用。但是，如果根据第六条规定，上述当事人是被排除在外的运输合同的原始当事人，则本公约在此等原始当事人之间不适用。

第三章　电子运输记录

第八条　电子运输记录的使用和效力

在不违反本公约要求的前提下：

（一）凡根据本公约应在运输单证上载明的内容，均可在电子运输记录中加以记载，但电子运输记录的签发和随后的使用须征得承运人和托运人的同意；并且

（二）电子运输记录的签发、排他性控制或者转让，与运输单证的签发、占有或者转让具有同等效力。

第九条　可转让电子运输记录的使用程序

一、使用可转让电子运输记录，应当符合包含以下内容的程序：

（一）向意向持有人签发和转让可转让电子运输记录的方法；

（二）可转让电子运输记录保持完整性的保证；

（三）持有人能够证明其持有人身份的方式；和

（四）已向持有人交付货物的确认方式，或者根据第十条第二款或者第四十七条第一款第（一）项第 2 目和第（三）项，可转让电子运输记录已失去效力的确认方式。

二、本条第一款规定的程序应当在合同事项中载明且易于核查。

第十条　可转让运输单证或者可转让电子运输记录的替换

一、如果可转让运输单证已签发，且承运人与持有人约定以可转让电子运输记录替换该运输单证：

（一）持有人应向承运人提交该可转让运输单证，若签发一份以上单证的，应提交全部单证；

（二）承运人应向持有人签发可转让电子运输记录，其中应包括一项替换该运输单证的声明；并且

（三）该运输单证随即失去效力。

二、如果可转让电子运输记录已签发，且承运人与持有人约定以可转让运输单证替换该电子运输记录：

（一）承运人应向持有人签发替换该电子运输记录的可转让运输单证，其中应包括一项替换该电子运输记录的声明；并且

（二）该电子运输记录随即失去效力。

第四章 承运人的义务

第十一条 货物的运输和交付

承运人应根据本公约,按照运输合同的约定将货物运至目的地并交给收货人。

第十二条 承运人的责任期间

一、承运人根据本公约对货物的责任期间,自承运人或者履约方为运输而接收货物时起,至货物交付时终止。

二、(一)根据接收货物地的法律或者规定,货物应交给某主管当局或者其他第三方,承运人可以从该主管当局或者该其他第三方处提取货物的,承运人的责任期间自承运人从该主管当局或者其他第三方处接收货物时开始。

(二)根据交付货物地的法律或者规定,货物应交给某主管当局或者其他第三方,收货人从该主管当局或者其他第三方处提取货物的,承运人的责任期间至承运人将货物交给该主管当局或者其他第三方时终止。

三、为确定承运人的责任期间,各当事人可以约定接收和交付货物的时间和地点,但运输合同条款作如下约定的即为无效:

(一)接收货物的时间是在根据运输合同开始最初装货之后;或者

(二)交付货物的时间是在根据运输合同完成最后卸货之前。

第十三条 具体义务

一、除须遵循第二十六条的规定外,承运人应在第十二条规定的责任期间内,妥善而谨慎地接收、装载、操作、堆置、运输、保管、照料、卸载并交付货物。

二、虽有本条第一款规定,在不影响第四章其他规定以及第五章至第七章规定的情况下,承运人与托运人可以约定由托运人、单证托运人或者收货人装载、操作、堆置或者卸载货物。此种约定应在合同事项中载明。

第十四条 适用于海上航程的特定义务

承运人须在开航前、开航当时和海上航程中谨慎处理:

(一)使船舶处于且保持适航状态;

(二)妥善配备船员、装备船舶和补给供应品,且在整个航程中保持此种配备、装备和补给;并且

(三)使货舱、船舶其他一切载货处所以及承运人提供的载货集装箱适于并安全接收、运输和保管货物,且保持此种状态。

第十五条 可能形成危险的货物

虽有第十一条和第十三条规定,如果货物对人身、财产或者环境具有实际危险或者在承运人责任期间内适度显现有形成此种危险的可能性,承运人或者履约方可以拒绝接收

或者装载货物,且可以采取将货物卸下、销毁或者使之不能致害等其他合理措施。

第十六条　海上航程期间牺牲货物

虽有第十一条、第十三条和第十四条规定,承运人或者履约方仍可以在海上牺牲货物,但应以为了共同安全而合理作出的,或者是为了保全同一航程中人命或者其他财产,使之免遭危险而合理作出的牺牲为限。

第五章　承运人对灭失、损坏或者迟延交付的赔偿责任

第十七条　责任基础

一、如经索赔人证明,货物灭失、损坏或者迟延交付,或者造成、促成了灭失、损坏或者迟延交付的事件或者情形发生在第四章规定的承运人责任期间,承运人应对货物灭失、损坏和迟延交付负赔偿责任。

二、如经承运人证明,灭失、损坏或者迟延交付的原因或者原因之一不能归责于承运人本人的过失或者第十八条述及的任何人的过失,可免除承运人根据本条第一款所负的全部或者部分赔偿责任。

三、除证明不存在本条第二款所述的过失之外,如果承运人证明下列一种或者数种事件或者情形造成、促成了灭失、损坏或者迟延交付,也可免除承运人根据本条第一款规定所负的全部或者部分赔偿责任:

(一)天灾;

(二)海上或者其他可航水域的风险、危险和意外事故;

(三)战争、敌对行动、武装冲突、海盗、恐怖活动、暴乱和民变;

(四)检疫限制;政府、主管当局、统治者或者民众的干预或者妨碍,包括非由承运人或者第十八条述及的任何人所造成的滞留、扣留或者扣押;

(五)罢工、关厂、停工或者劳动受到限制;

(六)船上发生火灾;

(七)经谨慎处理仍不能发现的潜在缺陷;

(八)托运人、单证托运人、控制方或者根据第三十三条或者第三十四条托运人或者单证托运人对其作为承担责任的其他任何人的作为或不作为;

(九)按照第十三条第二款所述及的约定进行的货物装载、操作、堆置或者卸载,除非承运人或者履约方代表托运人、单证托运人或者收货人实施该作业;

(十)由于货物固有缺陷、品质或者瑕疵而造成的数量或者重量损耗或者其他任何灭失或者损坏;

(十一)包装不固或标志欠缺、不清,且包装和标志非由承运人或者代其行事的人所为;

(十二)救助或者企图救助海上人命;

(十三)救助或者企图救助海上财产的合理措施;

(十四)避免或者企图避免对环境造成危害的合理措施;或者

(十五)承运人根据第十五条和第十六条所赋予的权利的行为。

四、虽有本条第三款规定,有下列情形之一的,承运人仍应对灭失、损坏或者迟延交付承担全部或者部分赔偿责任:

(一)索赔人证明,承运人或者第十八条述及的人的过失造成或者促成了承运人所依据的事件或者情形;或者

(二)索赔人证明,本条第三款所列事件或者情形以外的事件或者情形促成了灭失、损坏或者迟延交付,且承运人无法证明,该事件或者情形既不能归责于其本人的过失,也不能归责于第十八条述及的任何人的过失。

五、虽有本条第三款规定,有下列情形之一的,承运人还应对灭失、损坏或者迟延交付承担全部或者部分赔偿责任:

(一)索赔人证明,灭失、损坏或者迟延交付是或者可能是由下列原因造成或者促成的:1. 船舶不适航;2. 配备船员、装备船舶和补给供应品不当;或者3. 货舱、船舶其他载货处所或者由承运人提供的载货集装箱不适于且不能安全接收、运输和保管货物;并且

(二)承运人无法证明:1. 本条第五款第(一)项述及的任何事件或者情形未造成灭失、损坏或者迟延交付;或者2. 承运人已经履行了第十四条规定的谨慎处理的义务。

六、承运人根据本条规定被免除部分赔偿责任的,承运人仅对根据本条应由其负赔偿责任的事件或者情形所造成的那部分灭失、损坏或者迟延交付承担赔偿责任。

第十八条　承运人为他人的赔偿责任

如果下列人员的作为或者不作为违反本公约对承运人规定的义务,承运人应负赔偿责任:

(一)任何履约方;

(二)船长或者船员;

(三)承运人或者履约方的受雇人;或者

(四)直接或者间接在承运人的要求、监督或者控制下,履行或者承诺履行运输合同下承运人义务的其他任何人。

第十九条　海运履约方的赔偿责任

一、符合下列条件的,海运履约方必须承担本公约规定的承运人的义务和责任,且有权享有本公约规定的承运人的抗辩和赔偿责任限制:

(一)海运履约方在一缔约国为运输而接收了货物或者在一缔约国交付了货物,或者在一缔约国某一港口履行了与货物有关的各种活动;并且

(二)造成灭失、损坏或者迟延交付的事件发生在:1. 货物到达船舶装货港至货物离开船舶卸货港的期间内;以及2. 货物在海运履约方掌管期间;或者3. 海运履约方参与履行运输合同所约定的任何活动的其他任何时间内。

二、承运人同意承担超出本公约规定义务的,或者同意赔偿高于本公约规定的责任限额的,海运履约方不受此约束,除非海运履约方明确同意接受该义务或者该限额。

三、根据本条第一款所列条件，对于受海运履约方委托履行运输合同约定的承运人义务的人的作为或者不作为，致使海运履约方违反本公约对其规定的义务，海运履约方应负赔偿责任。

四、本公约规定不应使船长或者船员、承运人的受雇人或者海运履约方的受雇人承担赔偿责任。

第二十条　连带赔偿责任

一、对于货物灭失、损坏或者迟延交付，承运人与一个或者数个海运履约方均负有赔偿责任的，其赔偿责任为连带责任，但以本公约所规定的责任限额为限。

二、在不影响第六十一条的情况下，上述所有责任人的累计赔偿责任不得超过本公约所规定的赔偿责任总限额。

第二十一条　迟延交付

未在约定时间内在运输合同约定的目的地交付货物的，为迟延交付。

第二十二条　赔偿额的计算

一、除根据第五十九条的规定外，承运人对货物灭失或者损坏应支付的赔偿额，参照第四十三条规定的交货地和交货时的货物价值计算。

二、货物的价值根据商品交易所价格确定，无此种价格的，根据其市场价格确定，既无商品交易所价格又无市场价格的，参照交货地同种类和同品质货物的通常价值确定。

三、货物发生灭失或者损坏的，承运人对超出本条第一款和第二款所规定的赔偿额不负任何赔偿责任，除非承运人与托运人在第十六章限定的范围内约定了赔偿额的不同计算方法。

第二十三条　灭失、损坏或者迟延交付的通知

一、除非已在交货前或者交货时，或者在灭失或者损坏不明显的情况下，于交货后交货地的七个工作日内向承运人或者向实际交付货物的履约方提交了表明此种灭失或者损坏一般性质的货物灭失或者损坏通知，否则，在无相反证据的情况下，推定承运人已按照合同事项中有关货物的记载履行了交付货物的义务。

二、未向承运人或者履约方提交本条述及的通知，不得影响根据本公约对货物灭失或者损坏索赔的权利，也不得影响第十七条所规定的举证责任分配。

三、接收货物交付的人与承运人或者被要求承担赔偿责任的海运履约方对货物进行了联合检查的，无须就联合检查所查明的灭失或者损坏提交本条述及的通知。

四、除非在交货后二十一个连续日内向承运人提交了迟延交付造成损失的通知，否则无须就迟延交付承担赔偿责任。

五、向实际交付货物的履约方提交本条述及的通知，与向承运人提交该通知具有同等效力；向承运人提交通知，与向海运履约方提交通知具有同等效力。

六、对于任何实际发生的或者预计发生的灭失或者损坏，争议各方当事人应为货物检

查和清点相互提供一切合理便利，且应为查询有关货物运输的记录和单证提供条件。

第六章　有关特定运输阶段的补充规定

第二十四条　绕　　航

如果根据适用的法律，绕航构成违反承运人义务的，不得因此剥夺承运人或者海运履约方根据本公约应享有的抗辩或者赔偿责任限制的权利，但第六十一条规定的情形除外。

第二十五条　船上舱面货

一、在船舶舱面上载运货物，只能限于下列情形：

（一）根据法律的要求进行此种运输；

（二）货物载于适合舱面运输的集装箱或者车辆之内或之上，而且舱面专门适于载运此类集装箱或者车辆；或者

（三）舱面运输符合运输合同或者相关行业的习惯、惯例或者做法。

二、本公约有关承运人责任的规定，适用于根据本条第一款在舱面上载运的货物的灭失、损坏或者迟延交付，但根据本条第一款第（一）项或者第（三）项载运货物的，对于舱面载运货物涉及的特殊风险所造成的货物灭失、损坏或者迟延交付，承运人不负赔偿责任。

三、非由于本条第一款所准许的情形在舱面上载运货物，承运人对于因此造成的货物灭失、损坏或者迟延交付承担赔偿责任，且无权援引第十七条规定的抗辩。

四、第三方已善意取得可转让运输单证或者可转让电子运输记录的，承运人无权对其援用本条第一款第（三）项的规定，除非合同事项载明货物可以装载于舱面。

五、承运人与托运人明确约定货物将载于舱内，如果货物因载于舱面造成灭失、损坏或者迟延交付，承运人无权享有赔偿责任限制。

第二十六条　海上运输之前或者之后的运输

如果货物灭失、损坏或者造成迟延交付的事件或者情形发生在承运人的责任期间内，但发生的时间仅在货物装上船舶之前或者卸离船舶之后的，本公约的规定不得优先于另一国际文书的规定，如果此种灭失、损坏或者造成迟延交付的事件或者情形发生时：

（一）根据该国际文书的规定，如果托运人已就发生货物灭失、损坏或者造成货物迟延交付的事件或者情形的特定运输区段与承运人订有单独和直接的合同，本应适用于承运人的全部或者任何活动的条文；

（二）就承运人的责任、赔偿责任限制或者诉讼时效作了具体规定的条文；并且

（三）根据该文书，完全不能通过订立合同加以背离，或者不能在损害托运人利益的情况下通过订立合同加以背离。

第七章　托运人对承运人的义务

第二十七条　交付运输

一、除非运输合同另有约定，否则托运人应交付备妥待运的货物。在任何情况下，托

运人交付的货物应处于能够承受住约定运输的状态，包括货物的装载、操作、堆置、绑扎、加固和卸载，且不会对人身或者财产造成损害。

二、根据第十三条第二款订有约定的，托运人应妥善而谨慎地履行根据该约定承担的义务。

三、集装箱或者车辆由托运人装载的，托运人应妥善而谨慎地堆置、绑扎和加固集装箱或者车辆之内或者之上装载的货物，使之不会对人身或者财产造成损害。

第二十八条　托运人与承运人提供信息和指示的合作

如果有关货物正确操作和运输的信息处于被请求方的占有之下，或者有关货物正确操作和运输的指示是在被请求方能够合理提供的范围之内，且请求方无法以其他合理方式获取此种信息和指示，承运人和托运人应就对方提出的提供此种信息和指示的请求作出回应。

第二十九条　托运人提供信息、指示和文件的义务

一、托运人应及时向承运人提供承运人无法以其他合理方式获取，且是为下述目的而合理需要的有关货物的信息、指示和文件：

（一）为了正确操作和运输货物，包括应由承运人或者履约方采取的预防措施；以及

（二）为了使承运人遵守与预定运输有关的法律、规定或者主管当局的其他要求，但承运人须及时将其需要的信息、指示和文件事宜通知托运人。

二、本条规定概不影响根据有关预定运输的法律、规定或者主管当局的其他要求，提供有关货物的某些信息、指示和文件的任何特定义务。

第三十条　托运人对承运人的赔偿责任基础

一、如果承运人证明其遭受的灭失或者损坏，是由于托运人违反本公约规定的义务而造成的，托运人应负赔偿责任。

二、灭失或者损坏的原因或者原因之一不能归责于托运人本人的过失或者第三十四条述及的人的过失的，免除托运人的全部或者部分赔偿责任，但托运人违反第三十一条第二款和第三十二条对其规定的义务所造成的灭失或者损坏，不受此限。

三、托运人根据本条被免除部分赔偿责任的，托运人仅对因其本人的过失或者第三十四条述及的任何人的过失所造成的灭失或者损坏负赔偿责任。

第三十一条　拟定合同事项所需要的信息

一、托运人应及时向承运人提供拟定合同事项以及签发运输单证或者电子运输记录所需要的准确信息，包括第三十六条第一款所述及的事项；合同事项中识别为托运人的名称；有收货人的，收货人名称；签发凭某人指示的运输单证或者电子运输记录的，该人的名称。

二、承运人收到根据本条第一款提供的信息时，理当认为托运人已对信息的准确性给

予保证。托运人应就此种信息不准确所导致的灭失或者损坏向承运人作出赔偿。

第三十二条　危险货物特别规定

当货物因本身性质或特性对人身、财产或环境具有危险，或者适度显现有形成危险的可能性时：

（一）托运人应在货物交付给承运人或者履约方之前，及时将货物的危险性质或者特性通知承运人。托运人未履行此项义务，且承运人或者履约方未从其他方面得知货物危险性质或者特性的，托运人应就未通知所导致的灭失或者损坏向承运人负赔偿责任；

（二）托运人应根据货物约定运输中任何阶段所适用的法律、规定或者主管当局的其他要求，对危险货物加标志或者标识。托运人未履行此项义务的，其应就由此导致的灭失或者损坏向承运人负赔偿责任。

第三十三条　单证托运人的权利和义务

一、单证托运人应承担本章和第五十五条规定的托运人的义务和责任，且有权享有本章和第十三章规定的托运人的权利和抗辩。

二、本条第一款规定不影响托运人的义务、责任、权利或者抗辩。

第三十四条　托运人为他人的赔偿责任

托运人委托包括受雇人、代理人和分合同人履行其义务，对于此等人的作为或者不作为造成违反本公约规定的托运人义务的，托运人负赔偿责任；但托运人委托承运人或者代表承运人行事的履约方履行托运人义务的，对于此等人的作为或者不作为，托运人不负赔偿责任。

第八章　运输单证和电子运输记录

第三十五条　运输单证或者电子运输记录的签发

除非托运人与承运人已约定不使用运输单证或者电子运输记录，或者不使用运输单证或者电子运输记录是行业习惯、惯例或者做法，否则，货物一经向承运人或者履约方交付运输，托运人或者经托运人同意的单证托运人，有权按照托运人的选择从承运人处获得：

（一）不可转让运输单证，或者，符合第八条第（一）项规定的不可转让电子运输记录；或者

（二）适当的可转让运输单证，或者，符合第八条第（一）项规定的可转让电子运输记录，除非托运人与承运人已约定不使用可转让运输单证或者可转让电子运输记录，或者不使用可转让运输单证或者可转让电子运输记录符合行业习惯、惯例或者做法。

第三十六条　合同事项

一、第三十五条述及的运输单证或者电子运输记录中的合同事项应包括由托运人提

供的下列信息：

(一)适合于运输的货物名称；

(二)识别货物所必需的主标志；

(三)货物包数、件数或者数量；和

(四)货物重量(如果已由托运人提供)。

二、第三十五条述及的运输单证或者电子运输记录中的合同事项还应包括：

(一)承运人或者履约方收到待运货物时货物外表状况的说明；

(二)承运人名称和地址；

(三)承运人或者履约方收到货物日期、货物装船日期或者运输单证或者电子运输记录签发日期；和

(四)运输单证可转让，且签发一份以上正本的，可转让运输单证的正本份数。

三、第三十五条述及的运输单证或者电子运输记录中的合同事项还应包括：

(一)收货人的名称和地址(如果收货人已由托运人指定)；

(二)船舶名称(如果已在运输合同中指明)；

(三)收货地和交货地(如果承运人已知道交货地)；和

(四)装货港和卸货港(如果已在运输合同中指明)。

四、就本条而言，本条第二款第(一)项中"货物外表状况"一词是指在下述基础上确定的货物状况：

(一)货物由托运人交付给承运人或者履约方时对所装载货物进行的合理外部检查；和

(二)承运人或者履约方在签发运输单证或者电子运输记录之前实际进行的任何其他检查。

第三十七条　承运人的识别

一、合同事项中载明承运人名称的，运输单证或者电子运输记录中凡是与此不一致的有关承运人身份的其他信息一概无效。

二、合同事项中未按第三十六条第二款第(二)项载明任何人为承运人，但合同事项载明货物已装上指定船舶的，推定该船舶的登记所有人为承运人，除非该登记所有人能够证明运输货物时该船舶处于光船租赁之下，且能够指出该光船承租人及其地址，在这种情况下，推定该光船承租人为承运人。船舶登记所有人也可以通过指出承运人及其地址，推翻将其认定为承运人的推定。光船承租人可以按照同样方式推翻将其当作承运人的任何推定。

三、本条规定概不妨碍索赔人证明，承运人是合同事项所载明的人以外的其他人，或者根据本条第二款所识别的人以外的其他人。

第三十八条　签　　名

一、运输单证应由承运人或者代其行事的人签名。

二、电子运输记录应包含承运人或者代其行事的人的电子签名。凭借此种电子签名，应能够识别与该电子运输记录有关的签名人，且表明承运人对该电子运输记录的授权。

第三十九条　合同事项不完备

一、合同事项中缺少第三十六条第一款、第二款或者第三款述及的一项或者数项内容，或者这些内容不准确，不影响运输单证或者电子运输记录的法律性质或者有效性。

二、合同事项包含日期而未载明其含义的：

（一）如果合同事项载明货物已装船，该日期视为运输单证或者电子运输记录中载明的全部货物的装船日期；或者

（二）如果合同事项未载明货物已装船，该日期视为承运人或者履约方接受货物的日期。

三、合同事项未载明承运人或者履约方接收货物时货物外表状况的，视为其已载明承运人或者履约方接收货物时货物外表状况良好。

第四十条　合同事项中对货物相关信息的保留

一、在下列条件下，承运人应对第三十六条第一款中述及的信息作出保留，指出承运人对于托运人所提供信息的准确性不负责：

（一）承运人实际知道运输单证或者电子运输记录中的重要陈述存在虚假或者误导内容；或者

（二）承运人有合理的理由认为运输单证或者电子运输记录中的重要陈述存在虚假或者误导内容。

二、在不影响本条第一款的情况下，承运人可以按照本条第三款和第四款规定的情形和方式，对第三十六条第一款中述及的信息作出保留，指出承运人对于托运人所提供信息的准确性不负责任。

三、货物未在封闭集装箱内或者封闭车辆内交付给承运人或者履约方运输，或者货物装在封闭集装箱内或者封闭车辆内交付且承运人或者履约方实际检查了货物，在下列条件下，承运人可以对第三十六条第一款中述及的信息作出保留：

（一）承运人无实际可行或者商业上合理的方式核对托运人提供的信息，在这种情况下，承运人可以注明其无法核对的信息；或者

（二）承运人有合理的理由认为托运人所提供的信息不准确，在此种情况下，承运人可以列入一个条款，提供其合理认为准确的信息。

四、货物装在封闭集装箱内或者封闭车辆内交付给承运人或者履约方运输的，承运人可以就下列条款中述及的信息作出保留：

（一）第三十六条第一款第（一）项、第（二）项或者第（三）项，条件是：

1. 装在集装箱内或者车辆内的货物未经过承运人或者履约方实际检查；并且

2. 无论承运人还是履约方均未在签发运输单证或者电子运输记录之前以其他方式实际知道集装箱内或者车辆内货物的情况；和

(二)第三十六条第一款第(四)项,条件是:

1. 无论承运人还是履约方均未对集装箱或者车辆称重,且托运人和承运人均未在装运货物之前约定对集装箱或者车辆称重并将其重量记载在合同事项中;或者

2. 无实际可行或者商业上合理的方式核对集装箱或者车辆重量。

第四十一条　合同事项的证据效力

除合同事项已按照第四十条规定的情形和方式作出保留外:

(一)运输单证或者电子运输记录是承运人收到合同事项中所载货物的初步证据;

(二)若合同事项载于下列单证中,承运人就合同事项提出的任何相反证据不予接受:

1. 已转让给善意第三人的可转让运输单证或者可转让电子运输记录;或者

2. 载明须凭单提货,且已转让给善意收货人的不可转让运输单证。

(三)承运人提出的针对善意收货人的相反证据,在该收货人依赖载于不可转让运输单证或者不可转让电子运输记录中的下述任何合同事项时,不予接受:

1. 第三十六条第一款中述及的合同事项,如果此种合同事项由承运人提供;

2. 集装箱的箱号、类型和识别号,而非集装箱的铅封号;和

3. 第三十六条第二款中述及的合同事项。

第四十二条　“预付运费”

合同事项载有“预付运费”说明或者类似性质说明的,承运人不能以运费尚未支付的主张对抗持有人或者收货人。持有人或者收货人也是托运人的,本条不适用。

第九章　货 物 交 付

第四十三条　接受交货的义务

当货物到达目的地时,根据运输合同要求交付货物的收货人应在运输合同约定的时间或者期限内,在运输合同约定的地点接受交货;无此种约定的,应结合合同条款和行业习惯、惯例或者做法以及运输情形,在能够合理预期的交货时间和地点接受交货。

第四十四条　确认收到的义务

收货人应按照交付货物的承运人或者履约方的要求,以交货地的习惯方式确认收到了货物。收货人拒绝确认的,承运人可以拒绝交付。

第四十五条　未签发可转让运输单证或者可转让电子运输记录时的交付

未签发可转让运输单证或者可转让电子运输记录的:

(一)承运人应在第四十三条述及的时间和地点将货物交付给收货人。声称是收货人的人未按照承运人的要求适当表明其为收货人的,承运人可以拒绝交付;

（二）收货人的名称和地址未在合同事项中载明的，控制方应在货物到达目的地前或者在货物到达目的地时，将收货人的名称和地址告知承运人；

（三）在不影响第四十八条第一款的情况下，如果货物未能交付是因为：1. 收货人接到了到货通知而未在第四十三条述及的时间或者期限内在货物到达目的地后向承运人主张提取货物，2. 承运人因声称是收货人的人未适当表明其为收货人而拒绝交货，或者3. 承运人经合理努力无法确定收货人，请求就货物的交付发出指示的，则承运人可以通知控制方，并请求就货物的交付发出指示。承运人经合理努力无法确定控制方的，承运人可以通知托运人，并请求就货物的交付发出指示。承运人经合理努力无法确定托运人的，承运人可以通知单证托运人，并请求就货物的交付发出指示；

（四）承运人根据本条第（三）项按照控制方、托运人或者单证托运人的指示交付货物的，解除承运人运输合同下交付货物的义务。

第四十六条　签发必须提交的不可转让运输单证时的交付

签发不可转让运输单证，其中载明必须凭单提货的：

（一）收货人按照承运人的要求适当证明其收货人身份并提交不可转让单证后，承运人应在第四十三条述及的时间和地点将货物交付给收货人。声称是收货人但不能按照承运人的要求适当证明其收货人身份的，承运人可以拒绝交付；未提交不可转让单证的，承运人应拒绝交付。如果不可转让单证签发有一份以上正本的，提交一份正本单证即可，其余正本单证随即失去效力；

（二）在不影响第四十八条第一款的情况下，如果货物未能交付是因为：1. 收货人接到了到货通知而未在第四十三条述及的时间或者期限内在货物到达目的地后向承运人主张提取货物，2. 承运人因声称是收货人的人未适当表明其为收货人或者未提交单证而拒绝交货，或者3. 承运人经合理努力无法确定收货人，请求就货物的交付发出指示的，则承运人可以通知托运人，并请求就货物的交付发出指示。承运人经合理努力无法确定托运人的，承运人可以通知单证托运人，并请求就货物的交付发出指示；

（三）承运人根据本条第（二）项按照托运人或者单证托运人的指示交付货物的，解除承运人在运输合同下交付货物的义务，不论是否已向承运人提交不可转让运输单证。

第四十七条　签发可转让运输单证或者可转让电子运输记录时的交付

一、签发可转让运输单证或者可转让电子运输记录的：

（一）可转让运输单证或者可转让电子运输记录的持有人有权在货物到达目的地后向承运人主张提取货物，在这种情况下，下列要求之一得到满足时，承运人即应在第四十三条述及的时间和地点将货物交付给该持有人：

1. 该持有人提交了可转让运输单证，且为第一条第十款第（一）项第1目述及的人的，还应当适当表明其身份；或者

2. 该持有人按照第九条第一款述及的程序证明其为可转让电子运输记录的持有人。

（二）本款第（一）项第 1 目或者第（三）项第 2 目所列要求未得到满足的，承运人应拒绝交付。

（三）可转让运输单证签发有一份以上正本，且该单证中注明正本份数的，提交一份正本单证即可，其余正本单证随即失去效力。使用可转让电子运输记录的，按照第九条第一款规定的程序一经向持有人交付货物，该电子运输记录随即失去效力。

二、在不影响第四十八条第一款的情况下，可转让运输单证或者可转让电子运输记录明确规定可以不提交运输单证或者电子运输记录交付货物的，适用下列规则：

（一）如果货物未能交付是因为：1. 持有人接到了到货通知而未在第四十三条述及的时间或者期限内在货物到达目的地后向承运人主张提取货物，2. 承运人因声称是持有人的人未适当表明其为第一条第十款第（一）项第 1 目所述及的人之一而拒绝交货，或者 3. 承运人经合理努力无法确定持有人，请求就货物的交付发出指示的，则承运人可以通知托运人，并请求就货物的交付发出指示。承运人经合理努力无法确定托运人的，承运人可以通知单证托运人，并请求就货物的交付发出指示；

（二）承运人根据本条第二款第（一）项按照托运人或者单证托运人的指示交付货物的，解除承运人在运输合同下向持有人交付货物的义务，而不论是否已向承运人提交可转让运输单证，也不论凭可转让电子运输记录主张提货的人是否已按照第九条第一款述及的程序证明其为持有人；

（三）承运人根据本条第二款第（五）项对持有人负赔偿责任的，根据本条第二款第（一）项发出指示的人应补偿承运人由此遭受的损失。该人未能按照承运人的合理要求提供适当担保的，承运人可以拒绝遵守这些指示；

（四）在承运人已根据本条第二款第（二）项交付货物后成为可转让运输单证或者可转让电子运输记录的持有人，仍可根据此项交货前的合同安排，或者其他安排取得对承运人除主张提货权以外的运输合同项下的其他权利；

（五）虽有本条第二款第（二）项和第二款第（四）项的规定，在此项交货后成为持有人的人，在其成为持有人时不知道且理应不可能知道此项交货的，可以取得可转让运输单证或者可转让电子运输记录所包含的权利。合同事项载明预计到货时间，或者载明如何获取有关货物是否已交付的信息的，推定该持有人在其成为持有人时已知道或者理应能够知道货物的交付。

第四十八条　货物仍未交付

一、在本条中，只有在下列情形下，货物到达目的地后应被视为仍未交付：

（一）收货人未根据本章的规定，在第四十三条述及的时间和地点接受交货；

（二）无法找到控制方、持有人、托运人或者单证托运人，或者上述人员未根据第四十五条、第四十六条和第四十七条向承运人发出适当指示；

（三）根据第四十四条、第四十五条、第四十六条和第四十七条规定，承运人有权或者应当拒绝交付货物；

（四）根据请求交货地的法律或者规定，不允许承运人向收货人交付货物；或者

（五）承运人无法交付货物的其他情形。

二、在不影响承运人可以向托运人、控制方或者收货人主张其他任何权利的情况下，货物仍未交付的，由有权提货的人承担风险和费用，承运人可以根据情况的合理需要就货物采取行动，其中包括：

（一）将货物存放在任何合适地方；

（二）货物载于集装箱内或者车辆内的，拆箱或卸载；或者就货物采取其他行动，包括转移货物；以及

（三）按照惯例，或者根据货物当时所在地的法律或者规定，将货物出售或者销毁。

三、只有在承运人已就本条第二款欲采取的措施向合同事项中载明的货物到达目的地时的通知方发出合理通知，并且向承运人知道的收货人、控制方或者托运人这三种人之一，按照所列顺序发出合理通知之后，承运人方可行使本条第二款规定的权利。

四、货物根据本条第二款第（三）项出售的，承运人应为有权提货的人的利益代为保管出售货物的价款，但可从中扣除承运人因此产生的费用以及应付给承运人的与运输该货物有关的其他任何款项。

五、对于在本条所规定的货物仍未交付期间内发生的货物灭失或者损坏，承运人不负责任，除非索赔人证明，此种灭失或者损坏是由于承运人未能在当时的情况下采取应有的合理措施保存货物所致，且承运人已知道或者本应知道不采取此种措施将给货物造成灭失或者损坏。

第四十九条　货物留置

本公约的规定概不影响承运人或者履约方可以根据运输合同或者适用的法律留置货物，为担保应付款的偿付而留置货物的权利。

第十章　控制方的权利

第五十条　控制权的行使和范围

一、控制权只能由控制方行使，且仅限于：

（一）就货物发出指示或者修改指示的权利，此种指示不构成对运输合同的变更；

（二）在计划挂靠港，或者在内陆运输情况下在运输途中的任何地点提取货物的权利；以及

（三）由包括控制方在内的其他任何人取代收货人的权利。

二、控制权存在于第十二条规定的承运人的整个责任期间，该责任期间届满时即告终止。

第五十一条　控制方的识别和控制权的转让

一、除本条第二款、第三款和第四款述及的情形外：

（一）托运人为控制方，除非托运人在订立运输合同时指定收货人、单证托运人或者其他人为控制方；

（二）控制方有权将控制权转让给其他人。此种转让在转让人向承运人发出转让通知时对承运人产生效力，于是受让人成为控制方；并且

（三）控制方行使控制权时，应适当表明其身份。

二、已签发不可转让运输单证，其中载明必须交单提货的：

（一）托运人为控制方，并且可以通过将运输单证不经背书转让给该单证中记名的收货人的方式，将控制权转让给该收货人。所签发单证有一份以上正本的，应转让所有正本单证，方可实现控制权的转让；并且

（二）为了行使控制权，控制方应出示单证且适当表明其身份。所签发单证有一份以上正本的，应出示所有正本单证，否则不能行使控制权。

三、签发可转让运输单证的：

（一）持有人为控制方，所签发可转让运输单证有一份以上正本的，持有人得到所有正本单证，方可成为控制方；

（二）持有人可以根据第五十七条规定，通过转让可转让运输单证给其他人的方式转让控制权。所签发单证有一份以上正本的，应向该人转让所有正本单证，方可实现控制权的转让；并且

（三）为了行使控制权，持有人应向承运人出示可转让运输单证，持有人是第一条第十款第（一）项第 1 目述及的其中一类人的，应适当表明其身份。所签发单证有一份以上正本的，应出示所有正本单证，否则不能行使控制权。

四、签发可转让电子运输记录的：

（一）持有人为控制方；

（二）持有人可以按照第九条第一款述及的程序，通过转让可转让电子运输记录，将控制权转让给其他人；并且

（三）为了行使控制权，持有人应按照第九条第一款述及的程序证明其为持有人。

第五十二条　承运人执行指示

一、除本条第二款和第三款另有规定外，在下列条件下，承运人应执行第五十条述及的指示：

（一）发出此种指示的人有权行使控制权；

（二）该指示送达承运人时能按照其中的条件合理地执行；并且

（三）该指示不会干扰承运人的正常运营，包括交付作业。

二、在任何情况下，控制方均应偿还承运人根据本条勤勉执行任何指示而可能产生的任何合理的额外费用，且应补偿承运人可能由于此种执行而遭受的灭失或者损坏，包括补偿承运人可能对所载运的其他货物的灭失或者损坏承担的赔偿责任。

三、按照承运人的合理预计，根据本条执行指示将产生额外费用、灭失或者损坏的，承运人有权从控制方处获得与之数额相当的担保。未提供此种担保的，承运人可以拒绝执行指示。

四、承运人违反本条第一款对其规定的义务，未遵守控制方指示而造成货物灭失、损

坏或者迟延交付的,承运人所负的赔偿责任应根据第十七条至第二十三条确定,承运人应付的赔偿额应根据第五十九条至第六十一条确定。

第五十三条 视为交货

根据第五十二条第一款按照指示交付货物,视为在目的地交货,第九章中有关此种交货的规定适用于此种货物。

第五十四条 运输合同的变更

一、控制方是唯一可以与承运人约定对运输合同变更的人,但第五十条第一款第(二)项和第(三)项述及的内容除外。

二、对运输合同的变更,包括第五十条第一款第(二)项和第(三)项述及的内容,应在可转让运输单证或者必须提交的不可转让运输单证上记载或者并入可转让电子运输记录,或者经控制方请求,应在不可转让运输单证上记载或者并入不可转让电子运输记录。凡作此种记载或者并入的变更,均应根据第三十八条的规定予以签名。

第五十五条 向承运人提供补充信息、指示或者文件

一、承运人履行其运输合同义务而可能合理需要的有关货物的信息、指示或者文件,尚未由托运人提供,并且承运人无法以其他方式合理获取的,经承运人或履约方要求,控制方应当及时提供。

二、承运人经合理努力无法确定控制方,或者控制方无法向承运人提供适当信息、指示或者文件的,应由托运人提供此种信息、指示或者文件。承运人经合理努力无法确定托运人的,应由单证托运人提供此种信息、指示或者文件。

第五十六条 协议变更

运输合同当事人可以协议变更第五十条第一款第(二)项和第(三)项、第五十条第二款和第五十二条的效力。当事人还可以限制或者排除第五十一条第一款第(二)项所述及的控制权的可转让性。

第十一章 权利转让

第五十七条 签发可转让运输单证或者可转让电子运输记录

一、签发可转让运输单证的,其持有人可以通过向他人按下列方式转让该运输单证而转让单证中包含的权利:

(一)指示单证,须适当背书给他人,或者经空白背书;或者

(二)1. 不记名单证或者经空白背书单证,无须背书;或者 2. 凭记名人指示的单证,转让发生在第一持有人与该记名人之间的,无须背书。

二、签发可转让电子运输记录的,不论该电子运输记录是凭指示还是凭记名人指示,其持有人均可以按照第九条第一款述及的程序,通过转让该电子运输记录,转让其中包含

的各项权利。

第五十八条　持有人的责任

一、在不影响第五十五条的情况下，非托运人的持有人，未行使运输合同下权利的，不能只因为是持有人而负有运输合同下的责任。

二、非托运人的持有人，行使运输合同下权利的，负有运输合同对其规定的责任，但此种责任须载入可转让运输单证或者可转让电子运输记录，或者可以从其中查明。

三、就本条第一款和第二款而言，非托运人的持有人不能只因为下列作为而被视为行使运输合同下的权利：

（一）该持有人根据第十条与承运人约定，以可转让电子运输记录替换可转让运输单证，或者以可转让运输单证替换可转让电子运输记录；或者

（二）该持有人根据第五十七条转让其权利。

第十二章　赔偿责任限额

第五十九条　赔偿责任限额

一、除第六十条以及第六十一条第一款另有规定外，承运人对于违反本公约对其规定的义务所负赔偿责任的限额，按照索赔或者争议所涉货物的件数或者其他货运单位计算，每件或者每个货运单位 875 个计算单位，或者按照索赔或者争议所涉货物的毛重计算，每公斤 3 个计算单位，以两者中数额较高者为准，但货物价值已由托运人申报且在合同事项中载明的，或者承运人与托运人已另行约定高于本条所规定的赔偿责任限额的除外。

二、集装货物载于集装箱、货盘或类似的装运器具之内或者之上，或者载于车辆之内或者之上运输的，合同事项中载明的装载于此种装运器具或者车辆的货物件数或者货运单位数，视为货物件数或者货运单位数。未载明的，装载于此种装运器具或者车辆的货物视为一个货运单位。

三、本条述及的计算单位，是国际货币基金组织定义的特别提款权。本条述及的限额，须按照一国国家货币在判决日或者裁决日，或者在当事人约定日的币值折算成该国货币。一缔约国是国际货币基金组织成员国的，该国货币对特别提款权的比价，须按照国际货币基金组织当日对其业务和交易实行的计价换算方法计算。一缔约国不是国际货币基金组织成员国的，该国货币对特别提款权的比价，须按照该国确定的方式计算。

第六十条　迟延交付造成损失的赔偿责任限额

除第六十一条第二款另有规定外，对迟延交付造成货物灭失或者损坏的赔偿额，应按照第二十二条计算，对迟延交付造成经济损失的赔偿责任限额，为相当于该迟延交付货物应付运费两倍半的数额。根据本条以及第五十九条第一款确定的赔付总额，不得超过所涉货物全损时根据第五十九条第一款确定的限额。

第六十一条　赔偿责任限制权的丧失

一、如果索赔人证明，违反本公约规定的承运人义务所造成的损失，是由于声称享有

赔偿责任限制的人故意造成此种损失或者是明知可能造成此种损失而轻率地作为或者不作为所导致的，则承运人或者第十八条述及的任何人，无权根据第五十九条的规定或者按照运输合同的约定享有限制赔偿责任的权利。

二、如果索赔人证明，迟延交付是由于声称享有赔偿责任限制的人故意造成迟延交付损失或者是明知可能产生此种损失而轻率地作为或者不作为所导致的，则承运人或者第十八条述及的任何人，无权根据第六十条的规定享有限制赔偿责任的权利。

第十三章　诉讼时效

第六十二条　诉讼时效期间

一、两年时效期间届满后，不得就违反本公约下的义务所产生的索赔或者争议提起诉讼程序或者仲裁程序。

二、本条第一款述及的时效期间，自承运人交付货物之日起算，未交付货物或者只交付了部分货物的，自应交付货物最晚日期起算。时效期间的起算日不包括在该期间内。

三、即使本条第一款规定的时效期间届满，一方当事人仍然可以以其索赔作为抗辩，或者以此抵销对方当事人提出的索赔。

第六十三条　诉讼时效的延长

第六十二条规定的时效期间不得中止或者中断，但被索赔人可以在时效期间内的任何时间，通过向索赔人声明而延长该时效期间。该时效期间可以经再次声明或者多次声明进一步延长。

第六十四条　追偿诉讼

被认定负有赔偿责任的人，可以在第六十二条规定的时效期间届满后提起追偿诉讼，该追偿诉讼应在下列期间内提起，以较晚者为准：

（一）提起程序的管辖地适用的法律所允许的时效期内；或者

（二）自追偿诉讼提起人解决原索赔之日起，或者自收到向其本人送达的起诉文书之日起九十日内，以较早者为准。

第六十五条　对被识别为承运人的人提起的诉讼

对根据第三十七条第二款被识别为承运人的光船承租人或者其他人的诉讼，可以在第六十二条规定的时效期间届满后的下列期间内提起，以较晚者为准：

（一）提起程序的管辖地适用的法律所允许的时间内；或者

（二）自该承运人被识别之日起，或者自船舶登记所有人或者光船承租人根据第三十七条第二款推翻其为承运人的推定之日起九十日内。

第十四章　管　辖　权

第六十六条　对承运人的诉讼

除非运输合同载有一项符合第六十七条或者第七十二条规定的排他性法院选择协议,否则原告有权根据本公约在下列管辖法院之一对承运人提起诉讼程序:

(一)位于下列地点之一有管辖权的法院:

1. 承运人的住所;

2. 运输合同约定的收货地;

3. 运输合同约定的交货地;或者

4. 货物的最初装船港或者货物的最终卸船港;或者

(二)为审理根据本公约可能产生的对承运人的索赔,托运人与承运人在协议中指定的一个或者数个管辖法院。

第六十七条　法院选择协议

一、根据第六十六条第(二)项选择的法院,只有经合同当事人约定管辖权协议满足下列各项条件时,方能对合同当事人之间的争议具有排他性管辖权:

(一)该协议载于批量合同中,该合同明确载明各方当事人的名称和地址,并且(1)是单独协商订立的;或者(2)载有一则存在一项排他性法院选择协议的明确声明,并且指明批量合同中载有该协议的条款;并且

(二)该协议清楚指定某一缔约国的法院或者某一缔约国的一个或者数个特定法院。

二、根据本条第一款订立的排他性法院选择协议,只有满足下列各项条件,方能对不是批量合同当事人的人具有约束力:

(一)该法院位于第六十六条第(一)项所指定的地点之一;

(二)该协议载于运输单证或者电子运输记录中;

(三)关于诉讼提起地法院名称以及该法院拥有排他性管辖权的通知已及时、准确地发给该人;并且

(四)受案法院的法律承认该排他性法院选择协议对该人具有约束力。

第六十八条　对海运履约方的诉讼

原告有权在位于下列地点之一的管辖法院,根据本公约对海运履约方提起诉讼程序:

(一)海运履约方的住所;或者

(二)海运履约方接收货物或者交付货物的港口,或者海运履约方从事与货物有关的各种活动的港口。

第六十九条　不另增管辖权地

除须遵循第七十一条和第七十二条的规定外,不得在第六十六条或者第六十八条规定的法院之外,根据本公约对承运人或者海运履约方提起诉讼程序。

第七十条　扣留以及临时措施或者保全措施

本公约的规定概不影响对临时措施或者保全措施，包括对扣留的管辖权。除非符合下列条件，否则临时措施或者保全措施执行地所在国的法院不享有裁定案件实体的管辖权：

（一）符合本章的要求；或者

（二）在该国适用的国际公约作此规定。

第七十一条　诉讼合并和移转

一、除非根据第六十七条或者第七十二条存在一项具有约束力的排他性法院选择协议，就同一事件同时对承运人和海运履约方提起一项共同诉讼的，只能在同时根据第六十六条和第六十八条规定的某一法院提起。无上述此类法院的，可以在根据第六十八条第（二）项规定的某一法院，在其存在的情况下提起该诉讼。

二、除非根据第六十七条或者第七十二条存在一项具有约束力的排他性法院选择协议，承运人或者海运履约方提起的寻求一项无赔偿责任声明的诉讼，或者提起的其他诉讼将剥夺他人根据第六十六条或者第六十八条选择诉讼地的权利的，该承运人或者海运履约方应在被告已选择根据第六十六条或者第六十八条（两者以适用者为准）所规定的法院的情况下，根据被告的请求撤回该诉讼，然后可以在被告选择的法院重新提起诉讼。

第七十二条　争议产生后的协议和被告应诉时的管辖权

一、争议产生后，争议各方当事人可以协议约定在任一管辖法院解决争议。

二、被告在某一管辖法院应诉，未根据该法院的规则提出管辖权异议的，该法院拥有管辖权。

第七十三条　承认和执行

一、根据本公约拥有管辖权的法院在一缔约国作出的判决，应在另一缔约国根据其法律得到承认和执行，但两国须已根据第七十四条作出声明。

二、法院可根据法律所提供的拒绝承认和执行的理由，拒绝给予承认和执行。

三、本章不得影响加入本公约的区域经济一体化组织内部有关成员国彼此承认或者执行判决适用的规则，不论这些规则的通过时间是在本公约之前还是之后。

第七十四条　第十四章的适用

本章规定只对根据第九十一条声明其将受本章规定约束的缔约国具有约束力。

第十五章　仲　　裁

第七十五条　仲裁协议

一、除本章另有规定外，当事人可以协议约定，根据本公约运输货物可能产生的争议均应提交仲裁。

二、仲裁程序应由对承运人提起索赔的人选择，在下列地点进行：

（一）仲裁协议指定的地点；或者

（二）以下地点所在国的其他地点：

1. 承运人的住所；

2. 运输合同约定的收货地；

3. 运输合同约定的交货地；或者

4. 货物的最初装船港或者最终卸船港。

三、如果仲裁协议包含在清楚载明各方当事人的名称和地址的批量合同中，且该批量合同属于下列情况之一，仲裁协议指定的仲裁地对仲裁协议当事人之间的争议具有约束力：

（一）是单独协商订立的；或者

（二）载有一则存在仲裁协议的明确声明，且指明批量合同中载有该仲裁协议的条款。

四、已根据本条第三款订立仲裁协议的，该协议指定的仲裁地，只有满足下列条件，方能对非批量合同当事人的人具有约束力：

（一）该协议指定的仲裁地位于本条第二款第（二）项述及的地点之一；

（二）该协议载于运输单证或者电子运输记录中；

（三）仲裁地通知已及时、准确地发给受仲裁协议约束的人；并且

（四）适用的法律准许该人受该仲裁协议的约束。

五、本条第一款、第二款、第三款和第四款的规定，视为每一仲裁条款或者仲裁协议的一部分，此种条款或者协议的规定，凡与其不一致的，无效。

第七十六条　非班轮运输中的仲裁协议

一、非班轮运输的运输合同由于下列原因而适用本公约或者本公约规定的，本公约的规定概不影响该运输合同中仲裁协议的可执行性：

（一）适用第七条；或者

（二）各方当事人自愿在本来不受本公约调整的运输合同中并入本公约。

二、虽有本条第一款规定，运输单证或者电子运输记录由于适用第七条而适用本公约的，其中的仲裁协议仍受本章调整，除非此种运输单证或者电子运输记录：

（一）载明了因适用第六条而被排除在本公约适用范围之外的租船合同或者其他合同的各方当事人和日期；并且

（二）以具体提及方式并入了租船合同或者其他合同中载有仲裁协议规定的条款。

第七十七条　争议产生后的仲裁协议

虽有本章和第十四章的规定，争议产生后，争议各方当事人仍可以协议约定在任何地点以仲裁方式解决争议。

第七十八条 第十五章的适用

本章的规定只对根据第九十一条声明其将受本章规定约束的缔约国具有约束力。

第十六章 合同条款的有效性

第七十九条 一般规定

一、除非本公约另有规定,运输合同中的条款,凡有下列情形之一的,一概无效:

(一)直接或者间接排除或者限制承运人或者海运履约方在本公约下所承担的义务;

(二)直接或者间接排除或者限制承运人或者海运履约方对违反本公约下的义务所负的赔偿责任;或者

(三)将货物的保险权益转让给承运人或者第十八条述及的人。

二、除非本公约另有规定,运输合同中的条款,凡有下列情形之一的,一概无效:

(一)直接或者间接排除、限制或者增加托运人、收货人、控制方、持有人或者单证托运人在本公约下所承担的义务;或者

(二)直接或者间接排除、限制或者增加托运人、收货人、控制方、持有人或者单证托运人对违反本公约下任何义务所负的赔偿责任。

第八十条 批量合同特别规则

一、虽有第七十九条的规定,在承运人与托运人之间,本公约所适用的批量合同可以约定增加或者减少本公约中规定的权利、义务和责任。

二、根据本条第一款作出的背离,仅在下列情况下具有约束力:

(一)批量合同载有一则该批量合同背离本公约的明确声明;

(二)批量合同1. 是单独协商订立的,或者2. 明确指出批量合同中载有背离内容的条款;

(三)给予了托运人按照符合本公约的条款和条件订立运输合同,而不根据本条作出任何背离的机会,且向托运人告知了此种机会;并且

(四)背离既不是1.以提及方式从另一文件并入,也不是2.包含在不经协商的附合合同中。

三、承运人的公开运价表和服务表、运输单证、电子运输记录或者类似文件不是本条第一款所指的批量合同,但批量合同可以通过提及方式并入此类文件,将其作为合同条款。

四、本条第一款既不适用于第十四条第(一)项和第(二)项、第二十九条和第三十二条中规定的权利和义务或者因违反这些规定而产生的赔偿责任,也不适用于因第六十一条述及的作为或者不作为而产生的赔偿责任。

五、批量合同满足本条第二款要求的,其中背离本公约的条款,须满足下列条件,方能在承运人与非托运人的其他任何人之间适用:

(一)该人已收到明确记载该批量合同背离本公约的信息,且已明确同意受此种背离

的约束;并且

(二)此种同意不能仅在承运人的公开运价表和服务表、运输单证或者电子运输记录上载明。

六、一方当事人对背离本公约主张利益的,对证明背离本公约的各项条件已得到满足负有举证责任。

第八十一条　活动物和某些其他货物特别规则

虽有第七十九条的规定,在不影响第八十条的情况下,运输合同可以排除或者限制承运人和海运履约方的义务或者责任,条件是:

(一)货物是活动物,但如果索赔人证明,货物灭失、损坏或者迟延交付,是由于承运人或者第十八条述及的人故意造成此种货物灭失、损坏或者迟延损失的作为或者不作为所导致的,或者是明知可能造成此种灭失、损坏或者迟延交付而轻率地作为或者不作为所导致的,则此种排除或者限制均属无效;或者

(二)货物的性质或者状况,或者从事运输的情况和条件,有合理的理由达成一项特别协议,但此种运输合同不涉及正常贸易过程中所进行的正常商业货运,且此种货物运输未签发可转让运输单证或者可转让电子运输记录。

第十七章　本公约不管辖的事项

第八十二条　调整其他运输方式的货物运输国际公约

本公约的规定概不影响在本公约生效时已生效的,规范承运人对货物灭失或者损坏的责任的下列国际公约的适用,包括今后对此种公约的修正:

(一)调整航空货物运输的公约,如果此种公约根据其规定适用于运输合同的任何部分;

(二)调整公路货物运输的公约,如果此种公约根据其规定适用于车辆在船上载运期间货物仍载于车辆上的货物运输;

(三)调整铁路货物运输的公约,如果此种公约根据其规定适用于作为铁路运输补充的海上货物运输;或者

(四)调整内陆航道货物运输的公约,如果此种公约根据其规定适用于既包括内陆航道,也包括海上运输,但并未转船的货物运输。

第八十三条　赔偿责任总限制

本公约的规定概不影响规范船舶所有人责任限制的国际公约或者国内法的适用。

第八十四条　共同海损

本公约的规定概不影响有关共同海损理算的运输合同条款或者国内法规定的适用。

第八十五条　旅客和行李

本公约不适用于旅客及其行李的运输合同。

第八十六条 核事故造成的损害

对于核事故造成的损害，根据下列文书应由核设施经营人负赔偿责任的，不产生本公约下的任何赔偿责任：

（一）经1964年1月28日附加议定书以及1982年11月16日和2004年2月12日议定书修正的1960年7月29日《关于核能领域第三方责任巴黎公约》、经1988年9月21日《关于适用维也纳公约和巴黎公约的联合议定书》修正并经1997年9月12日《修正1963年核损害民事责任维也纳公约的议定书》修正的1963年5月21日《核损害民事责任维也纳公约》或者1997年9月12日《关于核损害补充赔偿公约》，包括就核设施经营人对核事故造成损害的赔偿责任对这些公约的任何修正以及这方面的任何新公约；或者

（二）适用于此类损害赔偿责任的国内法，条件是此种国内法在各方面同《巴黎公约》、《维也纳公约》或者《关于核损害补充赔偿公约》一样有利于可能遭受损害的人。

第十八章 最后条款

第八十七条 保 存 人

兹指定联合国秘书长为本公约保存人。

第八十八条 签署、批准、接受、核准或者加入

一、本公约于2009年9月23日在荷兰鹿特丹开放供各国签署，随后在纽约联合国总部开放供各国签署。

二、本公约须经签署国批准、接受或者核准。

三、本公约自开放供签署之日起对所有未签署国开放供加入。

四、批准书、接受书、核准书和加入书应交存联合国秘书长。

第八十九条 退出其他公约

一、1924年8月25日在布鲁塞尔签署的《统一提单若干法律规则国际公约》、1968年2月23日签署的修正《统一提单若干法律规则国际公约》的议定书或者1979年12月21日在布鲁塞尔签署的修正经由1968年2月23日修正议定书修正的《统一提单若干法律规则国际公约》的议定书的缔约国，应在批准、接受、核准或者加入本公约的同时，通过向比利时政府提供相应的通知，退出已是其缔约国的该公约及其议定书，同时声明退约自本公约对该国生效之日起生效。

二、1978年3月31日在汉堡缔结的《联合国海上货物运输公约》的缔约国，应在批准、接受、核准或者加入本公约的同时，通过向联合国秘书长提供相应的通知，退出该公约，同时声明退约自本公约对该国生效之日起生效。

三、就本条而言，本条第一款和第二款所列文书的缔约国对本公约的批准、接受、核准和加入，凡在本公约生效之后通知保存人的，只有在这些国家按照要求对这些文书的退出生效之后方可生效。本公约保存人应与作为本条第一款所列文书保存人的比利时政府协

商，确保这方面的必要协调。

第九十条　保　　留

不准许对本公约作出保留。

第九十一条　声明的程序和效力

一、第七十四条和第七十八条所准许的声明，可以在任何时间作出。第九十二条第一款和第九十三条第二款所准许的最初声明，应在签署、批准、接受、核准或者加入时作出。其他声明，本公约一概不予准许。

二、在签署时作出的声明，必须在批准、接受或者核准时加以确认。

三、声明及其确认，应以书面形式作出，且应正式通知保存人。

四、声明在本公约对有关国家生效时同时生效。但是，保存人于本公约生效后收到正式通知的声明，应于保存人收到该声明之日起六个月期满后的下一个月第一日生效。

五、根据本公约作出声明的任何国家，可以在任何时间以书面形式正式通知保存人撤回该声明。声明的撤回，或者在本公约准许情况下对声明的更改，于保存人收到该通知之日起六个月期满后的下一个月第一日生效。

第九十二条　对本国领土单位的效力

一、一缔约国拥有两个或者数个领土单位，各领土单位对本公约所涉事项适用不同法律制度的，可以在签署、批准、接受、核准或者加入时声明本公约适用于本国的全部领土单位或者仅适用于其中的一个或者数个领土单位，且可以在任何时间通过提出另一声明修改其所作的声明。

二、此种声明应通知保存人，且明确指出适用本公约的领土单位。

三、一缔约国根据本条声明本公约适用于该国的一个或者数个领土单位而不是全部领土单位的，一地点位于不适用本公约的领土单位，为本公约之目的，视为不在缔约国内。

四、一缔约国未根据本条第一款提出声明的，本公约适用于该国的全部领土单位。

第九十三条　区域经济一体化组织的参与

一、由主权国家组成，且对本公约调整的某些事项拥有管辖权的区域经济一体化组织同样可以签署、批准、接受、核准或者加入本公约。在这种情况下，区域经济一体化组织享有的权利和承担的义务应与缔约国相同，但仅限于该组织对本公约所调整事项拥有管辖权的范围。当涉及本公约下缔约国数目时，区域经济一体化组织内的成员国为本公约缔约国的，该区域经济一体化组织不能算作一个缔约国。

二、区域经济一体化组织应在签署、批准、接受、核准或者加入时向保存人提出声明，指出对本公约所调整的哪些事项的管辖权已由其成员国转移给该组织。根据本款提出声明后，如果管辖权分配发生任何变化，包括管辖权新的转移，区域经济一体化组织应迅速通知保存人。

三、本公约中,对"一缔约国"或者"缔约国"的任何提及,必要时同等适用于区域经济一体化组织。

第九十四条　生　　效

一、本公约于第二十份批准书、接受书、核准书或者加入书交存之日起一年期满后的下一个月第一日生效。

二、一国在第二十份批准书、接受书、核准书或者加入书交存日之后成为本公约缔约国的,本公约于交存该国的相应文书一年期满后的下一个月第一日对该国生效。

三、运输合同于本公约对一缔约国生效之日或者生效之后订立的,该缔约国应对其适用本公约。

第九十五条　修订和修正

一、在不少于三分之一本公约缔约国的请求下,联合国秘书长应召开缔约国会议修订或者修正本公约。

二、本公约修正案生效后交存的任何批准书、接受书、核准书或者加入书,视为适用于经修正的公约。

第九十六条　退出本公约

一、缔约国可以通过向保存人发出书面通知,于任何时间退出本公约。

二、退约于保存人收到通知一年期满后的下一个月第一日生效。通知中指明更长期限的,退约于保存人收到通知后该更长期限期满时生效。

二零零八年十二月十一日订于纽约,正本一份,阿拉伯文、中文、英文、法文、俄文和西班牙文文本同为作准文本。

兹由经各国政府正式授权的下列署名全权代表签署本公约,以昭信守。

译后记

本书根据荷兰 Wolters Kluwer Law & Business 出版社于2010年出版的《2008鹿特丹规则——有关联合国全程或部分海上货物国际运输合同公约的评论》(The Rotterdam Rules 2008—Commentary to the United Nations Convention on Contracts for the International Carriage of Goods Wholly or Partly by Sea)一书翻译而成。

该书是对《联合国全程或部分海上货物国际运输合同公约》(以下简称《鹿特丹规则》)产生背景及其条文的综合评述。由三位著名海商法及贸易法专家共同编著。亚历山大·凡·基格勒先生(Alexander von Ziegler)为瑞士苏黎世大学国际贸易法教授,苏黎世最大的律师事务所之一的 Schellenberg Wittmer 律师事务所合伙人,曾经担任海上保险国际联盟秘书长(1992-1997年)以及国际海事委员会(CMI)秘书长(1996-2003年),是联合国国际贸易法律委员会(UNCITRAL)第三工作组瑞士代表团成员。其在国际贸易和运输领域,尤其是海商法、航空法、保险法领域颇有建树,著有多部海事海商论著。约翰·斯蔡林先生(Johan Schelin)为瑞典斯德哥尔摩大学法学院副教授,也是斯德哥尔摩大学 Axel Axson Johnson 海商及运输法研究所所长,是联合国国际贸易法律委员会第三工作组专家组成员,同时也是第三工作组瑞典代表团成员。斯蒂佛诺.祖纳若礼先生(Stefano Zunarelli)是意大利博洛尼亚大学海商法和运输法教授,意大利 Zunarelli & Associati 法律事务所创始合伙人,曾经担任博洛尼亚大学法学院院长(1998-2004年),Polo Scientifico - Didattico di Ravenna 机构的主席(2007-2012年),联合国国际贸易法律委员会第三工作组意大利代表团成员,以专家身份多次参加联合国、国际海事组织(IMO)、UNCITRAL、联合国贸发会(UNCATD)以及欧盟委员会相关公约起草工作。在海商法、航空法、运输法和保险法领域发表多部论著,并担任国内外多个学术期刊杂志的主编。

正如该书主编序语所言,参与该书编写的十余位作者,分别来自于芬兰、美国、法国、瑞士、丹麦、瑞典、日本、荷兰、意大利、中国、韩国、西班牙、加拿大等国家,而且均作为该国代表团成员身份参与过 UNCITRAL 运输法公约草案讨论会议。正如《鹿特丹规则》的制定和起草是全球不同法域融合和各方妥协的结果一样,该书作者团队也融合了世界不同法律体系下的海商法、贸易法、运输法专家。这也是该书的最为明显的特色之一。正是基于该书作者们深厚的专业背景和参与《鹿特丹规则》条文讨论的特殊经历,使得该书能够全面系统地介绍《鹿特丹规则》每一个条文产生的背景和缘由。该书的特色之二,就是在相关条文的解释和介绍中,能够通过与现行有关单式运输的国际公约或区域性条约的相关条文进行比较,从而说明《鹿特丹规则》条文规定之特点。此外,该书在遵循公约条文编排章节及内容基础之上,结合公约每一章节产生的背景,对公约条文内容及其各利益方争论的焦点等进行详细的阐释和解读。

该书中文版的出版,使读者能够加深对《鹿特丹规则》相关条文的理解和认识,对从事法学研究和教育相关人士而言是不可多得的一本佳作,对于从事航运、贸易、保险、物流、货运代理、港口、诉讼、仲裁等业内人士及专业人士亦具有很好的参考价值。

该书的中文翻译是由大连海事大学法学院参与《鹿特丹规则》课题研究的部分师生共同完成,部分 2013 级海商法博士研究生和 2011 级、2013 级海商法硕士研究生参与该书部分章节的翻译工作。根据本书章节排序的先后,译者分工如下:

郭　萍:主编序语、序言、第一章、第二章、第三章、第四章、第五章、第十四章、第十五章、第十七章、第十八章、第十九章

邵子洪:引言、第一章、第二章

李莹莹:第三章、第四章、第八章、第九章、第十章、第十二章、第十三章、第十四章

何　冰:第三章、第四章

许　馨:第五章

王丹华:第五章、第十六章

黄丹玲:第六章、第七章

裴广金:第九章、第十章

裘丹枫:第十一章、第十二章、第十三章

阳风梅:第十五章

李淑娟:第十六章、第十七章、第十八章

单红军、郭萍负责本书的译校,并负责全书统稿。

在本书的译校过程中,大连海事大学原校长司玉琢教授一直给予大力支持和关注,在此表示诚挚的感谢!谨向参加和协助本书翻译工作的所有人员表示真挚的谢意!

本书获得大连市人民政府重点资助出版,在此特表示感谢!

由于译者水平有限,翻译中难免存在不妥之处,敬请读者批评指正!

郭　萍

2016 年 1 月于大连